해방일기 7
깨어진 해방의 약속

2014년 5월 12일 제1판 1쇄 인쇄
2014년 5월 19일 제1판 1쇄 발행

지은이   김기협
펴낸이   이재민, 김상미

편집   이상희
디자인기획   민진기디자인

종이   다올페이퍼
인쇄   천일문화사
제본   광신제책

펴낸곳   너머북스
주소   서울시 종로구 누하동 17번지 2층
전화   02)335-3366, 336-5131 팩스 02)335-5848
등록번호   제313-2007-232호

너머북스와 너머학교는 좋은 서가와 학교를 꿈꾸는 출판사입니다.

이 책에 실린 사진은 뉴스뱅크, 위키미디어 커먼스에서 게재 허가를 받았습니다.
저작권자를 찾지 못하여 게재 허가를 받지 못한 일부 사진은 확인되는 대로 게재 허가를 받고 통상 기준에 따라 사용료를 지불하겠습니다.

1947.5.2~1947.8.31

7

깨어진 해방의 약속

김기협 지음

너머북스

냉전의 시작과 미소공동위원회의 파탄

1947년 3월 12일 미국 트루먼 대통령은 의회 연설에서 그리스와 터키에 대한 원조 계획을 밝히고 승인을 요청했다. 이 연설에서 소련을 직접 들먹이지는 않았다. "무장한 소수 세력 또는 외부 압력의 위협에 저항하고 있는 자유민을 지원"하기 위한 것이라고 했다. 그들이 겪는 위협이 바로 세계평화와 미국의 안보에 대한 위협이기도 하다는 것이었다.

제2차 세계대전에서 손을 잡았던 미국과 소련의 관계는 전쟁이 끝난 후 시간이 지남에 따라 적대적 관계로 변해오고 있었다. 트루먼의 이 연설은 소련과의 협력관계를 포기하는 선언으로 해석되어 '트루먼독트린'이란 이름 아래 반세기 가까운 냉전의 출발점으로 기억된다.

트루먼독트린의 본격적 실행 조치가 '마셜플랜'이었다. 트루먼의 의회 연설 석 달 후인 6월 5일 마셜 국무장관의 하버드대학 연설로 모습을 드러낸 정책이다. '유럽 부흥 계획'이라고도 하는 이 정책은 유럽의 경제부흥 사업을 미국이 적극적으로 지원한다는 것이었다. 이 정책에 따라 1951년까지 150억 달러의 원조와 차관이 유럽 각국에 제공되었다.

1947년 봄에서 여름에 이르는 시기는 악화되어오던 미·소 관계가 적대적 관계로 고착되고 있던 때였다. 두 나라의 협력으로 처리하게 되어 있던 조선 독립 문제는 이러한 상황 변화에 영향받지 않을 수 없었다.

그런데 뜻밖에도 미소공동위원회(이하 '미소공위'로 줄임)는 이 시기에 모처럼 밝은 전망을 보여주고 있었다. 1년 전 중단된 후 방치되어 있던 미소공위가 4월 8일부 마셜 국무장관의 편지를 계기로 재개를 바라보게 되었다. 마셜의 편지는 소·영·중 3개 연합국 외무장관을 상대로 한 것이었다. 소련의 몰로토프 외상도 4월 19일부 편지에서 재개 일자를 5월 20일로 지정하며 화답했고, 이를 수락하는 마셜의 5월 2일부 답신으로 회담 재개 방침이 확정되었다.

미소공위는 5월 21일에 재개되었고, 양측 대표단이 모두 열심히 일했다. 6월 11일 공동성명 제11호로 구체적인 로드맵까지 나왔다. 회담 성공 전망이 확실하지 않았다면 이렇게 열심히 일할 수 없었을 것이다. 북조선 정당·사회단체와 합동회의를 하기 위해 6월 30일 양측 대표단이 평양으로 옮겨갈 때까지도 회담 실패를 걱정할 징조가 보이지 않았다.

그런데 7월 들어 회담이 삐걱거리기 시작했다. 겉으로 드러난 문제는 1년 전 파탄 때와 마찬가지로 협의대상 범위였다. 1년 전에는 반탁운동에 나선 모든 정당·단체를 소련이 거부했는데, 이번에는 기왕의 반탁운동은 불문에 부치고 참여를 신청한 주체들이 더는 반탁운동에 나서지 않도록 하는 정도로 소련이 양보했기 때문에 회담 재개가 순조로웠던 것이다. 그런데 6월 23일의 극렬한 반탁시위에 여러 우익 정당·단체가 직간접적으로 관여한 것이 문제가 되었다.

미국이 미소공위에 성의를 보이자 우익 진영에 균열이 일어났다. 미소공위 실패를 원하던 이승만과 김구는 반탁의 이름으로 미소공위를 거부하고 싶었지만 그 방침에 순순히 복종하지 않는 움직임이 커졌다. 한독당에 합류했던 국민당과 신한민족당 세력이 이탈했고 한민당도 미소공위 참여를 원했다. 이승만과 김구는 한민당 등의 미소공위 참여 신청을 정면으로 가로막지 못하고 장외에서 반탁운동을 벌이는 수밖에 없었다. 한민당 등 미소공위 참여세력도 '반탁'의 명분은 등질 수 없었기 때문에 지지

성명 등으로 연루되지 않을 수 없었다. 소련 측은 6·23시위에 연루된 우익단체의 배제를 주장했고 미국은 이에 반대했기 때문에 미소공위가 또 한 차례 좌초를 겪게 된 것이다. 겉보기로는 그렇다. 하지만 석연치 않은 점이 있다. 7월 들어 미국 측에서 회담 성사를 위한 열의를 보이지 않게 된 것이다.

미국 측에 성의가 있었다면 6·23시위 연루자들을 즉각 실격시키지는 않더라도 강력한 경고는 발해야 했다. 그런데 미국 측은 시위의 의미 자체를 부정하는 태도를 보였다. 소련 대표단 자동차가 시위대의 돌팔매질을 당한 사실을 미국 수석대표도 인정했는데 미군정 경찰은 '사실무근'이라고 잡아뗐다. 그리고 이후 회담에서 협의 대상이나 회담 일정에 대해 조금의 유연성도 보이지 않았다. 회담의 좌초를 바라던 1년 전 태도로 돌아가 버린 것이다.

6월 중순까지도 회담 성공을 위해 열심히 일하던 미국 대표단의 태도가 이렇게 돌변한 까닭이 무엇일까? 이 무렵 유럽에서 진행된 마셜플랜의 전개 과정을 배경으로 이해할 수 있다.

트루먼독트린과 마찬가지로 마셜플랜도 '반공·반소'를 직설적으로 드러내지 않고 있었다. 유럽국이 협의를 거쳐 부흥계획을 세우면 미국이 그 계획에 동의할 경우 지원한다는 것이 마셜플랜의 형태였고 소련 등 공산국들도 초청 대상이었다. 설령 소련이 응하더라도 소련에 대한 원조를 미국 의회가 승인할 가능성이 없었지만, 형식상으로는 초청을 했다. 그리고 동구 공산국을 원조로 유혹해 소련의 영향력을 교란하려는 의도도 있었다.

마셜플랜이 막 발표되었을 때 스탈린 자신도 미국 원조를 신청할 뜻이 있었다는 이야기가 있다. 마셜플랜이 소련을 봉쇄하기 위한 정책이라는 사실이 확인된 뒤에도 스탈린은 실패를 유도하기 위해 참여하는 전략을 고려했다. 그러나 영국과 프랑스가 주도하는 유럽국 협의가 경제공동체 건설과 철저한 상호개방을 원칙으로 세우는 것을 보고 참여를 포기했다.

　미국은 마셜플랜 가동 전에 이미 150억 달러의 원조와 차관을 유럽 각국에 제공하고 있었다. 미국의 압도적인 경제력 때문에 모든 연합국이 경제 부흥을 미국에 의지하고 있었다. 그런데 종전 2년이 지난 시점에서 미국 의회는 대외 원조에 차츰 인색한 태도를 보이고 있었다. 트루먼 행정부는 대규모 지원을 계속하면서 이 지원을 '체계화'함으로써 공산권을 봉쇄하는 냉전체제 구축에 활용하러 나선 것이었다.

　동구권 국가들도 마셜플랜의 유혹을 느끼지 않을 수 없었다. 체코슬로바키아와 폴란드는 마셜플랜 발표 직후 참여 의사를 표명했다. 헝가리도 공식 표명은 하지 않았지만 큰 관심을 보였다. 소련은 이 나라들의 마셜플랜 참여를 막기 위해 강한 압력을 가하지 않을 수 없었다. 1947년 6월에서 7월에 걸쳐 일어난 일이었다.

　마셜플랜 발표를 전후해서 미국은 공산권의 동요를 극대화하기 위해 노력을 기울이고 있었다. 소련이 마셜플랜의 성격을 빨리 파악해서 공산국들 단속에 나서지 못하도록 소련에도 가능한 한 유화적인 태도를 보였다. 6월 중순까지 미소공위 재개에 유별난 성의를 보인 것은 마셜플랜으로 공산권을 유혹하던 시점이었기 때문이다. 7월 들어 미국이 미소공위에서 강경한 입장으로 돌아선 것은 공산권의 보이콧이 확실해졌기 때문이다.

　미소공위 좌초의 징후가 분명하게 나타난 것은 미국 측 브라운 수석대표의 7월 16일 성명에서였다. 미소공위는 모든 발표를 양측 합의를 거치기로 하고 있었다. 그런데 양측의 이견 내용을 일방적으로 발표한 것은 더 이상 합의를 기대하지 않고 좌초 책임을 상대방에게 미루겠다는 뜻이었다. 이로부터 마셜 국무장관이 조선 문제를 유엔에 상정하겠다는 방침을 9월 17일 발표하기까지 두 달 동안 미국 측은 미소공위 좌초를 기정사실화하는 데 몰두했다.

좌초 징후를 보이고부터 유엔 상정을 발표하기까지의 과정이 거침없이 진행된 것을 보면 미소공위를 폐기하겠다는 미국의 방침이 확고히 세워져 있었던 것이 분명하다. 이 정책이 언제 세워진 것일까? 6월 중순까지 미국 대표단이 회담 성공을 위해 전력을 다하는 태도를 보인 것을 보면 적어도 대표단은 미소공위 폐기 방침을 그때까지 몰랐던 것 같다. 유엔 상정은 하나의 가능성으로 검토되고 있다가 6월 말 마셜플랜에 대한 소련의 거부 방침이 확인되면서 소련과의 전면적 대결정책에 휩쓸리게 된 것으로 생각된다.

7월 12일 웨드마이어 장군을 중국과 조선에 대통령 특사로 보낸다는 소식이 나왔다. 중국과의 관계는 미국에 극히 중요하면서도 난처한 문제였다. 마셜 국무장관이 1946년 내내 특사로 활동하면서 대책에 고심한 문제였다. 장개석 정부의 극심한 부패 때문에 원조 계속에 대한 여론이 나빠지고 있었고, 그 능력에 대해서도 의문이 커지고 있었다.

1947년 봄까지도 국민당군이 공산당 근거지 연안을 함락시키는 등 우세를 보였으나 여름이 되자 공산군이 전열을 정비해 팽팽한 대결상태로 돌아갔다. 미국의 원조를 늘리지 않으면 국민당 측이 열세에 빠질 위험까지 있었다. 그런데 트루먼과 마셜은 원조를 늘리기 힘든 처지였다. 이 상태를 심층적으로 검토하기 위해 웨드마이어 특사를 보내는 것이었다.

그런 사명을 띤 웨드마이어 특사의 시찰 대상에 조선을 함께 넣은 까닭이 무엇이었을까. 중국과 조선을 묶어서 하나의 과제로 보는 미국 정부의 시각에 따른 것이었다. 중국에서 장개석 중심의 반공전선을 확고히 할 수 있다면 미국 입장에서는 조선에 대해 유연한 태도를 취할 수 있었다. 반면 중국의 반공전선에 안심할 수 없다면 조선에서의 대결에서 물러설 여지가 그만큼 줄어드는 것이었다.

해방 2주년을 석 달 앞둔 시점에서 미소공위가 재개되고 쌍방 대표단이 열심히 회담에 임할 때, 순조로운 건국에 대한 희망이 최고조에 달했다. 그러나 회담 재개 후 두 달이 지난 7월 중순에는 회담의 성공을 바라기 어려운 분위기로 돌아서고 있었다. 이 시점에서 여운형 암살은 민족주의자들의 희망을 꺾은 결정적 사건이었다.

해방공간 남조선의 거물 정치지도자로 김구와 이승만이 후세에 기억되는 것은 우익 정권이 세워진 후 좌익과 중도파가 매장되었기 때문이다. 1947년 7월 여운형이 암살당할 때까지 해방 후 2년간, 여운형과 박헌영의 영향력은 김구와 이승만에게 뒤지지 않았다. 특히 여운형이 제시한 좌우합작·남북합작 노선은 김구의 독단적 노선에 비해 외세의 작용에 유연하게 대처하면서 민족 내부의 대립을 완화하는 길로서 갈수록 많은 민족주의자의 지지를 모아가고 있었다.

1946년 6월 남조선 단독건국을 제기한 이승만의 '정읍 발언' 당시에는 분단건국의 위협이 그리 심각하지 않았다. 사람들은 대부분 이것을 한낱 노망 증세로 여겼다. 그런데 그로부터 1년이 지나도록 미소공위가 다시 열리지 않는 동안 이 위협이 분명해졌다. 김규식, 안재홍 같은 확고한 우익 민족주의자들이 김구의 곁을 떠나 여운형과의 협력에 매진하게 된 것은 분단건국을 막는 것이 민족주의자들에게 절체절명의 과제가 되었기 때문이다.

3년 전『망국의 역사, 조선을 읽다』작업을 하는 동안 조선 망국의 책임이 얼마만큼 조선인 자신에게 있는 것인지 생각하지 않을 수 없었다. 그 책에서 내가 외인론(外因論), 조선인의 책임보다 외세에서 망국의 원인을 찾는 쪽으로 기울어진 것을 두고 비겁한 자기변명으로 비판하는 이들이 있다. 그러나 나로서는 40여 년간 역사를 공부해온 발판 위에서 내 눈에 보이는 대로 본 것일 뿐이다. 19세기 후반에서 20세기 초반에 걸쳐 동아시아에서 '근대화'는 엄청난 힘을 가진 현상이었다. 조선왕조의 패망은 '동아시아 근대화'의 부수적 사건의 하나였을 뿐이다.

이제 분단건국을 놓고 조선인 자신의 책임 범위를 생각하면서도 나는 외인론에 끌리고 있다. 제2차 세계대전으로 형성된 새로운 상황 속에서 전 세계적 헤게모니를 추구하는 미국과 이에 저항하는 소련의 힘이 한반도에서 맞부딪치고 있었다. 두 힘이 남북의 분단건국으로 일시적 평형을 이룰 기세가 1947년 초부터 뚜렷해지고 있었다. 여운형과 김규식이 대표하는 중간파는 다른 형태의 평형을 제안하고 나섰다. 좌우합작을 통한 중립적 통일건국은 미국과 소련에도 분단건국 못지않게 만족스러운 하나의 대안이 될 수 있었다.

여운형 암살범은 경찰을 포함한 남조선의 극우·반공·친미 세력인 것이 분명해 보인다. 그렇다면 그 암살 책임이 조선인에게 있다고 봐야 할 것인가? 나는 그렇게 보지 않는다. 그 세력이 그런 짓을 할 수 있게 해준 것은 미국의 힘이었다. 조선 망국 때도 친일파 조선인의 역할이 있었지만 그들이 나라를 팔아먹을 수 있었던 것은 그들 자신의 힘이 아니라 일본의 힘 덕분이었다. 구한말의 친일파도 해방 공간의 친미파도 일본과 미국의 힘으로 만들어져 일본과 미국의 이익을 위해 이용된 수단이었을 뿐이다.

1947년 7월 시점에서 미군정이나 국무부 등 미국의 어느 정부기관에서도 여운형 암살 같은 극단적 조치를 공식적으로 결정했을 리는 물론 없다. 소련과의 협력정책에서 냉전 노선으로 넘어가는 이행기에 있었고, 남조선 단독건국 방침도 이제 막 분명해지는 단계였다.

여운형 암살은 조선인의 소행이다. 그런데 나는 왜 그 책임을 미국에 두는가? 암살 세력을 미군정이 키워주었기 때문이다. 하수인들은 범행에 미군정 경찰의 도움을 받았고, 그 범행으로부터 처벌보다 보상이 더 클 것을 믿었다. 지난 2년간 여운형이 겪었던 숱한 테러 위협에 대한 미군정의 반응을 보면 누구나 알 수 있는 일이었다.

여운형 암살 세력은 넓은 의미의 '친미'가 아니라 미국 극우파에 호응하는 세력으로서, 미국의 공식 정책이 냉전 노선으로 확정되기 전부터 미·소 대결의 격화를 위해 매진해온 세력이었다. 남조선에는 이 세력을 키울 수 있는 큰 자원이 있었다. 친일파였다. 이승만의 정읍 발언에서 친일파는 빛을 찾았다.

통일건국이 되어 민족국가다운 민족국가가 세워질 때 기득권을 잃는 것은 물론 처단 대상이 될 수 있는 그들에게 분단건국은 기득권을 지키는 것은 물론이고 더 큰 권력과 이득을 바라볼 수 있는 길이었다. 그래서 그들은 이승만을 중심으로 뭉쳐 좌우 대립과 미·소 대결을 부채질하는 일에 나섰다. 미국의 온건파에게 대안을 제시하는 중간파가 그들의 첫 번째 공격 대상이었고, 여운형 암살은 그 공격의 일환이었다.

2014년 4월
김기협

일러두기

1. 이 책에서 인용한 1차 사료(신문기사, 포고문, 법령 등)는 국사편찬위원회 한국사데이터베이스
   (http://db.history.go.kr)의 자료를 원본으로 하였으며, 일일이 출처를 명시하지 않는 대신 흐
   린 글씨로 표시하였다. 또한 지금은 별로 쓰지 않는 한자어를 우리말로 풀어쓰는 등 한글세대도
   쉽게 읽을 수 있도록 일부 수정하였다.
2. 이 책에서 인용한 글의 서지사항은 처음 나올 때 표기하고, 이후에는 제목과 쪽수만 표기하였다.
3. 인명이 처음 나올 때 한자 또는 원어, 생몰연도를 함께 표기하였다(확인되지 않는 일부 인명의
   경우 제외).
4. 단체명은 처음 나올 때 원래 명칭과 줄임말을 함께 표기하고 이후에는 줄임말을 사용하는 것을
   원칙으로 하였다.
5. 각 장의 말미에 실은 '안재홍 선생에게 묻는다'는 해당 시점(예를 들어 1장 말미의 대담은 1947
   년 5월 말, 2장 말미는 1947년 6월 말)에 저자가 안재홍 선생과 나누는 것으로 가상하는 대담
   이다.

1

"이 박사 지령 앞에
무서울 것이 없다"

1947년 5월 2 ~ 29일

1947년 5월 숭례문에서 서울역 쪽으로 바라본 거리. 당시 서울 모습을 일부나마 볼 수 있다.

1947. 5. 2.

대한민청과 조선민청 해산 명령은 '상호주의'?

——

해방 공간의 청년 단체 중 좌익 단체는 "조선공산당(이하 '조공'으로 줄임), 민주주의민족전선(이하 '민전'으로 줄임), 남조선노동당(이하 '남로당'으로 줄임) 등의 외곽단체로서 이들의 통일적 지도에 따라 정치활동을 전개"한 반면 우익 단체는 "단일 정치조직에 의해 통일적으로 지도된 것이 아니라 주요 우익 지도자들의 노선 분열에 따라 복잡하게 이합집산"한 것으로 류상영이 "해방 이후 좌·우익 청년 단체의 조직과 활동" 맺음말에서 정리했다(『해방 전후사의 인식 4』, 한길사 2006, 99~100쪽).

좌익 청년 단체가 조선공산주의청년동맹(이하 '공청'으로 줄임, 1945. 8. 18)에서 조선민주청년동맹(이하 '조선민청'으로 줄임, 1946. 4. 25)을 거쳐 조선민주애국청년동맹(이하 '민애청'으로 줄임, 1947. 6. 5)의 흐름에 대개 포괄된 반면 우익 청년 단체의 계보는 정말 복잡하다. 이 차이를 류상영은 '통일적 지도'의 유무로 설명했는데, 내 생각에는 조직 원리가 돈이냐 이념이냐의 차이가 더 중요한 것 같다.

구양수(歐陽脩, 1007~1072)가 붕당론(朋黨論)에서 의리로 뭉친 조직과 이익으로 합친 조직의 차이를 설명했거니와, 이익의 관계는 쉽게 쪼개지고 쉽게 변한다. 조직의 성립이 전주(錢主)의 존재에 의지하기 때문이다. 그런데 해방 공간에서 좌익에게는 큰돈이 없었다. 그래서 공산당과 남로당에 대항하는 좌익 정당들이 있어도 조직을 따로 만들 수 없었던 것 아닐까.

1945년 11월 20~22일의 전국 인민위원회 대표자대회를 파괴하기 위해 조선건국청년회(이하 '건청'으로 줄임)가 나섰을 때 동원자들에게 일당을 준 사실이 들통 났다(1945년 12월 16일자 일기). 자본가들이 공장을 직원위원회로부터 빼앗기 위해 폭력배를 대량으로 고용한 데서 우익 청년 단체의 조직이 시작된 것으로 보인다.

1946년으로 넘어올 때 반탁운동이 일어나면서 우익 폭력조직이 궤도에 올랐지만 청년 단체는 대한민주청년동맹(이하 '대한민청'으로 줄임), 대한독립촉성국민회청년단(이하 '국청'으로 줄임), 한국청년회, 한국광복청년회 등 여러 갈래로 이합집산을 계속했다. 1946년 말에는 중도 우파를 지지하는 조선청년당도 결성되었다.

우익 청년 단체의 사병(私兵)화는 미군정에도 걱정거리가 되었다. 그래서 1946년 9월 이범석(李範奭, 1900~1972)을 앞세워 조선민족청년단(이하 '족청'으로 줄임)을 만들었다. 족청은 미군정의 파격적 지원 아래 순조롭게 세력을 넓혀나갔으나 다른 청년 단체들처럼 정치 활동에 직접 나서지는 않았다. 미군정의 지원 기준에 따른 것으로 보인다.

이범석과 함께 광복군의 상징적 지도자였던 이청천(李靑天, 池靑天, 1888~1957)은 1947년 4월 21일 이승만과 같은 비행기로 귀국했다. 그가 5월 2일 조선청년당 지도자들과 만나 청년 운동의 통합을 역설했다는 짤막한 보도가 나왔다.

> 이청천 장군은 귀국 후 처음 조선청년당 최고위원과 회견하고 "조선 독립을 전취(戰取)할 유일한 방도는 오로지 청년 운동의 단일화에 있다."라고 말한 후 금후 추진할 청년 운동 방책에 대한 중요한 협의를

장시간에 걸쳐 말하였다 한다.

(「이청천 장군 청년당과 회담」, 『동아일보』 1947년 5월 3일)

이청천은 1945년 11월 임정 귀환 때 광복군 조직 사업을 계속하기 위해 중국에 남아 있었다. 그 조직 사업이란 중국에서 항복한 일본군 가운데 조선인 장병들을 빼내어 광복군에 편입하려는 것이었는데, 연합국 포로 처리 방침에 저촉되기 때문에 성공하지 못했다. 그 후 중국에서 무엇을 했는지는 알아볼 길이 없다. 1946년 5월에서 6월에 걸쳐 그가 곧 귀국한다는 소식이 있었으나(「이청천 장군 귀국 환영 준비」, 『자유신문』 1946년 5월 21일; 「이청천 장군 환영위원회 조직」, 『자유신문』, 6월 16일) 귀국하지 않았다. 그의 부인은 김규식(金奎植, 1881~1950) 부인, 이범석 부인과 함께 7월 하순에 귀국했고(「해외투사 부인 환영회를 개최」, 『자유신문』 7월 30일), 연말에는 독지가들이 그의 가족에게 위문금 2만 4천 원을 전했다는 기사가 보인다(「이청천 장군 가족에 위문금」, 『자유신문』 1946년 12월 28일).

그런 그가 아무 예고 없이 이승만과 같은 비행기로 돌아왔다. 이튿날 찾아온 기자에게 이제부터 조선 실정을 공부할 작정이며 이외에는 아무런 계획도 없다는 말에 이어 "이번 이 박사는 우연히 한 비행기에 편승하게 되었을 뿐 하등의 협의도 없었다."라고 주장했다(『자유신문』 1947년 4월 23일).

임정 요인으로서 광복군 총사령관 이청천의 성망은 김구 주석에 다음가는 것이었다. 그의 귀국 소문만으로도 오세창(吳世昌, 1864~1953, 회장), 안재홍(安在鴻, 1891~1965), 김병로(金炳魯, 1887~1964), 남상철(南相喆, 1891~1978), 조병옥(趙炳玉, 1894~1960, 이상 부회장)이 이끄는 환영위원회가 조직될 정도였다. 그런 그가 공식적 예고 없이 불쑥 이승만을 따라 들어왔는데 아무 협의가 없었다고?

　그는 아무런 계획도 갖지 않고 귀국했다고 말했지만, 열흘 후 조선청년당과 만난 것을 보면 청년 운동에 뜻이 있음을 알아볼 수 있다. 그는 그 후 대동청년단을 만들어 우익 청년 단체 통합에 나섰다. 이범석의 족청이 기존 단체들과 관계없이 새로 단원을 모집한 데 반해 대동청년단은 우익 단체 통합에 주력했다. 광복군의 두 지도자가 우익 청년 운동에서 경쟁을 벌이게 되는 것이다. 한 사람은 미군정을 등에 업고, 한 사람은 이승만을 등에 업고.

　민정장관 안재홍의 행정명령 제1호는 4월 22일에 나온 것이었다.

　　행정명령 제1호
　　대한민청의 해산(략)
　　1947년 4월 22일
　　상 요청함 경무부장 조병옥
　　상 건의함 민정장관 안재홍
　　상 인준함 군정장관 미국육군소장 아처 엘 러치

(『군정청관보』 1947년 4월 22일)

　경찰에서도 도저히 감싸줄 수 없는 짓을 대한민청이 저지른 데 따른 결과였다.

　　20일 밤 수도경찰청에서는 돌연 활동을 개시하여 시내 남산동 구 동본원사 자리에 있는 대한민청 본부를 수사하였는데 이에 대하여 21일 수도청에서는 다음과 같은 특별발표를 하였다.
　　"20일 오후 9시경 씨·아이·씨 통고에 의하여 수도청장 직접 지휘하에 무장경관 70명이 남산동 대한민청 본부를 습격하여 시체 1(정진룡=32)과 부상자 10명을 발견하였다. 부상자는 백인제병원과 세브란스병원에 입원시키고 대한민청 김두한 이하 32명을 포박 취조 중인데 시체는 타박상을 입은 것이 판명되었다."

(「수도청서 대한민청수사-수도청 특별 발표」, 『경향신문』 1947년 4월 22일)

8일 공보부 특별발표에 의하면 민정장관 안재홍은 행정명령 제1호로 대한민청을 해산하였는데 그 이유와 내용은 대략 다음과 같다.

"대한민청단원은 서울에 본부를 두고 공공연히 대한민청원의 이름으로써 폭행과 협박을 감행하며 테러와 악한단의 행동을 계속하여왔다. 이러한 행동은 질서 있는 정부와 조선의 진정한 민주주의의 발전에 직접 위협을 주는 것이므로 본관은 다음과 같이 명함.

1) 대한민청은 해산함을 요하며 자에 즉시 해산됨

2) 법령 제55조에 의한 해 단체의 등록은 취소함

3) 해 단원은 동양의 정책을 취하는 다른 단체에 가입함을 금함(략)."

(「행정명령 제1호로 대한민청 해산. 테러행동 계속이 원인-공보부 특별 발표」,

『조선일보』 1947년 5월 10일)

행정명령 제2호는 5월 16일에 나왔다.

행정명령 제2호

조선민청의 해산(략)

1947년 5월 16일

우 요청함 경무부장 조병옥

우 건의함 민정장관 안재홍

우 인준함 조선군정장관 미국육군소장 아처 엘 러치

(『군정청관보』 1947년 5월 16일)

대한민청의 경우와 같은 구체적 이유가 없었다. 일종의 '상호주의' 였을까? 대한민청을 해산했으니 조선민청도 해산해야 한다는 주장이 군정청 내외의 우익 인사들에게서 나온 결과로 짐작된다. 그런데 두 단체가 이름은 비슷하지만 대한민청이 단순한 테러단체인 반면 조선 민청은 좌익 청년 운동의 주류였으니 타격은 왼쪽이 훨씬 더 컸다.

이 정도의 상호주의도 지켜지지 않는 일이 많았다. 조병옥의 회고 중 하지에게 진언해서 '민애청'('조선민청'을 착각한 것으로 보임)을 해체 했으나 상응조치로 서북청년회도 해체하라는 지시를 모면한 일을 자 랑스럽게 적은 대목이 있다.

하지 장군은 '민애청'을 해체시킴과 동시에 서북청년회를 해산시키 라고 삼차에 걸쳐 아놀드 군정장관을 통하여 지시를 내렸다. 그러나 나는 서북청년회의 해체의 부당성을 지적하고 그대로 있었는데 그동 안 군정장관이 변경되어 [바뀐 시점에 대해서도 착각이 있는 듯] 러 치 장군이 군정장관으로 취임하게 되자 서북청년단의 해체를 또다시 지시하는 것이었다. 그래서 나는 그 부당성을 지적하기를 북한 공산 치하에서 가혹한 비민주적 독재정치에 시달려 갖은 고역을 다 맛본 젊은 청년들이 고향과 부모형제들과 생이별을 하고 월남한 그들에게 다소 불법성이 있었다고 해서 서북청년회와 같은 열렬한 반공적 우 익청년 단체를 해체한다고 하는 것은 한민족의 자유독립을 완성하기 위한 준비기관인 미군정치의 본래의 임무와 사명에 어긋나는 처사일 뿐만 아니라 또 서북청년회를 해체하는 경우에는 국립경찰만으로는 남한의 치안을 유지할 도리가 없는 실상이므로 절대로 서북청년회를 해체해서는 안 된다고 주장하였던 것이다. 그래서 이와 같은 나의 주장을 러치 군정장관은 하지 중장에게 설명하고 그 해체 지시를 철회할 것을 요청하였다. (조병옥, 『나의 회고록』, 선진 2003, 149~150쪽)

식민지시대보다 경찰 병력을 갑절이나 늘려놓고도 서북청년회 같은 테러단체 없이는 치안을 유지 못하겠다니, 참 염치도 좋다. 그런 단체의 도움으로 지키겠다는 치안이 도대체 어떤 치안인지.

1947. 5. 4.

미국의 '원조'는 냉전의 '무기'

마셜 미 국무장관이 4월 8일 보낸 미소공위 재개에 관한 편지는 소련
만이 아니라 영국과 중국 외무장관들을 상대로 한 것이었다. 파리에서
미·영·프·소 4국 외상회담이 열리고 있는 중에 편지라는 형식을 취
한 것은 공식적 입장을 분명히 한 것이다. 그 응답으로 4월 19일 몰로
토프(Vyacheslav Mikhailovich Molotov, 1890~1986) 소련 외무장관이
미·영·중 외상에게 보낸 편지 역시 극히 공식적인 것이었다.

이에 비해 5월 2일 마셜이 몰로토프에게 보낸 편지는 개인 명의였
다. 앞서의 편지가 소·영·중 3국 정부를 상대로 했던 것과 달리 이것
은 소련 외무장관 하나를 상대로 쓴 편지를 영국과 중국에도 참조하라
고 보낸 것이었다. 물론 이것도 공식 외교문서이기는 하지만 4월 8일
의 편지에 비하면 보완적이고 부수적인 것이었다.

4월 19일자 몰로토프의 답신으로 중요한 합의는 충분히 이뤄졌음을
전제로 다음 단계의 세부적 사항에 관해 이야기하겠다는 것이었다. 4
월 19일 몰로토프 편지에서 재개 일자를 5월 20일로 명시한 것은 날짜
까지도 양국 간에 합의되어 있었음을 보여준다.

〔워싱턴 3일발 AP 합동〕 마셜 미 국무장관은 공위재개에 관한 몰로

토프 소련 외상 서한에 대하여 개인적 명의로 3일 밤 회한을 전달하였다 하는데 이것은 공위 재개 전에 조선 문제에 대한 미·소 양측의 대립을 해결하자는 데 그 목적이 있는 것인바, 마셜 미 국무장관은 장차의 오해를 방지하기 위하여 몰 외상에게 그 서한에 사용될 언구에 대한 정확한 정의를 요구하는 동시에 마 미 국무장관은 이에 대한 미 측의 해석을 부(附)하였다 한다. 동시에 마 미 국무장관은 공위재개에 있어서 미·소 양국이 상호적 합의를 보았다는 사실을 몰 소 외상이 가급적 속히 확인 회답할 것을 요구하였는데 미 측은 만약 이 회답이 없거나 또는 양측 대립이 공위 재개 전에 해결되지 않으면 미 측은 공위 재개에 찬동치 않을 것이라 한다. 그리고 금반 마 미 국무장관의 서한 내용은 여좌하다.

(「자주독립 조선 수립, UN참가 조건 찬동」, 『동아일보』 1947년 5월 4일)

5월 20일 미소공위 재개는 이미 4월 19일 몰로토프 서한으로 분명해져 있었고, 5월 2일 마셜의 답신으로 완전히 확정되었다.

이북 정치계가 어느 정도 정비되어 있었는지가 재개된 미소공위에 대한 참여 방식에서 단적으로 드러난다. 재개 후 협의에 참여한 단체는 이남에서 425개였는데 이북에서는 38개뿐이었고, 이 38개 단체는 세워질 국가의 형태와 정책에 관한 미소공위의 질문서에 단 하나의 공동 답변서를 제출했다.

건국 방향에 대한 이북 주민들의 민의가 단 하나의 통로로 표출된 것이다. 이 통로에 불만을 가진 사람들이 전혀 없었을 리는 없다. 그런데도 하나의 통로만이 나타난 것은 어느 정도까지는 인민 대다수가 만족할 만한 합의가 이뤄진 결과이기도 할 것이고, 또 어느 정도까지는 억압이 작용한 결과일 것이다.

억압과 합의가 각각 어떤 비중이었는지 확인하지 못하는 것이 유감이다. 그러나 이남에 비하면 권력의 억압이 적었던 것이 분명하다. 소련군의 역할이 미군에 비해 작았고, 이남과 같은 거대한 국가경찰도 존재하지 않았으니까. 이남에 비해 정치적 합의가 훨씬 잘 이뤄져 있었다는 사실에는 의문의 여지가 없다.

문제는 이남 정계의 반응이다. 이남 정계에서는 통일국가 건설보다 미국에 의존하는 국가를 세우기를 원하는 한국민주당(이하 '한민당'으로 줄임)·이승만 세력이 위세를 떨치고 있었다. 미소공위의 성공을 바라지 않는 세력이었다. 조금 다른 입장이지만 김구 세력도 미소공위를 외면했다. 그리고 좌익과 중간파는 미소공위 성공을 바라는 입장을 함께하면서도 원하는 결과에 대해 폭넓게 합의하지 못하고 있었다.

그래서 이남의 여러 정파는 미소공위에서의 발언권을 늘리기 위해 온갖 단체를 만들어 참가를 신청했다. 일차 참가한 435개 단체 중 허위단체로 판명되어 먼저 탈락한 3개를 뺀 432개 단체가 각각 대표한다고 주장한 회원 수를 합산하면 6,481만 4백 명, 이남 인구의 3배에 달했다. 제2차 미소공위의 실패 원인 가운데 하나는 허위단체를 철저히 규명해서 배제하자는 소련 측 주장을 둘러싼 것이었다.

이런 혼란상이 회담에서 미국 측에게 불리한 점이었다. 이북에서는 1946년 11월의 인민위원회 선거를 통해 주민의 의견 수렴 절차가 있었던 반면 비슷한 시기 이남의 입법의원 선거에는 그만한 의미가 없었다. 민선 절반, 관선 절반인 입법의원의 권위는 미군정 스스로도 인정해주지 않는 것이었다. 이남 주민의 민의는 조정되지 않은 채 수많은 단체를 통해 제각각 미소공위에 고개를 들이미는 형편이었다.

4월 19일자 몰로토프 서한에서는 미소공위가 7, 8월 중에 회담 결과를 미·소 양국 정부에 보고하게 할 것을 제안했다. 5월 20일 재개

1947년 2차 미소공위의 한 장면. 1차 때와 마찬가지로 협의단체 자격문제를 놓고 갈등을 드러냈다. 오른쪽에 여운형과 김규식이 보인다.

한 회의를 늦어도 7월 중에는 마무리해야 하는 일정이었다. 미군정 당국자들은 그 전에 남조선의 보통선거를 통해 모은 남조선 민의를 미소공위에 강력하게 제기할 수 있기 바랐다. 그래서 선거법 제정을 서둘렀다.

러치(Archer L. Lerch)가 3월 14일 입법의원에게 보낸 선거법 제정 촉구 편지를 3월 28일자 일기에서 소개했다. 그 편지 끝에서 러치는 이렇게 말했다.

"지금의 관선 반, 민선 반은 진정한 민주주의가 못 됩니다. 과도입법의원의 제일목적은 총민선에 의한 입법의원이 설립되도록 선거법을 제정함에 있으니 다른 모든 것을 보류하고 총선거법을 제정하기 바랍니다."

(「입의에 재서한, 러치 장관 선거법 최촉(催促)」, 『자유신문』 1947년 3월 18일)

미소공위 일정이 잡히고 보니 러치는 더욱 다급해졌다. 러치는 5월 8일 이런 담화를 발표했다.

"조속한 기간 내에 선거법을 제정 실시키 위하여 본관은 이미 입의에 초안까지 작성 제출한 바 있다. 입의로서는 속히 이 법안을 통과시킬 것을 희망한다. 일부 인사들은 보선법을 제정하기 전에 우선 헌법 부일협력자법안부터 제정하려고 하는데 나는 이에 반대한다. 이들 법안은 장시일을 요하는 것이기 때문에 보선법을 통과시킨 후에 해야 될 줄로 안다. 정치가들이 내 의견에 반대가 많은 것으로 본다.

그러나 현재 조선에 가장 필요한 것은 보선법이다. 본관은 이미 수차나 6월 30일까지 보선법을 제정치 못하는 경우에는 군정법으로서 발표하겠다고 언명한 일이 있다. 입의에서는 6월 30일 이전에 동 법안을 통과시킬 것을 희망한다. 얼마 전에 미 국회는 희·토(希·土, 그리스·터키) 원조안에 대한 토의가 있었다. 그때에 어떤 의원은 희·토 원조에 있어서 6개 조건을 제출한 사실이 있는데 그중 한 조건은 그리스 정부의 요직은 선거에 의하여 결정해야 된다는 것이다. 희·토 문제가 일단락되면 조선 문제가 미 국회에 상정될 것이다. 속히 조선에도 선거법이 제정되어 선거가 실시된다면 미 국회에서 조선 문제를 토의할 때에 유리할 것이다.

현재 입의는 반이 민선인데 전원이 선거에 의한 의원이라야 되겠으니 속히 보선법이 제정되어야 한다. 미소공위가 재개될 것을 희망하는 바이며 조선 정부의 행정주석이 선거에 의하여 결정된다면 공위 재개 시에도 조선 문제가 유리하게 될 것이다. 이러한 이유로서 본관

은 보선법 제정이 다른 문제 때문에 지연되어서는 안 된다는 것을 강
조하는 바이다."

(「공위 재개 여부 불구코 보선법 제정 급무」, 『동아일보』 1947년 5월 9일)

때마침 미국의 대조선 원조에 관한 더 구체적인 이야기가 나오고 있
었다.

〔워싱턴 9일발 AP합동〕 대 희·토 원조안을 심의 중이던 미 하원은 8
일 최후적 표결 단계에 들어갔는데 이와 동시에 대 남조선 7천5백만
불 원조안도 8일 국회에 상정되었다 한다. (…)

(「금년 원조 7천5백만 불, 미 국회에 정식 상정」, 『동아일보』 1947년 5월 10일)

미국의 남조선에 대한 대규모 경제 원조 이야기는 1947년 3월 트루
먼독트린 발표 이후 나온 것으로, 소련과의 협조에 구애되지 않겠다는
공세적 노선의 일환이다. 따라서 미소공위가 성공할 경우 일방적 원조
정책은 재검토되어야 할 것이었다. 4월 19일 몰로토프 회신 직후 미
국무부 대변인의 논평이 있었다.

〔워싱턴 25일발 AP 합동〕 미소공동위원회 재개에 대한 몰로토프 소
외상의 제안에 관련하여 미 국무성 대변인은 여좌히 관측하고 있다.
즉 남조선 재건에 대한 미 측 원조안은 금반 소련 측 제안으로 말미
암아 수정될 가능성이 있는 것이다. 모 소 외상은 그 제안에 있어서
미·소 양국은 조선을 민주주의적 독립국가로 회복시키고 조선의 경
제문화를 향상시킴으로써 조선인민에게 원조를 부여하여야 한다고
말하였는데 만약 이것이 소련 측의 조선에 대한 미·소 양국 공동원

조의 암시라고 한다면 현재 미 측이 고려하고 있는 대남조선 원조안은 변경되어야 할 것이며 또 만약 소 측도 조선에 대하여 원조를 부여한다면 미 측의 조선에 대한 원조의 필요성도 삭감된다는 것이다. 한편 이승만은 상해에서 미의 대남조선 원조액은 6억 불에 달할 것이라는 트루먼 미 대통령의 언약이 있다고 발표한 바 있었는데 이에 대하여 상원의원 버드는 상원에서 만약 이러한 사실이 트 대통령으로부터 언약되었다면 미 국회는 이 사실에 대하여 통지를 받아야 할 것이고 만약 이 박사 언약이 정확치 않았다면 이것은 수정되어야 할 것이라고 언명한 바 있었다.

(「소련 측 제안으로 대 조선 책 수정? 미국 국무성 대변인 담」,

『조선일보』 1947년 4월 26일)

남조선 원조정책이 공위 재개에 따라 보류될 것이라는 국무성 대변인의 논평은 5월 중순에 다시 전해진다.

〔워싱턴 15일발 AP합동〕 미 국무성 대변인은 공위 재개와 대남조선 원조에 관련하여 다음과 같이 말하였다. "미·소 양국이 공위 재개를 결정하였다는 것은 미국이 남조선을 경제적으로 자립시키기 위하여 고려되고 있는 7천5백만 불 원조부여안이 연기 보류된다는 것을 의미하는 것이며 남조선 재건안은 국회가 휴회하기 전에 공위가 실패한다 하더라도 당분간 보류될 것이다. 한편 현재 국회는 7월 31일 휴회할 것으로 예측되고 있는데 국회 휴회 후에는 남조선 원조안은 국회가 재개될 때까지 가결될 가능성은 없는 것이다."

(「남조선 원조 연기 보류 호(乎)」, 『자유신문』 1947년 5월 16일)

트루먼독트린에 의거한 미국의 공세적 정책에서 '원조' 형태의 돈은
중요한 무기였다. 소련이 이 시점에서 미소공위 재개에 적극적으로 나
온 이유도 미국의 원조 공세에 대한 대응이라고 보는 견해가 있었다.
러치가 선거법 제정을 재촉하면서 '원조'를 들먹인 것도 무기로서 돈
의 위력을 여실히 보여주는 장면이다.

입법의원에서는 김규식 의장을 비롯한 중간파가 선거법보다 친일파
특별법을 먼저 처리해야 한다고 버티고 있었다. 5월 들어서도 여러 차
례 회의가 특별법안 수정을 둘러싸고 공전되고 있었다. 더 참을 수 없
게 된 러치는 5월 13일 다시 서한을 보냈다. 5월 8일 담화문과 대략 같
은 내용이었다.

친일파 특별법 없이 선거법이 제정되기를 바라던 세력에서는 신이
나서 러치의 재촉에 편승하고 나섰다. 이승만이 그날로 발표한 성명
중 뒷부분을 옮겨놓는다. 친일파 처단을 주장하는 사람들을 선거법 제
정을 늦춘다는 이유로 반민족분자로 몰아붙이는 논리는 반공을 기준
으로 민족주의자들을 단죄하는 틀로 이어지게 된다.

"과도입법의원의 책임은 정식입법의원을 성립하는 데 있거늘 그 직
책을 버리고 딴 문제로 세월을 허비한다면 세인 이목에 한인들이 민
주정치를 진행할 능력이 없다는 조소를 면치 못하리니 입법의원은
하루바삐 그 직책을 실행해야만 될 것이요 그렇지 못하면 독립을 지
연하는 죄책을 면하기 어려울 것이다. 우방들의 협의로 총선거권을
행하기로 작정되어 각국이 그 결과를 기다리고 있는 중인데 우리가
이것을 못해서 군정발령으로 선거를 행하게 된다면 이는 한인들의
명예나 권리에 대하여 어떠한 영향이 있을 것을 누구나 생각하여볼
것이다.

이런 정세하에서 종시도 각 정당이나 개인관계로 총선거법안을 통과
치 못하면 우리는 좌우익을 물론하고 입법의원 제씨가 국권회복을
방해하는 자로 인정하지 않을 수 없으니 일반 동포는 이분들에게 방
임치 말고 무슨 방법으로든지 하루바삐 보선법안 통과하기로만을 결
심하고 매진하여야 한다."

(「보선법 제정 급무, 이의 천연은 독립 방해자~이 박사 성명」,

『동아일보』 1947년 5월 14일)

1947. 5. 9.

고리짝 속에 무엇이 들어 있었을까?

———

오랜만에 오기영(吳基永, 1909~?)의 수필 한 편을 소개한다. 1947년 2월 『신천지』 제2권 제2호에 실렸던 것인데 이 무렵 세태의 일단과 함께 정치 상황이 그려져 있다.

「선량(善良)의 질식(窒息)」

애꾸만 사는 세상에 두 눈을 가지고 갔더니 병신구실을 하였다든가. 확실히 지금 이 판국에 맘 바르고 행실이 똑똑한 사람은 병신구실을 할 수밖에 없다. 모리배가 신사요 수회관리(收賄官吏)가 유능한 관리요 친일파가 애국자로 되어 있는 세상에서 청렴한 자 밥을 굶고 개결(介潔)한 관리는 미움을 받아야 하며 애국자는 감옥이나 가야 하는 것은 의당한 일이라 기괴할 것이 없을 것이다. 그런데 이것이 남의 이야기가 아니라 우리가 당하고 있는 일이니 한심타 하는 바다. 그 간악한 일제의 폭압에서 벗어나서 평화와 자유와 평등을 누리는 한 나라를 세워서 인민을 위하여 인민의 손으로 인민의 정치를 하자던 노릇이 세상이 거꾸로 되기로니 이 지경으로 거꾸로 되어서야 옳단 말인가.

이것을 탄식이나 하고 말기에는 오늘날 이들의 작폐가 너무도 심하여 얻은 줄 알았던 독립은 까마득하게 되었다. 옛 시절의 그 지긋지긋하던 배급쌀 타령이 도리어 규칙적이요 제법 믿을 만하였던 것이라고 보게 되었고 해방 이후의 감옥이란 친일파 민족반역자와 파렴치 범죄한을 위해서만 필요할 줄 알았던 것이 뒤집혀서 여전히 애국자의 갈 곳이 여기요 자유로운 대로(大路)는 군자 아닌 저들 악질분자의 활개치는 마당이 되어버렸으니 아무리 성미를 누그러뜨릴지라도 기가 막힌 세상이라 아니할 수 없다. 꼴 보기 싫은 세상이라고 잊어버리기에는 이 땅에 이 기회가 그래도 우리를 갱생시키는 기회라 하니 그래서 설마설마하며 참아온 지도 이미 오래다. 그런데 여전히 돈이면 만사형통이라 믿는 자가 있고 그래서 또 먹을 수만 있으면 먹어주자는 패가 있다.

옛날 일본의 어느 대신은 자갈을 협잡해 먹고도 이빨이 건전하여 그 민중이 놀랐더니 그 다음 어느 대신은 철도를 먹고서도 역시 건강하여 세상을 아연케 했다지만 오늘 조선의 관리 중에는 복중(腹中)에 잡화상을 차리려는 모양인지 닥치는 대로 마구 들어가는데 고무신도 좋고 가죽도 좋고 병정구두도 좋고 빨래비누도 좋고 광목도 좋고 그나마 또 식량(食量)이 어떻게 거량인지 가죽을 한꺼번에 6백만 원어치도 꿀떡 하며 집어삼키는 판이니 송도(松都) 말년의 불가살이도 기절할 지경쯤 되어 있다.

또 하나 알다가도 모를 일이 있다. 이렇게 뱃속에 잡화상을 차려놓은 관리 중에 혹 체증이 생겨서 소화불량 끝에 철창 있는 입원실에 모셔가게 되면 의술도 각양각색인 모양이라 집증(執症)도 서로 달라서 입원 자격이 있네 없네 하고 옥신각신하는 소문이 쩍하면 세상 밖에까지 나오는 것이다.

어떤 환자는 십팔만 원짜리를 백몇십만 원인가로 불려 먹다가 체증이 걸린 모양인데 한 의사는 단단히 입원할 필요가 있다고 하는데 한 의사는 또 뭐 그럴 것 없다고 퇴원을 시켰다. 하기는 나중 의사의 집증은 옳은 양하여 그는 퇴원하는 날로 다시 대도(大道)에 활보한다는 신문기사가 나는 판이다. 신문은 다시 이들 의사들이 집증의 한계를 정하기 위하여 회의까지 하였다고 전한다. 그러나 궁금한 것은 이 한계를 정하는 회의에 있어서 어느 만한 한계로 국민의 보건을 고려한 것이냐 하는 것이다.

거기다가 모를 일이 또 하나 있다. 이들 모리배와 악덕 관리와 친일파의 작폐가 이렇듯 심한 것은 이제 와서 전 민중의 일상생활에서 체험하고 남은 일임에도 불구하고 이들을 숙청하자는 주장이 대단히 극렬한 사상의 발로로 인정되는 점이다.

친일파가 친일하던 수단으로 또다시 친미를 하되 진실된 친미가 아니라 제 버릇 개 주지 못하여 사리사욕을 위한 친미인지라. 모리의 원천이 여기 있고 선량한 인민의 생활고가 여기서 말미암음을 누구나 알고 있건만 어째서 이들을 시급히 숙청하라는 주장이 어느 한편의 주장으로만 되어 있으며 그래서 그들을 싸고도는 편에서는 이것이 정쟁의 한 표어쯤으로 인정하는 태도를 취하느냐 하는 것이다.

한때 술이 귀해졌을 때 술에다가 물을 타서 파는 자가 있었다. 이것이 더욱 발달한 나머지 물에다가 술을 타서 파는 자가 보통으로 되었던 것을 우리는 기억한다. 요즘 세상도 이보다 나을 것이 없기는커녕 역사는 발전하는 법칙이 여기도 응용되는 것인지 악덕상의 악덕수단은 시대와 함께 발전하는 모양이다. 그리하여 드디어 선량한 사람이 도적놈의 틈에 끼어 사는 세상이 되어버렸다. 선량한 인민 속에 역시 한두 불량한 분자가 끼어 살되 숨도 크게 못 쉬며 몰래 살던 옛 시절에 비하여 도적놈 틈에 끼어서 질식상태에 빠져 있는 선량한 인민의 신세가 그저 딱하다고만 보아두는 것으로 그만이라야 옳은가? 어디 두고 보자.

이 글을 올릴 생각이 바짝 든 것은 1947년 5월에 사람들의 큰 관심을 모은 한 건의 사기사건 때문이다. 주범의 이름에 따라 '이범성 사건'이라고도, 사기 금액이 엄청나게 크다고 하여 '2천만 원 사기사건'이라고도 했으며, 사기 품목에 따라 '고리짝 사건'이라고도 했다. 그리고 김규식이 이 사건에 연루되었다는 흑색선전에 시달렸다.

종방(鐘紡) 창고에 일본인 소유의 고리짝 다수가 보관되어 있었는데 그중 1만 개를 이범성의 회사에서 불하받게 되는 것처럼 서류를 위조하여 피해자들에게 보이고 몇 개를 나눠줄 테니 얼마를 내라는 식의 사기였다고 한다. 5월 13일자 『동아일보』 기사에는 170만 원을 내고 5백 개를 분양받기로 한 한 피해자의 사례가 소개되어 있다.

고리짝 하나에 3천여 원씩 흥정이 된 셈인데, 분양받는 사람들은 하나의 가치가 만 원은 된다고 믿었기에 선금을 내며 거래에 응했을 것이다. 고리짝 자체가 값비싼 공예품이었을 리는 없고, 내용물의 가치 때문에 고리짝 하나가 쌀 몇 가마 값으로 통했을 것이다.

내용물이 무엇이었는지 당시의 신문기사에 밝혀진 것이 없다. 알고 보니 조선에 거주하던 수십만 일본인이 해방 후 돌아갈 때 가져가지 못하는 것을 고리짝에 담아두게 한 것이었다. 각자 몸에 지니고 갈 수 있는 짐만 가져가게 하고 그 밖의 재산 중 꼭 보관하고 싶은 것을 고리짝에 담아두도록 한 것이었다.

재조선 일본인의 재산은 식민통치에 의거해 부당하게 취득한 것이므로 조선과 조선인이 돌려받아야 한다는 주장이 당시 당당하게 통했다. 하지만 농지나 공장 같은 생산재, 나아가 토지나 건물 같은 부동산에는 그런 주장을 적용한다 하더라도 의복이나 가구 같은 개인 소비재까지도 압수 대상으로 삼을 수 있는 것일까?

체제 붕괴 상황에서 개인들도 피해를 입을 수 있기는 하지만, 고리짝에 넣어 체계적으로 보관했다는 것은 그 소유권을 인정했기 때문이 아니겠는가. 그것을 시중에 풀어 팔아먹을 수 있게 한다는 생각을 사기꾼과 피해자들이 모두 할 수 있는 상황이었다는 사실을 이 사건이 보여준다. 일본인의 권리를 원천적으로 부정하는 사회는 이제 그 구성원들의 권리가 원천적으로 부정되는 사회로 이어질 수밖에 없다.

1947. 5. 11.

『동아일보』와 장택상의 합작 '빨대질'

———

5월 13일 안재홍 민정장관이 한 가지 특이한 조치를 취했다. 경찰에서 조사하고 있던 '이범성 사건'을 검찰에 넘기도록 지시한 것이다. 공소권이 검찰에 있으므로 경찰에서 조사한 범죄사건은 때가 되면 검찰로 이관하게 되어 있다. 행정수반이 나서서 넘겨라 말라 할 필요가 없는 일이다. 그런 점에서 특이한 조치였고, 해명이 필요한 일이었다.

안재홍 민정장관은 문제의 이범성 사건을 경찰의 손에서 검찰당국에 넘기도록 경무당국에 지시한 이유를 15일 다음과 같이 말하였다.
"동 지시는 지난 13일 경무부장과 사법부장에게 하였다. 동 사건의 전모는 이미 판명되었고 경찰도 취조를 더 할 것도 없다. 특히 동 사건은 정치지도자 김규식 박사와도 관련된 것같이 말이 돌아 일반이 특별한 관심을 가지고 있고 또 검찰당국에서도 오래전부터 동 사건을 조사해왔으니만치 신속히 검찰당국이 착수하여 재빠른 귀결을 지어 일반의 궁금한 심경을 풀게 하기 위하여 그러한 지시를 한 것이다. 김규식 박사가 동 사건에 관계하였다는 경찰의 보고를 아직 듣지 못하였고 김 사법부장도 현재까지 조사한 바에 의하면 김 박사는 절대 관계가 없다고 말하였다. 어쨌든 이범성이가 김 박사의 이름을 팔고 사기를 한 것은 사실인 것 같다."

(「이범성 사건, 안 장관 지시로 검찰청에 이관」, 『자유신문』 1947년 5월 16일)

왜 이런 특이한 지시가 필요하게 되었나? 민정장관이 보기에 때가 되었는데도 경찰에서 이관하지 않고 있었기 때문이다. 이 사건에 김규식 연루설이 시중에 퍼졌으므로 서둘러 명확히 할 필요가 있었다. 경무부가 처리를 서두르지 않는 것이 불만스러웠기 때문에 이관 지시를 내린 것이다.

이런 공식적 지시가 나오기 전에 경찰에 대한 민정장관의 의사 표시가 있었을 것이다. 경무부 측이 그런 의사를 묵살하고 있었기 때문에 공식 지시를 하지 않을 수 없었을 것이다. 이 지시가 나온 후 장택상(張澤相, 1893~1969)의 움직임을 봐도 알 수 있는 일이다.

수도관구경찰청 수사과에서는 돌연 14일 밤부터 장택상 총감과 관계 간부가 철야를 하여 모종의 사건 피의자를 취조 중인데 동일 시내 모 처를 가택수색하였다고 하며 15일에는 시내 모 은행에서 모 여성을 소환하는 등 사건은 자못 주목되는 바 있는데 수도청 측은 절대 비밀에 붙이고 언급을 피하고 있다. 그런데 듣는 바에 의하면 이 사건은 중부서에서 취급하던 이범성 2천만 원 사건의 관계자 취조라는 관측이 있다.

(「이범성 관계? 수도청서 철야 취조」, 『동아일보』 1947년 5월 16일)

14일부터 수도관구경찰청에서 극비밀리에 취조를 진행하는 모종의 사건이 발생하여 연일 장택상 청장 지휘하에 취조를 시작하였는데 경찰청 측 말에 의하면 사건은 해방 이후의 최대 사건으로 (…) 이 문제에는 일절 경찰 최고간부만이 취급하는 것을 보아도 중대한 사건에는 틀림없다. 그리고 장 총감의 말에도 이 문제에는 조선 경찰로서 수색치 못할 만한 곳도 수색하였다는 것을 보면 혹은 외국에 국적을 가진 사람의 집도 수색하지나 아니한가도 추측된다.

(「재계 거두 등 연일 취조」, 『동아일보』 1947년 5월 17일)

5월 19일 장택상의 기자단 회견에서도 이런 문답이 있었다.

(문) 최근 수도청에서 시내 모 은행 모 씨와 재계 요인을 취조하는 사건이 있다는데 전모를 발표할 수 없는가.

(답) 그 사건은 경찰이 직접 취급하는 사건이 아니고 모 외국인의 사건으로 경찰에 위촉된 사건이다. 재계의 요인 수 명을 경찰에서 조사한 것으로 아직도 조사를 계속 중이다. 그리고 이 사건의 발표권은 내게는 없다.

(「취조 중의 모 사건 경찰에 직접 관계없다」, 『동아일보』 1947년 5월 20일)

도깨비 같은 대답이다. 경찰이 직접 취급하는 사건이 아닌데 위촉받은 것이라니? 경찰이 자기 사건 아닌 사건을 위촉받아 조사하다니 경찰이 흥신소가 되었나?

안재홍의 지시로 이범성 사건은 경찰의 관할을 떠났는데, 장택상은 눈 가리고 아웅 하듯, 이 사건을 계속 붙잡고 있다는 사실을 풍기고 있는 것이다. 그리고 그것을 『동아일보』는 열심히 받아 기사화하고 있다. 「한국사데이터베이스」와 「네이버뉴스라이브러리」에서 열람한 『자유신문』과 『경향신문』에는 위 기사들 내용이 하나도 보이지 않는다. 장택상과 『동아일보』의 특수관계를 짐작할 수 있다.

장택상이 김규식 관련 의혹을 놓고 '빨대질'을 하고 있었던 것이다. 민정장관에게는 보고되지 않고 있는데 시중에는 소문이 무성했다. 합작위에서 5월 12일 발표한 성명에 소문 내용이 비쳐 보인다.

좌우합작위원회 비서부에서는 12일 성명서를 발표하여 "작금 일부에서 김규식 박사가 이범성을 이용하여 사기를 하였다느니 원세훈 씨가 관련되었다느니 하는 상식 이하의 엄청나고 비열 흉악한 중상으로써 김 박사의 정치적 신망을 손상시키려는 정치적 음모는 민족의 양심으로써 묵과할 수 없다."라고 통론(痛論)하는 동시에 수개월 전부터 이런 낭설이 있었음에 비추어 김 박사는 공적으로나 또 미군 최고당국에까지 스테이트먼트를 보낸 일이 없어 당국의 조사에 따라 불원 진상이 백일하에 나타날 것이라고 말하였다. 그리고 불일 김 박사 자신이 이 문제에 대하여 발표가 있을 것이나 공산당이나 민청과 관계 운운도 역시 악질 모략이라고 비난하였다.

(「김 박사에 대한 중상모략, 민족이 용서 못할 죄악」, 『자유신문』 1947년 5월 14일)

그런 상황에서 안재홍 민정장관의 이관 지시가 나온 것이다. 이 지시에도 불구하고 장택상은 조사를 계속하며 "경찰에 위촉된 사건"이라고 둘러댄다. 누가 어떻게 위촉한 것인지는 밝히지 않는다. 그 위촉이 조작된 것이라는 사실이 밝혀지면 '애국심'을 내세웠겠지.

이 상황을 적다가 김규식의 비서였던 송남헌(宋南憲, 1914~2001)의 회고 중 장택상에 관한 부분이 생각난다. 어느 시점의 일인지 표시되어 있지 않지만 이 사건 후의 일이었을 것 같다.

평소 김 박사는 장죽을 늘 피우고 있었으며 입원 중에도 장죽을 즐겼는데, 이런 취향을 간파했음인지 장택상은 옥물부리를 갖고 왔다. 자기 집에서 대대로 가보로 전해 내려오는 것인데 김 박사님께 드리려고 갖고 왔노라면서, 옥으로 된 장죽을 선물했다. 그러면서 아주 정중한 어조로 그는 "선생님과 저 사이를 이간하기 위해 항간에는 악의에 찬 별의별 소문이 다 있지만 저의 본심은 그렇지 않습니다."라고 울먹이는 소리로 이야기를 했다. 그가 선사한 옥물부리를 김 박사는 아주 애용했다. (심지연, 『송남헌 회고록: 김규식과 함께한 길』, 한울 2000, 88쪽)

같은 책 103쪽에는 1948년 4월 남북협상파의 평양행을 앞두고 송남헌이 장택상을 찾아갔을 때의 일이 적혀 있다. 원세훈(元世勳, 1887~1959)이 가는지를 장택상이 묻고, 딸이 아파 못 갈 수도 있다고 대답하자 5만 원을 주며 딸을 입원시키고 가게 해드리라고 했다는 이야기다. 원세훈도 김규식과 함께 이범성 사건으로 곤욕을 치른 사람이다. 장택상이 이 일로 김규식과 원세훈의 원한을 살까봐 겁낸 것이 아닌가 짐작된다.

검찰은 5월 26일 이범성 사건을 기소하고 5월 28일 공보부를 통해 기소내용을 발표했다.

김규식 박사가 관계된 듯이 정치적 모략선전으로 인하여 일반의 다대한 관심을 끌던 이범성 외 6명의 사기사건은 26일 기소되었는데 검찰당국에서는 28일 공보부를 통하여 기소 내용을 다음과 같이 발표하였다.

"이범성의 사기사건은 조사한 결과 그 사취한 금액이 2천3백여만 원이고 증거가 충분하므로 공범 관계자 6명과 함께 거 26일 기소하였고 이 사건에 관하여 김규식 박사가 직접 관련된 것같이 일부에서는 전하나 당 검찰청에서 세밀히 조사한 바에 의하면 김 박사는 직접 관계가 없고 다만 이범성으로부터 그 금액의 일부를 항례에 의한 정치자금으로 받은 일이 있을 뿐이다. 즉 김 박사는 내용 진상은 전혀 모르고 정당한 금전으로만 알고 영수한 것이 판명되었다.”

(「김 박사는 관련 없다—공보부서 이범성 사기사건 발표」,

『자유신문』 1947년 5월 29일)

담당검사 조재천(曺在千, 1912~1970)은 5월 26일 기자단 회견에서 더 구체적인 내용을 밝혔다.

(문) 원세훈 씨에 대하여서는?

(답) 아직 조사된 점이 없어서 계속 수사 중인데 관련된 구성회는 아직 체포되지 않았다.

(문) 그러면 원 씨가 이범성으로부터 돈 받은 것이 사실인가?

(답) 구(성회)의 손을 거쳐서 이범성으로부터 20만 원을 받은 사실이 있다.

(문) 여하한 명목으로 돈을 받았는가?

(답) 합위 비용이니 개인정치자금이니 하여 아직 명백치는 않다.

(문) 사기한 돈인 줄 알고 받았는가?

(답) 모르고 받은 것이다.

(문) 김규식 박사와의 관계는 여하한가?

(답) 김 박사와 부인께 구좌로 입금된 돈은 1천1백만 원이나 사기한 돈인 줄은 몰랐던 것이다.

(문) 그럼 입금된 사실은 알고 있었는가?

(답) 구성회가 은행에다가 입금한 연후에 입금된 통장을 김 박사에

게 보인 것이다.

(문) 김 박사가 먼저 돈을 요구한 것인가?

(답) 이범성이가 김 박사에게 자기는 여러 가지 사업을 하여 상당한 이득이 있으므로 김 박사의 정치자금을 1천만 원까지는 제공할 능력이 있다고 자진하여 말한즉 김 박사도 이에 승인하였던 것이다.

(문) 김 박사는 이 돈에서 얼마나 소비하였는가?

(답) 공절수(空切手) 7백만 원에 관하여서는 입금을 취소하였고 잔여금은 모르겠다.

(문) 이범성이가 합위 요직을 차지했다는데 사실인가?

(답) 김 박사의 양해를 얻어 원세훈으로부터 합위 계획부 부주임을 구두로 임명받았다.

(문) 조선민청에 기부한 돈이 있다는데?

(답) 조선민청은 김영욱이가 안면이 많은 김병균에게 기부 요청을 한 바 동인은 이범성과 상의한 후 금 3만 원을 김영창을 통하여 기부하였다.

(문) 금년 1월 말경 피해자 김목응이가 김 박사에게 피해 전말서를 제출하였으므로 그 비서로 하여금 조사시킨 사실이 있다는데?

(답) 피해 전말서가 아니고 고소장을 작성하여 입법의원 김영규 씨를 통하여 김 박사에게 보인 일이 있었으나 그것은 1월 말경이 아니고 3월 초순이다. 그리고 2월 초순경 송남헌 비서가 고리짝 운운 풍설을 듣고 마침 노상에서 이범성을 만나 물어본즉 동인은 그러한 풍설은 김 박사와 자기를 중상시키려는 모략이며 절대로 그런 사실이 없다고 부인하였으므로 송 비서도 그런 줄 알았던 것이라고 한다.

(「당시의 이범성 합위기획부주임 조선민청엔 3만 원 기부」,

『동아일보』 1947년 5월 29일)

김규식이 이범성에게 정치자금을 받겠다는 응낙은 했지만 그 자금의 출처는 알지 못했다는 것이다. 요즘의 정치자금법으로는 그것만으로도 문제가 되겠지만, 당시에는 뜻있는 사람에게 뜻있는 돈 받는 데 아무 문제없었다. 문제가 된다면 김규식이 좌우합작에 나서면서 군정청 돈 6백만 원을 가명통장으로 받은 것도(『송남헌 회고록: 김규식과 함께한 길』, 75~77쪽) 문제가 될 것이다.

그런데 사기 총액이 2천3백만 원인데 그 절반을 김규식에게 바쳤다면 이범성이 단순한 사기꾼은 아닌 것 같다. 사기를 위해 정치적 관계를 이용한 것이 아니라 정치자금을 마련하기 위해 사기를 친 것으로 봐야 하지 않겠는가. 아니, 꼭 사기를 치려는 게 아니라 당시 모리배가 하던 '사업'의 흉내였을지도 모른다. '피해자'들을 한 탕 등쳐먹고 말려는 것이 아니라 정말로 고리짝을 불하받아 '투자자'들을 만족시키는 사업. 걷은 돈의 절반으로 물건을 불하받고 절반은 김규식의 정치자금으로 집어넣을 수 있다고 생각한 게 아닐지.

아무튼 김규식이 이끄는 합위 세력을 미워하는 측에게는 엄청난 호재였음이 틀림없다. 공산당을 작살낸 정판사사건과 비교해보라. 1천2백만 원의 위조지폐를 찍었다는 혐의였는데 증거가 매우 부실했다. 그보다 갑절이나 되는 액수에다가 피해자가 명백히 존재하는 등 증거가 분명한 이 일에 연루시킨다면 김규식 열 명이라도 날려버릴 수 있다고 희희낙락했을 것이다. 장택상의 집착은 이해할 만한 것이다.

장택상만이 아니라 우익 신문들도 소문에 기대어 김규식을 물고 늘어졌던 모양이다. 입법의원에서 5월 19일 잘못된 보도를 징치(懲治)하자는 긴급제안을 의원 43인이 제출했다. 의장에 대한 부당한 정치공세가 폭넓은 반감을 불러일으킨 것으로 보인다.

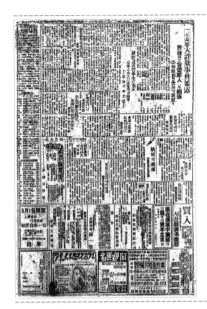

1947년 5월 13일자 『동아일보』 2면은 '김규식 죽이기' 기사로 도배되었다. 수도경찰청장 장택상과 긴밀한 협조가 있었던 것으로 보인다. 이 작전이 실패한 후 장택상은 김규식을 찾아가 자기 집 가보라며 옥물부리를 바쳤고, 김규식은 그 옥물부리로 담배를 맛있게 피웠다고 한다.
ⓒ동아일보

이범성의 소위 2천만 원 고리짝 사기사건에 김규식 박사도 관련되어 있는 듯이 지난 10일 이래 시내 2, 3 신문에서 이를 취급 보도한 바 있었는데 입의 강순, 박건웅, 오하영, 김약수, 신의경 등 43 의원은 그 보도는 김 박사를 훼방 모욕한 것이요 따라서 입의를 모멸한 것이라고 관계당국으로 하여금 신문사의 책임을 구명 징치케 하기를 의결하자고 입의에 긴급제안을 내어 19일의 본회의에서 이에 대한 토의를 하였는데 긴급제안 이유는 다음과 같다. "'김규식 박사의 과도한 노망', '입법의 의장 건재호(健在乎)?' 등 무지망작(無知妄作)한 문구를 대서특필하여 천하에 광고함은 사기한 이범성에게 피사(被詐)된 인사들의 성명서에 의거하여 완전한 음모 모략으로 포풍착영(捕風捉影)하여 함부로 혁명 영도자를 모훼(謀毀) 모욕한 것이 증명되는 것이다. 이와 같이 민족질서를 파괴하는 민족 악질, 본원을 모멸하는 민

족 패륜 행위는 민족 정의를 위하여 본원 위신을 위하여 반드시 응급
징치하지 않으면 안 되겠으므로 주문과 같이 제안함."

(「김 박사 관련설, 구명 징치하자-입의서 제안」, 『자유신문』 1947년 5월 20일)

2. 3개 신문이 어디어디일까 궁금한 차에 마침 한 군데 자수 기사가
나왔다.

> 입법의원 제76차 본회의에서 강순 의원 외 42의원이 연서하여 '사기
> 한 이범성 2천만 원 고리짝 사건'을 신문 보도하는 데 있어서 김규식
> 박사를 중상한 신문을 징치하자는 '긴급제의안'을 상정 가결한 바 있
> 었다.
> 본보는 동 사건을 보도함에 있어서 사건에 관련된 모든 방면의 정확
> 한 조사를 하여 (…) 지난 13일부 본보에 보도한 바 있었다. 그럼에
> 도 김 박사를 중상하였다는 제의안에 본보를 끌어넣어서 본보의 명
> 예를 손상케 하는 부당한 제의안을 신성한 원에 제의하여 다사다난
> 한 차제에 귀중한 시간을 낭비하는 것은 사회의 공기로서의 언론기
> 관의 사명을 모르는 행동인 동시에 입법의원 자체의 권위를 몰각한
> 행동으로서 그 반성을 촉하지 않을 수 없다.
> 그러므로 20일 본보에서는 입법의원에 본보에 대한 허위 날조 사실
> 을 지적하는 동시에 이의 취소를 엄중히 요구하였다.

(「부당한 징치 결의, 취소를 엄중 요구-작일 입의에 본사 항의」,
『동아일보』 1947년 5월 25일)

1947년 5월 13일자 『동아일보』 제2면의 이 사건 관계기사 제목이
아래와 같았다. 총 8단 중 이범성 사건 관계기사가 5단을 넘어서고 제

목부터 선정적인 것이 많다. 김규식 부인이 "미안타고 변명"했다니, 김규식이 지은 죄를 놓고 그 부인이 피해자에게 미안해하는 모습이 그려진다.

「이천만원 대 사기사건 폭로-배후에는 합위 요인들도 관계」

「피해자엔 고학생도 있소-김 박사 부인은 미안타고 변명-피해자 이모 담」

「사건은 전부터 알았다-김증봉 검찰관 담」

「수표 분실계로 위기일발, 피해 면했소-관계자 신영균 씨 담」

「추천했다는 모 부장 담」

「취조 중이니 말할 수 없다-장 총감 담」

「김 박사 예금 취소되었다-조홍하 씨 담」

1947. 5. 14.

만 25세 선거권? 너무했다!

———

5월 1일 입법의원 제63차 본회의에서 '친일파 특별법'이 논의되는 광경을 4월 16일자 일기에 소개했다. 이 회의에서 '재수정위원회'가 만들어져 기존의 '수정위원회'와 맞서게 된다. 원래 이 특별법 제정에는 중간파와 좌익이 열심이어서 수정위원회에 많이 들어가 있었는데 이제 재수정위원회는 우익 의원들로 구성되었다. 서우석(徐禹錫), 장면(張勉), 김익동(金益東), 김영규(金永奎), 송종옥(宋鍾玉) 5인이었다.

재수정위원회는 5월 5일 제66차 본회의에 재수정안을 내놓았다. 원래의 수정안과 중요한 차이는 주임관 이상 칙임관 이하 관리 및 도회, 부회 의원 등 식민지 지배기구 참여자를 모두 부역자로 규정하지(당연범) 않고 그중 '악질'에게만 제한한다는(선택범) 것이었다. 조선 왕실 후예인 '왕족'도 제외되었다(『동아일보』1947년 5월 6일, 7일).

이 안건을 다룬 5월 6일의 제67차 본회의는 비공개로 진행되었다. 엄격한 수정안과 관대한 재수정안을 각각 지지하는 의원들 사이의 대립이 첨예했기 때문이다. 이 회의의 의결사항은 '절충위원회'를 만들어 수정안과 재수정안을 절충해서 다음 회의에 제출하게 하는 것이었다. 절충위원회는 재수정위원회 5인과 이에 반대하는 김호(金乎), 신기언(申基彦), 박건웅(朴建雄), 장자일(張子一), 이종근(李琮根) 5인으로 구성되었다(『동아일보』 1947년 5월 8일).

　5월 7일과 8일 회의에서는 재수정안의 토론이 진행되었다. 우익 측 의원들은 재수정위원들을 중심으로 계속 관대한 기준을 주장했지만, 그 기준이 민족주의 원칙을 근본적으로 벗어난 것으로 보이지는 않는다. 빠져나갈 구멍이 좀 커지는 정도였고, 법적 책임은 겨우 빠져나가더라도 도덕적 위신은 손상을 피할 수 없을 만한 기준으로 보인다. 그래서 어느 정도 '절충'이 이뤄지고 있었다. 그러다가 5월 9일 제70차 본회의에서 전환점을 맞았다.

　　입의 제70차 본회의는 9일 오후 1시 20분에 개회되어 민족반역자 등 처단법 재수정안을 계속하여 상정하고 제2독회를 하였는데 개회벽두에 김광현 의원은 8일 러치 군정장관이 기자단 회견석상에서 입의는 불급한 사항을 가지고 시일을 보낼 것이 아니라 먼저 보선법을 제정하라는 말에 대하여 입의로서 깊이 고려하여 방금 진행 토의 중인 민족반역자 처단법안을 보류하고 보선법부터 먼저 하자는 동의가 있었으나 수 의원의 반대로 차 동의는 보류키로 하였다. 이어서 예정대로 민족반역자 등 처단법 재수정안을 중심으로 제2독회에 들어가 왕공(王公)을 처단하느냐 아니하느냐는 데 대하여 재수정안 제2장 제2조 일본정부로부터 작(爵)을 수(受)한 자의 가부를 논의하였다.
　　이에 대하여 여운홍, 문무술, 장연송, 원세훈 제씨 등 처단하자는 의원과 양제박 등 수 의원의 관용케 하자는 제의가 있었는데 결국 이의 가부를 표결한 결과 재석 63명 29 대 19로 재수정안 그대로 일본정부로부터 작을 수한 자로만 하자는 편이 유리하였으나 이 표결은 재석의 과반수가 못 되었으므로 미결로 되고 다시 격렬한 논쟁을 전개한 후 재차 표결한 바 35 대 20으로 재수정안이 통과되어 오랫동안

이론이 분분한 왕공은 처단 조항에서 삭제되기로 하고 습작자만을 부일협력자에 삽입키로 되었다.(략)

(「반역 등 처단법 축조 심의, 제69, 제70 입의 회담」, 『조선일보』 1947년 5월 10일)

왕족을 처단 대상에서 제외하기로 결정한 것인데, 상징성이 큰 일이다. 일본에서도 천황의 전쟁범죄 논란이 아직까지 이어지고 있는데, 조선의 왕족으로 식민통치자의 우대를 받은 자들에게 민족반역이나 부역의 죄를 추궁할 것인가 하는 것도 이와 얽히는 문제다.

극단적 보수 입장에서 보면 왕족은 나라의 주인이었고, 합방으로 나라를 빼앗긴 피해자다. 그러나 민주주의 관점에서는 다르다. 왕족은 나라를 지킬 책임을 지는 관리자였는데 나라를 일본에 넘겨주고 일본의 우대를 받았다면 '배임(背任)'의 죄가 있는 것이다. 왕족에게 이 죄를 묻지 않는다면 여러 가지 방법으로 일본의 우대를 받은 자들에게 변명의 여지가 생기는 것이다.

대개 관선의원으로 포진해 있던 민족주의 강경파는 이 문제의 표결에서 밀렸지만 그 정도는 감수할 태세를 보였다. 정작 더 큰 문제는 선거법 우선 처리를 위해 특별법 진행을 중단하자는 주장이었다. 5월 8일 러치 군정장관이 기자회견에서 선거법 우선 제정을 강경한 표현으로 촉구하자 한민당은 이튿날 이에 호응하는 성명서를 발표했다. 그리고 입법의원에서도 독촉국민회의 김광현(金光顯) 의원이 이 주장을 들고 나온 것이다.

1947년 5월 11일자 『서울신문』에 이에 관한 몇 의원의 토론 내용이 소개되어 있다. 김광현은 자신이 민선의원이므로 민의를 잘 안다고 주장했다. 관선의원인 여운홍(呂運弘, 1891~1973)이 진짜 민중의 소리는 친일파 특별법을 요구하고 있다고 반박하자 한민당의 홍성하(洪性夏,

1898~1978)는 선거법을 앞세우는 데 반대하는 관선의원들은 선거를 두려워하는 것이라고 몰아세웠다. 그러자 원세훈이 나서서, 친일파가 공직을 다 차지하고 있는 상태에서 공정한 선거가 될 수 없음을 지적했다.

김광현: 나는 민선의원이므로 민의를 잘 알고 있다. 지금 일반은 빨리 보선법을 통과시켜 실시하라고 부르짖고 있다.

여운홍: 민중의 소리는 보통선거법을 먼저 하라고 외친다고 하나 내 귀에는 민족반역자들에 대한 조례를 먼저 하라는 민중의 소리가 귀에 쟁쟁하다.

홍성하: 두 의원의 민중의 소리는 모두 타당한 말이라고 믿는다. 그런데 또 한 가지 민중은 만약 보통선거를 실시하면 관선의원은 한 사람도 뽑힐 수 없을 것이라는 것을 말하고 있다는 사실이다. 지금 보선법을 먼저 통과시키자는 동의를 반대하는 이가 대개 관선인 것을 볼 때 민중의 소리는 과연 옳다는 것을 나는 느끼는 바이다.

원세훈: 나는 의원 자리를 지긋지긋하게 생각하는 나머지 사퇴하려고까지 했으나 우리가 그만두면 남에게 자치능력이 없다는 구실을 줄까 해서 참고 있는 터이다. 지금 보선법을 먼저 하고 민족반역자 등에 대한 조례는 나중에 밀자는 측의 심정은 무엇인가? 서울시의 8구청장이나 경찰서장 자리는 대개 일본시대의 관리가 차지하고 있는 것이 현상이므로 이런 현상을 이용하며 보통선거를 먼저 해서 불량배의 안전책을 도모하려는 의도가 있다는 것을 나는 노골적으로 밝

혀두는 바이다.

토요일인 5월 10일 예정되어 있던 제71차 본회의는 성원 미달로 유회(流會)되었다. 친일파 특별법을 제쳐놓고 선거법을 다수결로 밀고 나가려는 우익의 전략에 대응책이 없는 중간파에서 유회시킨 것으로 보인다. 그러나 5월 12일 월요일 회의에서 선거법 상정이 의결되었고 13일 제72차 본회의에 선거법 초안이 상정되었다.

> 입법의원의 선거법기초위원회에서는 의원선거법 초안을 작성하여거 3월 26일의 제68차 본회의에 상정하였던바 동 초안에 대한 대체토론이 있은 후 동 초안은 법제사법위원회에 회부하여 심사 보고케 하기로 되었다 함은 기보한 바이어니와 지난 13일의 제71차 본회의의 결의에 의해서 동 수정안이 72차 본회의에 상정되었는데 그 내용의 개요는 다음과 같다. 동 수정안은 전문 제10장 62조로 되어 있어 선거권자는 만 25세에 달한 자, 피선거권자는 만 30세에 달한 자로 되어 있다. 그리고 (1) 금치산자, 준금치산자, 심신상실자 및 심신허약자, (2) 자유형의 선고를 받고 그 집행 중에 있는 자, (3) 일제하에 중추원 부의장, 동 고문, 동 참의, 도회 의원, 부회 의원 또는 칙임관 이상의 지위에 있던 자 중에서 악질행위가 소저한 자, (4) 자기의 이익을 위하여 조선인민에게 손해를 끼치며 일본인과 협력한 자 중에서 악질행위가 소저한 자, (5) 법률에 의하여 선거권을 박탈 또는 정지당한 자는 선거권 급 피선거권이 없다. (…)

(「입의의원선거법 수정안」, 『서울신문』 1947년 5월 14일)

선거권 및 피선거권 제한의 사유는 1946년 10월 입법의원 선거 때와 거의 차이가 없다. 친일파 배제는 제3항과 제4항에 규정되어 있는데, 제3항은 배제 범위가 극히 좁고 제4항은 기준이 모호하다. 그래서 특별법이 제대로 만들어지면 배제되어야 할 인물들이 입법의원에 대거 들어올 수 있었던 것이다. (서울의 입법의원 선거에서 장덕수와 김성수가 당선되었을 때 그들의 친일 경력에 대한 빗발 같은 항의를 견디지 못해 미군정이 재선거 결정을 내렸지만, 그 결정의 공식적 이유는 친일 경력이 아니라 선거 부실이었다.) 우익에서는 그런 상황이 되풀이되기를 바란 것이다.

선거법 초안 중 선거권 자격을 만 25세 이상으로 한 점이 눈에 띈다. 전 세계에서 유례없이 나이를 높게 잡은 것이다. 요즘 기준으로도 25세라면 몰상식하게 높은 나이인데, 하물며 그 시절에. 평균수명도 지금보다 훨씬 짧았고, 중학교만(지금의 고등학교) 졸업해도 지식인으로 통하던 그 시절에. 젊은이들의 투표를 수구파에서 두려워하는 것이 예나 지금이나 마찬가지라는 사실이 확인된다.

이 일을 들여다보며 한 가지 떠오르는 생각. 대의민주주의에서 선거권의 연령 제한이 하나의 근원적 결함이란 생각이다. 어린이들의 주권이 배제되어 유권자 평균연령이 높기 때문에 10년 뒤, 20년 뒤에 나라꼴이 어떻게 될지 아랑곳 않는 정책노선이 득세하기 쉬운 것 아닌가. 국가와 지방자치단체의 부채가 늘어나는 추세를 보며 떠오르는 생각이다.

이 문제를 해소하는 방법이 무엇일까? 갓난아기에게까지 모두 선거권을 주면 어떨까? 법률행위의 주체가 되지 못하는 미성년자의 선거권은 그 보호자가 대신 행사하게 한다. 아이들 수대로 부모들이 투표권을 더 행사한다면 장래를 더 많이 생각하는 쪽으로 정치에 압력이 일어날 것 같다.

이것이 너무 과격하다면 의무교육과 연계하는 방법을 권하고 싶다.

의무교육은 온전한 시민이 되기 위한 준비과정이라 할 수 있다. 이 과정을 마친 사람은 온전한 시민으로서 책임을 짐과 함께 권리를 행사해야 한다. 중학교 과정까지로 그 준비가 충분치 않다면 의무교육을 고등학교 과정까지 늘릴 일이다.

1947. 5. 16.

"무서울 게 어디 있어? 이 박사 지령인데"

———

12일 하오 7시 30분경 시내 혜화동로타리 부근 보성중학 입구에서
근로인민당 당수 여운형이 자동차로 보성중학교를 향하여 질주 중
마침 동 지점에 이르렀을 즈음 돌연 괴한이 자동차 후부로부터 권총
을 발사하였는데 동 자동차에 동승하였던 이제황이 범인을 추격하여
동회 부근까지 갔을 즈음 또 괴한은 권총 두 발을 발사하고 도망하였
는데 피해는 없었고 범인은 방금 소관 동대문서에서 엄사 중이다.

(「여운형 씨 또 봉변, 달리는 자동차에 권총 난사-경찰, 범인 체포에 활동」,

『동아일보』 1947년 5월 14일)

　여운형(呂運亨, 1886~1947)이 해방 후 겪은 테러를 정병준은 12회로
헤아렸다(정병준, 『몽양여운형평전』, 한울 1995, 416쪽). 그에 따르면 1947
년 5월 12일에 당한 것은 열한 번째였다. 그는 이로부터 두 달 남짓 후
인 7월 19일에 열두 번째 테러로 목숨을 잃게 되는데, 5월 12일 테러
는 마지막 테러와 방법뿐 아니라 장소까지 똑같았다는 점이 눈길을 끈
다. 같은 범인들의 소행이었던 것이다.
　1945년 8월 18일의 몽둥이찜질에서 1946년 10월 7일의 납치까지 9
회의 테러는 목숨을 노리기보다는 위협에 목적이 있었던 것으로 보인

여운형이 1947년 7월 19일 서울 혜화
동로터리에서 피격 절명한 곳. 경찰은
너무나 많은 '우연'을 통해 범인들을 도
와주었다.

다. 테러 주체도 우익보다 좌익이 많았던 것 같다. 그런데 1947년 들
어 3월 17일 밤의 자택 폭탄테러부터 5월 12일, 7월 19일의 권총테러
는 목숨을 노린 것으로 극우파 소행이었다.

이 무렵 김규식은 이범성 사건 연루설로 조직적 음해를 받고 있었
다. 좌우합작의 두 대표가 이 시점에서 나란히 공격 대상이 된 것은 임
박한 미소공위 재개 때문이었다고 생각된다. 1년 만에 재개되는 미소
공위에 대해 미군정은 적극적인 태도를 보이고 있었다. 마셜 국무장관
으로부터 미소공위 재개 지시를 받은 하지 사령관은 5월 15일 이런 담
화를 발표했다.

"본관은 미국 정부로부터 지시를 받아 5월 20일경 서울에서 미소공
동위원회를 개최하고자 필요한 제반준비를 하고 있다는 것을 발표함
을 흔쾌하게 생각하는 바이다.
통일된 민주주의적 자주조선의 건설은 미국의 불변한 정책이었으며
이 목적 달성을 위하여 본관은 1945년 9월 8일 이래 모든 노력을 경
주하여왔던 것이다. 지금 통일된 조선임시정부를 수립할 호기회를
앞에 둔 이때에 있어서 본관은 조선의 자유를 갈망하는 조선국민과
더불어 기쁨을 금치 못하는 바이다. 본관은 불원간 재개될 미소공동

위원회의 성공을 위하여 조선국민이 공동위원회에 전폭적 협력을 절실히 바라는 동시에 모든 사소한 고집과 개인적 논란을 배제하고 장기간 빈곤과 고난에 시달려 온 아세아에 있어서 확호부동한 일 봉화가 될 번영한 통일조선 건설에 전심 매진하기를 희구하는 바이다.

역사적 중대한 이 시기에 처한 모든 조선인은 인류의 자유와 행복을 위하여 부여된 사명을 달성하는 국민이 되기를 바란다."

(「임정수립의 호기, 공위 성공에 협력을 요구-준비 지령을 받은 하지 중장의 성명」,

『동아일보』 1947년 5월 16일)

미국과 미군정의 이러한 태도는 미소공위의 성공 전망을 열어주고 있었다. 미소공위가 성공할 경우 큰 역할이 기대되는 것이 여운형, 김규식 등 합작파였고, 좌절을 겪을 것이 이승만, 김구, 한민당 등 반탁세력이었다. 여운형과 김규식에 대한 공격이 합작파에 대한 극우 반탁세력의 공격으로 이해될 수 있는 정황이었다.

5월 15일 하지 담화문을 기점으로 미소공위 재개에 대한 조선 정계의 논평이 줄 지어 나왔다. 좌익과 중간파의 환영 무드는 당연한 것이었다. 반탁세력의 논평을 살펴보겠다.

● 한독당 엄우룡 담

"우리는 공위를 적극적으로 추진함은 물론이요 냉정한 이지로서 사태에 임하지 않으면 안 된다. 미·소 양국은 조선인의 의사를 존중하는 것이 모든 문제해결의 요결인 것을 인식하여야 할 것이다. 남북을 통일한 임정을 수립하여 완전 자주독립함으로써 우리 민족은 살게 될 것이니 이번 공위는 기어코 성공하여야 할 것으로 기대되는 바이다."

● 국민의회 조소앙 담

"한국의 이익과 번영에 저촉되지 않는 한도에서 미·소 양국이 일치하여 공위가 재개되기를 희망하는 바이며 우선 독립을 시키고 원조하는 정신하에서 한·미·소 3방의 원만한 타협도 기대될 것이다."

● 반탁투쟁위원회 담

"공위재개가 확정된 것은 오랫동안 암초에 걸렸던 현안을 타개한 감이 있으나 우리의 신탁통치 반대에 관한 정당한 비판과 항쟁은 금후에도 억제치 못할 바이며 목적이 도달할 때까지 계속 노력하여야 할 것이다."

● 한민당 김준연 담

"3월 12일 트 대통령의 연설에 의하여 미국의 대외정책을 알 수 있고 또 마셜 장군이 제안한 제2호에 있어 언론의 자유를 인정할 것이라고 주장한 것으로 보아 미 측에서는 조선의 민주정부 수립에 있어서 언론의 자유를 무시하지 않을 것이다. 반탁은 시종 양보할 수 없으며 의사표시의 자유가 있어야 할 것이다."

(「공위재개 확정에 정계 견해」, 『조선일보』 1947년 5월 16일)

● 한민당 함상훈 선전부장 담

"이번 공위 재개는 미·소 양국의 합의로 성립된 것이다. 정부 수립 문제를 토의한 후 신탁에 대한 협의가 시작될 것이니 우리는 이에 반대할 이유가 없다." 그리고 동씨는 기자 측으로부터 공위에 관한 제5호 성명 서명 취소는 어떻게 되는가 하는 질문에 대하여 "마셜 국무장관이 조선임정수립에 있어 공위와 협조할 의사를 가진 단체는 협

의에서 제외하지 말자는 서한 제2절을 신임하는 만큼 문제가 안 된
다."고 말하였다.

(「공위에 참가 의사한민당 선전부장 담」, 『서울신문』 1947년 5월 17일)

엄우룡(嚴雨龍, 1900~?)은 한국독립당(이하 '한독당'으로 줄임) 선전부
장이지만 국민당계로 중간파 성향이었다. 미소공위 재개를 전폭적으
로 환영하는 그의 논평은 한독당 전체 의견이라기보다 그 자신의 중간
파 성향을 보여준 것이다. 몇 주일 후 그를 비롯한 많은 중간파 당원이
한독당으로부터 출당된다. 5월 19일 한독당 부서 재편에서 그가 탈락
한 것도(『동아일보』·『서울신문』 1947년 5월 21일) 같은 이유로 보인다.

임정파 조소앙(趙素昻, 1887~1958)의 논평은 그보다 환영의 강도가
덜하기는 하지만 가시는 들어 있지 않다. 반면 반탁투쟁위원회(이하
'반탁투위'로 줄임)와 한민당 쪽 논평에서는 "정당한 비판과 항쟁"이니
"의사표시의 자유"니 하여 반탁투쟁을 포기하지 않는다는 의지를 보
인다. 군정청 공보부 고문 스튜어트가 5월 16일 기자회견에서 언론의
자유를 강조한 것은 이런 반탁세력을 달래기 위한 것이었다.

"공위재개를 앞두고 미 측에서는 준비에 분망하고 있다. 20일 공위
재개는 좋다고 생각되며 소 측 대표도 그 전에 몇 사람 내경(來京)할
것이다. 그리고 미국은 어디서든지 그러하지만 조선에서도 조선인
각자의 의사를 자유롭게 발표할 수 있게 보장할 것을 재강조한다."

(「의사발표 자유 보장공보부 고문 스 씨 언명」, 『동아일보』 1947년 5월 17일)

스튜어트 고문에 그치지 않았다. 브라운(Albert E. Brown) 수석대표
가 18일에, 하지 사령관이 19일에 우익 인사들을 만나 협조를 요청하는

등 미군정 수뇌부는 미소공위의 순조로운 진행을 위해 공을 들였다.

미소공위 재개에 대한 마셜·몰로토프 양상 간의 교환서한의 내용은 반탁의 의사발표 자유를 확인한다는 제시가 없음에 비추어 반탁자로서의 우익진영의 공위 참가 여부는 의문시되고 있다. 즉 이미 좌익과 중간당에서는 공위 재개를 축하하여 혹은 공위 성공을 촉진시키기 위하여 시민대회, 민중대회 등등을 준비 중에 있으나 한민, 한독, 독촉 등을 중추로 한 우익진영에서는 아직 이에 대한 여하한 태도표명도 피하고 있다.

한편 18일에는 공위 미 측 수석대표 브라운 소장의 요청에 의하여 이승만을 비롯한 우익정계요인 김구, 조소앙, 조완구, 김성수, 백남훈, 장덕수, 서상일 등 제씨가 상오 9시 반부터 약 2시간 덕수궁에서 동 소장과 공위참가 문제에 대하여 의견교환이 있었다 하는데 동 회담에서 브라운 소장은 신탁문제는 임정수립 후에 논의될 터이니 우선 임정수립에 참가하라 하고 이후에 공위에서 수립된 임정이 신탁을 반대할 수 있느냐는 우익대표의 질문에 끝까지 의사표시 자유는 인정하겠다는 막연한 대답만을 하였다 하며 특히 이 박사는 신탁조항을 삭제하고 의사표시 자유를 인정해야만 공위에 참가하겠다고 말하였다 한다.

그리고 19일 하오 1시부터는 하지 중장의 초청을 받아 이승만, 김구, 김성수, 장덕수, 조소앙 등 제씨가 동 중장과 역시 이 문제로 요담하였다고 하며 하지 중장과의 회담 결과 여하에 의하여 우익진영은 대표회의를 개최하고 공위 참가에 대한 최후 태도를 결정하리라 한다.

(「하지·브라운 장군과 이 박사, 김구 씨 등 요담」, 『동아일보』 1947년 5월 20일)

브라운과 하지를 만난 후 이승만은 이런 태도를 보였다고 한다.

미소공위 재개를 앞두고 이승만, 김구, 조소앙, 김성수 등 우익정계 제씨가 브라운 소장, 하지 중장과 요담한 데 대하여 이승만은 20일 돈암장에서 다음과 같이 말하였다.

"하지 중장과 브라운 소장은 금번 재개될 공위에서는 조선임시정부를 수립하는 것이 선결문제이고 탁치니 원조니 하는 것은 임정수립후에 임정과 협의할 것이라고 말하였다. 이에 대하여 나는 3상결정에서 신탁조항을 삭제하고 의사표시 자유를 보장하는 동시 통일임시정부를 수립하되 여하한 형태의 민주주의 임정인지 명시하기 전에는 공위에 참가할 수 없다고 말하였다. 즉 민주주의에도 미국식 민주주의와 소련식 민주주의가 있을 것이며 이를 반반으로 한 통일임정은 수립될 수 없는 것으로 생각하는 바이며 과거 1년 반이 지난 오늘 과거를 잘 알고 있으므로 무조건으로 신임할 수는 없다. 가설 임정수립에 성공하여도 최고의 희망은 반반씩이 될 터이니 그런 정부는 성립될 수 없으며 이때에는 남조선 공산화를 방지할 수 없을 것이다."

（「민주주의의 내용 명시된 후에 처사할 터–공위 대해 이 박사담」,

『조선일보』 1947년 5월 21일）

극우세력은 미소공위에 큰 기대를 걸지 않거나(김구·한민당) 실패를 바라는(이승만) 속셈이었지만 그 속셈을 그대로 드러낼 수 없었다. 모스크바 3상회의 결정과 미소공위가 조선 독립을 위한 연합국의 공식 합의였으니까. 그래서 지지하는 시늉을 하면서 "언론의 자유" 등 꼬투리를 잡으며 눈치를 보고 있었다. 그런데 이승만은 이를 넘어 "소련식 민주주의"를 받아들일 수 없다고 공언하고 있는 것이다.

반민특위에 체포돼 법정에 들어서는 노덕술(왼쪽 고개 돌린 사람). 하지만 그는 1949년 6월 6일 반민특위 습격사건 이후 보석으로 출감했고, 이후 어떤 처벌도 받지 않았다.

이 시점에서 이승만의 태도는 말보다 행동을 통해 더 잘 알아볼 수 있다. 이철승(李哲承, 1922~)이 박갑동(朴甲東, 1919~)과 대담 중 회고한 내용에서 이승만의 태도가 비쳐 보인다.

> 이철승: (…) 이 박사가 돈암장으로 나를 불러서 "우리는 자율정부를 만들어야 한다. 단독정부가 아니다."면서 "이제 미·소만 믿고 있다가 어떻게 할 것이냐. 신탁통치를 하자는 것 아니냐. 그러니까 우리 민족의 의사로서 세계 여론에 호소해야 한다."고 말하는 겁니다.
> 이 박사는 항상 데모하는 것, 여론을 일으키는 것, 국회 정치를 하는 것에 익숙해 있던 양반이었습니다. 그래서 우리 보고 "여론을 환기하라."는 겁니다. (…) 그때 중부경찰서 서장이 이구범 씨였어요. 장택상 씨 밑에서 최연·노덕술·이구범 등 친일경찰 출신들이 전부 진을 치고 있었잖아요. 이구범이 나를 끌어내리더니만 가자는 거예요. "너만 애국하느냐."고. 그래서 "당신은 좀 가만있어라." 하고 그때 내가 노골적으로 얘기했습니다. "너희들이 일제시대 때 어떻게 했는데, 우리한테 이럴 수 있느냐. 지금 우리가 모처럼만에 나라를 찾아가지고 자율정부를 세우려 이승만 박사 같은 독립운동 지도자를 모시고 활

동하고 있는데, 너희가 미군정 밑에서 못 이기는 척하고 빌어먹으면 됐지, 왜 방해를 하느냐……?"고 말입니다.

박갑동: 어, 그런 소리를 했어요?

이철승: 물론이죠. 그때는 내가 무서울 것이 뭐 있겠어요. 이 박사의 지령이었는데…… 그래서 막 싸우는 중에 강력계인 박경림 등이 나를 묶어서 수도청으로 데리고 갔습니다. 수도청에 가니까 장택상 씨가 수도청장이었고, 옆에는 감방장이란 것이 있었습니다.

노덕술이 감방장을 하고 있으면서 수사과장도 겸하고 있었습니다. 그래서 노덕술의 방에 갔어요. 그런데 그 당시에 수도청장실을 학생 신분으로 자유롭게 출입한 사람은 나 한 사람밖에 없었어요. 그래서 나를 잡아넣을 수는 없으니까, 노덕술의 방으로 데려갔던 겁니다.

노덕술이 나한테 다그치며 "그래 많은 대중들 앞에서 경찰을 그렇게까지 모독할 수 있느냐. 너만 애국운동을 하느냐."고 하면서 귀싸대기를 갈기려고 그래요. 나보다 나이를 많이 먹었지만, 그래도 "이놈아, 일본 놈 때 그렇게 해먹었으면 그만이지, 너희가 미군정 하지 밑에서까지 얼마나 해먹으려고 그러느냐. 우리가 지금 자율정부를 수립한다는데 너희가 왜 방해하느냐."고 하면서 전화통으로 노덕술을 그냥 때려버렸습니다.

노덕술은 경찰에서 서열 세 번째였고, 그 옆에 최연 씨도 있었습니다. 그리고 그 옆방은 장택상 씨의 방이었어요. 그래 놓으니까 어떻게 해요. 창랑이 쫓아 나오다 이것을 보더니 "이놈의 새끼, 나를 또 애먹인다."고 (웃음)……. (이철승·박갑동, 『대한민국, 이렇게 세웠다』, 계명사 1998, 234~236쪽)

이철승의 자랑스러운 회고에서 몇 가지 사실을 알아볼 수 있다. 이철승 같은 청년활동가들과 친일파 출신 경찰 사이에 누가 더 '애국'하느냐 경쟁이 있었다는 사실. 이승만의 지령이라면 경찰에서 꿀릴 데가 없었다는 사실. 무엇보다 놀라운 것은 그런 사실을 이철승이 50년 후까지도 자랑스럽게 회고하고 있다는 사실이다. 그리고 '관방장'(총무과장의 일본식 명칭)이었던 노덕술(盧德述, 1899~1968)의 직함을 '감방장'으로 수십 년 후까지 기억하고 있으니 참 대단하다.

1947. 5. 18.

10년의 신탁통치를 기꺼이 받은 오스트리아

————

미소공위 재개를 앞두고 오스트리아 상황을 한 번 살펴본다. 연합국 공동점령으로 조선과 공통점이 많은 경우였다.

오스트리아는 제2차 세계대전 발발 전에 독일에 '합방'되었다가 종전으로 '해방'되었다는 점에서도 조선과 비슷한 경우다. 그러나 그 합방과 해방의 의미에는 큰 차이가 있었다.

합방의 차이부터 살펴본다. 오스트리아 합방은 전쟁 직전인 1938년에 나치즘의 흐름 속에서 이루어진 일이었다. 이 점에서는 이미 수십년간 일본제국의 일부가 되어 있던 조선에 비해 독립성을 쉽게 인정할 수 있다. 오스트리아의 합방을 전쟁 과정의 일부로 볼 수 있기 때문이다.

반면 오스트리아가 언어와 문화를 독일과 공유하는 수준을 보면 독일의 일부로 볼 수도 있는 나라다. 역사적으로도 오스트리아의 합스부르크 왕조가 독일 지역을 수백 년간 지배해왔고, 두 나라의 구분이 명확해진 것은 1871년 프러시아를 중심으로 독일제국이 세워지면서부터였다. 나치즘의 괴수 히틀러(Adolf Hitler, 1889~1945)도 오스트리아 출생이다.

무엇보다 오스트리아를 전범국 독일에서 떼어내기 어려운 문제는

1938년 오스트리아와 합병을 선포한 후 비엔나의 헬덴플라츠(영웅광장)에 모습을 나타낸 히틀러. 이보다 더 화려한 '금의환향'이 있을까.

합방이 오스트리아 인민의 열광적 지지로 이뤄졌다는 사실에 있다. 독일군이 점령한 상태에서 이뤄진 국민투표라 하지만 물경 99.73퍼센트가 합방을 지지했다. 독일군 진주가 1938년 3월 12일, 국민투표가 4월 10일이었으니 점령 불과 한 달 후 시점에 치러졌고 이미 예정되어 있던 것이었다. 독일군이 진주한 것은 오스트리아인이 원치 않는 합방을 강행하기 위해서가 아니라 실질적으로 결정되어 있는 합방 과정을 순조롭게 하기 위해서였다.

독일과 합치려는 오스트리아인의 염원은 그 시기의 대세였다. 제1차 세계대전으로 오스트리아·헝가리제국이 무너졌을 때 제국의 독일어 사용지역, 즉 지금의 오스트리아 주민들은 독일연방 가입을 원했다. 티롤과 잘츠부르크의 주민투표에서 98~99퍼센트가 독일로 들어가기 바라는 뜻을 표했다. 그러나 프랑스, 이탈리아 등 주변 나라들이

'큰 독일'을 꺼렸기 때문에 주민투표를 중지하고 오스트리아공화국으로 독립시킨 것이었다.

이 합방 장면을 배경으로 한 뮤지컬 영화가 우리나라 관객에게도 큰 인상을 남겼다. 「사운드 오브 뮤직」. 합방에 반대하는 귀족층의 입장을 연합국 관점에서 미화한 것인데, 그런 반대자의 비율이 0.27퍼센트에 불과했다는 사실은 이번에 살펴보며 알게 되었다.

전쟁 중에도 오스트리아인은 독일인의 역할을 충실히 수행했다. 유대인 박해에도 동참했고 전투 현장과 산업 현장에서 독일인과 똑같은 역할을 맡았다. 오스트리아인의 나치 지배에 대한 저항과 전쟁 확대에 대한 반대는 독일인보다 특별히 많지 않았다.

오스트리아가 독일제국을 탈퇴한 것은 독일이 항복(1945년 5월 7일)하기 불과 열흘 전, 연합군이 오스트리아 땅을 점령한 뒤의 일이었다. 3월 말에 미군과 소련군이 오스트리아 진주를 시작해서 4월 13일에 비엔나를 점령했다. 원로 정치인 레너(Karl Renner, 1870~1950)를 중심으로 세워진 임시정부가 독일로부터의 분리를 선언한 것은 4월 27일의 일이었다.

1943년 11~12월의 카이로회담과 테헤란회담에 앞서 연합국 외상들이 모스크바에서 회담을 했는데, 이 회담에서 '모스크바선언'이 나왔다. 10월 30일 발표된 이 선언에 "오스트리아에 관한 선언"이 들어 있다(『Wikipedia』, 「Moscow Declaration」).

"영국, 소련과 미국 정부는 히틀러 야욕의 첫 희생자인 오스트리아가 독일의 지배로부터 해방될 것에 합의한다. 3국 정부는 1938년 3월 15일 독일이 강행한 오스트리아 합방을 무효로 간주한다. 그 날짜 이후 오스트리아에서 일어난 변화를 3국 정부는 무시한다.

3국 정부는 자유롭고 독립된 오스트리아의 부활에 대한 희망을 선언한다. 오스트리아인 자신, 그리고 비슷한 문제에 직면한 주변 민족들은 이 부활을 통해 항구적 평화의 유일한 조건인 정치적·경제적 안정을 얻을 수 있을 것이다.

그러나 오스트리아는 히틀러의 독일과 같은 편에서 전쟁을 수행한 데 대한 책임을 피할 수 없다는 사실, 그리고 자신의 해방을 위한 오스트리아 스스로의 노력이 최종 조치에서 고려되지 않을 수 없으리라는 사실을 명심해야 할 것이다."

몇 주일 후 카이로에서 조선 독립 방침을 선언한 것과 같은 맥락이다. 그 시점에서 연합국은 승리를 겨우 바라볼 수 있게 되었지만 전쟁의 끝은 아직 보이지 않았다. 추축국 진영의 붕괴에 조금이라도 도움이 될 만한 일이라면 지푸라기 잡는 심정으로 매달린 것이었다. 끝 문단에 "오스트리아 스스로의 노력"을 요구한 데서 알아볼 수 있다.

그런데 독일제국 붕괴가 이미 확정된 시점에서의 분리 선언을 "스스로의 노력"으로 인정할 수 있는 것일까? 1919년의 조선인의 독립 선언과 그 이후의 항일투쟁보다 더 큰 의미를 부여할 수 있는 것일까?

나는 독일 항복 이전 오스트리아인의 독립 노력이 일본 항복 이전 조선인의 독립 노력보다 큰 것이라고 인정할 수 없다. 그러나 독일 항복 후 오스트리아인의 노력이 일본 항복 후 조선인의 노력보다 더 좋은 성과를 거둔 것은 분명하다.

레너 임시정부가 연합국의 승인을 얻는 데는 반년이 걸렸다. 소련은 즉각 승인했는데, 이것이 서방국들의 의심을 샀다. 레너 자신은 전쟁 전 온건 좌익이라 할 수 있는 사회민주당(SPO) 소속이었고, 임시정부는 보수적인 오스트리아국민당(OVP)과 공산당(KPO)이 모두 참여한 연립정부였다. 반년 간 어떤 일들이 있었는지 세밀히 살피지는 못했지만, 임시정부가 연립의 틀을 지키면서 정부 역할을 잘 수행했기 때문에 미국, 영국과 프랑스도 의심을 거두고 10월 20일 승인에 이른 것이리라 생각한다.

제2차 세계대전 전의 오스트리아, 즉 제1공화국은 정치적으로나 경제적으로나 안정된 나라가 못 되었다. 좌익의 SPO와 우익의 기독사회당(OVP의 전신) 사이의 대립이 치열했다. 1927년의 '7월 봉기'가 대표적인 사례다. 한 지방도시에서 좌우익 군중의 충돌로 두 사람이 죽었는데, 우익 혐의자들의 혐의가 확인되었는데도 배심원 평결로 무죄 석방되었다. 이에 분노한 좌익 군중이 거리로 나섰다가 89명이 목숨을 잃었다.

1932년의 기독사회당 집권 후로는 파시스트 독재로 흘러갔다. 1933년 3월 의회 폐쇄로 오스트리아의 파시스트 시대가 열린 경위는 엉뚱하다 못해 우습기까지 하다. 첨예한 법안을 표결할 때 의장단 3인이 투표에 참가하기 위해 의장석을 떠났는데, 행정부에서 이것을 빌미로 의회가 마비상태에 들어갔다고 주장한 것이다.

1934년에 일어난 '2월 봉기'는 '오스트리아 내전(Österreichischer Bürgerkrieg)'이라고까지 불리는 심각한 사태였다. SPO 탄압을 계기로 촉발되어 2월 12일부터 16일까지 나흘간 벌어진 이 충돌로 수백 명이 사망하고 수천 명이 투옥되었다. '내전'이 좀 과한 이름이기는 하지만, 정상적 민주정치가 파탄에 이른 상황을 보여주는 사태다. 그 몇 달 후의 헌법 개정 이후로는 완전한 파시스트 독재정치가 1938년 합방 때까지 이어졌다.

오스트리아의 정치적 전통은 이처럼 빈약한 것이었다. 그런데도 레너 연립정부는 '좌우합작'에 성공해서 연합국의 승인을 받았다. 1955

년 5월 완전 독립을 이룰 때까지 10년의 '신탁통치' 기간에 OVP와 SPO의 합작관계는 굳건하게 지켜졌다. 그 관계가 너무 굳건했던 탓일까? 양대 정당의 연정은 완전 독립 후에도 10년 이상 계속되었다.

오스트리아 얘기 나온 김에 발트하임(Kurt Waldheim, 1918~2007) 얘기 잠깐. 1972년에서 1981년까지 유엔 사무총장을 지낸 발트하임이 1986년 대통령선거에 나섰을 때 제2차 세계대전 중 경력 문제가 불거졌다. 그는 1941년부터 1945년까지 독일군 장교로 복무했다.

온갖 소문이 떠돌았다. 미국과 소련의 정보당국이 발트하임의 감춰진 경력을 알고 있어서 그를 통제하는 데 이용했다는 이야기도 있고, 이스라엘의 대 아랍정책에 대한 발트하임의 비판 때문에 이스라엘 첩보기관 모사드에서 꾸며낸 일이라는 이야기도 나왔다. 무성한 소문을 잠재우기 위해 오스트리아 정부는 역사학자로 구성된 국제위원회를 만들어 조사를 맡겨야 했다.

이 위원회의 조사 결과 발트하임이 손수 전쟁범죄를 저지른 것은 없었다. 그러나 그가 대통령선거 전에 발간한 자서전 『태풍의 눈 안에서』에서 축소하거나 은폐한 내용이 더러 있다는 사실을 밝혀냈다. 전쟁이 끝난 40년 후까지 대통령 후보자가 경력을 감춰야 할 정도로 오스트리아의 과거 청산에도 허점이 있었다는 사실이 흥미롭다.

1947. 5. 21.

뜻이 있는 자에게는 돈이 없었다

———

5월 11일 일기에서 이범성 사기사건을 소개했을 때 "출처를 모르는 채로 정치자금을 받은 것은 잘못한 일 아닌가?" 하는 독자 의견이 있었다. 필자가 예상했지 못했던 반응이었다. 가만 생각하니 필자의 불찰이었다. 2012년의 독자가 1947년의 일을 생각할 때도 2012년의 기준을 적용하는 것은 자연스러운 일이다. 1947년의 상황을 충분히 재현하지 못한다면 독자가 나와 같은 시각으로 그때 일을 바라볼 수 없는 것이다.

1947년의 조선에서는 지금처럼 소유권 개념이 확고하지 않았다. 자본주의가 덜 자리 잡은 때였기도 하고, 식민 지배라는 의롭지 못한 체제 아래 재산이 형성되어왔기 때문이기도 하다. 토지개혁을 위한 대지주 토지의 무상수용을 자연스럽게 생각하는 사람들이 많았다. 유상수용을 주장하는 사람도 시가보다 훨씬 싼 가격을 생각했다.

기업가들은 지주들보다도 전쟁 협력 등 친일 혐의가 뚜렷한 경우가 많았다. 1940년대 들어서는 비행기 헌납이 부호들 사이에 대유행이었다. 설령 본인에게 친일 의지가 없더라도 사업을 유지하려면 그런 헌납을 마다할 수 없는 시국이었다. 그리고 어느 규모 이상의 기업이라면 일본제국의 정책에 호응하지 않으면 안 되었다.

지주든 기업가든 부호들은 일본 항복을 맞았을 때 위기감에 몰렸다. 재산의 일부를 포기해서라도 나머지 재산을 지킬 생각을 한 사람이 많았다. 그래서 거금을 싸들고 유력 정객을 찾아가는 행태가 벌어졌다. 저택을 제공하기도 했다. 경교장, 돈암장, 이화장이 모두 그렇게 제공된 것이다. 엇갈리는 정파들 중 어느 쪽이 득세할지 눈치를 보며 돈을 거는 도박판이었다. 그런 베팅을 하면서 자기가 속으로는 늘 애국자였다고 생색을 내기도 했다.

베팅을 했다가 잘못 짚었다고 판단해서 무르려 드는 경우도 있었다.

> 조선어학회는 해방 후 이종회 씨로부터 현재의 사옥인 청진동 188의 건물을 자진 기부받아 이제까지 아무런 탈 없이 사용 중인데 요즘에 들어 기부했던 이 씨는 마음이 변했는지 그 건물을 팔겠다고 신문광고까지 내어 집주인인 조선어학회에서는 다음과 같은 성명서를 발하여 세인의 주목을 끌고 있다.
> "요즈음 신문지상에 본 회관이 5월 20일 경매된다는 광고가 게재되었으나 청진동 188 현 회관은 해방 후 집주인(이종회)이 기부한 것으로 이미 그때 신문지상에 발표되어 천하가 다 확인하는 사실이다. 그러므로 이 회관은 새삼스러이 경매될 집이 아니라는 것을 사회 앞에 성명한다."
>
> (「자진 기부한 어학회관, 타협도 없이 방매(放賣)설-이 씨 변심에 어학회 분개 성명」,
> 『동아일보』 1947년 5월 20일)

이종회(李鍾澮)는 『친일인명사전』에 수록되지 않은 인물이다. 검색해보니 논문 하나가 나온다. 배석만의 "일제 말 조선인 자본가의 경영 활동 분석: 백낙승과 이종회의 군수회사 경영을 중심으로"(배석만, 『경

제사학』제45호, 2008년 12월). 논문을 구해 보지 못했지만, 장 제목 중에
「이종회의 대인조선주식회사 인수와 경영」이 있다.

이종회나 대인조선주식회사의 실체를 더 찾아보지는 못했지만, 이
종회가 대인조선주식회사라는 이름의 군수회사를 일제 말기에 경영한
사실을 이 논문의 제목에서 알 수 있다. 그가 청진동 건물을 조선어학
회에 기부한 까닭도 바로 짐작된다. 조선어학회는 해방 당시 민족주의
자들의 가장 뚜렷한 조직이었고, 더욱이 1942~1943년의 조선어학회
사건으로 일제의 대규모 탄압을 받은 마지막 단체로 각인되어 있었다.

이종회가 건물을 기부한 것은 자신의 반민족 행위에 대한 심판이 있
을 경우 방패로 삼기 위해서였을 것이다. 그런데 2년 가까이 지난 시
점에서 번의한 까닭이 무엇일까? 반민족 행위에 대한 심판을 걱정할
필요가 없게 되었거나 조선어학회보다 더 믿음직한 방패를 찾았기 때
문일 것이다.

『해방일기』 작업에 신문기사를 많이 활용하고 있는데, 돈 문제는 신
문기사를 통해 접근하는 데 한계가 있다. 개인의 회고에서 더러 참고
가 되는 내용을 찾을 수 있다. 심지연이 지은 『송남헌 회고록: 김규식
과 함께한 길』에 재미있는 대목이 꽤 있다.

김 박사 숙소인 삼청장을 관리하고 운영하는 데는 적지 않은 돈이 들
었다. 삼청장은 김 박사 내외 외에도 종로경찰서에서 파견한 경호원
2명과 운전기사, 그리고 식모가 있었고 또 매일 드나드는 수많은 사
람들의 식사문제도 해결해야 했는데, 이에 필요한 경비를 조달하는
것도 만만한 일이 아니었다.

나는 김 박사의 양해를 얻어 부장환이라는 나의 대구사범 동기로부
터 매달 10만 원씩을 받아 삼청장의 운영경비로 썼다. 그는 일본에서

귀국하여 조선피혁회사를 경영하고 있었는데, 상당한 재력가로 소문이 나 있었다. 김 박사는 돈의 출처와 용도를 분명히 밝혀야만 되는 성격이었기 때문에 나는 사전에 부장환의 이야기를 하고 김 박사의 승인을 받은 다음, 돈을 받아 제반경비로 집행했다.

부장환으로부터 1년 정도 돈을 받았다고 기억되는데, 이외에도 다른 기업이나 독지가들이 생활비나 정치자금에 보태 쓰도록 하라면서 이따금 돈을 보내왔다. 그러나 김 박사는 지정된 용도 외에는 절대로 돈을 쓰지도 받지도 않았다. 단언하건대, 김 박사는 돈문제에 있어서 만큼은 어느 누구보다도 깨끗했다고 할 수 있다. (『송남헌 회고록: 김규식과 함께한 길』, 76~77쪽)

당시 입법의원 세비가 월 3천 원가량이었다. 김규식의 면모로 보아 생활에서도 큰 사치를 하지 않고 활동에서도 공작비를 많이 쓰는 일이 없었을 것 같은데, 정치적 거점을 운영하는 데만도 월 10만 원 정도의 돈이 필요했던 모양이다.

부장환(夫章煥, 1914~1988)의 자금 제공을 비서인 송남헌이 알선했다는 사실도 흥미롭다. 송남헌이 김규식을 모시게 된 것은 1946년 2월 민주의원 비서처에 근무하게 되면서였다. 민주의원이란 기관을 통해 거느리게 된 비서라면 통상적 의미에서 '김규식의 사람'이라고 할 수 없다. 그런 사람의 알선을 통해야 그만한 자금이라도 확보할 수 있었다는 데서 김규식이 얼마나 주변머리 없는 사람이었는지 알 듯하다.

부장환이 어떤 사람이었는지 검색해보니 「디지털제주문화대전」에 이렇게 나와 있다. 아마 김찬흡의 『제주항일인사실기』(북제주군·북제주문화원 2005)에서 옮긴 내용 같다.

조천공립보통학교를 졸업하고 대구사범학교에 입학하였으나 2학년 때 중퇴하고 1931년 3월 일본으로 건너갔다. 신문 배달을 하면서 1932년 2월 시마나카(島中信雄)의 권유로 일본노동조합전국협의회 출판노조 오사카지부에 가입하여 오사카지부의 위원과 일본노동조합전국협의회 칸사이 위원으로 활동하였다.

1932년 4월 후카야(深谷)의 권유로 일본공산청년동맹에 가입하여 일본노동조합전국협의회 출판노조 조직원으로 활동하던 중 1933년 6월 검거되었다. 1935년 8월 31일 오사카지방재판소에서 「치안유지법」 위반으로 징역 2년형을 선고받아 옥고를 치렀다. 출감 후 오사카에서 오지마금속주식회사를 창업하였다.

광복 후 귀국하여 조선피혁주식회사 관리자, 국제상선주식회사 사장을 지냈고, 이 밖에 경기도 상공회의소와 서울 상공회의소 의원 등을 지냈다. 1948년 남북협상 때 김규식(金奎植)의 수행원으로 평양에 다녀오기도 하였다.

송남헌의 회고에서 조선피혁 경영자란 말을 보고는 부장환도 식민지시대 이래의 부호 중 한 사람이 아닐까 생각했는데, 이 이력을 보고 그렇지 않음을 알았다. 민족주의·사회주의 운동가였고, 해방 후 귀국해서 대기업의 경영을 맡은 사람이었다. 김규식과 송남헌이 친일파의 도움 받기를 꺼려한 하나의 방증이다.

부장환이 김규식의 정치자금을 대준 것도 요즘 기준으로 보면 회사에 대한 배임행위가 될지 모른다. 그러나 당시 이승만과 한민당이 친일파 부호들의 돈 수천만 원을 정치에 쓰고 있던 상황에서 자기 정치노선의 거점 유지 비용 수십만 원을 조달할 필요가 얼마나 절실한 것이었는지 감안해야 할 것이다.

제주 출신의 부장환. 김규식의 재정후원자였으며,
1948년 남북협상 때 김규식의 수행원으로 평양
에 다녀왔다.

이범성의 자금 제공을 김규식이 응낙할 때도 나름대로 괜찮은 상대
인지 따져봤을 것이다. 이 사기사건 외에 이범성이 신문기사에 나타난
것을 꼭 하나 찾을 수 있었다.

> 방공호 속이나 다리 밑에서 거적을 의지하고 설한풍에 떨고 있는 전
> 재민들의 처참한 정상에 큰 충동을 받은 시내 종로2가 조선노자기업
> 사 이사장 이범성 씨는 24일 시내 장교동 전재동포원호회 중앙본부
> 를 찾아와 전재동포에게 나누어달라고 침구 180점을 기부하였다고
> 한다.
>
> (「이불 180점 특지가 리범성 씨의 동족애 이재민들에 기증」,
> 『동아일보』 1946년 12월 26일)

기부 규모로 보아 큰 부호는 아닌 것 같다. 중소기업을 열심히 경영
하는 사람이 김규식의 정치노선을 지지하여 사업 이익의 일부를 희사
하는 정도를 넘어 정치자금 조성에 사업의 목적을 두겠다고 나선 것이

아닐까 싶다. 문제된 사기사건에서도 거둔 돈이 2천3백만 원인데 그 절반을 김규식에게 바치려 한 것을 봐도 그렇다(실제로는 7백만 원의 수표 제공자가 수표를 취소하는 바람에 뜻을 이루지 못했다).

이범성은 그 밖에도 원세훈에게 20만 원 주고 조선민청 등 좌익 단체에도 몇만 원씩 제공한 것으로 나타났다. 아마 도움을 주라는 김규식의 지시에 따른 것이 아닐까 생각된다. 좌우합작에 매진하고 있던 김규식은 좌익 단체에도 꼭 필요한 돈이 조금이라도 들어가기 바랐고, 합작 사업에 열심인 원세훈의 사정도 챙겨주고 싶었을 것이다.

『송남헌 회고록: 김규식과 함께한 길』에는 원세훈의 지사(志士) 면모가 더러 나타난다. 원세훈은 김규식의 저택 삼청장에서 "아예 이 집에서 숙식을 하면서 지내기도" 했던 사람이다(89쪽). 그러면서 경성방직 같은 큰 회사의 운영을 맡으라는 제안을 거절한 사람이다.

> 헬믹 대장은 또 원세훈에게는 경성방직을 운영하면 어떻겠느냐고 제의했으나 그 역시 이를 거절했다. 당시 경성방직의 소유자인 김연수는 만주국 총영사를 했던 경력이 두려워 정치권에 손을 대려고 매일 나용균의 집 사랑에 기거하며 숙식을 하고 있었다. 일제시대부터 서로 잘 알고 있었고 해방 후에도 거의 매일 얼굴을 맞대고 지내는 처지인 데다가, 통일정부 수립에 헌신해야 하는 몸으로 사업체를 갖는다는 것 자체가 격에 맞지 않는다는 생각에서 원세훈은 거절한 것이었다. (『송남헌 회고록: 김규식과 함께한 길』, 95~96쪽)

5월 11일 일기에서 장택상이 원세훈의 딸 입원비 내준 일을 얘기했다. 1948년 4월 원세훈이 딸 입원비가 없어서 평양 남북협상에 가지 못할 것 같다는 얘기를 송남헌에게서 들은 장택상이 즉석에서 총무과장을 불러 5만 원을 꺼내오게 한 것이다. 그 돈이 개인 돈이었을 리 없다. 장택상 같은 자는 원래도 부자인 데다가 그 정도 공금은 생각나는 대로 꺼내 쓸 수 있었는데, 재물을 초개같이 여기던 일세의 지사 원세훈은 이범성에게서 20만 원 받아먹었다고 소인배들의 입방아에 오르다니, 블랙코미디의 시대였다.

1947. 5. 23.

미소공위 재개 앞에서 딴짓하는 이승만

5월 20일 예정으로 추진되어오던 미소공위 재개는 날씨 문제로 소련 대표단이 늦게 도착하는 바람에 하루 늦춰져 21일에 이뤄졌다. 22일 (목) 시작된 본회의의 이틀간 결정 내용이 월요일인 26일에 제9호 성명으로 발표되었다. 전 해의 제1차 회담에서는 무기 정회를 발표한 제8호 성명까지 여덟 차례 성명이 나왔었다. 제9호 성명은 그 뒤를 이은 것이다.

미소공동위원회 공동성명 제9호

미소공동위원회는 서기 1947년 5월 21일 조선 서울에서 재개되었다. 공동위원회의 미국 대표는 아래와 같다.
수석대표 A. E. 브라운 소장, 대표 존·웨커링 준장, 동 L. J. 링컨 대령, 동 A. C. 번스 박사, 동 C. N. 조이너

소련 대표는 아래와 같다.
수석대표 T. F. 스티코프 대장, 위원 M. C. 레베데프 소장, 동 G. F. 툰킨, 동 G. M. 발라사노프, 동 T. I. 코르쿠렌코 대령

공동위원회 제1차 회의는 1947년 5월 21일 덕수궁에서 개최되어 동 위원회의 정식개회를 보게 되었다. 남조선 주둔 미군사령관 존 R. 하지 중장은 이를 환영하여 개회사를 하였다. 소련 측 수석대표 스티코프 중장과 미국 측 수석대표 A. E. 브라운 소장도 각각 인사의 말을 하였다. 남조선미군사령부 관계자, 군정청 조선인 각 부처장 및 조·미 신문기자들이 이에 참석하였다.

공동위원회 제1차 회의는 1947년 5월 22일에 개최되어 소련 측 수석대표의 제의로 미국 측 수석대표 브라운 소장 사회로 진행되었다. 제1차 회의는 동 위원회의 의사진행방법, 서기국 및 분과위원회 설치 등에 관하여 토의되었다.

공동위원회는 미·소 양측에서 각각 5명씩 10명의 위원으로 구성될 것이 결의되었다. 동 위원회의 위원 중 사고가 있을 때에는 대리를 임명하게 될 것이고 동 회의의 의장은 매주 교체될 것이다. 동 위원회의 회의는 양측 대표의 상호합의로서 공개회의를 여는 이외에는 전부 비공개키로 되었다.

공위 협의는 제1단계에 있어서 모스크바협정 제2항에 의하여 조선임시정부 수립 준비안에 국한될 것이다. 즉 이 안은 다음과 같다.

1) 임시정부의 형태 구성 및 조직
2) 정부운영의 기초가 될 임시헌장의 기초
3) 임시정부의 정강의 기초

이상 제 문제의 해결을 위하여 3분과위원회를 여좌히 설치함

제1분과위원회 위원장 미국 번스 공사, 위원장 소련 툰킨

차 위원회는 민주주의 정당 및 사회단체와의 협의에 관한 제 문제를 분장함

제2분과위원회 위원장 미국 웨커링 준장, 위원장 소련 레베데프 소장
차 위원회는 임시정부의 형태 구성, 임시헌장 및 정강문제를 분장함

제3분과위원회 위원장 미국 조이너, 위원장 소련 발라사노프
차 위원회는 임시정부의 인사임명의 방법 급 임시정부에 권한을 이양하는 방법에 관한 문제를 분장함

공동위원회는 동 위원회의 진행에 관하여 신문을 통하여 일반에 발표할 최선방법을 토의한 결과 일반대중 및 특히 조선인들은 임시정부수립에 협조하는 데 있어서 공위의 진행을 최대한으로 숙지할 권리가 있으므로 공위는 매주 1회 이상 의안 해결에 따라 상세한 공동성명서를 발표하기로 합의를 보았다.
각 분과위원회는 1947년 5월 26일부터 그 업무에 착수할 것이다.
공동위원회는 조선인들이 공위에 다대한 관심을 가지고 있다는 것을 표시하는 다수의 서한과 감사문을 사회단체 및 개인으로부터 접수하였다.

소 측 대표 T. F. 스티코프 대장, 미 측 대표 앨버트 E. 브라운 소장

(「본격적 업무 착수-미소공위 제9호 성명」, 『경향신문』 1947년 5월 27일)

밑줄 친 내용이 주목된다. 모스크바협정의 제2항 임시정부 수립 문

1947년 미소공위 기간에 웃으며 기념 촬영하는 스티코프·하지 중장과 브라운 소장. 함께 웃고는 있지만 세 사람은 임시정부 수립에 아무런 합의도 이끌어내지 못한다.

제만을 지금 단계에서는 다룬다는 것이다. 걸림돌로 계속 작용해온 신탁통치 문제를 다음 단계로 미뤄놓음으로써 당장의 진행을 순조롭게 하려는 뜻으로 읽힌다.

미소공위의 성공을 바라지 않는 이승만·한민당 세력의 태도는 그동안 굳어질 만큼 굳어져 있었다. 이들이 어떤 행동을 취하는지는 앞으로 계속 주시할 일인데, 이들의 태도가 미국에까지 알려져 있었다는 사실이 5월 22일자 『워싱턴포스트』 기사에 나타나 있다.

〔워싱턴 22일 UP발 조선〕 조선 독립운동의 실질적 진전은 소련과의 합의에 의존하는 것이다. 이승만 박사와 그의 일파가 이 사실을 인식하지 못하는 것은 불행한 일이다. 미소공동위원회가 1년 동안 휴회한 후 토의를 재개하려는 이때에 이 박사와 그의 동료들은 거의 소련에 역용될 것이 확실한 소리를 외치고 있다. 이 박사의 불평 언사에는 약간의 수긍할 만한 점도 있다. 조선 문제는 주로 조선인이 안 하고 외부인이 결정하고 있다.

그는 조선의 즉시 독립이 가능하다고 생각하고 있다. 그러나 움직일 수 없는 사실은 조선이 자활하기까지에는 신탁통치하에 현재 조선을

분할하고 있는 부자연한 미·소 간 장벽을 제거하기 위하여 수개 년
을 요할 것이다.

(「조선의 독립은 대소 합의에서-미지(美紙) 논평」,『서울신문』 1947년 5월 23일)

이승만이 미국에 체류하는 동안 열심히 언론활동을 한 덕분에 그의
의도가 미국 언론계에는 분명히 알려져 있었던 것이다. 5월 23일의 국
무성 발표를 보면 국무성 관리들이 이승만을 얼마나 불안한 눈길로 바
라보고 있었는지 알아볼 수 있다.

〔워싱턴 23일 UP발 조선〕 국무성은 남조선 정부 조직에 관하여 누구
와 비밀협정을 맺었다는 것을 단호 부정하였다. 그리고 국무성은 미
국이 조선에 대한 임시적 신탁통치에 관한 모스크바결정을 준수할
것을 재확인하는 동시에 남조선미군주둔군사령관 존 R. 하지 중장에
대하여서는 미국의 최고정책을 충분히 알리고 있다 하며 하지 중장
의 입장을 지지하였다.
이상의 강경한 국무성의 반향은 이승만이 라디오보도에서 조선 내
의 미국 점령지역에 정부를 수립하는 데 관하여 국무성과 비밀협정
을 하였다고 주장하였다 하는 데 뒤이어 나온 것이다. 국무성 당국
에서는 UP기자에게 이에 관하여 다음과 같이 말하였다. 이상의 국
무성 성명은 또한 마셜 국무장관이 22일에 하지 장군으로부터 이 박
사의 서울에 있어서의 최근의 활동을 설명하고 그들이 공동위원회
의 업무를 방해하려는 기색을 보이고 있다는 통지를 받은 결과로 발
한 것이다.
동시에 하지 중장은 마셜 장관에게 이 박사가 국무성에 대하여 소련
측과 모스크바결정에서 신탁통치 조항을 삭제하도록 교섭하라고 요

청한 이 박사의 서한을 전달하였다. 이 박사는 하지 장군에게 그의 서한에 동의하여서 이를 전달하도록 요청하였으나 하지 중장은 이를 거절하였으며 하등의 주석도 붙이지 않고 전달하는 동시에 이 박사의 활동에 대한 그의 평가를 첨부하였다.

한편 국무성 대변인은 다음과 같이 말하였다. "미국은 누구와도 조선에 관한 비밀협정을 하지 않았다. 국무성은 하지 중장에 대하여 모스크바설정을 실행하는 것이 미국 정부의 정책이었으며 현재에도 그러한 것이므로 우리는 공동위원회를 통하여 통일된 조선의 민주주의적 임시정부를 창립 발전시킬 것을 희망한다는 것을 통고하였다."

한편 NBC방송국이 이 박사가 조선 정부 수립에 관하여 국무성과의 사이에 조선에 있는 당국이 모르는 협정을 하였다고 보도한 것은 당지에서는 하지 중장에 대한 논란이라고 해석하고 있으며 국무성이 이를 부정하였을 뿐만 아니라 미국 관리는 하지 중장에게 미국의 정책이 무엇인가를 말할 필요도 없다고 언명하였다. 그는 그것이 무엇인지를 알고 있으며 이승만의 목적이 무엇인지도 알고 있다.

당지 일부 관변 측에서는 과거 수일간의 이 박사의 행동은 조선의 독립을 수년간 퇴보시키는 것이라고 보고 있으며 만약 미소공동위원회가 금번에 조선에 관한 정돈상태를 타개치 못한다면 정세는 장기간 궁경(窮境)에 함몰하여 소련은 북조선에 주저앉고 미국도 남조선에서 그러하게 될 것이라고 생각하고 있다.

모든 당국자들은 여차한 사태가 소칭하는 바 별개 독립한 남조선 정부의 수반이 되려는 이 박사의 목적을 조장하는 도리라고는 보고 있지 않다. 당국은 임시정부하에 조선을 통일시킨 후 독립에 앞서서 제한된 기간에 신탁통치를 행할 것을 규정한 모스크바결정을 단호히 준수할 것이라고 말하였다.

(「막부협정실천이 미의 대조선 최고정책-국무성 당국 담」,
『조선일보』 1947년 5월 24일)

"별개 독립한 남조선 정부의 수반이 되려는" 이승만의 의도를 국무성 관리들은 파악하고 있었던 것이다. 그 목적을 위해 이승만은 거짓말을 마구 지어내왔다. 미국에 가서는 조선인민이 자기 노선을 지지한다고 했고, 조선에 와서는 미국 정부가 이런 의도를 갖고 있다고 소설을 썼다. 미 국무성이 이승만의 발언을 부인하고 나선 것은 이번이 처음이 아니었다.

〔워싱턴 22일발 AP합동〕 30일 내지 60일 내에 남조선임시독립정부는 수립될 것이다. 그리고 미 문관고등판무관이 군정장관에 대치될 것이다. 이에 대하여 국무성 대변인은 이승만 씨 언명은 단지 장차에 대한 이 씨 개인의 추측에 불과한 것이라고 해설하였다.

(「단정수립에 이 박사 언명」, 『경향신문』 1947년 3월 23일)

〔워싱턴 10일발 AP합동〕 미 국무성이 조선부흥책을 강구 중인 것만은 사실이다. 금액 및 기타 문제에 있어서는 아직 결정을 보지 못하고 있다. 그리고 조선부흥책이 결정된다 하더라도 6억 불이나 고려되지는 않을 것이다. 그런데 미 국무성 당국은 수일 전에 "조선을 위한 3년간의 부흥책이 고려될 것이며 미 국회는 이를 승인하게 될 것이다."라고 말한 바 있었으며 한편 장개석과 회담차 방금 중국에 체재 중인 이승만은 상해에서 다음과 같이 말하였다 한다. "미국의 대조선 차관은 조선 정부가 정식으로 인정되면 허용될 것이다."

(「미 대조선 원조의 금액 기타는 미정」, 『조선일보』 1947년 4월 11일)

NBC 보도가 어떤 내용인지 직접 확인하지는 못했으나 국무성 발표를 보면 미국 정부와 이승만 사이에 남조선 단독 독립의 '밀약'이 있다고 한 모양이다. 이승만이 지지자를 모으고 위신을 높이기 위해 지어낸 이야기일 텐데, 국무성에서는 펄쩍 뛸 얘기다. 대외관계의 밀약을 미국 정부가 맺었다면 담당이 국무성일 수밖에 없는 것이니까.

미 국무성에서 발끈하고 나오니 이승만도 해명에 나서지 않을 수 없었다.

남조선 정부 수립에 관하여 이승만 박사와 미 국무성 간에 비밀 합의를 보았다는 것은 사실무근이라는 통신보도에 대하여 이 박사는 24일 다음과 같은 성명을 발표하였다.

"남선에 과도정부를 수립한다는 문제에 대하여 미 국무성과 나 사이에 비밀양해가 있다는 것을 금번 국무성에서 부인한 것은 나와 동감이며 오직 이런 언론을 내가 했다는 것은 사실이 아니다. 나는 공석에나 사석에서 이 말을 한 적이 없었다.

과도입법원에서 선거법안을 통과하는 대로 총선거를 진행하기로 한 보도는 내가 대략 6주일 전 워싱턴에 있을 때에 각 신문에 전파되었나니 지금에 내가 이것을 비밀이라고 말할 수 없고 말할 까닭도 없다. 이 계획을 우리가 진행하겠다는 것은 내가 귀국한 이후로 중복 성명하여 온 것인데 각국 신문이나 조선 신문에 비밀이란 의사를 비친 곳이 없었나니 이것만으로 보아도 내가 이런 말을 하지 않은 것은 설명될 것이다.

이 계획을 국무성 대변인이 협조하기로 한 것은 누구나 부인할 수 없는 것이요 하지 중장이 워싱턴에 있을 때에 이 계획을 지지한다고 설명한 것을 또한 부인하지 않을 것이다. 워싱턴 국무성이나 서울 군정에서나 이것을 부인할 수 없는 것이요 오직 이 문제에 비밀이 있다는 것은 나도 그분들과 같이 거절하는 바이다.

다만 내 말을 전파하려는 모든 친구들에게 간절히 요구할 것은 무슨 말이든지 공정과 사실만을 주장하고 음모선전은 말아야 할 것이다. 차등 선전은 공변된 일이 아니므로 피차에 효력이 없을 것이다."

(「과정 수립 비밀 없다―미지 보도에 이 박사 성명」, 『동아일보』 1947년 5월 25일)

NBC는 '남조선 정부 수립'의 '밀약'을 얘기했다고 한다. '밀약'이라면 겉으로 드러내지 않는 약속을 말하는 것이니, 미군정에서 공개적으로 추진 중이던 '과도정부'가 아닌 '분단정부'를 가리킨 것이다. 그런데 이승만은 "남조선 정부요? 미군정에서 입법의원을 통해 추진하고 있는 거잖아요?" 하고 시치미를 떼는 것이다.

미국에서 이승만의 대변인 노릇을 하고 있던 임병직(林炳稷, 1893~1976)의 발언이 진상에 가까운 것을 보여준다. 아마 이 밀약설을 NBC에 흘린 것이 임병직이었을 것이다. 그래서 다른 기자들의 확인 요청이 그에게 쏟아졌기 때문에 아래 발언을 하게 된 것으로 생각된다.

〔워싱턴 24일 UP발 조선〕 재미한인위원회 위원장 임병직 씨는 다음과 같이 말하였다. "나는 조선 우익지도자 이승만 박사가 결국은 조선 전토를 통치하게 될 남조선 정부 수립에 관하여 국무성과 비밀협정을 하였다고 주장하고 있다고 보도한 NBC 방송을 믿고 싶지 않다. 이 박사는 조선 독립정부의 급속한 수립을 희망하고 있으며 모스크바결정에 적용된 민주주의를 명확히 하기를 바란다고 말하였다."

(「이 박사는 통일정부 희망―NBC에 임병직 씨 담」, 『동아일보』 1947년 5월 25일)

"결국은 조선 전토를 통치하게 될 남조선 정부"라고 임병직은 말했다. 이것은 미군정이 추진하고 있던 과도정부와 전혀 다른 것이다. 이승만은 분단건국으로 남조선을 장악한 후 미국의 힘에 기대 북쪽까지 흡수하겠다는 전략을 세우고 있었던 것이다. 이 전략이 결국 대한민국 건국으로 실현되지만, 미소공위가 열리고 있는 상황에서 꺼낼 수 있는 얘기가 아니었다.

국무성의 이승만에 대한 반박과 비난이 강하게 나왔을 때 이승만은 딴전을 피웠다. 그런데 미국에 있던 임병직은 잡아떼는 요령을 미처 시달받지 못하고 있는 채로 기자들의 질문에 부딪힌 모양이다. 그래서 전략 내용을 발설하고 NBC 방송 보도를 "믿고 싶지 않다."는 정도로 어정쩡하게 부정하게 된 것으로 보인다.

1947. 5. 25.

김구, 지지 기반이 무너진다

미소공위 재개가 목전에 닥친 5월 18일 오전, 미군 수석대표 브라운 소장이 우익 인사 8인을 초청해 이야기를 나눴다. 이승만, 김구, 조소앙, 조완구(趙琬九, 1881~1954), 김성수(金性洙, 1891~1955), 백남훈(白南薰, 1885~1967), 장덕수(張德秀, 1895~1947), 서상일(徐相日, 1887~1962)이었다. 19일 오후에는 하지 사령관이 이승만, 김구, 조소앙, 김성수, 장덕수 5인을 불러 이야기를 나눴다. 반탁세력의 미소공위 방해를 막고 참여를 권하기 위해서였다.

이승만은 20일 이 만남에 대해 이렇게 말했다.

> "하지 중장과 브라운 소장은 금번 재개될 공위에서는 조선임시정부를 수립하는 것이 선결문제이고 탁치니 원조니 하는 것은 임정 수립 후에 임정과 협의할 것이라고 말하였다. 이에 대하여 나는 3상결정에서 신탁조항을 삭제하고 의사표시 자유를 보장하는 동시 통일임시정부를 수립하되 여하한 형태의 민주주의 임정인지 명시하기 전에는 공위에 참가할 수 없다고 말하였다. 즉 민주주의에도 미국식 민주주의와 소련식 민주주의가 있을 것이며 이를 반반으로 한 통일임정은 수립될 수 없는 것으로 생각하는 바이며 과거 1년 반이 지난 오늘 과

거를 잘 알고 있으므로 무조건으로 신임할 수는 없다. 가설 임정수립
에 성공하여도 최고의 희망은 반반씩이 될 터이니 그런 정부는 성립
될 수 없으며 이때에는 남조선 공산화를 방지할 수 없을 것이다."

(「민주주의의 내용 명시된 후에 처사할 터─공위 대해 이 박사 담」,

『조선일보』 1947년 5월 21일)

미소공위 참여의 조건 두 가지를 내걸었다는 것이다. (1) 신탁통치
조항 삭제 (2) 어떤 식의 민주주의인지 밝힐 것.

쉽게 말해서 미소공위를 무시하고 그 결렬을 바란다는 것이다. (1)
은 모스크바결정을 뒤집어야 한다는 것인데, 모스크바결정의 실행기
구인 미소공위가 어쩔 수 있는 일이 아니다. 그리고 (2)는 '미국식' 민
주주의와 '소련식' 민주주의를 대비함으로써 미·소 간의 대립을 부추
기는 것이다.

엊그제 일기에서 밝힌 것처럼 이승만과 미국 정부 사이의 '밀약설'
이 떠돌고 있었다. 누가 퍼뜨린 소문인지는 빤한 일이다. 밀약설의 내
용인즉, 미국 정부가 남한 단독정부를 세워 이승만에게 맡기기로 했다
는 것이다. 하지 사령관보다 '윗선'에서 남한에 괴뢰국가를 만들기로
이승만과 약속을 했다는 것이다.

이승만은 1946년 12월 미국으로 떠나면서부터 하지와 완전히 결별
했다. 미국에서는 하지가 용공주의자라고(심지어 공산주의자라고까지) 인
신공격을 했고, 조선에서는 하지 같은 '아랫것'들이 모르는 밀약을 미
국 정부와 맺었다는 소문을 냈다. 그 허위선전의 도가 심했기 때문에
하지가 이승만의 주장을 모아 국무성에 보내 진위를 밝혀줄 것을 요청
했고, 그 결과 이승만의 주장을 반박하는 국무성 발표가 5월 23일에
나온 것이다.

　이승만은 이처럼 하지를 묵살하고 분단건국의 길로 일로매진하는 입장이었으니 미소공위도 무시하는 것이 당연한 일이었다. 그러나 반탁진영에서도 김구 세력과 한민당의 입장은 이승만과 차이가 있었다.

　김구 세력은 이승만처럼 분단건국을 지향하지는 않았다. 그러나 미소공위를 반대하는 입장은 이승만과 통했다. 미소공위의 가장 큰 목적이 새로운 임시정부를 만드는 것인데, 김구 세력에서는 중경에서 돌아온 임정이 임시정부 역할을 맡기 바랐다.

　한민당은 이념을 가진 정당이라기보다 눈치를 봐서 자기네 이익을 늘리고 손해를 줄이기에 급급한 이익집단이었다. 어떤 건국 방향에라도 참여해서 자기네에게 유리한 방향으로 작용하고 싶어했다. 그러니 미소공위에도 일단 참여해놓고 보자는 입장이었다.

　이런 입장 차이를 조정하기 위해 반탁진영은 회합을 거듭했다. 20일과 21일 돈암장에서 모인 것을 보면 이승만이 주도권을 쥐고 있었던 것으로 보인다.

> 반탁의사 표시 자유의 보장이 없이 공위가 재개되느니만치 반탁진영으로서의 공위참가 문제는 중대하다. 따라서 공위가 금일 재개되었음에도 불구하고 반탁진영에서는 공위참가에 대한 결정을 짓지 못하고 이 문제로 연일 회합만을 거듭하고 있다. 즉 20일 하오 3시부터 돈암장에서 이 박사를 비롯하여 김구, 조소앙, 조완구, 김성수, 백남훈, 장덕수 제씨가 회합하여 장시간 공위참가 문제로 토의한 바 있었고 21일에는 오전 9시 반부터 12시 반까지 역시 동씨들이 돈암장에 회합하여 참가 여부를 협의하였다 하는데 대체로 우익진영에서는 이 박사 태도에 추종할 것으로 보인다.
>
> 「우익 참가 여부 이 박사 태도에」, 『동아일보』 1947년 5월 22일)

　21일과 22일에는 한민당과 한독당의 상무위원회가 열려 미소공위 참가 문제를 토론했다. 23일에는 반탁진영 50여 단체 대표가 반탁투위에 모였다. 이런 모임에서 반탁진영이 행동을 통일할 필요성이 강조되었고, 결국 구체적 방침은 25일 돈암장 모임에서 결정되었다.

> 미소공동위원회에 참가·보류 양론으로 인하여 우익정계에 일대 파문을 야기하고 있는 차제 25일 상오 11시부터 시내 돈암장에서 이승만, 김구, 조소앙, 김성수, 장덕수, 김준연 제씨가 회합하여 공위대책을 재검토한 바 있었다 하는데 동 석상에서 한민 계열 제씨는 참가 주장을 역설하여 이를 종용하였으며 종래 강경한 보류론을 주장하던 이승만도 자신은 불참가하더라도 민족진영의 각 단체는 다수 참가하도록 권유한 바 있었다 한다. 한편 임정 계열의 김구, 조소앙 양씨는 시종일관한 태도(참가보류)로써 임하였다 한다. 그런데 일부 측에서는 이에 관하여 이로써 임정계를 제외한 우익 각 정당은 공위에 전적으로 참가하게 될 것이라고 관측하고 있다 한다.
>
> (「이 박사 참가 권유, 임정 계열은 반대」, 『서울신문』 1947년 5월 27일)

이 과정에서 이승만과 김구의 공동성명 하나가 23일에 나왔다.

> "우리는 미소공동위원회가 38선을 철폐하고 독립정부를 수립하는 임무에 속히 성공하기를 기대한다. 공동위원회에서 한인지도자들을 협의에 참가케 하는 데는 개인과 단체에 일임하여 자유로 결정케 할 것이다. 우리는 공동위원회의 임무수행에 관한 다음의 두 가지 조건이 명확히 되기 전에는 양심상 협의에 참가할 수 없는 처지를 표명한다.

(1) 소위 신탁통치와 독립정부와는 서로 모순되는 것이므로 신탁통치 조건을 전부 삭제하거나 그렇지 아니하면 신탁통치가 보통 해석되는 바와 같지 아니한 것을 공식으로 충분히 성명하거나 하여 독립정부 수립과 모순되는 바가 없게 되어야 할 것이다.

(2) 미·소 양국이 한국에 민주주의적 독립정부를 수립하기로 목적을 삼는바 민주주의라는 명사에 2종의 구별이 있으니 소련이 주장하는 민주정체가 하나이요 미국에서 실행되는 민주정체가 또 하나이다. 이 두 가지 중 어느 것을 의미하는 것인지를 우리가 먼저 알아야 되겠으니 이는 다름이 아니라 이 두 정체를 혼잡해서 정부를 수립하면 장래 정부의 분열과 국내의 혼란을 면키 어려울 것이요 열국의 기대에 어그러지게 되는 까닭이다.

우리는 이상 두 가지 조건이 석명되기를 요청하고 있는 중이므로 이 문제가 충분히 해결되기까지 공위협의에 참가하기를 보류하는 바이다."

(「개인·단체의 자유에 일임, 공위에 질의서 제출-이 박사, 김구 씨 성명 발표」,

『동아일보』 1947년 5월 23일)

이승만의 주장에 김구가 합류한 것이다. 사흘 전(5월 20일) 이승만의 발언보다 표현은 약간 완화되었지만 내용은 같은 것이다. 분단건국의 속셈은 이승만만의 것이었지만, 미소공위를 반대하는 김구의 태도는 여기까지 이승만과 합쳐질 수 있었던 것이다.

5월 18일 일기에 소개한 오스트리아의 경우 10년의 신탁통치를 군소리 없이 감수했다. 오스트리아는 잘못할 경우 전범국으로 몰릴 위험이 있었다는 점에서 조선의 경우와 차이가 있기는 했지만, 그럴 위험이 조선에도 전혀 없는 것이 아니었다. 더 큰 차이는 연합국을 만족시켜야만 나라의 살길이 열린다는 인식의 투철함에 있었다.

조선의 민족주의를 대표하던 김구의 상황 인식이 조선의 장래를 망치는 데 한몫을 한 사실을 부정할 수 없다. 이승만이 어떤 음모를 획책했더라도 김구가 미·소 협력의 필요성을 인정했더라면 미소공위에 대해 이토록 부정적인 태도를 취하지 않았을 것이고 이승만의 음모는 성공하기 힘들었을 것이다.

김구를 지도자로 모시려고 한독당에 모인 민족주의자들도 이 단계에 와서는 흔들리지 않을 수 없었다.

> 공위에 참가·보류 양 조류로 대치적 입장에 있던 한독당은 25일 다음과 같은 담화를 발표하였다. "이제 4개 국가의 우의적 협조로 과도적 임시정부를 수립하는 단계에 있어서 주인의 입장을 가진 한국인 민으로서 정당하고 공평한 민족자결의 의사에서 (…) 탁치제도를 취소하고 즉시 독립을 보장하는 때까지 참가권의 사용을 보류한다."
> 한독당은 공위참가 문제에 있어서 참가하자는 국내파와 참가를 보류하자는 해외파의 양론이 있어 저반 상무위원회에서는 보류하자는 파가 우세하여 보류를 결의한 바 있었는데 이와 전후하여 동당 서울시 당부에서는 지난 23일 회의를 열고 공위에 참가하기로 결의한 후 참가해야 된다는 건의서를 중앙상무위원회에 전달하였다 한다. 그리고 동당에서는 오는 29일 상무위원회를 개최하고 시당부의 건의를 중심으로 공위 참가 문제를 재검토한다고 한다.
>
> (「공위 참가 문제에 한독당 담화 발표」, 『서울신문』 1947년 5월 28일)

한독당의 국내파란 1946년 4월 원래의 한독당과 합당한 국민당과 신한민족당 출신을 말하는 것이다. 국내파와 해외파 사이의 균열은 1947년 1월 18일의 중앙집행위원회에서 드러난 일이 있었다. 신한민족당계의 권태석(權泰錫, 1894~1948)이 3상회의 결정 지지를 제안한 데서 문제가 표면화되었는데, 국민당계의 안재홍은 중립적 태도를 지켰지만 해외파의 공격 대상이 되었다.

3상회의 결정과 미소공위에 대한 해외파와 국내파의 입장 차이가 해소되지 못한 채로 남아 있다가 미소공위 재개에 임해 터져 나온 것이다. 이후의 경과는 서중석이 『한국현대민족운동연구』에 정리한 내용을 옮겨놓는다.

> 미소공동위원회가 5월 하순에 재개되자 당내 분규는 공동위원회에 대한 참가와 보류 문제로 그때까지의 분규보다 훨씬 더 큰 규모로 일어났다. 당에서 제명된 권태석 등이 반민주파의 음모를 분쇄한다면서 민주파 한독당을 만들었고, 이들을 지지하는 중앙위원 21명이 민주파 한독당에 합류한 것도 한독당에 타격이었지만, 더 큰 타격은 국민당계로부터 나왔다.
>
> 한독당의 중앙위원 안재홍, 박용희, 조헌식, 이의식, 이승복, 장지필, 엄우룡 등 80여 명은 6월 2일 발표한 성명서에서, "우리 민족 총의인 자주독립을 쟁취키 위하여는 기동성 있는 총명과감한 발전적 투쟁을 요한다."며, "공식적인 국제투쟁의 형해를 단연 벗어버리고, 만만한 투지를 내표한 국제협력의 전술적인 진지한 건설과업만이 참으로 해방 완수의 대업을 신속히 쟁취하고서 조국 조분(爪分), 민족 파멸의 위난을 구급하는 것"이기 때문에, 공동위원회에서 협의와 지지는 결정적으로 필요하다고 주장하였다. 6월 21일 안재홍 등 한독당 혁신파는 신한국민당으로 발족하였다.
>
> 이로써 1차 미소공동위원회가 열리고 있을 때 통합되었던 한독당, 국민당, 신한민족당은 2차 미소공동위원회가 열리면서 한독당과 신

한국민당, 민주한독당으로 3분되고 말았다. 현실을 보는 관점이 엄연히 달랐는데도 불구하고 김구의 강력한 추진력 속에 우익의 대동단결이라는 명분 하나로 통합은 되었지만, 결국 민족문제의 해결방안을 두고 의견 차이가 너무 컸기 때문에 다시 원상태로 되돌아가고만 것이었다. (서중석, 『한국현대민족운동연구』, 역사비평사 1997, 538~539쪽)

6월 21일 신한국민당 발족 성명은 1947년 6월 22일자 『자유신문』에 이렇게 인용되었다. 한독당 주류가 미소공위를 거부하고 민주적 원칙을 어기는 데 대한 불만이 담겨 있다.

"우리는 국제협력에서만 자주독립을 달성할 수 있다는 굳은 신념에서 미소공위에 참가하고 또 우리의 실천 행동에서 민주 과업을 수행하기 위하여 이념을 같이하는 도·군당 지부와 함께 단연 한국독립당과 메별(袂別)하고 '신한국민당'(가칭)으로 신당 발족함을 선언한다."

(「신한국민당 새 출발 선언」, 『자유신문』 1947년 6월 22일)

1947. 5. 29.

대형 사기사건 배경에는 언제나 군정청이⋯⋯

미소공위 재개에 세인의 관심이 쏠려 있던 1947년 5월 말 한 사건에 대한 검찰의 조치가 사람들을 놀라게 했다. 1천만 원대 사기 금액으로 '이범성 사건'과 나란히 주목받던 '임청 사건'의 뇌물죄가 5월 29일 불기소로 처리된 것이다. 5월 31일자 『동아일보』에 「임청 사건 수 기소(遂 起訴) 군정고관 수뢰는 증거불명/임청의 말 못 믿겠다⋯⋯」란 제목의 큰 기사가 실렸는데, 서울지방검찰청장의 담화, 김병로 사법부장의 기자회견 문답, 그리고 담당 검찰관 강석복(姜錫福, 1904~2002)의 발언이 붙어 있다.

● 서울지방검찰청장의 담화
"세간에서 떠들던 임청 사기사건에 관련하여 대 증수뢰 사건이 잠재한 것같이 선전되었으나 조사한 결과 그런 사실이 없는 것이 판명되었다. 사건의 내용은 임청이가 관계관청 관리, 즉 상무부장 한승인, 상무국 부국장 정완영, 상무부 미인 방직과장 비서 서정현, 경기도 상공국장 안승한, 식량영단 이사장 이동제, 농무부장 이훈구, 농상국장 현근 등에게 다액의 금액을 증뢰하였다고 주장하기로 당 경찰청에서는 상세히 조사하였으나 금전을 교부한 데 대하여 하등의 증거가 없고 임청 공술 자체에도 모순이 있어 결국 범죄를 인정할 수 없으므로 28일 불기소처분에 부하였다."

● 사법부장 담

(문) 임청의 자백서 수기와 공술 등에 의하여 증뢰했다는 사실이 역력히 드러났는데 어찌된 일인가?

(답) 임청은 미친놈이다. 과거 일제시대에도 그런 일이 있어 세밀히 조사하였으나 증수뢰 사실이 없었다.

(문) 임청이 거액의 사기를 한 것은 사실인데 그 사취한 돈을 어디다 썼단 말인가?

(답) 조사하여 보았으나 그 돈을 어디다 썼는지 또는 어디다 감추었는지 전연 모르겠다.

(문) 검찰당국으로서 범인이 사취한 돈에 대한 용처를 모른다면 말이 되는가?

(답) 그러나 미친놈 떡 나누어주었다는 것과 같은 그 임청의 말을 어찌 믿을 수 있단 말이요.

(문) 사기죄는 성립이 되고 증수뢰죄는 불기소로 되었다는 것은 주범이 자백한 당시 피의자를 불구속으로 취조하였기 때문에 증거가 안 되지 않았을까?

(답) 우리 검찰당국으로서는 할 일은 다했다. 세밀한 과학적 수사를 해보았으나 증거가 불충분하기 때문에 그러한 것이다.

(문) 이 사건은 전 특무과장 이만종의 사표 제출 당시의 성명 등에 비추어 사건취조에 있어 압력이 있지 않은 것인가?

(답) 그럴 리 없다.

● 강 검찰관 담

"본 사건에 대하여서는 할 말은 많으나 함구불언을 지킬 뿐이다. 그 중 한 증인에 관하여서는 29일 기소유예를 하였지만 증거되는 점이 있으므로 계속 취조 중이다."

임청은 2월 13일에 검거되었다. 그 이튿날 유치장에서 면도칼로 목을 찔러 자살을 기도함으로써 사건의 배경에 대한 의문을 키웠고, 이후 취조 과정에서 군정청 고위 관리들에게 뇌물을 준 사실을 자백, 세간의 관심을 끌었다. 5월 29일 기소에 이르기까지 『동아일보』에 게재된 관계기사의 목록이 이렇게 길다.

2월 16일「백운장은 모리의 소굴-임청의 뒤 따를 많은 관계들은 누구?」

2월 18일「문제의 백운장주 면도로 자살기도」

3월 6일「독직사건 또 발각-백만 원 수회의 혐의?」

3월 9일「민생을 도탄에 넣은 장본인은 누구? 이 사람들을 보라」

3월 14일「임청 등 죄상을 자백-사건 연루 고관도 구금」

3월 15일「문제의 '임청 사건' 모 국장 취조로 새 충격」

3월 22일「'임청 사건' 확대 이번엔 기생들을 유치」

3월 25일「오리 독직사건 근일 중에 취조 단락」

3월 26일「회물로 받은 '양단자' 모 국장(임청 사건) 집에서 압수」

4월 5일「임청 사건 불일 송청」

4월 9일「임청 사건 일단락-연루자도 불일 송국」

4월 10일「문제의 임청 사건 일억만 원 수뢰로 수 송청」

4월 11일「백일하에 폭로 악질모리 임청 사건-앞뒤에 쌓인 가지가지의 죄악」

4월 19일「문제의 임청 18일 기소」

5월 16일「임청 사건 또 확대—현금·백미·유흥비 등 뇌물 받은 군정
고관들……」

5월 16일자 기사에는 뇌물 받은 사람들의 명단과 뇌물 내역까지 보
도되었다.

한승인(상무국장) 현금 215만 원 및 유흥비 24만 원

정완영(부상무국장) 현금 10만 원

서정현(방직과 통역) 현금 15만 원

김선 우산 7본, 백미 2가마, 유흥비 2만 원

이동제(식량영단 이사장) 현금 10만 원

안승한(경기도 상공국장) 현금 6만 원

주도동(상무국 경제과장) 현금 3천 원

이훈구(농무부장) 현금 30만 원

현권(농산업국장) 현금 10만 원

기타 미국인 다수

5월 31일자 기사 중 김병로 사법부장의 문답에 "전 특무과장 이만종
의 사표 제출" 이야기가 나온다. 이만종(李萬鍾)의 사임은 1947년 4월
3일자 『자유신문』에「'그레샴의 법칙에 따라', 이 특무과장 관계 퇴진
의 변」으로 보도되었다. 이만종은 6월 28일에 자신이 수사하던 임청
사건의 진상을 언론에 공개했다.

(1) 사건의 개요: 임청은 기지적 지능에 탁월한 수완을 가지고 탐욕에 광분하는 간상배와 사리추구에 급급한 탐관오리의 약섬을 교묘히 이용하여 중간적 이득착취를 꾀하고 1946년 5월부터 1947년 1월까지 상인 허경한 외 수인을 감언이설로 꾀어 상무부의 물자불하 알선을 이유로 약 1천여 만 원을 편취 사기한 것이다. 그리고 물자 불하를 알선하기 위하여 상무국장 한승인을 비롯하여 동 부국장 정완영, 식량영단 이사장 이동제, 경기도 상공국장 안승한, 방직과 통역 서정현 등 조선인 관리와 상무부 관계 미인 고문 6명에게 약 6백만 원의 거액을 증회한 내용의 사건이다.

(2) 수사의 경위: 임청은 2월 13일 구속당하여 취조한 결과 2월 21일에 1천여 만 원 사기사실을 자백하였다. 그리고 군정고관 등에 증회한 일체의 사실까지 자백하였다. 이에 임청 진술에 의하여 수 회 관계자를 취조하였으나 임청으로부터 향응을 받은 사실은 시인하되 뇌물을 받은 데 대해서는 전부가 완강히 부인하였다.

(3) 증거불충분한 이유: 피의자로 하여금 증거를 인멸할 시간적 여유를 주었다는 점, 피의자가 고관의 요직에 있다는 이유로 권력적 차별 관념으로 수사책임자의 직권행사를 제한한 점, 경찰수뇌부에서 피의자에게 통보하였다는 점 등 유형무형으로 고압적 위협을 당하여 수사에 만전을 다하지 못한 관계로 증거수집에 있어 충분치 못한 점이 있었다.

(4) 진상발표에 대한 견해: 임청 사건에 대한 4월 11일부 경무부 발표와 5월 29일부 공보부 발표에 의하면 거액의 뇌물을 주고받은 사실을 입증할 만한 증거가 없고 다만 2, 3의 사소한 방증을 수집함에 불과하였으므로 임청은 구속, 기타는 불구속으로 송청하였다고 하였으며 검찰에서는 증거불충분으로 임청 이외 관계자는 불기소처분을

성명하였다. 그러나 2, 3의 방증이란 무엇을 의미하는 것인가? 여기에 대하여 석연치 못한 바가 있으며 민중의 의아를 가지게 하고 있다. 또 관리로서 향응은 현행 법규상 당연히 범죄가 구성됨에 불구하고 일종 참고 정도로 묵살함은 그 이유가 어디 있는가.

(5) 6백만 원의 행방: 임청은 뇌물로 한승인을 비롯하여 군정 관리에게 6백만 원을 주었다고 자백하였으나 받지 않았다고 한다면 이 6백만 원은 어떻게 되었는지 이 점을 분명히 하지 않는 이유는 어디 있는가. 동 사건의 열쇠는 오로지 이 점을 철저히 규명하는 데 있다.

(「임청 사건 진상공개, 6백만 원 행방은? 전 특무과장 이만종 씨 발표」,

『조선일보』 1947년 6월 29일)

경무부 특무과는 '권력형 비리'를 단속하는 부서였다. 이만종 특무과장은 이 역할에 나름대로 강한 사명감을 가졌던 인물로 보인다. 임청 사건이 터지기 얼마 전 그의 이러한 발언이 보도된 적도 있었다.

"관민이 이반되는 원인이 과거 관존민비의 사상이 아직도 남아 있고 일반 모리배와 결탁하여 경제계를 흐리게 하므로 민간에 원성이 높아가고 있다. 특무과에서는 금후 이 같은 모리사건과 부정 관리는 근본적으로 숙청하겠다. 이 같은 일이 있으므로 민생문제는 날로 도탄에 빠지게 되는 것이다."

(「탐관오직의 배(輩), 근본적으로 숙청」, 『동아일보』 1947년 1월 17일)

『동아일보』 기사 제목을 보면 2월 13일 임청 검거 후 사건의 파장이 계속 커지고 있었다. 5월 16일자 기사에는 국장급 이상의 고관 7명의 이름과 수뢰액까지 보도되었다. 그런데 5월 29일 기소 때는 뇌물죄가 모두 제외된 것이다. 대중에게 신망이 높던 김병로 사법부장이 손수 해명에 나선 것을 봐도 이 조치에 대한 민심이 어떠했는지 알아볼 수 있다.

이범성 사건과 임청 사건의 공통점은 군정청 고위층의 특혜를 미끼로 투자자를 끌어들였다는 것이다. 군정청 고위 관리들의 도덕성에 대한 대중의 의심이 만연해 있었음을 짐작할 수 있다. 지난 연말 서울시장 김형민(金炯敏, 1907~1998)의 업무 수행 방식의 문제점을 이런저런 맥락에서 살펴본 일이 있는데(1946년 11월 11일자, 12월 2일자, 12월 19일자, 12월 21일자 일기), 그런 문제점이 김형민만의 것은 아니었을 것이다. 임청 사건에서 관리들이 뇌물을 받은 증거가 불충분하다고 했지만, 향응을 받은 사실은 모두 확인되었다.

두 사건의 정확한 진상은 지금 파악할 길이 없다. 그러나 군정청 사법부와 경찰 사이의 엇박자가 양쪽 사건에서 모두 느껴진다. 이범성 사건의 경우 경찰에서 정치적 목적으로 만지작거리는 것을 민정장관이 나서서 사법부로 이관시켰고, 임청 사건의 경우 경찰에서 철저하게 파헤치려는 것을 군정청 고위층에서 덮어버린 것으로 보인다.

6월 5일 기자회견에서 경찰 인원을 묻는 질문에 러치 군정장관은 1947년 4월 30일자로 2만 8,107명이라고 대답했다. 경찰은 단기간에 급속히 팽창된 기구였다. 그런데 경찰의 임무와 권한은 아직도 명확치 못한 것이 많아서 자의적으로 운영되고 있었다. 6월 8일 사법부 고문 코넬리(Connally)가 러치 군정장관에게 '사법경찰' 확립을 제안한 것도 이 문제점 때문이었다. 코넬리의 제안은 이런 내용이었다.

(1) 경무부 수사국을 사법부 또는 검찰청에 이관할 것.
(2) 각 경찰관구 내에 있는 수사과 및 사찰과는 이를 분리시키고 각

도별 또는 특별시별로 사법경찰청을 설치할 것.

(3) 각 경찰서 내에 있는 사찰계 급 수사계는 이를 분리하여 사법경
찰서를 설치할 것이며 현 경찰서의 관할지역을 적당하게 통합하여서
사법경찰서의 수를 감소시킬 것.

(4) 각 면에는 약간의 사법경찰관리를 배치할 것.

(5) 현재의 경찰기관에서 사법사무를 제외하면 행정경찰사무만으로
될 것이나 일반 행정경찰관리에 대하여서는 현재의 삼림주사에 대한
것과 같은 방법으로 사법경찰관리 직무취급 권한을 부여하여서 행정
경찰사무에 있어서는 발각되는 범죄를 검거케 할 것.

(6) 모든 사법경찰관의 임명은 사법부장 또는 검찰청장이 이를 보유
할 것.

(「사법경찰청 설치코 각 서 수사과 분리하라, 코 고문 러 장관에 제시」,

『동아일보』 1947년 6월 8일)

5월 26일 조병옥 경무부장이 각 관구에 경찰평의회 설치를 지시한
것도 경찰을 정비하기 위한 조치였다. 이 지시는 안재홍 민정장관의
요구에 따른 것이었다.

26일 조 경무부장은 남조선 각 경찰관구에 통첩을 발하여 각 관구 경
찰청장은 지방장관으로부터 치안상 필요한 의견과 지휘를 받을 의무
가 있음을 강조한 다음 각 관구 도에는 도지사를 의장으로 경찰평의
회를, 각 구·부·군에는 군수 또한 부윤을 의장으로 경찰위원회를 조
직할 것을 명령하였다.
측문(仄聞)한 바에 의하면 금번 각 지방에 조직될 경찰평의회 또는 위
원회는 중앙에 민정장관을 수반으로 하는 경찰위원회의 하부조직으

로 설치되어 경찰 강기와 인권문제를 중심으로 야기되는 제반 불상

사에 대처하여 지방민심을 순화하기 위한 것이라 한다.

(「도·군에 경찰평의회 조직」, 『서울신문』 1947년 5월 29일)

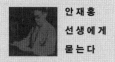

안 재 홍
선 생 에 게
묻 는 다

조선 독립을 더 어렵게 만든 미군정

김기협 민정장관직을 맡으신 지 석 달 됩니다. 적응기를 지내고 이제 본격적으로 할 일을 하실 때가 되었는데, 그만한 태세가 되셨는지요? 행정에서 가장 중요한 것이 예산과 인사, 즉 돈과 사람이라고 합니다. 오늘은 이 두 가지에 관해 집중적으로 여쭤보겠습니다.

선생님이 일을 맡으신 후 군정청에 인사이동이 거의 없었다는 것이 좀 뜻밖입니다. 미군정이 20개월 전 들어선 이래 미군 장군들이 인사권을 행사해왔는데, 그 기준에 대해 일반 조선인들은 상당한 의구심을 품고 있죠. 영어 잘하는 사람과 기독교인이 요직을 차지해왔기 때문에 '통역정치'란 말까지 생겼습니다. 하지 사령관의 '특별비서관' 직함으로 실제로 하지의 개인 통역 역할을 하는 이묘묵(李卯默, 1902~1957) 씨가 가장 큰 실권자로 알려져 있어요. 모든 부서에서 그런 식으로 미군 장교와 쉽게 대화할 수 있는 사람이 제일 큰 실권을 갖고 있다고 합니다.

이묘묵 씨는 얼마 전 나온 『친일인명사전』에도 수록된 인물입니다. 1937년 사상전향서약서를 제출한 이후 조선 문화계에서 친일 행적이 가장 뚜렷한 사람의 하나더군요. 영어 잘하는 사람 중에도 미군정과 거리를 두고 지내는 이들이 더러 있거니와, 통역정치에 열심인 사람들은 대체로 민족의식이 박약한 편 아닙니까?

선생님이 조선인의 행정 책임을 총괄하는 민정장관 자리에 영입된 것은 행정의 최종 책임은 몰라도 운영만은 조선인이 주체가 되어 시행한다는 취지로 압니다. 그렇다면 민족의식이 분명한 사람들이 나서서 통역정치의 폐단을 척결하는 것이 급선무의 하나겠죠. 그런 방향으로 아직 아무 변화가 없다는 점이 의아합니다.

안재홍 │ 통역정치의 폐단은 나도 절감합니다. 이 직 맡을 때 조선인 관리에 대한 내 추천권을 보장한다는 약속을 받은 것도 무엇보다 그 문제 때문입니다. 군정청의 구성과 분위기에 문제가 있는데, 인사권을 보장받지 못한다면 허수아비 노릇을 면할 수 없지요.

그러나 내가 조그만 권력 하나를 쥐었다 해서 이것을 남용해서는 안 된다고 생각합니다. 그동안 군정청 고급 관리들의 업무 자세에 문제가 많았던 것은 사실입니다. 그러나 기왕의 문제 때문에 사람들을 마구 몰아낼 일은 아니죠. 자세의 문제는 본인 태도만이 아니라 환경에도 걸려 있는 것입니다. 통역정치의 오명에서 벗어나 주체적 업무 자세를 세울 수 있는 여건을 만들어주는 것이 더 급한 일이고, 여건이 마련된 뒤에도 태도를 바꾸지 못하는 사람들은 물러나게 해야죠.

현실적으로도 어쩔 수 없는 일이에요. 지금까지 일해온 이들 대부분이 실제로 능력은 뛰어난 사람들이에요. 이 사람들 다 몰아내고 그만한 능력 가진 사람들을 새로 불러 모을 수도 없어요. 이 사람들이 자세를 잘 잡도록 도와주면서 함께 일할 수밖에 없습니다.

이것은 친일파 문제도 마찬가지라고 생각합니다. 친일파를 엄하게 따지면 재산 있고 학식 있고 기술 있는 사람들 중에 안 걸릴 사람이 별로 없어요. 해방 전의 자세에 문제가 좀 있었다 하더라도 당시의 환경 때문에 그랬던 면은 인정하고, 그 사람들이 좋은 쪽으로 자세를 바

꿀 수 있도록 환경을 만들어줘야 그들이 국가와 사회에 공헌할 수 있습니다.

김기협 | 이묘묵 씨에 버금가는 실권자로 정일형(鄭一亨, 1904~1982) 인사행정처장이 거론되고 있지요. 정 씨 회고록에 이런 대목이 있습니다. 선생님께서 안 보셔도 대충 짐작할 만한 내용이겠죠.

민세 안재홍 씨는 민정장관이란 요직에 앉게 되었으나, 여운형 씨 비슷하게 중간노선을 걷고 있었기 때문에 한국인 부처장들의 협조와 신임을 얻지 못하였고, 특히 영어를 자유자재하게 구사하지 못해 군정 책임자들과도 잘 연결되지 않아 그 기능을 거의 발휘하지 못하고 고전하였다. (정일형, 『오직 한 길로』, 을지서적 1991, 163쪽)

저는 이 대목을 보고 놀란 것이, '중간노선'을 걷는다는 것을 조선인 고급 관리들의 협조와 신임을 얻지 못하는 충분조건처럼 여긴다는 점입니다. 그렇다면 그들의 협조와 신임을 얻기 위해서는 한민당과 이승만의 분단건국 노선을 따라야 한다는 얘기 아닙니까? 군정청의 조선인 간부들이 자기네를 특정한 정치노선의 집단으로 자임한다는 것이 놀라운 일입니다.

그리고 영어의 자유자재한 구사 능력을 제 기능을 발휘할 필요조건으로 여긴다는 데도 음미할 점이 있습니다. 한 국가의 행정이 제대로 돌아간다면 문서화가 제대로 되어야겠죠. 문서화가 된다면 영어 회화 능력이 없더라도 통역과 번역을 통해 업무를 충분히 진행할 수 있을 테고요. 회화능력을 중시하는 것은 대화 중 눈치 봐가며 자기 원하는 방향으로 일을 끌고 가는 통역정치의 속성인데, 회화능력을 가진 사람들은 그 능력을 써먹기 위해서도 통역정치를 좋아했던 모양입니다.

정 씨 회고를 보면 그와 같은 조선인 간부들이 선생님께 협조하지 않은 것은 분명히 알겠습니다. 한편 하지 사령관이나 러치 군정장관 같은 미군정 당국자들과는 어땠는가요? 정말 회화능력 때문에 관계에 어려움을 겪으셨나요?

안재홍 정 씨가 솔직하게 적었으니 나도 솔직하게 말하죠. 지난달에도 그 사람 얘기 잠깐 나왔을 때(1947년 4월 7일 일기) 내가 "무척 선량하고 대단히 답답한 사람"이라고 했죠. 환경의 영향을 많이 받는 사람입니다.

그 사람은 일제 말기에 이묘묵 씨처럼 친일은 하지 않았어요. 그래서 근본은 좋은 사람이라고 보는데…… 그런 사람이 '친미'로 치우친 것을 보면 지금의 정치 환경이 일제 말보다 더 나쁜 게 아닌가 하는 생각이 듭니다.

미군정 당국자들과의 관계에 어려움을 겪기는 하는데, 그것이 영어 회화능력 때문이라고는 생각지 않습니다. 김성수 씨도 영어 못하기는 나랑 마찬가지인데 그 사람은 별로 어려움을 겪는 것 같지 않아요. 문제는 회화능력이 아니라 정치관의 차이에 있는 거겠죠.

브라운 소장과는 의견이 잘 통합니다. 하지 중장과도 큰 문제없어요. 제일 어려운 게 러치 군정장관과의 관계인데, 업무가 바로 연결되어 있기 때문에 부딪칠 일이 많기도 하려니와, 그 사람은 내 일을 어떻게든 더 어렵게 만들려고 작심한 사람 같아요. 그 사람은 좌우합작위원회(이하 '합작위'로 줄임)에 반대하는 입장이라서 김규식 박사와 내게 비협조적인 태도를 보이는 것 같습니다.

미군정 당국자 중 역시 제일 중요한 것이 하지 사령관의 역할입니다. 브라운 소장이나 버치(Leonard Bertsch) 중위 같은 교양이 없어서 엉뚱한 오해를 할 때도 있지만, 단정 추진세력에게 휘둘려서는 안 되겠다, 좌우합작을 뒷받침해줘야겠다는 인식은 확고합니다. 그러니까 내게도 협조적인 태도를 보이려고 애를 쓰죠.

김기협 │ 이승만 박사가 미국에서 하지 장군을 용공주의자로 몰아붙였다는데, 그것 때문에도 하지 장군이 단정 추진세력에게 더 경계심을 품을 것 같네요.

　지난달에도 예산안 이야기를 잠깐 했는데요, 세입 전망과 세출 필요의 차이가 두 배가 넘는다고 들었습니다. 전년도 세출에서 10퍼센트 이상 늘리지 못하게 묶어놓음으로써 세입과 억지로 균형을 맞춰놓았다지만 물가가 몇 배 오른 상황에서 그런 예산의 집행이 현실적으로 가능하겠습니까?

안재홍 │ 세입 전망이 155억 원인데 세출은 작년보다 10퍼센트 늘리면 170억 원입니다. 현실적으로 집행이 불가능하죠. 그래도 원칙을 그렇게 세워놓아야 적자를 최소화할 수 있지 않겠습니까? 집행해나가다 보면 부득이하게 늘어날 거고, 늘어나는 부분은 화폐를 더 찍거나 차관을 들여와야죠. 두 가지 다 미군에게 권한과 책임이 있는 방책이니까 우리로서는 그저 최선을 다할 뿐입니다.

김기협 │ 세출 예산을 현실 수요보다 줄여서 작성한다면 적극적 시책을 편다는 것은 원천적으로 불가능한 일 아닙니까? 적극적 시책은커녕 꼭 필요한 경상 사업도 미군 쪽에서 추가예산을 장만해주지 않으면 추진할 수가 없을 텐데요. 그렇다면 민정장관 이하 부처장들이 행정의 진짜 권한을 가진 것이라고 볼 수도 없겠네요.

안재홍 │ 임시정부도 못 되고 군정이니까 그런 거죠. 정말 조선인들에게는 권한은 없고 책임만 있는 꼴입니다. 하지만 이렇게라도 겪어보면서 국가 운영에 어떤 문제가 있는지를 파악하는 것이 독립에 준비가 되는 일이라 생각해서 괴롭지만 매달려 있습니다.

이북 인민위원회가 어떻게 돌아가는지 잘 모르지만, 예산 규모가 이남보다 훨씬 적은 것으로 압니다. 그리고 토지개혁으로 현물세를 많이 걷어서 세입을 대폭 늘렸다고 해요. 현물세를 많이 걷는 것이 민생에 부담이 되기는 하겠지만, 어렵고 혼란스러운 상황을 이겨내고 주체적으로 경제를 건설해가는 길이라 인정할 수 있습니다. 농민들도 전에 소작료 바치던 것보다는 현물세가 훨씬 작으니까 불만이 그리 크지 않겠지요.

그런데 이남에서는 토지개혁이고 세금이고 조선인에게 결정권이 없어요. 그리고 미군정에서 정해주는 사업들을 피할 수도 없어요. 그중에는 위생 사업처럼 돈이 들더라도 꼭 해야 할 것도 있지만, 경찰을 저렇게 크게 만드는 건 이해가 안 가는 일입니다. 일제강점기에도 경찰이 너무 많았는데, 지금은 그때보다도 갑절이나 늘어났답니다.

김기협 │ 미국의 원조 얘기가 더욱 구체화되고 있습니다. 몇 년에 걸쳐 6억 달러 준다는 얘기가 결정된 사실처럼 떠돌고 있고, 최근에는 금년 치로 7천5백만 달러 원조안이 미 의회에 상정되었다는 보도까지 나왔습니다. 7천5백만 달러라면 군정청 예산과 맞먹는 규모 아닙니까? 그런 규모의 원조가 들어온다면 조선의 경제 문제가 풀릴까요?

안재홍 | 지금 공식 환율은 1달러 대 50원인데 실제로는 그보다 훨씬
높아요. 미국에서는 1달러 대 120원 정도로 거래된다고 하는
데, 조선 내에서는 1달러 대 150원이 넘어요(정병준, 『우남 이승만 연구』,
역사비평사 2005, 610쪽 주 68에서 1946년 말 시점의 환율을 설명한 내용에 의
거함). 7천5백만 달러를 미국 시장의 환율 120원으로 바꿔도 90억 원
이 되는군요. 정말 군정청 예산 규모와 맞먹는 액수가 틀림없습니다.

그런 원조가 들어온다면 물론 큰 도움이 되죠. 군정청 예산으로 할
사업을 원조로 대신할 수 있는 것이 많이 있습니다. 그러나 그 정도로
도 모든 경제 문제가 풀릴 전망은 세울 수 없습니다. 경제 전반은커녕
군정청 예산 문제조차 해결을 바라볼 수 없어요. 세출을 165억 원으로
잡아놓았는데, 아무리 긴축을 해도 3백억 원은 나갈 것으로 각오하고
있으니까요.

원조를 주겠다는 것은 고마운 일이지만 마음 편할 수 없는 점이 많
습니다. 경제적 독립 없이는 진정한 독립이 없는 것인데, 그런 거액의
원조를 몇 년 동안 받으면 원조의 필요에서 어떻게 벗어날 수 있을지
전망을 세울 수가 없어요. 경제 문제를 생각하면 독립이 정말 힘든 일
이라는 생각을 더 하게 됩니다.

김기협 | 소련은 이북에 대해 그런 대규모 원조를 하지 않고 있습니다.
그런데 인민위원회 체제는 예산을 세우고 행정을 집행하는
데 큰 곤란을 겪지 않는 것 같아요.

해방 당시에는 남쪽이나 북쪽이나 크게 다르지 않은 형편이었는데,
지금 와서 경제적 독립의 전망에 이렇게 큰 차이가 생긴 것이 누구 책
임이라고 해야겠습니까?

미국의 남조선 점령이 자기네 영향력 확보에 목적을 둔 것이 아니라

고 진주 당시부터 주장해왔는데, 남조선이 경제적으로 미국에 의지하지 않을 수 없는 상황이 되었어요. 영향력 확보의 뜻을 속으로 품고 있었던 것일까요, 아니면 그럴 뜻은 없는데 실수로 이런 상황을 만들게 된 것일까요?

안재홍 | 결과만 놓고 보면 미군정의 역할에 분명히 문제가 있습니다. 그리고 영향력 확보의 의도 또한 전혀 없었다고 볼 수는 없죠. 하지만 그런 의도 때문에 모든 일을 나쁘게만 했다고 보는 것은 지나친 의심 같습니다.

조선을 점령한 김에 자기네 영향력을 심어놓고 싶어하는 것은 미국이나 소련이나 큰 차이가 없어요. 그런데 소련이 미국보다 현명한 길을 찾은 거죠. 자기네 비용도 크게 들이지 않으면서 우호적인 세력을 중심으로 북조선에 안정된 체제를 만들어놓았습니다.

미군정이 이남 지역에 나쁜 결과를 가져온 것은 의도 이전에 수단이 졸렬했기 때문입니다. 그 결과가 나쁜 것이 우리 조선인에게만 나쁜 것이 아니라 미국인 자기네들에게도 나쁜 거예요. 어리석음의 문제이지 사악함의 문제가 아니라고 나는 믿습니다.

하지 장군이 단적인 예입니다. 작년 봄 미소공위 결렬 때까지 그는 한민당과 이 박사 쪽 얘기에만 귀를 기울였어요. 그 후 좌우합작을 지원한 것은 상황을 비로소 옳게 판단한 결과입니다. 이번 미소공위 재개를 위해서도 아주 성실한 태도를 보여주고 있습니다.

일본이 악마이고 미국과 소련이 천사인 것이 아닙니다. 일본 지배를 받은 것도, 두 나라의 점령을 당한 것도 다 우리가 힘이 없기 때문입니다. 미국이 잘 못해준다고 해서 쫓아버릴 수 없는 것이 우리 입장입니다. 미국이 어떤 나라인지 잘 이해해서 우리에게 도움이 되는 쪽으로 미국을 이끌어야 합니다. 김구 선생께서 "수고만 많고 보람이 없을" 것이라고 말씀하신 이 자리에 내가 앉아 있는 것도 그 때문입니다.

일지로 보는 1947년 5월

5월

- **1일** 대한독립노동총연맹, 서울운동장에서 제62회 메이데이 기념행사 거행
- **2일** 마셜 미 국무장관, 미소공위 재개에 관해 소련에 답신
- **3일** 청년조선총동맹 결성대회 개최. 회장 유진산
- **7일** 서울시내 중학교 메이데이 식장에 참가한 학생들 정·퇴학 처분
- **8일** 금년도 대남조선 원조액 7,500만 달러 미 국회에 정식 상정
- **11일** 마셜 서신에 대해 몰로토프 회신
- **12일** 여운형, 보성중학교 입구에서(열한 번째) 피습
- **13일** 이승만, 미소공위 재개에 관해 마셜에게 전문 발송
- **15일** 이범성의 2천만 원 사기사건 검찰에 이관
- **17일** 군정청법령 제141호 '남조선과도정부'의 명칭 공포
- **19일** 대한민주청년동맹 본부 살인사건과 관련하여 김두환 등 검찰청에 송청
- **21일** 덕수궁 석조전에서 제2차 미소공동위원회 개막
- **23일** 이승만·김구, 공위에 '신탁' 해석과 '민주' 정의에 관해 질의
- **24일** 북조선, 남조선에 전력공급비 5백만 달러 청구
- **25일** 고려시대 고분벽화 12지신상 발견
- **29일** UP기자 스탠리 리치, 공위협의 대상에 관한 미·소 이견 보도

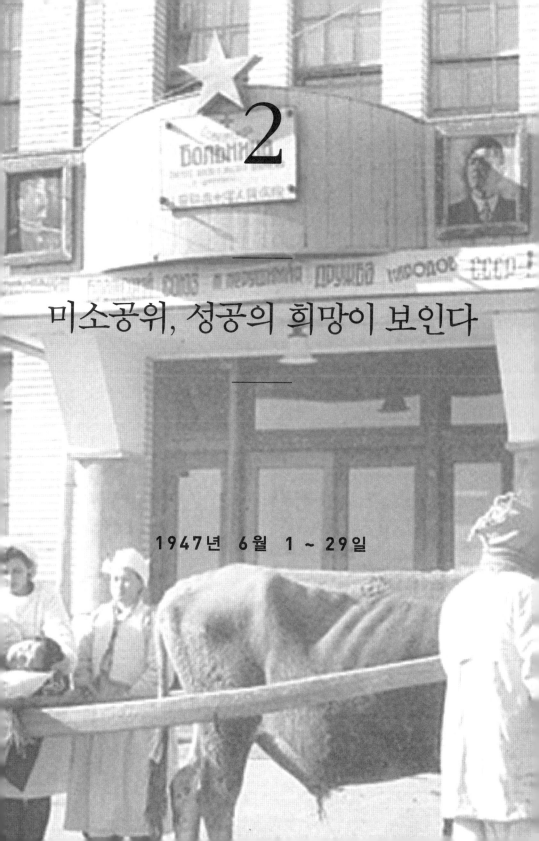

2

미소공위, 성공의 희망이 보인다

1947년 6월 1 ~ 29일

1947년 5월 평양 남포의 소비에트병원. 공공장소에 스탈린과 김일성의 초상을 내거는 풍속은 이때 이미 시작되었다.

1947. 6. 1.

대한민국 국회의 '숫자로 밀어붙이기' 전통

___

1947년에 입법의원에서 선거법을 심의하면서 법안 이름을 '보통선거법'(이하 '보선법'으로 줄임)이라 했다. 선거라는 제도는 아득한 옛날부터 있던 것인데, 예전의 선거권에는 신분, 성별 등 제약이 있었다. 20세기에 들어와서야 모든 제약을 철폐하는 '보통선거권'의 이념이 보편화되면서, '보통선거'라야 진짜 선거요 진짜 민주주의라는 관념을 사람들이 갖게 되었다. 선거법을 처음 제정하는 남조선에서 법안 이름을 '보통선거법'이라 한 것은 그 때문이었다.

한민당을 비롯한 입법의원의 (자칭) 우익세력이 선거권 연령 제한을 만 25세로 주장한 것은 무슨 까닭이었을까. 젊은 사람일수록 불의에 대한 참을성이 적고 진보적 성향을 많이 갖는 것은 일반적 현상이다. 한민당·이승만 세력은 젊은 층의 투표를 싫어했다. 돈과 주먹의 힘으로 권력을 쥐는 데는 젊은 층의 참여가 방해가 되었다.

보통선거권의 개념이 맹아 단계에 있던 18세기 중엽(1755~1769) 코르시카공화국에서 선거권 연령을 25세로 한 일이 있다. 20세기에 들어와서는 20세나 21세가 상식이 되었다. 1947년 당시로 보면 민주주의를 시행한다는 나라 중에 선거권을 25세 이상으로 제한하고 있던 나라는 그리스와 칠레 둘뿐이었다. 많은 나라에서는 제한선이 20세 아래로 내려가고 있었다.

보통선거권이 서양에서 선통이 오래된 것처럼 생각하는 사람이 많다. 그런데 사실은 그렇지 않다. 보통선거권이란 인종, 성별, 종교, 재산, 신분 등을 기준으로 선거권을 제한하지 않는다는 것인데, 무엇보다 성별 문제가 20세기 전반기를 거치면서야 겨우 해결되었다. 여성 참정권이 처음 확립된 것이 1893~1894년 대영제국의 뉴질랜드 자치령과 남아프리카 자치령에서였고, 유럽에서는 1906년 핀란드대공국이 처음이었다. 민주주의의 본산처럼 여겨지는 프랑스에는 1944년에야 도입되었다.

보통선거권에 이르는 선거권의 확대는 국가의 국민 동원 필요와 맞물린 일이었다. 여성 참정권 운동이 19세기 중엽부터 확산된 것은 산업혁명으로 여성의 경제활동이 늘어난 결과였다. 그러나 제국주의 시대의 동원 필요는 남성에 집중되어 있었다. 그래서 재산, 신분 등의 제한은 철폐되는데도 여성 참정권은 쉽게 풀리지 않다가 제2차 세계대전의 총동원 체제를 겪으면서 완전히 풀리기에 이른 것이었다.

치열한 운동을 통해 쟁취된 여성 참정권을 포함한 보통선거권이 조선인에게 거저 주어진 것은 시대의 유행 덕분이었다. 그런데 남조선 우익세력이 당시로서는 엽기적인 만 25세 연령 제한을 들고 나온 것은 정파 이익을 민주주의 실현에 앞세운 자세를 보여주는 일이다.

5월 21일 입법의원에서 보선법 초안의 제2독회 중 제1조 제1항의 25세 제한을 20세로 바꾸자는 동의가 나왔다가 부결되었다. 동의를 지지한 것은 대부분 관선의원이었고 반대한 것은 대개 민선의원이었다. 이 동의가 부결되자 말도 안 된다며 약 20명이 퇴장했고, 그 결과 회의가 법정인수 미달로 휴회되고 말았다(『서울신문』·『경향신문』 1947년 5월 23일). 퇴장한 의원들은 나가면서 이렇게 말했다고 한다.

1948. 5·10 선거에서 투표하고 있는 여성들. 여성 투표권 확립은 해방공간 최대의 혁명이었다.

"동 원문의 통과는 비민주주의적이니 우리는 보선법이 원에서 통과되어도 서명치 않겠고 동안의 심의 중에는 출석치 않겠다."

(「퇴장의원 징위(懲委)에 회부 입의서 소연(騷然)」, 『동아일보』 1947년 5월 23일)

　이튿날 회의에서 서우석 의원으로부터 퇴장 의원들을 징계위원회에 회부하자는 동의가 나왔다. "원내 질서를 무시하고 원법에 어긋나는 행동을 취하였다."는 이유였다. 한민당 중심 민선의원들의 지지로 징계위원회 회부가 의결되었다(『동아일보』 1947년 5월 23일).

　이 징계 문제로 이후 며칠간의 회의는 계속 소란했다. 5월 26일 제81차 본회의에서는 성원(61인) 미달로 보선법안 토의가 이뤄지지 않았으나 "보선법안 제2독회가 끝나기 전에는 다른 법안의 상정을 금지한다."는 홍성하 의원의 동의가 채택되었다(『동아일보』 1947년 5월 28일). 우익세력이 다수결을 휘두르는 데 중간파가 보이콧으로 대항하는 형국이었다.

　5월 29일 제84차 본회의에서 소수파 다섯 의원 징계안이 나오자(당시 언론에서는 보선법을 급히 추진하는 쪽을 다수파, 반대편을 소수파라 불렀다)

의사 진행이 불가능한 충돌 상황이 되었다. 사회를 맡고 있던 윤기섭 (尹琦燮, 1887~1959) 부의장이 타협 기간을 갖자며 1주일 휴회를 선언 하자 보선법 추진파에서는 이것을 보선법 처리를 늦추기 위한 '꼼수' 로 보았는지 임시의장을 뽑고 회의 속개를 요구하고 나섰다.

입법의원은 의원선거법을 시급히 통과시키자는 민선의원 측의 주장 과 부일협력자, 민족반역자 등 특별조례를 먼저 통과시키자는 관선 의원 측의 대립으로 기왕부터 논쟁을 거듭하던 중 제2독회에서 선거 권자는 25세, 피선거권자는 30세로 하자는 민선의원 측의 주장이 다 수결로 통과되자 선거권자를 20세, 피선거권자를 25세로 하지 않으 면 청년층을 무시하는 보수적 규정임을 벗어나지 못하는 것이라 하 여 관선의원 18명은 강경히 반대를 표명하는 동시에 이 조항을 고치 지 않는다면 의원선거법 초안 토의를 할 수 없다고 거부하여왔던 것 이어니와 이에 있어서 민선 측에서는 종시 타협을 거부하고 또 의원 선거법을 통과시킬 때까지는 다른 법안은 상정하지 말자는 동의를 가결하였기 때문에 4, 5일간의 본회의는 회의 중간에 유회를 거듭하 여오자 이 사태를 의장 등 간부 측에서도 수습할 수 없다 하여 29일 제84차 본회의 때에 비공식으로 양편의 타협을 꾀하고자 1주일간 휴 회를 선언하였다.

그러자 민선 측에서는 이것은 의원선거법 통과를 방해하는 처치라 하고 민선의원 전원과 김법린, 장면, 김익동, 엄우룡, 황신덕, 박현숙 등 6~7명의 관선의원은 자기네끼리 박용희를 임시 의장으로 선출하 고 유회 혹은 유회 대책을 비공식으로 토의하고, 또 입법의원으로서 의 기괴한 정경은 이뿐만에 그치지 않고 나중에는 싸움이 벌어져서 관선의원 박건웅과 민선의원 간에 싸움이 일어나자 장면이 말리는 중에 홍성하가 박건웅에게 재떨이를 던지는 바람에 얻어맞아 부상까지 날 뻔하였다.

이렇게 싸워가며 하는 비공식토의에서는 원법 제3조(휴회 중에 재석의원 4분의 1 이상의 요구가 있을 때는 3일 이내로 회의를 개최함)를 적용하여 속개하도록 연명으로 건의할 것을 결의하고 30일에 의장에게 이를 통고하였다는바 이 결의대로 3일 후에는 원법에 의해서 회의를 열지 않을 수도 없겠고 양편의 싸움은 쉽사리 풀릴 것같이 보이지 않는 만큼 이 혼란과 추태는 어느 때나 해소될 것인지? 내주일 월요일의 본회의는 극히 주목되고 있다.

(「선거법 위요(圍繞) 입의 내분, 6월 3일 재개 결과 여하?」,

『조선일보』 1947년 6월 1일)

보선법 추진파는 물불 가리지 않고 밀어붙이기에 나섰다. 러치 군정장관이 보선법 조속 제정을 요구해왔을 뿐 아니라 5월 13일 이승만이 보선법 제정을 천연(遷延)하는 자는 "독립을 지연하는 죄책을 면하기 어려울 것"이라고 언명한 것이 그 배경이다. 입법의원 의장단인 김규식, 최동오(崔東旿, 1892~1963)와 윤기섭은 이에 대항해 의장, 부의장직뿐 아니라 의원직까지 그만두겠다는 사면원을 제출했는데, 그 요지가 6월 4일자 『동아일보』에 이렇게 보도되었다.

"과반 보선법안 제2독회 토의 시에 있어 선거권 및 피선거권 보유 연령을 25세 및 30세 이상으로 규정된 조항을 그대로 가결한 것은 3백여 만의 청년들의 공민권을 박탈함을 의미하는 동시에 시대에 역행하는 비민주주의적 처사라 하지 않을 수 없으매 여사한 입법부 내에 안연(晏然)히 의석을 차지하고 있을 수 없으니 입의의원을 사면시켜

주기 바란다."

보선법 추진파 의원들의 요구에 따라 6월 3일 재개된 본회의에서 다시 임시의장을 뽑는다고 투표를 하여 김붕준(金朋濬, 1888~1950)이 당선되었으나 본인이 거절하여 다시 투표를 한 결과 변성옥(邊成玉, 1892~1950)이 당선되었다. 그리고 다음과 같은 안재홍 민정장관의 서한이 보고되었다.

"25세 이상 남녀에게 선거권, 피선거권을 부여하는 안은 세계 민주주의 입법사상에 배치되고 조선 현실에도 적합치 않는 것이라고 인정되니 선거법이 그대로 통과되어도 군정장관으로서는 이를 거부할 의사라는 것을 전달한다."

(「입세(廿歲) 전후는 세계의 공통, 선거권자 연령 문제에 러 장관 견해」,

『경향신문』 1947년 6월 4일)

그 이틀 후에는 러치 자신이 기자회견에서 이 문제에 대한 견해를 밝혔다.

(문) 입법의원에서 선거연령 문제로 분규가 많은데?

(답) 선거자격을 25세로 한다는 것은 나도 동의치 않는다. 20세나 21세로 한다면 그만큼 널리 인민의 의사와 권리를 반영 또는 확보할 수 있는 까닭이다.

(문) 입법의원은 반드시 인민을 대표한다고 볼 수 없는데?

(답) 그 의견에 대부분 동의한다. 그렇기에 보선법이 속히 통과되기를 바라고 있는 바이다.

(「인민 의사반영에 보선자격 20세가 적당-러치 장관 담」,

『조선일보』 1947년 6월 6일)

김규식 등 의장단은 6월 9일 제88차 본회의에 나와 사의를 철회했다. 그리고 연령 문제가 걸린 보선법 제1조는 후일 토의할 것으로 미뤄놓고 보선법 토의를 계속하기로 했다(『조선일보』 1947년 6월 10일). 러치의 강경한 태도 앞에서 보선법 추진파도 연령 문제에 양보할 뜻을 비쳤기 때문에 파국을 피하는 타협이 이뤄진 것으로 보인다.

5월 14일자 일기에서 선거권 연령 문제를 언급할 때 떠오르는 생각을 적은 것이 있다. 미성년자라 해서 선거권을 주지 않는 것이 민주주의 원칙에 맞는 일일까, 갓난아이까지 모두 선거권을 주고 미성년자는 보호자(부모)가 대신 행사하게 하면 어떨까 하는 생각이다. 그런데 이 생각이 몇 해 전부터 널리 검토되어오고 있다는 사실을 그 후 알게 되었다.

『Wikipedia』의 「Demeny voting」조에 이 움직임이 소개되어 있다. 미성년자에게도 선거권을 주자는 것은 인구학자 폴 데미니가 1986년에 발표한 의견인데 여기에 '데미니 투표권'이란 이름을 붙여 제창하는 운동이 2000년대 들어 확산되고 있다. 미성년자의 투표권을 부모가 절반씩 대신 행사하게 하자는 것이다. 독일에서는 아동투표권(Kinderwahlrecht)이란 이름으로 2003년 이 원칙의 도입이 투표에 부쳐졌다가 부결된 일이 있고, 헝가리에서는 연립정권이 도입을 한때 고려했다고 한다.

사회의 노령화에 따른 선거의 노령화 때문에 이 원칙에 대한 관심이 커지는 것으로 보인다. 일본에서 특히 이 문제에 관심이 많은 것도 이해가 간다. 2011년 3월 히도츠바시대학 세대간연구소에서 이를 주제로 학술회의를 열었다고 한다.

선거의 노령화는 정책의 선택에서 기성세대가 혜택을 누리고 사회의 빚을 늘리는 방향으로 압력을 행사한다. 젊은 층의 선거권에 더 비중이 커야 선출된 입법기관과 행정기관이 사회의 장래를 더 많이 생각하는 정책노선을 택할 수 있다는 점에서 데미니 투표권이 환영받는 것이다. 아동투표권이 실현될 경우 정치에서 환경에 대한 배려가 늘어나고 청소년층의 참여의식이 자라날 것이라고 지지자들은 주장한다.

우리 사회의 경우 아동투표권 도입은 미성년자를 자녀로 둔 30대와 40대의 선거권을 대폭 늘려주는 결과가 될 것이니, 그 연령층에게 인기 없는 정당의 '결사반대'가 예상된다. 그러나 아동투표권이 실행되는 광경은 상상만 해도 아름답기 그지없다. 갓난아이의 부모들이 아이의 얼굴을 들여다보며 그 아이의 장래를 위한 선택을 생각하는 모습. 초등학생의 부모들이 아이 자신의 선택을 분명히 해주기 위해 이야기를 나누는 모습. 이런 모습들이 들어갈 때 민주주의가 더 완벽해질 것이다.

1947. 6. 4.

미소공위 재개에 임한 중간파의 움직임

1946년 10월 초순 합작위가 합작 7원칙을 발표한 직후 한민당이 7원칙 중 토지개혁에 반대하는 성명을 발표하자 합작위에 참여했던 원세훈의 즉각 탈당을 기점으로 김성수·장덕수의 극우노선에 대한 반대자들의 탈당이 봇물을 이뤘다. 10월 한 달 동안 간부급 당원의 절반 가까이가 빠져나간 한민당은 창당 이래 최대의 위기를 겪었다.

1년 전 창당 때는 한민당도 정책 중에 "토지제도의 합리적 재편성"을 내걸었다. 해방 당시 토지개혁은 지주와 재산가를 주축으로 한 한민당조차도 부정할 수 없는 필연의 과제였던 것이다. 1년이 지난 시점에서 합작위가 내놓은 토지개혁 원칙은 매우 온건한 것이었다.

이런 온건한 방침마저 거부한 것은 한민당이 지주의 이익만을 옹호하는 정당임을 고백한 것이다. 한민당이 하나의 '공당'으로서 최소한의 상식에는 따르기를 바라던 사람들이 떠나지 않을 수 없게 되었다. 그들이 떠나고 난 뒤 한민당은 지주·재산가의 이익집단으로 성격을 분명히 하게 되었다.

한민당을 떠난 사람들을 대거 받아줄 기존 정당이 없었다. 노선이 한민당과 비슷한 큰 정당으로 한독당이 있었지만 몇 달 전 합당한 국민당과 신한민족당계를 포용하는 아량도 한독당 주류인 임정계가 보여주지 않고 있었다. 그래서 한민당 탈당파가 별도의 정당을 만든 것이 민중동맹이었다.

1946년 12월 22일 발족한 민중동맹은 좌우합작을 지지하는 노선으로, 김규식을 총재로 추대하려 했다. 그러나 원세훈과 김약수(金若水, 1893~1964)를 중심으로 한 두 파벌의 대립이 심했고, 김규식의 정치활동에 대한 극우파의 견제가 심했기 때문에 김규식은 민중동맹과 거리를 두었다.

원세훈과 김약수 사이의 갈등 내용을 세밀히 살필 수 없었지만, 김약수의 재능과 의욕이 지나친 데 문제의 뿌리가 있지 않았을까 하는 인상이 든다. 김약수는 일제강점기 공산주의운동의 핵심인물의 하나로 '좌익의 모사(謀士)'로 명성을 떨친 인물이다. 그는 해방 직후 건국준비위원회(이하 '건준'으로 줄임)에 참여하려다가 박헌영과 부딪쳐 건준을 버리고 한민당 창당에 참여했다. 아래 기사들을 보면 민중동맹의 지나친 확장을 꾀하면서 원세훈과 대립하게 된 것 같다.

민중동맹에서는 객년 12월 하순 결성 이래 내부불통일로 인하여 김약수와 원세훈이 각각 중심이 되어 별개로 각 단체 포섭 내지 하부조직 강화에 활약 중이라 함은 기보한 바이어니와 김약수는 포섭한 8개 단체 각 대표 임석하에 14일 신문기자단과 회견하고 선언 및 정강을 발표하는 동시 다음과 같이 발표하였다.

민중동맹, 신진민족협회, 좌우합작추진회, 산업동맹, 대한의열당, 정경연구소, 정치문제연구원, 동우구악부, 진우구악부 등 9개 단체에서는 그사이 토의를 거듭한 결과 민중동맹의 명칭으로서 통합을 가결하고 금월 하순경에는 합동대회를 개최할 예정이며 각 단체에서 10명씩 90명의 합동준비위원을 배정하고 그중 30명의 실행위원을 선정하였다.

(「민동 김약수 씨 파 8단체 합동, 금월 하순 합동대회 개최 예정」,
『조선일보』 1947년 4월 16일)

민중동맹 나승규 씨 파에서는 저반 발표된 8단체 합동에 관하여 본
동맹의 의사도 아니며 중앙상무위원회에서는 알지도 못하는 일이라
고 발표하는 동시에 김약수 씨는 당규에 의하여 처단하겠다고 19일
성명을 발표한 바 있었다.

(「민동 합동설 부정, 나승규 씨 성명」, 『자유신문』 1947년 4월 20일)

그 후로는 관련 기사가 보이지 않다가 5월 31일 민중동맹의 성명서
가 나왔다.

"김약수 씨 외 8인이 대한의열단 외 7단체와 민중동맹이 통합하여
조선공화당을 결성하였다고 전하나 이는 김약수 씨 외 8인이 본 동
맹을 참칭하여 행한 순전한 개인적 행동이요 본 동맹과는 하등의 관
계가 없는 것이다. 더욱이 김약수 외 8인에 대한 처단 문제에 있어서
는 상무위원회에서 적절히 결정하기로 되었다."

(「민중동맹 성명」, 『자유신문』 1947년 6월 1일)

이틀 후 민중동맹 중앙집행위원회에서 김약수 등 8명을 제명했다는
발표가 나오고, 그 이튿날 김약수를 서기장으로 하는 조선공화당 조
직 완료 기사가 보인다(『동아일보』 1947년 6월 4일, 『서울신문』 1947년 6월
3일).

민중동맹의 분열 사태를 보며 '당파성' 생각이 난다. 조선시대의 당

쟁까지 들먹이며 한국인의 당파성을 자조하는 이야기가 우리 사회에 많이 떠돈다. 한민당의 반동성을 규탄하며 함께 뛰쳐나온 동지들의 조직이 불과 반 년 만에 깨어지는 것도 이 당파성 때문일까?

민중동맹의 분열은 당파성보다 정치자금의 문제로 봐야 한다고 나는 생각한다. 그렇게 분열적 당파성을 가진 사람들이었다면 어떻게 생각이 더 다른 한민당의 반동적 주류와 1년씩이나 함께할 수 있었겠는가? 한민당이 이질적 요소들을 끌어안고도 1년 넘게 버틸 수 있었던 것은 자금이 구심력을 발휘해준 덕분으로밖에 해석할 수 없다.

5월 21일자 일기에서 본 것처럼 원세훈은 돈을 모르는 사람이었다. 경성방직 경영권도 마다하고 김규식 집에서 식객처럼 지내는가 하면 딸아이 입원비가 없어 남북 연석회의에도 못 갈 지경에 장택상의 돈을 얻어 쓰기까지 한다. 이범성 사건에서 20만 원 얻어 썼다고 걸렸는데, 지금 돈 2천만 원가량의 이 돈을 저 혼자 호의호식하는 데 썼을 것 같지도 않다. 명망이 뛰어난 지도자라도 이렇게 주변머리가 없어서야 어떻게 조직을 꾸려갈 수 있겠는가. 김약수가 아무리 원세훈을 존경했다 하더라도 그 지도력의 테두리 안에 갇혀 있을 수는 없었을 것이다.

민중동맹의 분열은 우익 중간파의 무기력한 상황을 보여주는 일이다. 우익 내에서 경쟁하던 반탁세력이 김구, 이승만의 명성과 한민당의 자금력을 바탕으로 강한 결속력을 과시한 반면 중간파의 합리적 노선은 더 많은 지지자를 갖고 있어도 지지세력을 조직할 수단을 갖고 있지 못했다. 김규식이 이범성의 자금 제공을 받아들이려 한 심정이 이해된다.

한편 좌익 중간파는 여운형을 중심으로 근로인민당(이하 '근민당'으로 줄임)을 창당했다. 4월 7일부터 준비위원회를 열어 4월 27일에 창립선언문 초안을 발표했다.

1947. 5. 24. 근로인민당 창당. 좌익의 헤게모니를 다투던 사회노동당과 달리 여운형은 근로인민당을 좌익 '2중대'로 만들고자 했다.

근로인민당은 세계민주주의의 역사적 배경을 짊어지고 신국면이 지시하는 민주주의의 방향을 정시하며 우리나라의 건국의 위업을 완성할 것을 임무로 하여 조선의 노동자, 농민, 소시민, 전 근로인민과 애국적 정의인사의 전위당으로서 창립을 선언하는 동시에 다음과 같은 기본적 정치노선을 규정한다.

(1) 우리나라의 통일독립은 민주주의 제 우방, 특히 미·소 양국에 대한 우리의 공정불편한 정책을 요하며 국제간의 불화에 어부의 리를 구하려고 민족적 이기심을 선동하는 국제 및 국내적 일체 파시스트 모략을 단호 배격한다.

(2) 우리나라의 재건은 일체 민주세력을 망라하여 광범한 민족통일을 기초로 한 진보적 신흥국가로서 표현하여야 한다.

(3) 우리는 우리나라의 사회적 발전과 경제적 재건을 위하여 봉건적
생산관계의 철저한 소탕을 요구하는 동시에 이윤의 자극과 개인적
창의를 용허하는 민주주의적 신경제체계의 수립을 주장한다.
(4) 우리는 우리 민족의 우수한 문화를 계승 발양하여 선진제국의
진보된 문화를 흡수 소화하여 민주조선의 신문화를 창조하기를 주
장한다.

(「근민당 선언 발표」, 『서울신문』 1947년 4월 27일)

이렇게 해서 5월 24일의 결당대회까지 순조롭게 진행되는데, 그 과
정에 특이한 점이 있다. 여운형이 앞장섰다는 점이다. 지난가을 여운
형은 남로당과 사회노동당(이하 '사로당'으로 줄임) 양쪽의 준비위원장으
로 이름을 걸어놓고 어느 쪽에도 나서는 일을 피했다. 사로당 추진자
들은 여운형이 입원한 병실에 쳐들어가 창당을 선포함으로써 그를 등
에 업으려고까지 했다. 이번 근민당 창당에는 그와 달리 여운형이 앞
장서서 모든 진행을 챙겼다.

그 과정에서 여운형의 동기와 근민당의 배경에 이런저런 풍설이 떠
돌았던 모양이다. 여운형이 이런 풍설을 잠재우기 위해 5월 4일 기자
들에게 이렇게 밝혔다고 한다.

(1) 방금 신당에 관하여 항간에서는 미군정, 북조선 등등의 외부 지
시에 의하여 출현한다는 풍설이 돌고 있는데 이는 모두 야당을 모함
하려는 분자의 모략적 소위임을 지적한다. 근로인민당을 명령과 지
시할 자는 오직 인민대중이 있을 뿐이다.
(2) 준비위원회에서 선언 강령초안이 발표되었는데 이것은 결당대회
에서 가장 정확한 선언 강령이 채택되기 위하여 대중토의에 회부한

것이다. 우리는 일체 독선주의를 배제하고 당 내외에 집결된 순수한 세력의 옳은 의견은 언제든지 이를 따르려는 자이기 때문이다. 열성적인 제위는 적극적으로 전 인민의 정당한 의사가 이 선언 강령에 반영되도록 협력하여 주기를 간망한다.

(「명령자는 인민대중뿐, 근로인민당에 대해 여운형 씨 담」,
『조선일보』 1947년 5월 6일)

미군정과 북조선, 대칭관계에 있는 두 세력을 근민당의 배경으로 보는 풍설이 떠돌았다는 데서 여운형의 위치가 얼마나 미묘한 것이었는지 알 수 있다. 미군정 배경설은 남로당 쪽에서, 북조선 배경설은 극우세력 쪽에서 나온 것이 아닐까 짐작된다.

여운형은 1946년 2월 이후 다섯 차례나 이북을 방문했다. 목적은 남북 좌익의 협조관계를 모색하는 것이었다. 그런데 북로당이 남로당 패권주의를 뒷받침해주고 사로당에 아무런 활로를 열어주지 않자 1946년 12월 4일 "좌우합작·합당 공작을 단념하면서"란 제목으로 자기비판서를 발표하고 정계 은퇴를 선언했다. 그런데 그 몇 주일 후 다시 평양을 방문하고, 서울에 돌아온 후 근민당 창당에 착수한 것이다. 그것이 북조선 배경설의 근거였다(중앙일보사 특별취재반, 『비록 조선민주주의인민공화국 하』, 중앙일보사 1992, 90~184쪽; 『몽양여운형평전』, 370~389쪽).

연말에서 연초에 걸친 여운형의 평양 방문은 북로당 지도자들의 요청에 따른 것으로 보인다. 북로당은 남한 좌익을 통합하는 3당 합당에서 박헌영의 남로당을 밀어줬지만 그의 독재체제 때문에 이탈이 많았다. 그래서 이탈자들을 수습하는 역할을 여운형에게 바란 것으로 정병준은 본다.

북로당은 (1946년) 11월 16일 사로당 해체결정서를 발표했고, 이 결정서가 결정적으로 작용해 사로당은 해체의 길을 걸으며 파산상태가 되고 말았다. 그러나 북로당 측은 풍비박산된 사로당 쪽을 그대로 팽개쳐둘 수만은 없는 난처한 입장이었다. 남로당의 일에 일일이 간섭할 수 없는 노릇이지만, 번번이 박헌영 측의 손을 들어줌으로써 일정한 정치적 부담을 안게 된 때문이었다.

북로당의 판단은 좌익의 정수분자는 대부분이 일단 남로당에 들어갔다는 쪽이었다. 그런데 남로당에 들어가지 못한 지식인과 소부르주아 층이 사로당의 언저리에 남아 있었고 북로당은 이들의 처리에 관심을 갖고 있었다. 사실 남로당은 사로당 측과의 격렬한 투쟁을 통해 탄생된 만큼 사로당 측을 여유롭게 포용할 수 없었고 그럴 여유도 없었다. (…)

12월 말에 평양으로 올라갈 때만 해도 몽양의 심정은 정치일선에서 당분간이라도 떠나야겠다는 생각으로 꽉 차 있었다고 해도 과언이 아니었다. 그런 몽양이 북로당 지도부로부터 새로운 정당 설립을 추진하도록 요청받자 처음에는 극구 사양하지 않을 수 없었다. 즉 몽양은 자기비판서에서 밝혔듯이 '민주진영의 한 병졸'로 일하겠다는 심정을 재차 피력했던 것이다. 이에 대해 북측은 "그래서는 안 됩니다. 선생님이 전면에 다시 나서주셔야 합니다."고 집요하게 몽양을 설득했다. (『몽양여운형평전』, 385~386쪽)

정병준은 같은 책 397쪽에 근민당 참여자였던 유한종의 회고를 실었는데, 근민당 창당 이유가 명쾌하게 설명되어 있다. 사로당이 '반(反) 남로당'을 내세운 것과 달리 근민당은 '비(非) 남로당' 좌익이 뭉친다는 것이었다.

근민당을 출범시킬 때 몽양 선생이 하신 말씀이 있습니다. "배는 이미 떠났다." 즉 3당 합당이 이미 되었다는 것을 합법적으로 인정하자는 것이지요. "지금 부두에서 배를 타려다 못 탄 사람들이 많이 남아 있다. 우리가 목적한 바를 향해 배가 떠났지만 이 사람들을 태우기 위해서는 다른 배가 하나 필요하지 않겠느냐." 이런 얘기였지요. 남로당 쪽에서는 반대 입장이었습니다. "근로인민당이 나오면 힘이 분산된다. 힘이 분산되면 약화된다." 이거였지요. "하나의 힘을 강하게 하기 위해서는 역시 3당 합당의 원칙에 입각해서 나아가는 것이 혁명 자세가 된다." 이렇게 말했지요. 이론적으로 옳은 얘기고 나도 인정을 하지요. 그런데 원체 기본 당을 못 따라가는 사람들이 숫자가 너무 많았던 게 사실입니다. 그러니까 이런 사람들을 한데 묶어서 민족해방전선에 동참하게 하려면 역시 그 사람들을 묶어내는 조직이 필요하다는 것이지요.

동석했던 이일재 선생도 거들었습니다. "지금 생각하면 그게 옳은 일이었던 것 같습니다. 남로당에 들어가기 싫어하는 사람들이 많았지요. 그 이유는 여러 가지 있습니다. 그 사람들을 어떻게 해야 되겠는가? 그 사람들이 남로당에 들어갔으면 몽양 선생도 남로당에 들어갔겠지요. 중앙이나 지방의 인민당원들의 정서를 묶어내기 위해서는 별도의 조직이 필요하고 지금 생각하면 잘했던 것 같습니다." (유한종과의 인터뷰, 1992년 3월 5일 대구 미도다방)

상황을 여러모로 살펴볼 때 근민당 창당에는 북로당 지도부의 도움이 꽤 있었던 것이 사실로 생각된다. 남로당에 좌익 주류의 자리를 양보하고 제2진을 꾸린다는 것은 여운형에게 내키지 않는 일이었을 것이다. 남로당에 포용되지 못한 좌익을 챙기는 것은 북로당이 바라는 일이었다. 그리고 여운형의 마지막 평양 방문에는 성시백(成始伯, 1905~1950)이 동행했다고 하는데, 성시백의 활동 영역이 아직도 명확히 밝혀지지 않았지만 사업가이면서 북로당 공작원이었던 그의 수완이 대단했던 것으로 여러 연구자가 추정하고 있다. 성시백이 근민당에 재정지원뿐만 아니라 조직방법에도 도움을 주지 않았을까 하는 생각이 든다.

1947. 6. 8.

여운형이 자식들을 평양으로 보낸 이유

———

며칠 전(6월 4일) 일기에서 1946~1947년 연말에서 연초에 걸친 여운형의 평양 방문 이야기를 했다. 1946년 2월 이래 다섯 번째 이북 방문인데, 그의 주된 방문 목적은 김일성(金日成, 1912~1994)과 김두봉(金枓奉, 1889~1960)을 만나는 것이었다. 그들과 여운형의 관계는 어떤 것이었을까?

여운형의 방북에 관한 중요한 자료로 박병엽(1922~1998)의 증언이 1990년대 초에 나왔다. 북한 노동당 간부로 일하다가 1980년대 초부터 남한에 와 살던 박병엽이 제공한 방대한 증언이 1992~1993년 나온 『비록 조선민주주의인민공화국 상/하』에 실렸는데 그때는 '서용규'란 가명으로 등장했다. 그의 작고 후 중앙일보 특별취재반에서 그의 증언을 채록하던 정창현과 유영구가 "박병엽 증언록"이란 이름으로 『조선민주주의인민공화국의 탄생』과 『김일성과 박헌영 그리고 여운형』(이상 선인 2010)을 엮어냈다.

박병엽의 증언은 한 개인의 회고라고 보기 어려울 정도의 넓이와 깊이를 가진 것이다. 정창현은 『김일성과 박헌영 그리고 여운형』의 '책을 펴내며'에 이렇게 적었다.

박병엽, 그는 남북관계사에서 참 독특한 경력의 소유자였다. 아직도 공개할 수 없는 영역이 존재할 정도다.

그는 필자에게 지난 북한 현대사와 남북관계사 속에서 발생한 사건, 그 사건에 관계된 인물들에 대해 많은 증언을 남겼다. 그의 기억력은 상상을 초월할 정도였다. 웬만한 조선로동당 문헌은 줄줄이 외고 있었다. 그 많은 당 대회, 당 전원회의, 당 정치위원회 회의 등에서 이뤄진 보고와 토론내용을 빠짐없이 기억했다. 곡절 많았던 북한의 정치사 속에서 계속된 사상투쟁과 검열과정을 견뎌낸 결과라고 생각된다.

1990년대 초 그의 증언이 『중앙일보』를 통해 공개됐을 때 한 현대사 연구자는 그가 '가공의 인물'이 아니냐는 반응을 보였다. 그의 증언이 문헌에도 나오지 않는 새로운 사실과 상세함을 담고 있었기 때문이었다.

혹자는 그의 경력과 증언이 과장됐다는 평가를 내리기도 했다. 부분적으로 그런 부분이 없는 것은 아니다. 실제로 그의 증언에는 그가 직접 체험한 내용과 문헌을 읽어 알게 된 부분이 간혹 혼재되어 있다. 그러나 필자는 그가 1980년대 초반 서울에 왔을 때 그를 직접 만나 대화를 나눴던 통일부 전직 고위간부로부터 '그의 존재'를 확인할 수 있었다. (…)

이 책에 수록된 증언내용은 대체로 1990년부터 1993년까지의 박병엽 선생과 나눈 이야기들이다. 그에게 이때가 한국 사회에 나온 후 가장 정확하게, 활발히 증언을 하던 시기다. 그 후 북한현대사 연구는 괄목할 만한 성과를 냈다. 연구자가 접근하기 어려웠던 북한 내부 자료나 소련·중국 등 해외자료도 많이 공개됐다.

그러나 20년 가까이 흐른 지금 다시 읽어봐도 당시 상황에 대한 그의 증언이 가진 정확성과 가치는 전혀 빛이 바래지 않았다. 물론 세세한 날짜나 일부 사실의 오류는 있다. 중요한 것은 전반적인 사건의 흐름이다. 특히 최근에 공개된 국내외 자료들은 그의 증언의 신뢰도를 더욱 높여줬다고 본다. 이제 그의 증언의 활용과 검증은 온전히 북한연구자들의 몫이다. (『김일성과 박헌영 그리고 여운형』, 책을 펴내며)

박병엽의 증언 내용이 "전반적인 사건의 흐름"에 맞는다고 보는 정창현의 관점에 공감한다. 관련 자료가 계속 발굴 중인 시기의 전체적 '그림'을 1990년대 초 시점에서 상상만으로 그만큼 그럴싸하게 그려낸다는 것은 불가능한 일이다. 여운형과 이북 지도부 사이의 관계에 대한 그의 견해에도 상황을 세밀히 살펴볼수록 더욱더 수긍이 간다. 그는 여운형이 시종일관 자기 주견을 갖고 이북 지도부와 협력관계를 모색한 것으로 본다.

여운형은 이남 내의 좌우합작과 나란히 좌익 내의 남북합작을 추구했다. 이북에서 지도체제를 구축하고 있던 이북 좌익이 이남 좌익의 건전한 발전에 협조할 것을 그는 요청했다. 1946년 8월 이후 이남의 3당 합당이 박헌영 일파의 패권주의로 난기류에 빠져들었을 때 그는 이북 지도부가 박헌영 일파를 견제해주기 바랐다.

그런데 북로당은 박헌영의 남로당을 일방적으로 지지했다. 남로당과 사로당 양쪽 준비위원장으로 이름을 걸어놓고 양측의 대립이 완화되기 바라던 여운형은 북로당 지도부의 비협조에 절망감을 느끼고 1946년 12월 4일 정계 은퇴를 선언했다.

은퇴 선언을 했던 여운형이 몇 주일 후 평양을 방문하고, 다녀와서는 근민당 창당에 나섰다. 이것은 남북합작과 좌우합작에서 종래 추구하던 것과 다른 새로운 자기 역할을 설정한 것으로 이해된다. 이남 좌익 전체의 지도자가 아니라 비주류 좌익의 지도자 역할이다. 이남 좌익의 주류로 남로당을 인정하고 남로당 탈락자들의 이탈을 막는 좌익 예비대로 근민당을 만들어 범 좌익의 울타리를 지킨다는 것이었다.

여운형의 이 결정은 자기 자신을 낮추는 대승적인 것이었다. 1946~1947 연말연초의 방문 때 김두봉과 김일성은 그의 살신성인 자세를 극구 찬양했을 것으로 짐작된다. 비록 이남 좌익의 공식적 지도자는 박헌영이고 이북 좌익의 지도자 역할은 자기네가 맡고 있지만, 조선 좌익의 진정한 지도자는 바로 여 선생 당신이라고 치켜세웠을 것 같다. 박헌영 일파의 횡포에 당하기만 하도록 버려둔 여운형이 모욕과 고통을 무릅쓰고 뒷전에서 새 역할을 맡는 데 응낙하는 장면은 분명히 감동적인 분위기였을 것이다.

개인적인 것처럼 보이는 일 하나에 이 감동적인 분위기가 비쳐 보인다. 박병엽의 증언 중에 이런 대목이 있다.

여운형은 김일성의 사택에 머물면서 서울로 귀환하기 2~3일 전에 김정숙에게 "자식 일부를 이북에 맡기려고 하니 맡아 교육을 시켜달라."고 청하였다. 여운형은 그 자신에게 가해지던 테러 위협과 자식의 장래를 고려해 그러한 결심을 한 것 같다. 서울에서는 정치적 혼란이 계속된 반면에 평양에서는 제반 개혁조치가 실시되었고, 특히 새로운 교육체계가 자리를 잡아가는 것을 목격했기 때문에 그러한 결정이 가능했을 것으로 짐작된다.

그는 "지금은 방학 중이고 새 학기가 시작되기 직전에 아이들을 평양으로 올려보내겠으니 친자식처럼 생각하고 돌봐달라."고 김정숙에게 말했다고 한다. 김정숙은 여운형의 부탁을 듣고도 선뜻 답변하지 못했다고 한다. 여운형 같은 거물 정치인이 두 딸과 아들 하나를

자기에게 보낼 터이니 맡아달라고 하는데 당황하지 않을 수 없었던
것이다.

김정숙은 여운형에게 생각할 시간을 좀 달라고 했고 몽양은 평양을
떠나기 전에 확답을 달라고 하였다. 여운형의 간절한 청을 알게 된
김일성이 몽양에게 "맡겨달라. 마침 북조선에서 학생들을 선발해 모
스크바로 유학을 보내고 있으니 그 편에 딸려 모스크바로 보내 제대
로 공부시키도록 하겠다."고 하였다. 여운형은 "아이들이 유학을 마
치고 돌아오면 새 조국 건설에 기여하는 재목으로 키워달라고 했다."
고 한다.

이에 따라 1947년 3월에 이북에서 사람이 내려가 여운형의 두 딸과
아들을 평양으로 데리고 왔고 그해 7월에 모스크바로 유학을 보냈
다. 여운형의 자녀들은 4~5개월 평양에 체류하는 동안에 김일성의
사택에서 김정숙의 보살핌을 받았다. (『비록 조선민주주의인민공화국 하』,
182~183쪽)

이이들의 신변 위협을 걱정해서 취한 조치로 보는 박병엽의 관점에
는 수긍이 가지 않는다. 그의 증언 중 다른 한 대목에 나는 주목한다.

여운형은 네 번째 방문기간에 김일성의 처 김정숙의 안내로 만경대
혁명학원 건설현장과 만경대 인근에 있는 조촌의 임시 혁명유자녀학
원의 교육현장을 둘러보았다. 이 학원의 초창기에는 항일빨치산 여
대원 출신들이 학생들을 돌보았는데 김정숙은 이 학원에 각별한 관
심을 갖고 있었고, 만주 등지에서 부모를 잃은 빨치산 자녀들을 이곳
에 데려다 교육시키고 있었다. 이 학원은 간부들의 자제라고 해서 무
조건 들어갈 수 있는 게 아니고 직계가족 중에 항일빨치산 활동을 하

다가 숨진 사람의 아이들에게만 입학이 허용되었다.

당시에 북조선로동당의 중앙당학교가 개교되었는데 여운형은 이곳도 방문하였다. 건설공사에 착수한 김일성종합대학 건설현장도 둘러보았다. 여운형의 김일성종합대학 건설현장의 방문에는 주영하 또는 임해가 수행했던 것으로 안다. 임해는 북로당의 대남관계 책임자로서 항일빨치산 시기에 최용건 부대에 소속되어 지하공작사업을 한 경력의 소유자였다.

이북에서 혁명열사 유족 지원 사업을 이미 벌이고 있는 것이나 민족대학을 추진하고 있는 것이 여운형에게는 미군정 치하의 이남과 대비되어 매우 바람직한 일로 보였을 것이다. 자식들을 김일성 부부에게 맡기겠다는 것은 구체적 이득이나 안전을 위한 것이기에 앞서 민족주의적 정책 방향에 대한 지지와 신뢰를 나타내는 제스처로서 의미가 있었을 것 같다. 그리고 평양의 지도자들과 자신 사이의 인간적 신뢰를 나타내는 의미도 있었을 것이다.

여운형이 자녀들을 평양에 보내고 몇 달 후 암살당하는 장면을 보며 춘추시대 말기 오나라 상국 오자서(伍子胥) 생각이 난다. 오나라 왕 부차(夫差)는 제나라와 대결하고 싶어했는데 오자서는 이에 반대했다. 그래서 부차는 오자서를 곤경에 빠뜨리려고 무리한 사명을 주어 제나라에 사신으로 보냈는데, 이때 오자서는 동행했던 아들을 오나라 대부 포(鮑) 씨에게 맡겨두고 돌아왔다.

오자서의 반대자들은 아들을 제나라에 남겨둔 것이 불충한 마음 때문이라고 공격했고, 부차는 제나라와의 전쟁을 결정했다. 오자서는 극한적인 방법으로 이에 반대하다가 처참한 죽임을 당했다.

오자서는 원래 초나라 사람이었다. 왕의 횡포로 아비와 형이 죽임을

여운형 가족사진. 그는 자기 목숨만이 아니라 가족의 운명까지 조선의 진로에 밀어넣었다.

당할 때 복수를 다짐하고 망명해서 오나라에 온 것이었다. 당시 오나라는 문명 수준이 낮은 신흥국가였는데 합려(闔閭)가 왕위에 오르고 국력을 키우는 것을 오자서가 도와주어 강대국이던 초나라를 무찌르게 해주었다. 그 과정에서 개인의 복수도 행한 것이었다.

오나라는 초나라를 무찌름으로써 강대국으로 두각을 나타냈는데, 얼마 후 합려가 월나라와 싸우다가 죽었다. 월나라는 오나라 배후에서 일어난, 문명 수준이 더 낮은 나라였다. 합려의 아들 부차가 절치부심 끝에 월나라를 격파했는데, 마지막 순간에 월나라 왕 구천(句踐)의 항복을 받아들였다. 오자서는 이에 반대했지만, 부차는 월나라를 없애기보다 복속시킴으로써 오나라의 세력을 더 키울 수 있다고 생각했다.

부차가 월나라를 격파할 때까지 편안한 잠자리를 삼갔다 해서 '와신(臥薪)'이라 하는데 구천도 항복 후 겉으로는 복속하는 체하면서 속으로는 복수를 기약하며 맛난 음식을 삼가는 '상담(嘗膽)'을 하고 있었다. 그런데 부차는 구천이 뭘 먹고 사는지 신경 쓰지 않고 오나라의 위세를 키울 생각으로 중원의 강국 제나라를 넘보고 있었다. 오자서는 월나라의 후환을 지적하며 섣부른 중원 진출에 반대한 것이었다.

결국 오자서가 죽은 후 부차는 중원으로 출정했고, 구천이 그 틈을 타 오나라의 본거지를 유린했다. 황급히 돌아온 부차가 싸움에 지고 자결하면서 오나라가 사라져버렸다.

오자서가 아들을 제나라에 두고 온 일은 『사기』에 사실이 기록되어 있을 뿐, 이유는 밝혀져 있지 않다. 아마 '인질'의 의미가 있었을 것이다. 고대의 인질에는 '상주 외교관'으로서의 의미가 있었다. 오자서는 신흥강국인 오나라가 군사력만으로 위세를 키우기보다 선진문명 접수에 치중해서 문명강국으로 자라나기 바랐고, 문명선진국인 제나라와 우호관계를 유지하기 바라는 뜻에서 아들을 제나라에 두고 온 것으로 생각된다.

1947. 6. 11.

미소공위, 드디어 '건국 백서'를 내놓다

미소공위 공동공보 제4호가 6월 11일 양측 수석대표 공동명의로 발표
되었다.

> 공위 제33차 본회의는 1947년 6월 11일 소측 수석대표 스티코프 중
> 장 사회하에 개최되었다. 본회의에서 공동위원회는 공동성명 제5호
> 에 의하여 민주주의 각 정당 및 사회단체에 대한 질문서 및 선언서
> 배부방법에 관한 세칙 및 각 정당 및 사회단체의 질문에 대한 회답과
> 건의서 제출방법에 관하여 합의를 보았다. 업무진행순서에 의하여
> 제3분과위원회의장 G. M. 발라사노프로부터 동 분과위원회에서는
> 남북조선에 현존하는 행정 입법 및 사법기구의 구조 기능 및 인사문
> 제에 관한 자료교환에 관한 협정이 되었다는 보고가 있었다.
> 본건은 임시정부의 권한과 행정부 내를 포함한 인선방법에 관한 예
> 비적 토의사항이다.
> 공위 본회의에서는 본건을 채택하였다.
>
> (「임정의 권한과 행정부문 인선방법에 합의」, 『동아일보』 1947년 6월 13일)

이 몇 줄의 발표가 1년 넘게 미소공위의 발목을 잡고 있던 문제의

해소를 알린 것이다. 반탁세력을 협의대상으로 받아들이는 기준과 방법의 문제였다.

6월 2일과 5일의 공동공보 제1, 2호에서도 조선 정당·단체와의 협의 방법을 준비하는 제1위원회의 작업이 미처 끝나지 못한 것을 알리고 있었다. 겨우 재개된 미소공위에서도 반탁 문제는 만만치 않은 것이었다. 6월 7일의 제32차 본회의에서 이 문제를 포함한 당면과제들에 대한 합의가 이뤄졌음이 제3호 공동공보로 발표되었고, 이제 합의에 따른 다음 단계의 실행에 들어가게 된 사실이 제4호 공동공보로 발표된 것이다.

다음 단계 실행을 위한 방침이 같은 날 공동성명 제11호로 발표되었다. 미소공위의 공식 발표방법에 대해 6월 1일의 공동성명 제10호에서 "공동위원회는 본회의 종료마다 공보를 발표하며 또 각 주요 문제의 해결이 있을 시에는 상세한 공동성명을 발표함"이라고 밝힌 바 있었다.

> 1947년 6월 7일에 그친 1주간 공동위원회는 남북조선에 소재하는 제 정당 및 사회단체와 동 위원회 간의 협의문제를 신중히 연구하였다. 협의방법 및 협의대상에 관하여 양 대표단이 도달한 결의는 남북조선에 소재하는 민주정당 및 사회단체와의 협의방법이라는 서류에 기재되었다.
>
> 이외에 조선민주주의임시정부의 구성 및 원칙에 관한 합의된 자문서가 작성되었으며 또한 장래의 조선민주주의임시정부의 정강에 관하여 합의된 자문서도 작성되었다. 협의에 관한 문서는 협의조건, 협의 실행의 방법, 각 정당 및 사회단체가 협의 참가 청원 제출 및 자문응답에 관한 수속과 시간 할당 등에 관한 것을 상세히 기록하였다. 자

문서의 목적은 헌장 및 임시정부의 정강에 관한 조선인의 견해를 결정하려 함에 있다. 공동결의는 제 정당 및 사회단체는 임시정부 및 기 정강에 관한 견해를 각기 중앙본부만을 통하여 제출하도록 하였다. 그 이유는 각 정당 혹은 각 단체의 의견서는 1건만 작성케 함에 있다. 15일에 긍한 공동위원회의 업무의 결과는 조선임시정부창설에 지향하는 일대 목표를 형성하였다. 미·소 양국이 도달한 공동결의는 협의조건에 응하는 전 조선정당 및 사회단체에게 협의를 보장한다. 협의의 목적은 조선민주주의임시정부의 헌장 및 기 정강에 관한 조선민족의 의견과 요망을 결정하려 함에 있다. 이 실천은 모스크바협의에 요구되어 있다. 본 규정에는 공동위원회에서 합의한 협의방법 및 2개 자문의 서류가 첨부되었다.

각 정당 및 사회단체의 대표자는 자문서 및 협의지시서를 서울 덕수궁 내 미소공동위원회 및 평양 도산리 18번지에서 얻을 수가 있다. 협의 청원은 복사 2통으로 7월 1일 한 제출할 것이다. 양 서류는 다 서울 및 평양에 소재하는 공동위원회로 제출할 것이다. 미 대표단 수석 브라운 소장 및 소련 대표단 수석 스티코프 중장은 현재까지의 분과위원회 제위의 업무에 대하여 사의를 표하는 바이다. 다음 주간의 공위회담 의장은 스티코프 중장이다.

(「임정수립 기준 결정」, 『동아일보』 1947년 6월 12일)

6월 12일에는 "조선민주주의임시정부 정책에 관하여 조선민주 제 정당 및 사회단체에 제출하는 자문" 내용이 공동결의 제6호로 발표되었다. 이 자문서에는 아래와 같은 7개 분야가 들어 있고 끝에는 "이상에 지적되지 않았으나 제위께서 필요하다고 인정하는 제 문제를 본 자문해답에 기입할 수 있음."이라 하여 제시되지 않은 문제에 대한 의견

1947년 미소공동위 기간에 환담을 나누고 있는 하지 중장 (왼쪽)과 스티코프 중장(오른쪽). 가운데가 소련 대표단의 레베데프 소장이다.

에 대해서도 미소공위가 열려 있음을 밝혀놓았다.

> 가. 조선민주주의임시정부 정책
>
> 나. 경제정책
>
> 다. 산업조직
>
> 라. 노동, 임금, 사회보험
>
> 마. 통상과 물가
>
> 바. 재정
>
> 사. 조선민주주의임시정부의 교육 문화정책

내용이 길어서 다 옮겨놓지 않았는데, 가. 분야의 5개조 중 (2) "일제 영향의 잔재숙청"과 (3) "경제 및 정치력이 과도히 사적 개인의 수중에 집중하는 것과 반동분자, 반민주주의분자, 조선민주주의임시정부를 음해하려는 분자들의 행동을 방어하는 대책 여하"가 두드러지게 눈에 띈다. 민족주의와 민주주의를 존중하는 자세를 보여주는 조항들이다. 그리고 나. 분야의 제2조 "토지소유에 관한 정책"은 이런 내용으로 구성되어 있어 눈길을 끈다.

ㄱ) 일본통치시대에 있던 토지이용과 소작제에 관한 대책 여하

ㄴ) 토지소유에 관한 여하한 정책을 취할 것인가?

a. 토지를 농민에게 사유시켜 완전 자유처분권 부여의 여부

b. 토지는 사유하나 국가로부터 부여될 시는 매도 혹은 저당권은 국가 제한함이 여하

c. 지주의 토지를 국유화하여 농민에게 무상으로 영구히 사용권을 부여함의 여부

d. 기타 토지소유문제 해결에 관한 제안

ㄷ) 일본인이 소유하였던 토지에 관한 특별정책 여하

ㄹ) 조선인 지주의 토지가 소작인에게 분할된다면 지주에게 보상할 것인가

ㅁ) 소작인에게 토지분할을 유상 혹은 무상으로 함의 여하

ㅂ) 관개기관 및 기 사용에 관한 정책 여하

이 시점의 조선 경제에서 농업이 어떤 비중을 차지하고 있었는지, 농민이 인구의 어떤 비율을 점하고 있는지 생각한다면 토지 소유구조는 새 민족국가의 뼈대를 이룰 과제였다. 그래서 토지개혁이 초미의 관심사였던 것이다.

그런데 이북에서는 이미 토지개혁을 시행했다. 미소공위가 처음으로 열리고 있던 1946년 3월에 시행했다. 그런데 지금 토지개혁의 방향에 대한 의견을 자문서로 받겠다는 것은 무슨 의미인가? 이미 시행한 것과 다른 방향이 이제부터 미소공위에서 결정된다면 이북에서도 그

에 맞춰 다시 시행하겠다는 것이었을까?

원칙적으로는 그런 의미로 이해해야겠다. 이북 지역 대표들은 당연히 자기네 시행 방향과 같은 방향을 주장할 것이고, 이북의 시행 성과가 이남 대표 중 많은 사람을 설득할 수 있을 것이라는 자신감을 갖고 있었을 것이다. 어쨌든 이미 시행한 사업의 방향을 논의 주제로 인정한다는 것은 미소공위를 존중하는 이북 측의 열린 자세를 보여주는 일이다.

제6호 공동결의와 함께 제1차 미소공위 때의 제5호 공동결의도 다시 발표되었다. 1946년 5월 1일 공동성명 제7호 내용에 들어 있던 제5호 공동결의는 가. "국가의 성격"과 나. "기본 정책방향"에 대한 협의 단체 의견을 모으기 위한 시문서 내용이었다.

  가. 조선민주주의임시정부와 지방행정기구의 조직과 원칙에 관한 건
    (1) 인민의 권리
    (2) 앞으로 수립될 임시정부의 일반체제와 성질
    (3) 중앙정부의 행정 및 입법권 시행기구
    (4) 지방행정기구
    (5) 사법기구
    (6) 임시헌장의 변경 및 수정 방법
  나. 조선민주주의임시정부의 정강에 관한 건
    (1) 정치대책
    (2) 경제대책
    (3) 교육 급 문화대책

      (「각 정당, 단체와 협의할 정권수립의 설문안」, 『동아일보』 1946년 5월 3일)

제6호 공동결의는 제5호 공동결의 내용 중 나. 분야의 내용을 만들어 넣은 것이다. 그래서 제5호 공동결의 중 가. 분야는 제6호 공동결의와 함께 자문서의 내용을 이루는 것이었다. 이번 발표에서는 가. 분야에서도 1년 전에 비해 세부 내용이 확충되었다. 예컨대 가.-(3) "중앙정부의 행정 및 입법권 시행기구"에 이런 내용이 붙었다.

  a. 총선거에 의한 입법기관을 창설하기 전에 조선임시정부에게 법률제정권을 부여함의 필요 여부

  b. 이상의 정무를 수행하는 기관 또는 기관들의 성질 및 구성(예: 내각의 조직 및 명칭 직무, 최고행정관 또는 최고정무체의 명칭, 입법기관의 조직 및 명칭 직무)

  c. 각 각원 및 요직인의 권한 및 책무

  d. 행정 및 입법 직무를 수행할 기관의 내각원 및 중요 임원의 선거 또는 임명 및 경질(예: 임기 임무 후계 파면)

  e. 행정 및 입법권 수행의 방법

(「삼천만을 대변할 정당단체 자문안 내용」, 『자유신문』 1947년 6월 12일)

임시정부 수립을 위해 결정이 필요한 구체적 사안까지 정리해놓은, 그야말로 '건국 백서'의 성격을 가진 것이 공동결의 제5호와 제6호로 발표된 '자문서'의 내용이었다. 이에 대한 각 정당의 반응 중에는 "작년 것보다 더 세밀히 되어 있으니 이것은 미·소가 성의를 가지고 조선 임정 수립에 노력하고 있다는 증명이 되는 까닭으로 충심으로 감사한다."는 천도교청우회의 성명처럼(『경향신문』 1947년 6월 13일) 회담 진행에 만족하는 태도가 많았다. 조선 건국의 순탄한 진행이 어느 때보다도 밝게 내다보이는 순간이었다.

미소공위 대표들은 이날을 위해 정말 준비를 철저히 했다. 공동공보 제4호, 공동성명 제11호, 공동결의 제5-6호를 발표한 이날 "남북조선 제 민주정당 및 사회단체와의 협의에 관한 규정"까지 발표했다. 앞으로의 과정을 진행하기 위한 구체적 방법까지 이렇게 알뜰하게 준비한 것을 보면 지난번처럼 어이없이 회의를 공전시키지 않겠다는 결의가 느껴진다.

(1) 공동위원회가 조선 민주 제 정당 및 사회단체와 협의할 시 본 공동위원회는 1947년 5월 13일부 미 국무장관 마셜 씨가 자기의 서한을 통하여 수락한 1947년 5월 7일부 소련 외상 몰로토프 씨의 서한에 기재된 제 조건을 지침으로 함. (…)

(2) 공동위원회는 그 목적과 방법에 있어서 진실로 민주주의적이고 좌기의 선언서에 서명하는 조선민주주의 제 정당 및 사회단체와 협의하기로 함. "모스크바 3상회의 결의문 중 조선에 관한 제1절에 진술한 바와 같이 그 결의의 목적을 지지하기로 선언함. 즉 독립국가로서 재건될 조선의 민주주의 원칙으로 발전함에 대한 조건의 설치와 조선에서 일본이 오랫동안 통치함으로써 생긴 손해 막대한 결과를 속히 숙청할 것. 다음으로 우리는 공동위원회가 조선민주주의임시정부와 같이 3상회의 결의문 제3절에 표시된 방책에 관한 제안을 작성함에 노력하기로 함."

(3) 본 위원회는 남북조선에 소재하는 민주 제 정당 급 사회단체에 공동위원회와의 협의 참가함에 관한 청원서를 제출하기로 요청함. (…) 청원서는 1947년 6월 23일 한 서울시 덕수궁 내 미소공동위원회 혹은 평양시 도산리 18번으로 부송할 것.

(4) 상기 제2절 선언문에 서명 날인한 남북조선에 소재하는 제 민주

정당 및 사회단체는 본 위원회가 가결한 자문서에 의하여 조선민주주의임시정부 수립의 원칙, 동 정부의 구성 및 지방정권기관과 동 정부의 정강에 관하여 서면으로 건의를 본위원회에 제출할 수 있다. (…) 전기한 건의서는 1947년 7월 1일 한 전기 주소의 공동위원회에 제출할 것.

(5) 제1분과위원회는 협의 참가 청원서를 접수하면 상기 제2절에 기재한 선언문에 서명 날인한 남북조선에 소재하는 민주 제 정당 및 사회단체와 임명된 대표자의 명부를 작성함.

(6) 제5절에 기재한 민주 제 정당 및 사회단체의 명부가 공동위원회에서 승인되면 남조선에 소재하는 상기한 정당 및 사회단체의 대표를 초청하여 공동위원회는 1947년 6월 25일에 서울에서 합동회의를 개최할 것이다. 이와 동일한 북조선에 소재하는 민주정당 및 사회단체 대표의 합동회의가 1947년 6월 30일 평양에서 개최됨. 소련 대표단 수석이 서울합동회의를 사회하며 평양합동회의는 미국 대표단 수석이 사회함. 이 합동회의에서 회의가 개최되는 지구의 대표단 수석은 공동위원회가 작성한 성명서를 발표함.

(7) 제5절에 진술한 명부에 기록된 남북조선에 소재하는 정당 및 사회단체의 대표는 조선민주주의임시정부와 지방주권기관들의 원칙과 구성(임시헌장) 또는 동 정부의 정강에 관하여 개인 구두협의에 초청됨. 이 목적을 위하여 공동위원회는 소분과위원회를 임명하고 또한 각 대표에게 협의장소와 시일을 공고함. 구두협의는 1947년 7월 5일부터 서울과 평양에서 진행될 것이다.

(8) 공동위원회는 남북조선에 소재하는 민주 제 정당 및 사회단체로부터 제출된 건의 제안을 연구 또는 합의적 제안을 작성하기 위하여 해당 분과위원회에 회부함. 해당 분과위원회는 동 목적 수행을 위하

여 필요한 수의 소분과위원회를 설정할 것이다. 분과위원회 및 소분과위원회의 업무를 수행하기 위한 자문 전문가 및 기술원은 양 대표단 수석이 임명함.

(9) 조선민주주의임시정부 및 지방주권기관들의 구성 및 원칙(임시헌장)과 또한 동 정부에 관한 정강에 관하여 동 위원회와 협의하며 또한 동 위원회를 보좌하기 위하여 제5절에 진술한 명부에 기재된 정당 및 사회단체의 대표가 초청됨. 각 정당 및 사회단체 대표 수는 각 당 및 단체의 당 또는 회원 수에 의하여 본위원회가 결정하되 동시에 가능한 범위 내에서는 그 당 및 단체의 영향력을 참작함. 공동위원회는 상기의 대표들과 합동회의를 개최할 것이며 또는 분과위원회 및 소분과위원회에서 제안을 작성함에 그 대표들을 참가시킬 수 있음. 공동위원회와 이러한 대표들과의 합동회의의 시일 및 의안은 양국 대표단이 승인함.

(10) 남북조선에 소재하는 민주 제 정당 및 사회단체는 공동위원회와 협의함에 동일한 권리와 기회를 가질 것.

(11) 분과위원회에서 작성한 합의 제안은 공동위원회에 상정됨. 동 위원회는 동 제안을 심의하여 예비시인을 허함. 시인 후 공동위원회는 기초위원회를 임명함. 동 위원회는 조선민주주의임시정부 및 지방주권기관의 구성과 원칙(임시헌장) 또는 동 정부의 정강에 관한 최후적 건의안 작성에 관한 최후적 필요한 지시를 기초위원회에 줌. 기초위원회가 작성한 건의안은 공동위원회에서 승인함을 요함.

(12) 기초위원회가 제출한 건의안이 승인되면 공동위원회는 조선민주주의임시정부 구성원에 관한 건의안 작성에 착수함.

「임정 수립 지향의 대목표에 수(遂) 도달, 몰로토프 씨 서한 조건이 지침」,

『자유신문』 1947년 6월 12일)

1947. 6. 13.

감나무 밑에 입 벌리고 누워 있는 남로당

———

미소공위의 성공을 바라지 않는 세력은 '반탁'의 깃발 아래 뭉치고 있었다. 중간파와 좌익은 모두 미소공위의 성공을 바라고 있었다. 이남 좌익의 공식적 대표인 남로당이 미소공위 재개에 어떤 자세로 임하고 있었는지 살펴본다.

공산당 박헌영계는 1946년 8월 시작된 좌익 합당 움직임에서 남로당의 간판으로 주류를 장악했다. 인민당과 신민당의 반발뿐 아니라 공산당 내에서도 대회파의 격렬한 저항이 있었지만 박헌영이 이끄는 당권파는 주도권을 고수했고, 북로당의 지지 덕분에 11월까지 사로당으로 모인 저항세력을 물리칠 수 있었다.

지하운동에 익숙한 운동가들은 당직을 확고하게 장악하는 전술을 폈다. 그러고는 당직의 운영권을 발판으로 독단적 노선을 추구했다. 불만이 한계에 이른 비당권파는 전당대회를 통한 노선의 재정립을 요구했기 때문에 '대회파'로 불리게 됐다.

북로당도 박헌영계의 독단적 노선에 불만이 많았지만 남로당을 확실히 세워주지 않으면 이남 좌익이 무너질 염려가 있기 때문에 그를 지지하지 않을 수 없었다. 일종의 '벼랑 끝 전술'이었던 셈이다.

허헌(許憲, 1885~1951)을 앞세워 박헌영계가 장악한 남로당은 설립

과정에서부터 '전술'에 너무 의지하는 경향이 있었다. 그 전술의 목적이 좌익의 헤게모니 장악에 있었기 때문에 당 외부에 대한 영향력이 위축되는 결과를 피할 수 없었다. 남로당의 합법활동 통로인 민전의 성격도 이에 따라 편협해지게 되었다. 여운형은 정치활동 재개의 신호탄이라 할 수 있는 1947년 1월 27일 담화문에서 반탁운동과 반동테러에 대한 비판에 이어 민전 강화를 주장했다.

> "반동세력이 3상결정 실천을 방해하고 독립을 지연시키는 반민족적 노선으로 대중을 오도하고 있는 차제에 전국의 민주주의자는 통일전선을 결성하고 이를 극복해야 한다. 현재의 민전은 좌익의 영역을 넘지 못하였으며 최근에는 공산주의자전선으로 전화한 감이 있으니 편협성을 흔연 해소하고 전민주통일전선화하기에 노력할 것이며 전국 민주주의자는 허심탄회로 집결하여 반민주적 분자들의 책동을 분쇄하고 독립의 급속 전취와 민주건국에 이바지해야 될 줄 안다."
>
> (「번연자성(飜然自省)을 요망」, 『경향신문』 1947년 1월 28일)

1947년 초 남로당이 처한 상황을 서중석(徐仲錫)은 이렇게 정리했다.

> 1946년 7월 하순 이후 강경투쟁 일변도의 극좌노선인 신전술을 채택하려 좌우합작운동을 반대하고, 미군정에 대한 어떠한 형태의 협력도 거부하며, 9월 총파업을 일으키고 10월 민중봉기를 선동하여 지하에서 비합법투쟁을 하였기 때문에, 남로당은 대부분의 정치세력과 대립, 단절되어 있어 정치력을 발휘할 방안을 갖기가 어려웠다. 따라서 남로당은 주로 대규모 군중집회와 3·22파업 등 '군중투쟁'에 의지하여 정치적으로는 더욱 고립되어갔다.

남로당은 민전 강화안도 새로운 통일전선안도 제시치 못하고 종래의 주장을 되풀이했다. 단독정부 수립운동이 확산되어감에 따라, '단정 절대 반대'의 구호와 함께 단정 반대운동을 폈으나, 단정을 반대하는 세력을 규합하려는 활동은 벌이지 않았다. 표면으로만 볼 때 남로당은 민족문제를 거의 전적으로 미소공동위원회 활동의 성공에만 의지하고 있었다. 통일된 자주국가의 수립을 포함한 남로당이 부딪치고 있는 제 문제의 해결은 공동위원회 활동을 통해서 이뤄질 수 있는 것처럼 주장되었고, 그것은 반드시 성공할 것으로 기대되었다. (『한국현대민족운동연구』, 555쪽)

미소공위 재개의 전망이 확실해진 4월 중순, 재개가 임박한 5월 중순, 그리고 재개 직후인 5월 말 남로당의 성명과 담화에서 미소공위 성공에 '모든 것'을 건 입장이 확인된다.

"이번 몰로토프 외상의 서한과 지난번 마셜 국무장관의 3상결정 준수 서한은 소미공위의 급속한 재개가 확실시되고 있음을 다시금 우리 민족에게 보여준 것이다. 그리고 특히 우리당은 조선의 민주독립을 원조할 연합국이 의사표시 자유의 원칙을 반연합국적 반3상결정적인 군국주의 일본의 잔당들에게까지 지나치게 적용하여 모처럼 다시 열릴 공위의 사업이 방해되지 않도록 신중히 고려하며 따라서 3상결정을 총체적으로 지지 실천하는 진정한 민주주의 정당과 사회단체를 광범위로 협의의 대상으로 참가시키기를 절망(切望)하는 바이다."

(「공위 속개 보도에 남로당에서 성명」, 『서울신문』 1947년 4월 25일)

"속개되는 공위가 성공되어 통일적 민주주의 정부를 수립하는 그 첫째 과업을 완수할 것은 조금도 의심할 여지가 없는 것이다. 공위는 꼭 성공된다. 이번에는 꼭 우리의 통일정부가 수립된다. 이것이 첫째로 하고 싶은 말이다.

그러나 이 반면 3상결정을 파괴하고 공위를 파괴하고 통일적 민주정부 대신에 반동적 남조선 단정을 수립하려는 극반동분자들의 악질적 책동과는 일층 가열한 투쟁을 전개하여 이들의 음모를 전면적으로 말살하는 싸움을 전 인민은 공고한 단결로써 승리를 쟁취하여야 할 것이다."

(「공위와 주장」, 『자유신문』 1947년 5월 17일)

간도 5 · 30사건(1930) 기념 남로당 담화문: "오늘 우리 조선에는 모스크바결정에 의한 임시민주정부를 수립하기 위하여 미소공동위원회가 열리고 있다. 우리는 조국의 민주독립을 위한 이 중대한 시기에 일치단결하여 한 줌도 못 되는 친일파, 민족반역자, 파시스트 추종자들의 공위 파괴 음모를 철저히 분쇄하고 단연코 공위를 성공시켜 우리의 대망하는 임시민주정부를 수립하자."

(「남로당 담화 발표」, 『자유신문』 1947년 5월 31일)

남로당의 '정치력' 퇴화에 대한 서중석의 지적은 정곡을 찌른 것이다. 남로당은 재개된 미소공위를 자기네 노선의 성공을 위한 절대적 통로로 여기고 있었다. 그런데 몇 차례의 공식 발표에는 선명성의 주장만 나타날 뿐, 미소공위의 성공을 위해 어떤 노력을 기울이겠다는 의지는 보이지 않는다. 미소공위 성공을 함께 바라는 중간파와 협력할 뜻도 보이지 않는다. 감나무 밑에 입 벌리고 누워 있는 꼴이다.

미소공위의 협의대상 선정에서 남조선 발언권의 절반을 민전 산하

단체가 가져야 한다고 주장한 6월 4일의 민전 성명서도 남로당의 자세에서 연장되어 나온 것으로 보인다.

> "미소공동위원회의 협의대상을 결정함은 우리 민족의 전 관심을 집중하고 있다. 이것은 우리의 민주주의적 임시정부 수립에 있어 가장 중대하고 결정적인 의의를 가지는 동시 공동위원회의 가장 곤란한 성격을 가진 문제이기 때문이다. (…) 시급하고도 절박한 문제는 정부수립에 있고 이것을 성공시키자면 우리 민족의 좌우 양익을 물론하고 호상 겸손한 태도로서 공동위원회 업무를 성심 협력하여야 함은 우리는 확실히 인식하고 있다. 이에 우리 민전은 남조선민전 산하 정당 및 사회단체 대 남조선 기타 단체 중간을 포함한 전 좌익의 협의인원의 비례를 5 대 5로 주장한다. 물론 이것은 북조선의 협의 인원을 결정하는 문제와는 아주 별개로서 다만 남조선만을 기준한 것이며 또한 남조선좌익에 있어 그 협의대상에서 친일파의 집단과 및 모리배 반3상결정의 집단을 제외하여야 한다는 주장에는 변함이 없다. (…)"
>
> (「대세는 공위참가에 주목할 우익진영 동향」, 『경향신문』 1947년 6월 5일)

미소공위의 성공을 바란다는 세력에서 이런 주장을 어떻게 꺼낼 수 있었을까? 이북 협의단체의 발언권이 북로당이 이끄는 북조선인민위원회·북조선민전으로 집중되어 있었다. 이북의 민의 표현이 좌익으로 쏠려 있는 상황에서 이남의 민의를 좌우익이 절반씩 나눠서 대표하자는 것부터 비현실적인 주장인데다가, 과연 당시의 민전이 이남 좌익 전체를 대표하기나 하고 있었는가? 이것을 "호상 겸손한 태도"라 하다니, 억지도 이런 억지가 없다.

　1946년 2월 민전 발족 때는 범 좌익뿐 아니라 중도 우익까지 참여했다. 극우파의 비상국민회의와 민주의원 조직에 대한 반발이었다. 그런데 1946년 후반의 좌익 합당 과정에서 남로당이 민전을 장악하면서 비남로당 세력이 배제되어 남로당의 외곽조직으로 전락했다. 그런 민전이 외연을 다시 넓힐 생각은 하지 않고 모든 좌익을 스스로 대표하는 것처럼 나선 것은 가당치 않은 일이었다.

　미소공위의 성공을 위해서는 성공을 바라는 세력의 공동전선 결성이 필요했다. 반탁세력의 원천 배제를 주장하기보다 그들도 협의대상으로 끌어들이고 공동전선의 힘으로 그들을 눌러야 했다.

　미소공위의 실패를 바라는 이승만과 김구는 참여를 거부하고 있었지만 실리에 밝은 한민당의 미소공위 참여를 막지 못하고 있었다. 반탁세력은 이해관계로 뭉친 집단이었기 때문에 이해관계가 엇갈리는 데 따라 균열을 일으키게 되어 있었다. 남로당과 민전의 반탁세력 원천 배제 주장은 그 균열을 막아주었다. 그리고 미소공위의 성공을 바라는 중간파와 합작하기 위한 노력도 없었다.

　특별한 노력을 기울이지 않아도 미소공위는 저절로 성공하게 되어 있다고 믿는 것 같은 태도를 남로당과 민전은 취했다. 트루먼독트린이 현실화되어가고 있던 시점에서 어떻게 그런 황당한 믿음을 가질 수 있었을까? 이해하기 힘든 일이다.

　한 가지 떠오르는 생각은 그들이 내부 헤게모니에만 정신이 쏠려 있지 않았나 하는 것이다. 1946년 가을 반대세력과의 투쟁에서 그들은 헤게모니에만 매달렸고, 북로당이 손을 들어주는 바람에 승리를 거뒀다. 이번에도 헤게모니를 조금도 양보하지 않고 자파 입장을 고수하고만 있으면 누군가가 미소공위를 성공시켜주고 그 성공의 열매를 자기네가 많이 차지할 수 있으리라고 기대한 것이 아닐까?

그렇다면 이번의 헤게모니 투쟁 대상은 북로당이었을 것이다. 미소
공위에서 남로당·민전의 발언권을 크게 함으로써 통일민족국가 건설
에서 자기네가 북로당에 앞서는 주도권을 쥐게 되기 바랐을 것이다.

1947. 6. 15.

나쁜 놈, 약은 놈, 멍청한 놈

미소공위 재개에 임하는 반탁세력의 자세는 어떠한 것이었는가. 반탁
세력은 세 개의 중요한 갈래로 구성되어 있었다. 한민당, 한독당, 이승
만 추종세력. 한독당은 이 무렵 미소공위 지지파가 이탈하고 김구 추
종세력만이 남아 있었다.

미군정은 반탁세력의 미소공위 참여를 원했다. 1년 전 제1차 미소공
위 때도 이들을 끌어들이려는데 소련 측이 "3상회담 결정 반대세력"을
받아들일 수 없다 하여 결렬에 이른 것이었다. 이번 회담 재개를 위해
소련에 받아낸 양보는 "과거를 묻지 않는다."는 것이었다. 과거의 반
탁운동은 협의대상 결격 사유가 되지 않지만, 협의대상으로 들어와 있
는 상태에서는 반탁운동을 포함, 3상회담 결정에 반대하는 언행을 금
지한다는 것이었다.

이 양보가 한민당에는 충분했다. 당장 협의대상으로 들어가서 발언
권을 확보하는 것은 실리(實利)였다. 일단 실리를 확보해놓은 다음 미
소공위가 자기네 원하지 않는 방향으로 흘러갈 경우 언제든지 박차고
나올 수 있으니 참여 쪽으로 끌리지 않을 수 없었다.

한편 김구 세력은 3상회담 결정에 근본적으로 반대하는 속셈이었
다. 당당한 임시정부가 이미 존재하는데 왜 새로 만들겠다는 것인가?

미소공위를 통한 3상회담 결정 실행이 불가능하게 되면 중경에서 온 임시정부가 유력한 대안이 될 것이라고 그들은 생각했다. 그래서 한독당으로 모인 지지자들을 잃으면서까지 협의대상 참여에 반대했다.

이승만도 3상회담 결정의 실현을 바라지 않았다. 그러나 김구가 미·소 두 나라의 영향을 모두 배척한 것과 달리 이승만은 미국의 영향을 원했다. 현실적으로 미국의 영향력이 조선 전체에 확보될 것을 기대할 수 없었기 때문에 그는 분단건국을 원한 것이었다. 미소공위의 실패를 바라면서 또한 미국의 지지를 원했기 때문에 그는 이중플레이로 나섰다.

이승만은 미소공위에 대한 자신의 태도를 5월 27일 AP기자에게 이렇게 밝혔다.

(1) 나는 조선 정치지도자가 미소공위 협의에 참가하도록 권고하였다.

(2) 나는 공위에 반대하는 것도 아니고 또 타 지도자들이 그 협의에 참가하는 것을 역시 반대하지 않으나 자신은 여기에 참가하는 데 그다지 관심을 가지고 있지는 않는 것이다. 그 이유는 신탁통치라는 것이 무엇인가 확정적으로 알지 못하고 있으며 또 민주주의 정의에 대한 미·소 양측의 대립이 있기 때문이다.

(3) 우리는 우리의 자유를 구속하는 신탁통치를 수락할 수는 없는 것이다.

(4) 조선 정부 수립을 위한 선거의 자유성과 공평성을 보장하기 위하여 열강은 공동감시를 할 수 있을 것이다. 우리는 정부 수립 후에는 조선 완전독립 획득에 대한 자연적이고 역사적인 권리를 요구하는 바이다.

（「자유구속은 불수락, 이 박사 미 기자회견」, 『동아일보』 1947년 5월 27일）

다른 사람들에게는 협의 참가를 권하지만 자신은 참가할 생각이 없다는 것이다. 그 까닭은 '신탁통치'와 '민주주의'의 개념이 불분명하기 때문이라는 것이다. 그는 '신탁통치'를 걸고넘어짐으로써 3상회담 결정 실행을 방해하고 미국식 '민주주의'를 고집함으로써 미국의 지지를 얻으려는 것이었다.

이승만은 4개월에 걸친 미국 체류 동안 공화당 극우파의 지지를 확보해 놨다. 그의 입장을 지지하는 일부 미국 언론도 있었다. 미군정 입장에서 그의 미소공위 보이콧은 전혀 바람직하지 않은 일이었다. 그를 극도로 싫어하게 된 하지도 그의 참여를 설득하러 나서지 않을 수 없었다. 5월 18일 브라운 수석대표가, 이튿날 하지가 이승만과 김구 등을 만난 것은 이 설득을 위해서였다. 6월 3일에는 하지가 돈암장으로 이승만을 찾아가 만났다는 보도도 있었다(『동아일보』 1947년 6월 5일).

6월 2일 이승만이 기자들에게 이렇게 말했다는 보도가 있었다.

"방금 미소공위에서 나를 참가치 못하게 하는 것은 아니다. 참가 여부는 나의 자유일 것이다. 미국 사람들이 쿠바나 필리핀을 독립시켜 주었다고 자랑하지만 우리는 필리핀 사람이 아니고 4천 년 역사를 가진 조선 사람이다. 나는 미소공위에서 우리 의견에 맞지 않는 정부를 수립하는 것보다는 총선거를 통하여 자율독립정부를 수립하는 것을 주장하는 것이다. 총과 폭탄이 나의 육체는 꺾을 수 있겠으나 나의 정신과 주장은 꺾지 못할 것이다. 그리고 임정추진 문제에 관하여 김구는 잘 양해하고 있으나 아직도 몇몇 사람은 양해하지 않는 것 같다."

(「참가 여부는 자유」, 『동아일보』 1947년 6월 3일)

김구는 5월 23일에 이승만과 연명으로 미소공위를 상대로 한 성명

서를 보냈다. 이승만이 주장해온 '신탁통치'와 '민주주의' 해명 요구였
다. 김구는 미소공위의 파탄을 바라기 때문에 이 요구에 동조한 것인
데, "양해하지 않는" 몇몇 사람이란 한민당을 가리킨 것으로 보인다.
한민당 인사들이 5월 30일 이승만을 방문했을 때 그는 참여 반대를 주
장하고 있었다.

> 30일 상오 한민당 장덕수 씨 외 수 명은 돈암장으로 이 박사를 방문
> 하고 요담하였다 한다. 소식통이 전하는 바에 의하면 동 회담은 공위
> 참가 여부에 관한 것이며 이 박사는 강경히 참가 보류를 주장하였다
> 고 한다.
> 한편 과반 해명을 요구한 동 박사의 참가에 대한 2 조건에 관한 회한
> 이 미 국무성으로부터 도착하였다고 하는데 동 내용은 아직 발표되
> 지 않았으나 이를 계기로 금명간 동 박사의 결정적 태도가 표명될 것
> 으로 보인다.
>
> (「이 박사와 한민 간부 요담」, 『동아일보』 1947년 6월 1일)

'신탁통치'와 '민주주의'에 대한 이승만(및 김구)의 해명 요구를 하지
는 국무부로 보냈다. 자기로서는 이승만을 만족시킬 만한 대답을 할
수 없기 때문이었다. 국무부의 회한이 도착했다고 하는데, 이승만은
그 내용을 끝내 밝히지 않았다. 그는 6월 6일에 발표한 김구와의 공동
성명에서 "우리가 하지 중장을 통하여 미 국무성의 해석을 요구한 것
은 아직도 정식회답이 없으니 추측적으로 유행하는 낭설을 신빙치 말
기" 바란다고 했다(『동아일보』 1947년 6월 6일). 회한 내용이 만족스럽지
못한 것이었기 때문이었으리라고 짐작한다.
반탁진영의 6월 4일 회의에서도 협의단체 참가 여부가 확정되지 못

한 채 공동보조를 위한 노력이 계속되고 있었다.

> 반탁진영 59개 단체 대표 80여 명이 4일 오전 11시 민통 회의실에 회
> 합하여 임정 참가 여부를 토의한다 함은 기보한 바이어니와 동 회의
> 에서는 "임정에 참가하여 반탁투쟁을 계속할 것이냐, 불연이면 임정
> 참가를 거부함으로써 반탁을 관철시킬 것이냐." 목표는 동일하나 이
> 의 실현방법에 있어서 의견이 상반하여 격론한 끝에 마침내 참가파
> 에서 10명(장덕수 씨 등), 불참가파에서 10명(명제세 씨 등)을 양파 대표
> 로 선출하여 임정수립대책위원회를 구성하고 동 위원회로 하여금 참
> 가 여부를 결정케 할 것을 채택하였다 한다.
>
> (「임정 대책회를 조직, 우익진 참가 여부 결정」, 『동아일보』 1947년 6월 6일)

장덕수 전기의 저자는 한민당을 미소공위 참여로 이끈 장덕수의 역
할을 이렇게 서술했다.

> 제2차 미소공동위원회는 5월 21일 덕수궁 석조전에서 개회되었다.
> 그러나 민족진영은 미소공위의 재개와 함께 심각한 혼란에 빠졌다.
> 미소공위 협의대상으로 참가할 것이냐 보이콧할 것이냐 하는 내부갈
> 등이 고조된 것이다.
> 이승만과 김구는 5월 22일 공동성명으로 불참의 뜻을 분명히 했다.
> 많은 우익정당, 사회단체가 두 지도자의 뜻을 따르기로 했다. 신탁통
> 치반대라는 당초의 원칙에 따라 미소공위 보이콧을 주장하는 의견과
> 미국의 남한단독정부 수립 계획이 확정된 이상 미소공위 참가는 혼
> 란을 가중시킨다는 의견이 불참 진영의 이론적 근거였다.
> 난마처럼 얽혀서 표류하기만 하는 민족진영의 내부혼란을 예의 주시

해온 설산이 마침내 움직이기 시작했다. 그는 먼저 인촌과 상의했다. "공동위원회에 우리 당은 참가해야 합니다." 설산의 이로정연한 설명을 듣고 인촌은 고개를 끄덕였다.

설산은 다시 백남훈, 허정, 김준연, 서상일, 홍성하, 함상훈 등 당내 중진과 간부들에게 설득공작을 폈다. 모두들 설산 이론에 납득이 갔다. 한민당 상무위원회가 열려 미소공위 참가 여부에 대한 당론을 결정하게 되었다. 설산이 당론 결정을 유도해갔다. 그의 이론은 다음과 같았다. (…)

한민당의 미소공위 참가 결정은 민족진영 각계각층에 큰 충격을 주었다. 이승만과 김구는 정면으로 한민당 결정을 비난하였으며 "반탁진영에서의 이탈"이라는 성토의 소리가 빗발치듯 들려왔다. (이경남, 『설산 장덕수』, 동아일보사 1981, 380~382쪽)

장덕수가 죽은 지 34년 만에 나온 책이므로 정확성에 한계가 있을 것은 당연한 일이거니와, 끝에서 이승만과 김구가 모두 한민당 결정에 반대했다는 것은 장덕수의 역할을 과장하는 서술 같다. 김구가 한민당의 실리주의 노선에 분노한 것은 사실이다. 그러나 한민당 못지않게 실리적인 이승만은 반탁세력 전략의 입체화를 반기는 입장이었다.

6월 11일 미소공위의 공동공보 제4호와 공동성명 제11호 발표로 회담 진전이 부쩍 가시화되었을 때도 이승만은 '신탁통치'와 '민주주의'의 의미 해명을 요구하는 자세를 바꾸지 않았다. 이에 군정청 조선인 간부들까지 움직이기 시작했다.

이승만 박사는 공위참가문제에 있어서 의연 보류의 태도를 취하고 있는데 조병옥 경무부장, 김병로 사법부장, 이철원 공보부장 등 군정청 요인들은 미군정당국과 이 박사의 중간에 개재하여 이 박사의 공위참가를 권고하는 한편 미군당국으로 하여금 이 박사가 공위에 참가할 만한 조건을 제시하도록 종용하고 있다고 전한다. 즉 군정요인 제씨는 12일 하오에 하지 중장을 방문하고 요담한 바 있었는데 측문한 바에 의하면 동씨들은 하지 중장에게 이 박사 조건 제시에 대한 회답을 성명으로 발표하라고 말하였다 하며 13일 하오에는 이 박사를 방문하고 참가를 권고하였다고 하는데 그 귀추가 주목된다.

(「부처장 등 참가를 권고」, 『동아일보』 1947년 6월 14일)

하지는 반탁운동을 무마하기 위해 '신탁통치'가 경제 원조를 비롯한 '지원'을 뜻하는 것이라고 거듭거듭 주장한 바 있었다. 그리고 제1차 미소공위 때는 반탁세력 배제를 주장하는 소련 측에 맞서기 위해 표현의 자유를 보장하는 '미국식 민주주의'를 내세웠다. 이승만은 이 두 가지의 확인을 요구한 것이니, 하지는 형편대로 했던 말 때문에 약점을 잡힌 셈이다.

6월 15일에는 브라운 수석대표가 이승만과 만나 참가를 권유했다. 그러나 이승만은 이틀 후 하지에게 보낸 공개편지로 자신의 입장이 굳건함을 알렸다.

어떤 이들은 이 해석을 요구한 데 대하여 나의 의사를 오해하고 공위를 파괴시키려 한다 하였으나 나의 실상 주의한 바는 한미 간의 양해와 합작할 토대를 얻기 위함이니 이 두 조건의 본의만 정식으로 충분한 설명이 있다면 우리의 만족한 양해를 얻을 수 있을 것입니다.
원래 합작이란 것은 공동적으로 양해나 조약이 있어서 피차 협동해야만 될 것이니 한편에서 주장하는 것으로만은 될 수 없는 일입니다.

한국의 자유와 노예 문제는 신탁이란 문구를 여하히 해석하느냐에 달려 있으며 한국의 해방과 속박 여부는 어떠한 민주정권을 공위가 한국에 실시할 것인가에 달린 것입니다. 공위에서 토의할 일은 대부분이 두 조건에 기본해야 될 것이 사실인데 이 두 조건의 의미를 자세히 알지 못하고는 우리로서는 맹종할 수 없는 것입니다.

귀하가 한국 각 지도자들을 권유해서 공위에 참가하기를 주장한바 소위 신탁이란 것은 경제적 원조를 위한 것이요 다른 것은 아니며 민주독립정부를 세운 뒤에 신탁문제는 제출될 것이며 신탁을 반대하려면 미소협의에 참가해서 하는 것이 밖에서 하는 것보다 효과가 있다 하며 동시에 귀하는 주장하기를 모스크바결정을 변경할 수 없는 '불변칙'이니 어떤 부분이나 혹 전체를 아무도 고치지 못한다 하고 이 모호한 실정을 명백히 알려고 하는 자는 공위를 파괴하는 자라고 지칭하니 나는 이에 대하여 과연 두서를 차리기 어렵습니다.

내가 귀하에게 한 번 더 설명코자 하는 것은 한국 민중이 지금 저의 정부를 자율적으로 수립하여 비록 아직은 북조선에 행정하기를 고집하지 않더라도 남북을 대표한 민주적 기관으로서 관계국과 평화적으로 교섭하여 남북통일을 달성하기로 결심한 것이니 이것이 귀하와 나 사이에 협동 진행할 수 있는 기본적 문제입니다. 만일 우리가 이것으로 합의되어 이 방법으로 같이 나가기를 협정하고 다른 문제로 이 토의에 장애가 되지 않게 한다면 나는 귀하와 다시 합동 진행할 수 있을 것을 언명합니다.

지금 공위가 우리 문제를 해결하기로 노력하는 동시에 우리는 이미 협의된 대로 총선거 계획을 계속 진행할 것이니 만일 공위에서 작정되는 것이 우리에게 충분한 결과를 준다면 우리의 계획을 변경하기에 무난할 것입니다. 이와 같이 우리의 계획을 실행함으로써 한국 민중들에게 저의 일을 저의가 해(解)할 희망을 가지게 하는 것이니 아무것도 말고 남들이 해주는 것만 기다리고 앉아 있으라고 하느니보다 나을 것입니다.

(「두 조건 명답 있으면 협동하야 진행할 터」, 『동아일보』 1947년 6월 17일)

제1차 미소공위에 하지를 비롯한 미국 측이 성의가 없을 때 일방적으로 내놓았던 주장을 그대로 복구할 것을 이승만은 주장하고 있었다. 그 이튿날 AP 특파원 로버츠에게 이승만이 한 이야기에는 그런 속셈이 더 노골적으로 드러나 있다.

(1) 현재 서울에서 진행 중인 미소공위는 조선에 정부를 수립할 것이나 이는 명확한 공산주의정부도 아니고 미국식 민주주의정부도 아닌 잡탕적 정부일 것이다.

(2) 현재 조선을 점령하고 있는 미·소 양국은 조선인으로 하여금 조선인 자체의 방책으로 조선 정부를 수립하게 하여야 할 것이다.

(3) 만약 이렇게 수립된 정부를 운영하는 데 있어서 조선인이 2, 3년간에 실패한다면 그때에 비로소 열강이 등장하는 것이 선책일 것이다.

(4) 미국 또는 소련의 그 일방이 이니셔티브를 취할 때까지 조선으로부터 철퇴할 것을 주저하고 있는 사실은 조선인으로 하여금 조선 문제를 해결하는 것을 저해하고 있는 것이다.

(5) 남조선에 있어서의 미 측의 중립적 불간섭정책은 공산주의세력을 유리케 하고 조선인 사이의 분리를 조장시키고 있는 것이다.

(「우리 자체의 방책으로 "정부 수립"케 하라」, 『동아일보』 1947년 6월 18일)

(1)에서 그는 "잡탕적 정부"라는 표현으로 좌우합작의 길을 원천적

으로 거부했다. (2)에서는 조선인의 자주성을 명분으로 연합국 협력의 길을 거부했다. (3)에서는 건국 후 열강의 재개입 가능성을 열어놓으면서 졸속한 건국도 괜찮다고 했다. 그리고 (5)에서는 미국의 적극적 간섭을 노골적으로 요구했다. 자신을 지지하는 미국 극우파 언론과의 회견이어서 그런지 이 시점에서 자신의 속셈을 가장 적나라하게 드러낸 회견이었다.

1947. 6. 18.

마셜 미 국무장관은 미소공위 성공을 원했다

—

미소공위 성공은 일차적으로 미·소 두 나라 태도에 달려 있었다. 그중
에서도 미국 태도에 더 크게 달려 있었다. 동아시아 지역에서 소련보
다 미국의 정책이 더 적극적이었기 때문이다. 소련은 동유럽의 세력권
확보에 모든 힘을 기울이고 있었고, 동아시아에서는 중국과 베트남처
럼 공산혁명의 전망이 큰 곳에서도 혁명을 지원하지 않고 있었다.

1946년 봄 제1차 미소공위 좌초도 소련보다 미국에 책임이 있었다.
모스크바 3상회담 직후 남조선의 격렬한 반탁운동은 미군정 측에서
유도한 것이었다. 반탁세력 배제를 소련이 고집한 것은 미국의 의도에
소련이 의심을 품었기 때문이었다. 소련도 이북 지역의 "우호적 세력"
정착에 만족하고 미소공위 속행을 쉽게 포기하기는 했지만, 문제를 만
든 것은 미국 쪽이었다.

1년의 공백 끝에 재개하는 미소공위에 대해 미국은 어떤 태도를 갖
고 있었을까. 1년 전이나 지금이나 소련은 조선에 자기네에게 적대적
인 국가가 들어서지 않기만을 바라고 있었다. 그리고 이북 지역에 자
리 잡은 인민위원회·북로당 체제에 만족하고 있었다. 제2차 미소공위
의 성공도 다른 무엇보다 미국 태도에 달려 있었다.

1년 동안 미소공위에 대한 미국의 태도를 더욱 부정적인 것으로 만

들 변화가 있었다. 유엔이 미국의 영향을 많이 받는 방향으로 자리 잡아왔기 때문에 연합국 협력체제인 모스크바 3상회담 결정에 미국이 연연하지 않게 되었다. 소련과의 대결 자세를 선언한 트루먼독트린이 나왔고, 그 실행방법으로 마셜플랜이 모습을 드러냈다. 동아시아 지역에 일본을 중심으로 소련에 대항하는 거점을 만드는 정책이 굳어져가고 있었다.

그러나 미국 국민은 전쟁에 염증을 내고 있었다. 소련과의 대결 정책에서 떠오르는 '제3차 세계대전' 가능성에 민심은 경계심을 품고 있었다. 충분한 이유 없이 도발적 태도를 섣불리 취할 수 없었고, 잘 알지도 못하는 조그만 나라 조선 때문에 위험을 무릅쓰는 것을 여론이 용납하지 않을 것이었다. 제2차 미소공위에 대해서는 미국도 원만한 진행을 위해 공을 들인 것으로 보인다.

제1차 미소공위의 좌초는 미국 여론이나 정부 정책보다 하지 사령관, 아놀드 수석대표 등 현지 인사들의 태도에 원인이 있었다. 하지 자신도 과오를 깨달았는지 그 후 좌우합작을 지원하는 등 더 유연한 태도를 취했고 1946년 9월에는 수석대표도 브라운으로 교체되었다. 1947년 1월 취임한 마셜 국무장관이 미소공위 재개를 위해 노력한 것으로 보인다. 미소공위 재개 직후 그는 몇 달 전 받았던 재미 조선인들의 편지에 답장을 보내기도 했다.

〔워싱턴 24일발 AP 합동〕당지 조선인 지도자 현동완 이하 39명은 거 2월 마셜 국무장관에게 대하여 미군의 남조선주둔미군사령관 하지 중장을 그 직위에 유임시켜달라는 것을 서한으로 요청한 바 있었는데 공위가 재개되고 있는 이즈음 마셜 장관은 현 씨에게 다음과 같은 요지의 서한을 전달하였다.

(1) 조선의 통일과 독립을 획득하는 요망에 있어서 제 조선지도자는 단결하고 있으며 또 달성을 위하여 진력하는 미군정에 대해서 조선인이 신뢰하고 있다는 사실에 본관은 기쁘게 생각하는 바이다.

(2) 서울에서 공위가 재개된 만치 이는 조선을 위하여서는 중대시기라고 인정되며 공위업무가 성공하려면 각 조선인 지도자 제위의 최대한의 관용과 자제가 필요한 것이다.

(「조선인의 자제 필요, '마' 장관, 헌 씨에 서한」, 『동아일보』 1947년 5월 25일)

6월 11일 미소공위에서 중요한 발표가 있은 뒤에는 기자들 앞에서 만족의 뜻을 표했다.

〔워싱턴 13일발 로이터 합동〕미 국무장관 마셜은 신문기자회견 석상에서 방금 서울에서 개최 중인 미소공동위원회의 회의 진전에 대하여 만족의 뜻을 표명하고 다음과 같이 말하였다.

(1) 공위의 순조로운 진전의 결과로 1945년 12월 모스크바합의에서 규정된 바와 같이 전 조선에 걸친 조선임시정부가 수립될 것이다.

(2) 조선으로부터 보고에 의하면 미소공위는 민주주의적인 조선임정 수립을 위하여 조선의 모든 지역의 민주주의적 정당 및 사회단체와 협의하는 데 관한 절차에 합의를 보았다 한다.

(3) 이러한 절차는 상당히 정밀하고 또 광범한 것인데 조선인에게 대하여 그들의 견해 및 건설적인 구상은 적당히 고려될 것을 확신시킨 것이다.

(「임정 수립에 조선인의 구상 고려-'공위'에 마셜 장관 담」,

『동아일보』 1947년 6월 14일)

마셜은 미국의 역대 국무장관 중 최고의 거물급이었다. 제2차 세계 대전 중 육군참모총장으로 처칠(Winston Churchill, 1874~1965)에게서 "승리의 조직자"란 찬사를 듣고 미 육군 최초의 5성 장군이 되었다(맥 아더(Douglas MacArthur, 1880~1964)를 흔히 '원수'라 부르지만 그는 미군이 아니라 필리핀군의 5성 장군이었다). 미군 최대의 작전인 노르망디 상륙작전의 지휘관으로 물망에 올랐는데, 루스벨트(Roosevelt, Franklin Delano, 1882~1945) 대통령이 "당신이 워싱턴에 있지 않으면 내가 잠을 편하게 잘 수가 없어요." 하는 바람에 아이젠하워(Dwight David Eisenhower, 1890~1969)가 그 역할을 맡게 되었다는 일화도 있다.

마셜은 거물답게 소신도 강했다. 중국에 국공합작을 추진하는 특사로 갔을 때 장개석(蔣介石, 1887~1975)에게 미국의 지원을 끊겠다며 강하게 압박했고, 돌아와서 국무장관이 된 후 그 협박을 실행했다. 그래서 반공주의자들에게 중국 공산화의 책임자로 몰리기도 했다. 마셜플랜이 가동될 때 트루먼의 측근 중에는 정책 이름을 '트루먼플랜'으로 하자는 주장이 있었으나 트루먼 본인이 '마셜플랜'을 주장했다. 그가 국무장관으로 있는 동안 이스라엘이 독립했는데, 그는 승인을 반대했다. 이스라엘 승인 주장이 유대인 표를 얻기 위한 책략이라며 트루먼에게 이렇게 말했다. "당신이 (이스라엘을) 승인한다면 나는 다음 선거에서 당신에게 반대표를 던질 거요."

마셜이 국무장관에 취임하기 전에는 국무부와 군부 사이에 경쟁 분위기가 있었다. 전쟁 때문에 군부가 엄청나게 커져 있는 반면 국무부는 미국의 새로운 위상에 걸맞은 역할을 위한 준비가 덜 되어 있었다. 일본과 조선의 점령 업무를 국무부가 아닌 육군부에서 맡은 것도 인력이 군부에만 있기 때문이었다. 그런데 마셜은 점령 업무를 국무부로 이관할 방침을 5월 초에 발표했다(『서울신문』·『조선일보』 1947년 5월 10

1947년 『타임』 올해의 인물 조지 마셜.
한반도의 진로에 대한 그의 역할에는 아
직도 궁금한 점이 많이 남아 있다.

일). 그의 권위가 군부를 포괄하는 것이었기 때문에 이런 방침을 쉽게
세울 수 있었던 것이 아닌가 하는 생각도 든다.

미소공위 성공을 촉구하는 마셜의 입장은 확고했던 것 같다. 적어도
당시 관계자들에게는 그렇게 받아들여진 것이 분명하다. 재개 이야기
가 나온 뒤 곧 실현된 것은 소련 측에서도 마셜의 태도를 신뢰했기 때
문일 것이다. 이남의 미군정이 669명의 포고령 위반자를 석방하기로
한 것도 마셜의 의지와 무관하지 않았을 것 같다.

사법부장 김병로가 14일 발표한 바에 의하면 군정재판에서 90일 내
지 5개년 징역의 판결을 받은 669명의 수감자들은 내주일에 석방될
것이며 나머지는 복역기간이 감형될 것이라고 한다. 금번 조치는 이
전에 미군정재판소에서 심리한 재판을 조선인에게 이관함에 따라 임

시특사조치에 의하여 결정된 것인데 석방으로서 군정재판소에서 판결된 약 3분지 1이 출감될 것이라 한다.

석방될 사람들의 주요한 죄명은 무허가집회, 무허가시위, 미군수품절도, 미곡수집위반, 수회, 선동연설 등인데 이들 중에는 작년 10월 총파업관계자 허성택, 박세영 등 전평 간부 수 명을 비롯하여 먼저 24시간 파업관계자인 안기성, 박문규, 윤형식 등 민전 간부들이 있다. 이 밖에 정판사사건 공판 때에 소요죄로 수감된 김사옥, 구연상, 이근호, 조규영 등 그리고 영남소요사건 관계자도 그 대부분이 석방될 모양인데 사형언도를 받은 20여 명에 대한 감형 문제가 주목되고 있다.

(「무허가집회 등 위반자 669명을 석방. 총파업, 영남사건 관계자도 포함」,
『조선일보』 1947년 6월 15일)

이 조치는 즉각 시행에 들어갔다. 6월 16일에 11명, 그리고 17일에 94명이 풀려났다(『조선일보』 1947년 6월 19일). 풀려난 사람들 중에는 연백, 개성, 장연, 양주 등 지방 소요사건 관계자들과 지난 3월의 '24시간 파업' 관계자들이 있었다. 근민당과 사회민주당, 그리고 민전에서 6월 18일 이 조치에 대한 환영 성명을 냈다. 669명 외에도 모든 정치범의 석방을 요구하는 성명이었지만, 모두 이 조치를 '좋은 시작'으로 반기고 있었다.

4월 11일자 일기에서 군정재판 이야기를 할 때 극단적 사례로 전라남도 검사장 여철현(呂喆鉉, 1897~1966)이 1946년 4월에 미군정 지사 프라이스 대령에게 '명령불복종죄'로 체포되어 1년 징역을 선고받은 이야기를 했다. 좌익 인사들을 처단하라는 '명령'을 어겼다는 것이었다. 결국 군정청 사법부에서 개입해 석방시키기는 했지만, 지방의 검찰 책임자가 미군 행정관의 명령을 따르지 않았다고 잡아넣는 것이 미 군정 재판의 실상이었다. 걸리지 않는 것이 없는 '이현령비현령'의 포고령과 '엿 장사 마음대로'의 군정재판이 미군의 조선인 억압을 위한 '사법무기'로 1년 반 동안 활용된 것이었다.

군정재판은 지난 4월부터 조선인에게 적용하지 않는다는 방침이 정해졌거니와, 이미 판결받은 죄수의 석방은 실질적인 재판 번복이었다. 이 번복은 군정청 사법행위의 부당성을 스스로 인정하는 것이었다. 지난가을의 좌우합작 과정 중 합작위에서 정치범 석방을 합작의 전제조건으로 줄곧 요구했는데도 미군정은 응하지 않았다. 이번 미소공위 재개에 임해 석방 조치를 서두르는 것을 보면 본국 정부로부터 어떤 압력을 받고 있었는지 짐작할 수 있다.

1947. 6. 20.

중간파도 전열을 가다듬고 있었다

———

근민당은 여운형을 중심으로 5월 하순 중에 결성되었다. 앞서 사로당은 좌익 합당의 주류를 자임하며 남로당에 맞서는 입장이었는데, 근민당은 해산한 사로당 사람들을 주축으로 만들어졌지만 남로당과 역할 분담을 한다는 입장이었다. '반남로당'이 아니라 '비남로당' 노선을 취한 것이다.

근민당이 또 하나의 좌익 정당으로 자리 잡기 위해서는 민전 참여가 필요했다. 1946년 2월 출범 당시 민전은 '민주주의민족전선'이란 이름대로 좌익 중심의 폭넓은 통일전선이었다. 그런데 1946년 8월 이후 좌우합작에 반대하는 박헌영 일파의 노선이 민전을 지배하기 시작했고, 남로당과 사로당의 경쟁 과정에서 남로당의 외곽조직 수준으로 입지가 좁혀졌다. 박헌영 일파가 장악력을 강화하기 위해 민전의 문호를 너무 좁히는 문제에 대한 비판은 그 전에 조봉암(曺奉岩, 1898~1959)의 편지에서 이미 나타난 일이 있었다(1946년 5월 10일자 일기).

범 좌익 수준까지라도 외연을 회복하기 위해서는 민전도 근민당을 포용할 필요가 있었다. 그리고 근민당도 민전에 참여해야 활동의 폭을 넓힐 수 있었다. 남로당은 장악력을 늦추려 하지 않았고, 사로당을 배척하던 식으로 근민당을 무시하려 했다. 민전은 6월 4일자 성명에서 남조선의 미소공위 협의인원 중 절반을 민전 산하단체에 배당해야 한다고 주장했는데(6월 13일자 일기), 남로당의 욕심이 반영된 주장이다. 민전 장악력을 통해 자기네 일파의 발언권을 극대화하겠다는 것이다. 여운형은 기회 있을 때마다 민전 입장을 두둔해주고 있었지만, 이 주장에만은 동조할 수 없었던 모양이다.

> (문) 공위협의대상에 있어 민전 주장인 5 대 5를 여하히 보는가?
> (답) 정부 구성할 때라면 논의될 수도 있으나 협의대상에 있어서 비율을 정한다는 것은 있을 수 없다. 그러므로 별로 찬동할 것이 못 된다.
> (문) 귀당의 민전 가입 문제는?
> (답) 아직 진척이 없다.
>
> (「비율에 불찬성-여운형 위원장 담」, 『경향신문』 1947년 6월 11일)

이번 재개에 있어서 미·소 간 합의는 제5호 공동성명 서명을 통해 3상회담 결정 지지의 뜻을 밝힐 경우 과거의 반탁운동은 불문에 부치고 협의대상으로 받아들이되 앞으로는 반탁운동 등 3상회담 결정 반대운동을 하지 못하게 한다는 것이다. 그런데 남로당과 민전은 반탁세력의 협의대상 배제를 전과 똑같이 주장하고 있었다. 그들에게는 회담 목적이 바람직한 건국 방략을 도출하는 데 있는 것이 아니라 자기네 주장을 관철하고 자기네가 주도권을 쥐는 데 있었다. 그래서 회담장에 자기편이 많이 들어가는 것이 지상과제였다.

남로당의 공식 주장은 철저한 미소공위 지지였다. 그러나 엄밀히 따지면 넓은 범위를 끌어들여 좋은 방략을 끌어낸다는, 진정한 회담 성공을 바라는 것이 아니라 자기네 일파가 유리한 위치로 나아가는 데 미소공위를 이용한다는 것이었다. 이승만과 김구의 지지세력은 미소공위가 자기네에게 유리한 결과를 가져다줄 것이 아니므로 회담을 방해하려 들고 있었다. 정상적 정치 과정을 무시하는 극좌와 극우의 행태가 엇갈리고 있는 가운데 회담의 진정한 성공을 바라고 있던 것은 중간파였다.

6월 11일 공동성명 제11호 발표 후 회담 성공 전망이 가장 밝은 시점에서 여운형과 김규식이 자주 만나는 것이 기자들의 주목을 끌고 있었다. 1947년 6월 18일자 『동아일보』에 근민당 부위원장 장건상(張建相, 1882~1974)과의 인터뷰 기사가 실렸는데, 첫 질문이 여운형과 김규식이 자주 만나는 이유가 뭐냐는 것이었고 그 대답은 개인적 교분으로 안다는 것이었다. 아래 기사가 나온 뒤로는 그런 질문을 할 필요가 없었을 것이다.

> 미소공위의 진전에 따라 중간파에서는 김·여 양씨를 중심으로 시국대책협의회를 구성하여 행동통일을 기하려 하고 있는데 기간 근로인민당, 민중동맹, 민주파한독당, 사민당, 청우당의 5당에서는 더 구체적인 보조를 같이하려고 누차의 회합을 하던 바 19일 하오 8시 시내모처에서 5당 정식대표가 회합하여 의견의 일치점을 발견하고 20일 오전 다시 5당 대표가 회합하여 정식서명하고 다음과 같은 공동 코뮈니케를 발표하였다. (…)
>
> 一. 모스크바 3상결정은 조선인민의 의사와 미·소·영·중 4개국 인민의 의사에 합치되는 조선의 민주주의적 자주독립국가의 건설을 보장하는 국제공약이요 공위는 그 실천기관이다. (…)
>
> 一. 우리 5당은 반민주진영의 파렴치한 행동을 폭로하는 동시에 그들의 공위참가를 절대 반대하고 그들이 공위에 참가하는 것은 공위 5호성명에 위반되는 행동이므로 공위에 참가할 수 없고 공위에서 참

가시킬 수도 없을 것임을 지적 성명한다.

(「대공위 행동통일-5당 공동 코뮈니케 발표」, 『경향신문』 1947년 6월 21일)

코뮈니케의 제2항에서 '반민주진영'이라 한 것은 어느 범위를 가리 킨 말일까? 이것은 남로당과 민전이 배제를 주장하는 '반탁세력'보다 는 좁은 범위를 가리킨 것 같다. 위에 말한 장건상의 6월 17일 인터뷰 에서 "한민당을 비롯한 우익진영의 공위참가를 어떻게 보는가?"라는 질문에 대해 장건상은 "성공을 위하여 참가한다면 기쁜 일"이라고 대 답했다. 이승만과 김구의 지지자들은 미소공위 방해의 목적이 분명한 반탁시위를 준비하고 있었는데, 5당 코뮈니케는 이 극단적 반탁세력 을 '반민주진영'으로 지목한 것 같다.

일전의 강연회에서 중간파에는 여운형 외에 카리스마 있는 지도자 가 없지 않았냐고 하는 소설가 장정일의 물음에 나는 김규식의 카리스 마도 대단한 것으로 본다는 의견을 얘기했다. 다만 그는 카리스마를 휘두르는 데 때와 장소를 가린 것 같다. 일이 될 것 같지 않으면 대통 이나 빨고 지내지만 한 번 나서면 쉽게 물러서지 않는 사람이었다. 극 우세력이 우세한 입법의원에서도 그는 강한 지도력을 보여왔고, 미소 공위 재개에 임해서는 중간파 결집을 위한 그의 역할이 매우 컸다.

시국대책협의회(이하 '시협'으로 줄임)도 김규식과 여운형을 중심으로 한 중간파 결집이었고, 6월 18일에는 합작위도 확충되었다. 합작위는 지난해 10월에 발표한 '7원칙'을 고수하며 미소공위를 지지하는 배경 활동으로써 시협과 호응할 태세였다. 반탁세력에서는 그동안 합작위 의 해체를 주장해왔고 합작위를 전국조직으로 발전시키려는 시도가 좌절된 바 있는데 이 시점에서 합작위의 확충 범위를 보면 중간파 결 집이 활발하던 상황을 알아볼 수 있다.

주석: 김규식, 여운형

종전 위원: 안재홍, 원세훈, 최동오, 김붕준, 정이형, 여운홍, 박건웅, 강순

신 위원: 이극로(건민회), 김호(신진당), 엄우룡(한독당혁신파), 신숙(천도교보국당), 장자일(민중동맹), 장두환(근로인민당), 이선근(조선청년당), 유석현(민주통일당), 이경진(청우당), 박주병(한독당민주파), 오하영(기독교), 김성규(유교), 이시열(불교), 유기태(대한노총), 김시현(고려동지회), 강원룡(기청), 박은성(애국부녀동맹)

(「좌우합의 위원 확충」, 『조선일보』 1947년 6월 19일)

5월 말에는 67개 단체가 모인 미소공위대책제정당단체협의회(이하 '공협'으로 줄임)가 김규식을 위원장으로, 이극로(李克魯, 1893~1978)와 이용직을 부위원장으로 구성되었다. 좌익의 민전, 우익의 민족통일총본부(이하 '민통'으로 줄임)에 속하지 않고 있던 중간파 성향 단체들이 모인 것이다. 느슨한 연합체인 공협까지 이제 김규식을 내세운 세 개 단체가 미소공위에 임하게 되었다. 세 단체의 역할을 김규식은 어떻게 보고 있었는지 6월 23일의 인터뷰 기사에서 살펴본다.

(문) 합위와 시국대책협의회와 공협의 각자의 의도와 성격의 차이는 여하?

(답) 합위는 7원칙에 의해서 가급적으로 좌우합작에 노력하여 남북통일을 도모하며 미소공위에 협조 혹은 우리 자력으로 통일정부를 수립하는 데 이바지하기 위한 연합체이며 그리고 목표인 고로 기타의 과업은 부대적임을 다시 언명한다. 그러므로 언제든지 임정이 수립되면 합위의 사명은 달하였다고 할 수 있다. 그렇지만 혹 임정이

수립된 후에는 본 합위로서 필요한 일이 있다면 계속하여 협조에 노력할는지도 모르겠다.

시국대책협의회는 공위에 대하여 자문서 응답도 있고 기외 여하한 방법으로든지 협의의 공작을 하기 위하여 좌우를 물론하고 그 이상과 행동이 가급적 통일되어 가지고 나가는 것이 필요하다고 보아 우선 비공식 좌담회로 하였는데 임시적으로라도 공위에 대하여 또는 시국문제에 관한 대책을 강구하여 공통이 할 방법으로 임시연합기구까지라도 발기하여 볼까 하는 것인데 혹 구체적 결합체는 없을지도 모르겠다. 그러므로 이것은 즉 명실상부한 비공식 좌담회뿐이다. 공협은 특히 직접으로 공위와 출면 협동하려는 것이고 시국대책회는 우리끼리의 대책을 강구하여 가지고 혹은 공위와 접흡(接洽)하는 것은 각 정당이나 단체나 연합체에 위임하게 되기가 쉽다고 본다.

(문) 합위 위원을 확충하였는데 좌우측 인물이 포함되지 않은 이유는?

(답) 소위 극좌극우 방면에 대하여서도 적당한 방법으로 우리의 의사와 가담을 환영한다는 표시까지 하였지만 이에 대한 반응이 도무지 없었다.

(문) 공협 대표로 공위협의대상에 참가한다는 것은 사실인가?

(답) 공협이 협의대상으로 인준될는지 모르나 초청된다면 발언대표로 참가하겠다.

(문) 중간노선을 좌측에서는 우라고 우측에서는 좌라고 규정하는 모양인데 견해 여하?

(답) 제가끔 색안경을 쓰고 보는 것이니 말할 수 없으며 원시경(遠視鏡)으로 본다면 그렇지 않을 것이다. 극우극좌에서 자기와 행동을 같이 아니하면 그렇게 말하는 것이다. 그러나 합위의 구성체에 있어 우

익은 우라고 보며 좌익은 좌라고 보며 중간은 역시 중간으로 본다.

(문) 일부 정계에서는 좌우 외에는 중간노선이란 있을 수 없다고 말하는데?

(답) 그것은 이론 문제이고 이론에 가서는 한정이 없다고 생각한다.

(「합위, 공협, 시책 관계-김규식 박사와 시국 문답」, 『조선일보』 1947년 6월 24일)

1947. 6. 22.

시위대 대표 노릇을 한 수도경찰청장 장택상

———

6월 23일 월요일은 미소공위에서 협의단체 신청을 마감하는 날이었다. 반탁세력에서 이날을 기해 대규모 시위를 꾀한 데는 미소공위 진행에 타격을 주려는 구체적 목표가 있었다.

반탁진영의 모 청년 단체 등 다수 군중은 23일 정오를 기하여 종로 네거리로부터 세종로를 돌아 공위 회장인 대한문 앞에 집결하여 반탁시위를 하였는데 경찰에서는 긴급 동원하여 동 군중을 해산시키는 한편 MP는 덕수궁을 호위하는 등 삼엄한 경계였는데 12시 40분경에는 일단 해산의 기색이 보이었으나 동 1시부터 다시 각처에서 모여들기 시작하여 2시 현재 덕수궁 앞에는 수많은 군중이 집결되었을 때 때마침 점심시간이 되어 외출하려던 공위 제2분과위원회 미측 대표 웨커링 준장은 군중시위에 대한 감상을 묻는 기자에게 엄연한 태도로 우리는 원칙을 변경할 수는 없다는 간단한 답변으로 차를 달려나갔고 제3분과위원회 소련 측 대표 발라사노프 장군은 얼굴에 약간의 미소를 띠우며 태연한 듯이 정원을 지나갔다. 이와 같이 군중이 다시 집결하자 경찰은 계속하여 시내 중요가를 경비하였다. 이 반탁시위 군중은 대한문을 출발하여 남대문을 거쳐 남대문가를 빠져 동 4

1947년 보스턴마라톤대회
후 인천에서 카퍼레이드를
하는 세 선수(가운데가 우
승자 서윤복 선수). 해방공
간 3년을 통해 조선인의 자
존심을 가장 크게 세워준
쾌거였다.

시경 종로 네거리에서 해산하였다.

(「자율적 독립절규, 어제 정오에 반탁 데모」, 『조선일보』 1947년 6월 24일)

지난 4월 보스턴마라톤대회를 제패한 선수단의 환영식이 이날 있어
서 반탁세력에서는 환영식 인파를 시위에 끌어들이려는 의도가 있었
던 모양이나 큰 성과는 없었던 것으로 보인다. 시위 규모는 초라했다.
그럼에도 이 시위의 효과를 크게 키워낸 것은 시위대보다 장택상의 경
찰이었다. 경찰의 시위대 비호가 사람들의 얘깃거리가 된 모양이다.
안재홍 민정장관도 경찰의 방관을 시인했다.

23일의 반탁 데모에 대해 민정장관은 다음과 같이 말하였다.
"공위가 순조로이 진행되고 있는 이때 행정명령 3호로서 금지되어
있음에도 불구하고 아무 계출이 없이 시위를 하였다는 것은 위반행
위로서 엄중 처단하겠다. 더욱이 외국 사절단에게 돌을 던졌다는 것
은 너무 지나친 일로서 유감으로 생각한다."

이에 대해 기자단으로부터 시위행렬에 경찰이 협조하였다고 일반은 오해하고 있다고 말하자 장관은 "시위에 경찰이 협조하였다고는 보지 않으나 방관한 것은 사실이다. 흘러가는 물을 막으면 도리어 격류가 되는 것같이 이를 제지하면 군중이 격동하리라고 보아 그렇게 한 것이라고 본다."라고 대답했다.

「불법시위 엄벌. 경찰 방관은 마찰 피하는 방침-안 민정장관 담」,

『자유신문』 1947년 6월 25일)

시위 이튿날 장택상을 만났을 때도 기자들은 경찰의 야릇한 태도를 따졌다.

(문) 23일의 반탁데모는 허가가 있었는가?

(답) 없었다.

(문) 그러면 중지시키지 않은 이유는?

(답) 나로서는 말할 수 없다.

(문) 집합한 반탁군중을 해산시키지 않은 이유는?

(답) 유혈극을 피하기 위한 것이다.

(문) 반탁대표 3명을 청장이 덕수궁으로 안내한 경위는?

(답) 대한문 앞에 모인 군중들이 미소공위 대표를 만나기 전에는 며칠이고 해산하지 않겠다고 하므로 이 뜻을 브라운 소장에게 전달하였던바 만나도 좋다고 승낙하였으므로 안내한 것이다.

(문) 라우드스피커로 반탁 데모에 참가하도록 선전한 것은 어떻게 생각하는가?

(답) 데모에 참가하라고 한 것은 불법이다.

(문) 조선경찰이 해산 못 시키고 미군까지 출동된 것은 조선경찰의

수치가 아닐까?

(답) 그것은 보는 사람 눈에 달렸을 것이다. 나는 미군만이 해산시켰다고는 보지 않는다.

(문) 현장에서 체포한 사람은 없었는가?

(답) 한 사람도 없다.

(「강제 해산 안 시킨 이유, 유혈 참극을 피하고자」, 『서울신문』 1947년 6월 25일)

시위를 중지시키지 않은 이유를 수도경찰청장이 "나로서는 말할 수 없다."면 누가 말할 수 있단 말인가? 유혈극을 피하기 위해 해산시키지 않았다니, 유혈극의 위험만 있다면(또는 그런 위험을 자기가 감지한다면) 경찰은 어떤 불법행위도 방관하겠다는 것인가? 그에게 '직무유기'란 개념은 아예 없는 것인가? 경찰이 해산시켜야 할 시위대를 미군이 해산시켜놓은 다음에 "미군만이 해산시켰다고는 보지 않는다."라니!

무엇보다 기막힌 것은 시위대 대표를 브라운 소장에게 데려가 만나게 한 것이다. 만나기 전에는 해산하지 않겠다고 한다 하여 만나게 해주다니, 장택상 자신이 시위대를 대표한 셈이다. 4월 4일자 일기에서 여운형의 테러범을 자칭하는 자를 끼고 장택상 휘하의 경찰과 『동아일보』가 여운형 욕보이기에 합작하는 꼴을 소개한 일이 있다.

수도경찰청장이란 자가 시위대를 해산시키려는 노력은 않고 대표들을 만나라고 권하다니, 브라운 소장이 마지못해 승낙은 하면서도 속으로 얼마나 욕했을까. 시위 이튿날 브라운이 발표한 성명에는 불쾌감이 잔뜩 묻어 있다. 조금 길지만, 브라운 대표의 입장과 관점을 폭넓게 보여주는 글이므로 몇 군데 밑줄을 그어 소개한다.

"미소공동위원회는 6월 22일 예정대로 그 업무를 진행하고 있는데 6

월 23일은 조선 제 민주정당 및 사회단체가 청원서를 제출함으로써 공위와의 구두협의에 참가하겠다는 의사를 표시하는 마감일이었었다. 그러나 이날은 일부 무책임한 분자들에 의하여 발생된 소동으로 인해 방해되었다. 세계 제 강국이 조선국민을 위하여 조선국민의 정부를 수립하고자 진정으로 노력하고 있는 이 시기에 있어서 이러한 소동의 발생은 외국에 대한 우호정신에 중대한 의문을 느끼게 한 것이다. 일부 청년층의 무질서한 행동은 그들의 진정서나 성명서 등에 그들이 조선의 최대복리를 위해서가 아니라 개인세력 획득을 기도하는 개인을 위해서 일하고 있다는 것이 판명되었으므로 조선 국가를 위하여 대단히 불행한 것이었다.

작일 서울시청 앞 시위운동에 참가한 인수는 결코 많지는 않았다. (…) 조선국민은 그들 자신이 이러한 당파적 행동으로 국가의 위신을 손상시켜도 좋은가 아닌가를 판단하여야 할 것이다. 정오 덕수궁 정문에서 시위운동을 개시한 우익 청년들은 하오 1시 20분경 덕수궁으로 돌아왔다. 그들은 정면 앞에 앉아 가지고 확성기로 연설을 하였는데 경관이 이를 제지하였다.

오후 2시 30분경에 본관은 이 군중 가운데서 지도자 3인이 본관과 상의할 의사를 가지고 있다는 것을 알았다. 그들과의 회담은 약 45분간 계속하였는데 그 3인의 대표자는 약 23세가량의 청년으로서 매우 흥분된 표정으로 땀을 뻘뻘 흘리며 고성으로 오만한 태도로 말하였다. 이 청년은 4개 요구조건을 제시하였다. 즉 (1) 신탁을 즉시 철폐하라. (2) 총선거 실시에 대한 보장을 할 것. (3) 김구 씨에 의하여 수립될 독립정부를 조선의 정부로 인정할 것. (4) 우리들은 이승만, 김구의 노선을 지지하고 있으며 폭력을 행사하거나 공위를 방해하려는 것은 아니다. 3인의 청년대표자 중 2명은 말하기를 "우리는 이승만 박사와 김구 씨의 지도를 대표하는 바이다."라고 하였다.

5백여 개의 정당과 사회단체가 이미 공위에 협력하고자 등록하였다는 것을 알게 되었다. 이 청년들은 주장하기를 이 박사는 반탁통일운동에 있어 조선인을 지도하고 있는 바이며 또 만일 신탁이 기어이 실시된다면 죽음을 결행할 것이며 각 요인을 살해할 것이라고 하였다. 본관은 그들에게 신탁은 지금 즉시 철폐할 수 없으며 임시정부와 협의할 공동위원회는 조선에 대한 협조를 안출(案出)하게 될 것으로 실제에 있어 그때에라야 조선에 적용될 신탁의 정의를 한정하게 될 것이라고 말하였다.

최후 결론에 이르러 청년대표자는 시위군중의 해산을 명령하겠다고 말하였다. 시위행동 중 공위의 소련 위원에 대한 상당한 불경을 범하였던 것이다. 스티코프 장군은 본관에게 불만의 의(意)를 표하였는데 "수 대의 소련 자동차에게 흙과 돌을 던지었고 발라사노프 위원이 탄 자동차는 미병의 참가로 보호되었노라."고 하였다. 본관은 동 장군에게 이 청년폭도들이 소련 대표에게 불편을 주고 위협을 하고 방해를 한 데 대하여 유감의 뜻을 표하였다. 그리고 본관은 서울 체재 중인 소련 대표의 신변보호에 대한 조치를 즉시 강구할 것을 동 장군에게 확언하였다.

덕수궁 정문 앞에서의 폭도는 확실히 공위에 참가하려는 애국심에 불타는 조선인 단체들을 방해하려는 계책이었던 것이다. 왜냐하면 이 폭도들이 해산한 후 즉시 다수의 정당 및 사회단체(주요 우익단체의 대표자들의 대다수를 포함한)가 협의에 관한 청원서를 제출하였다는 것으로 보아 알 수 있었다.

당일 시위운동에 참가한 청년들은 그들의 불법적 행동을 계속하는 일 방법으로 김구 씨가 서명한 미소공동위원회에 보낸 진정서를 대중 앞에서 낭독하였다. 결국에 있어서 본관은 조선국민에게 전 조선을 위하여 임시정부를 수립하고자 현존하는 대부분의 애국적 정당과 협력하여 위대한 미소공동위원회의 업무를 계속할 것이라는 것을 알리고자 하는 바이다. 23일 업무 방해를 기도한 소수의 무사려한 분자들과 반대로 공위와의 협의에 참가하려고 대다수의 단체가 청원한 것은 본관으로 하여금 조선국민 통일조선을 위하여 임시정부 수립에 있어서 공위가 하루바삐 그 업무를 성공하기를 갈망하고 있다는 사실을 여실히 느끼게 하였다."

(「반탁시위에 대해-브라운 소장의 성명서」, 『경향신문』 1947년 6월 25~26일)

장택상이 데려온 '대표'들이 자기와 '대화'를 나누려 하지 않고 고성과 오만한 태도로 자기네 주장만 일방적으로 내놓았다고 브라운은 불쾌감을 표했다. 이 시위자들은 미소공위를 지지하는 많은 조선인과 다른, 개인세력을 위해 움직이는 무사려한 분자라고 생각한다고 했다. '폭도'라는 말도 거듭 썼다.

시위에 대한 브라운의 강경한 비판에는 경찰의 야릇한 태도에 대한 비판도 함축되어 있는 것이다. 그 이튿날(6월 25일) 조병옥 경무부장의 담화에는 경찰의 태도를 변명하는 대목이 들어 있었다.

"(…) 이런 행동은 과반 발표된 행정명령 제3호에 저촉되므로 지방에서 거의 강제로 해산되었고 그 주범인 등은 체포 혹은 체포 중에 있다. 그러나 서울은 반탁운동의 지역 중 주요(한 곳이므로) 그 운동의 규모가 방대할 것을 예측하여 경찰당국은 그 해산의 방법에 있어서 과도의 희생을 내지 않을 방책을 적용하여 시위에 참석하였던 군중은 무사하게 해산시키었다. (…)"

(「시위 감행은 유감-조 경무부장 담」, 『경향신문』 1947년 6월 26일)

변명에 나서기는 했지만 조병옥은 한 발 비켜선 입장이었다. 문제는 장택상이었다. 누구에게 점수를 단단히 따고 싶었는지, 정면에 나서서 너무 설쳤다. 희생을 피하기 위해 온건한 태도를 취했다고 주장하지만 시위대는 온건한 태도를 취하지 않았고, 시위대의 희생은 없었지만 미소공위 대표들은 피해를 입었다. 도저히 변명이 되지 않았다.

장택상의 입장에 대한 한 가지 진술이 6월 25일 김형민 서울시장의 기자회견에서 나왔다.

> "당일 경찰에 대하여 군중을 해산시켜달라고 청한 바 있었고 24일에도 경찰에 대하여 책임을 물었더니 장택상 씨 말이 러치 장관 이하 상부의 명령으로 제지하지 않았다는 답변이 있었다."

(「반탁 시위는 경찰이 처단-김 시장 담」, 『경향신문』 1947년 6월 26일)

위에 인용한 장택상의 6월 24일 기자회견에서 그는 시위를 중지시키지 않은 이유를 묻는 질문에 "나로서는 말할 수 없다."고 대답했다. 그런데 서울시장에게는 "러치 장관 이하 상부의 명령"이라고 둘러댔다는 것이다. "러치 장관 이하 상부"라면 안재홍 민정장관과 조병옥 경무부장뿐인데, 안재홍은 그런 명령을 내렸을 리가 없고 조병옥은 장택상이 맞먹으려 드는 상대였다. 요컨대 러치의 명령에 따랐다는 것이다.

과연 러치가 그런 명령을 내렸을까? 아니면 장택상이 그냥 둘러댄 것일 뿐이었을까? 러치와 장택상이 어떤 인물이었는지 불원간 한 차례 바짝 살펴봄으로써 때늦은 '진실게임'에 참고가 되도록 하겠다.

1947. 6. 25.

민정장관 안재홍의 고군분투

6월 23일의 시위와 관련해 이튿날 나온 수도경찰청장 장택상의 '특별 담화' 기사다.

"24일 오전 10시 민정장관 안재홍 씨의 특별지시에 의하여 23일 무허가 시위행렬 배후지도자 엄항섭, 김석황(민정장관 지명인) 등을 행정명령 제3호 위반죄로 체포하게 되었음."

그리고 이 위법행위인 무허가시위행렬에 대하여 경찰당국은 당일 현장에 출동하였으나 시위에 대하여 아무런 제지도 없이 최후까지 수수방관할 뿐만 아니라 수도청장 장택상 씨는 동 데모를 한 대표자 3명을 미소공위 수석대표 면회 알선까지 하여 일반은 당일 경찰이 취한 태도에 대하여 자못 의아의 감을 느끼고 있는데 이에 대하여 장 총감은 다음과 같이 말하였다. "23일 일어난 시위행위는 무허가이므로 위법이다. 경찰은 당일 이를 제지하여 시위 군중을 해산시키려고 하였으나 흥분된 군중을 무리로 해산시키려면 유혈참극을 야기할 염려가 있으므로 그럴 수밖에 없었다. 그리고 미소공위 양측 대표에 면회를 알선한 것은 동 대표자들이 면회를 하기 전에는 해산을 않겠다 하므로 속히 해산시키기 위하여 브라운 소장의 승낙을 얻어 알선한 것이다."

(「반탁 데모는 위법, 민정장관 특별지시로 엄항섭 씨 등을 체포」,

『조선일보』 1947년 6월 25일)

장택상이 시위를 해산시키기는커녕 보호하고 안내한 이야기는 22
일자 일기에 적었다. 그런데 6월 24일자의 이 담화에서 눈에 띄는 것
은 엄항섭과 김석황의 체포가 안재홍 민정장관의 '특별지시'와 '지명'
에 의거한 것임을 거듭거듭 강조한 점이다. 불법시위 책임자 체포가
민정장관의 지시와 지명 없이 경찰 독자적으로는 할 수 없는 일이었단
말인가?

엄항섭(嚴恒燮, 1898~1962)과 김석황(金錫璜, 1894~1950)은 한독당
간부였다. 안재홍이 최근 한독당에서 떨어져 나올 때까지 맞서던 임정
계 간부였다. 그런데 지금 두 사람 체포령을 안재홍이 내렸다고 장택
상이 강조하는 데는 그 책임을 안재홍 개인에게 돌려 미움의 표적으로
만들려는 의도가 엿보인다.

이 체포령에 대한 안재홍의 태도가 기자들의 관심거리가 되지 않을
수 없었다. 그는 6월 25일 기자회견에서 이런 성명을 발표했다.

"반탁의사 표시는 자유이나 데모는 시기가 좋지 않았고 무허가의 옥
외집회인 고로 제3호 행정명령 위반인 데다가 소련 대표가 탄 자동
차에 투석까지 한 일이 있어 사태가 국제적으로 재미없고 소련 측에
서는 공식 논란까지 있는 터로 법을 폐할 수는 없는 것이다. 김석황,
엄항섭 양씨를 나의 명령으로 체포하는 것은 문제가 군정장관의 명
령이냐 민정장관의 명령이냐로 된 때에 제3호 행정명령 발령책임자
인 나의 명령의 형식으로 한 것이다."

민정장관 시절 순시 중인 안재홍. 사진
발 정말 안 받는 인물이었다.

(「반탁시위 책임자 엄·김 양씨 체포에 대하여—안 민정장관 성명」,

『경향신문』 1947년 6월 26일)

그리고 "김·엄 양씨가 반탁시위의 책임자라는 것은?" 하는 기자의
질문에 "그것은 경찰이 조사한 결과 그렇게 판명된 것"이라고 대답했
다. 책임자 판명은 경찰에서 한 일이고, 자기 이름으로 체포령이 나간
것은 형식상 민정장관의 책임으로 한 것이라는 주장이다. 안재홍은 6
월 27일 공보부 특별발표로 성명서를 내어 다시 입장을 밝혔다.

"금월 23·4일 경무부에서는 본관에게 모모인들이 법을 위반하였다
는 것을 보고하여 왔다. 이 해당의 법령은 금후 지시가 있을 때까지
일정의 공중집회를 금지하는 행정명령 제3호였다. 그러나 그 후의
본관의 행동에 있어 본관은 이 특별명령을 준수치 않았다는 이유로
서가 아니라 법 자체를 침해하였다는 이유로써 그 행동을 결행하게
된 것이다.
여기에 남조선 전 민중이 명백히 이해하여야 할 것은 본관이 행정부
문에 있어 전 국민의 대표자로서 법을 준수할 것을 맹서하였던 것이

다. 남조선과도정부행정부에서는 법을 위반하는 자에 대한 체포를 명령한 것이다. 금반 사건은 불법시위를 행하고 있다는 경무부의 보고를 통하여 본관의 주의를 환기하게 되었다. 경무부에서는 본관에게 그 책임지도자의 명부를 제시하였는데 그 지도자들은 우연한 일치로 본관의 친구이며 이전에 동지였던 것이다.

따라서 본관은 이 사건에 대하여 숙고하게 되었으며 본관의 입장은 곤란하였으나 민정장관으로서의 본관의 책임은 본관 개인의 친구에 대함이 아니라 조선 전 민중에 대한 것이라는 불가피한 결정을 보게된 것이다. 본관은 사적 문제에 당면한 것이 아니라는 것을 결정하였다. 이 명령이 본관에 대하여 개인적으로 다대한 고통을 주었으나 본관은 정부의 책임자로서 그 임무를 수행하여 체포를 명령하였던 것이다.

금후도 본관은 계속하여 우리 정부의 법률을 준수하며 전 국민의 최선의 권리를 위하여 이를 실시할 것이다."

(「준법 거듭 맹서, 체포령은 직책수행에 의한 것-민정장관 성명」,

『조선일보』 1947년 6월 28일)

안재홍에게는 이 일이 몹시 마음에 걸리는 것이었던지, 나중에 상세한 회고를 남겼다.

6월 23일에는, 중앙청 광장에서 보스턴으로부터 돌아온 승리의 마라톤선수들을 환영하는 대중적 회합에서, 내외 귀빈도 일석에 모인 때이었는데, 세종로 거리에는 반탁시위의 행렬이 두어 차례 돌아드는 것이었다. 오후 다섯 시가 지나 퇴청 시각이 된 때, 나는 반탁시위에 관한 보도를 많이 듣고 앉았는 끝에, 군정장관 러치 소장 귀미 중에 그 대리를 보는 헬믹 준장의 사무실에 초치되어 갔었다.

그의 얼굴은 우울이요, 말은 거룩하게 나오는 것이었다. "오늘 반탁데모에 관하여 시위행렬하는 군중이 덕수궁에 와서 상당한 적개심을 발로하면서, 자기들은 이승만 박사와 김구 선생의 노선을 절대 지지한다고 하였는데, 그 외에 또 소련 대표의 타고 나오는 자동차에는 투석 등 무례가 있었다고 항의가 왔으므로, 미 측으로서는 면목이 없게 되었다."는 것이다.

이 투석사건은 추후 엄사한 결과 무슨 <u>착오된 말일 뿐</u>이어서 사실은 아니었으나, 따로이 난문제는, 오늘 가두시위 행렬이 진행되는 중에 '미시다(미스터) 김구'가 종로의 화신상회 2층에다가 확성기를 달고 두 시간에 걸치어 반탁시위를 지휘 선동하여 미소공위를 파괴한 것인즉, 민정장관인 당신의 동의만 얻으면 '미시다 김구'를 법에 비추어 상당 재판하겠다고, 지금 <u>미군 최고책임부</u>로부터 지시 있어, 전화통 앞에서 기다리고 있는 터인, 그것을 동의하라는 것이었다.

나는, "나의 받은 정보로써 김구 선생의 화신 방송은 허보일 것이다. 그것은 안 된다."고 하였다. "김구 선생은 일생을 투쟁하여 투옥과 망명에 일관하여 나려온 혁명가인데, 어떠한 위압에도 겁을 낼 리도 없고, 또 그런 일은 한국의 독립을 원조하는 미국으로서는 한갓 민중의 큰 반향만을 일으킬 일이니, 단연 불가하다."고 하였다. 그리고 "언제든지 이 일은 나의 의견을 듣지 않고, 당신들의 전단으로 하여서는 안 된다."고 다져두었다.

조금 지나 <u>회답</u>은, "그러면 하룻밤 더 생각하여 보고 결정하자."는 통지가 왔다는 것이었다. 나는 당일 저녁 여덟 시 경무대 관저에 헬믹 준장을 방문하여, 다시 만일의 문제 없기를 다져두었고, 이튿날에는 당시 미소공위의 미 측 수석대표인 브라운 소장을 방문하고 일래

(日來)의 시사를 담의하는 중, 김구 선생 일신의 안전의 때문에 역설하였다. 브라운 소장은 "당신의 의견을 무시하고 중요 문제를 처단하는 일이 있겠느냐."고 하는 것이었다.

그런데 당 24일 오전에는 또 하나의 난문제가 제기되었다. 그는, 군정장관대리와 수석고문 열좌한 회합에서, 한측(韓側)에는 나와 경찰수뇌자가 모두 열석한 우에, 헬믹 준장의 발언은 "미시다 김구의 건은 당신의 의견대로 하거니와, 보고에 의하면 엄항섭·김석황 양인이 23일의 가두시위를 직접 지휘하였다고 하니, 좌방의 범법자는 법에 의하여 검거하면서 우방의 범행자는 방치할 수 없는 터에, 우 양인은 꼭 체포하여 법에 붙여야 하겠다."는 것이었다. 나는 "그러한 사실이 있다면은 체포할밖에 없는 것"이라고 한즉, "행정명령 제3호는 민정장관의 명의로 발표된 것이니, 민정장관의 명의로 이번 체포명령을 내리어야 하겠다."는 것이었다.

나는 민족주의자의 입장에서, 또 엊그제까지 일당의 동지로 있다가 바로 며칠 전에 미소공위 관련 사항으로 제명되어 있는 나로서는, 그 체포명령을 내리기가 매우 거북하다는 이유를 표명은 하였으나, 공무·사정 구별론에 좇아, 결국 나의 명의로 하는 것을 동의하였다.

이때에는 세칭 4지사 이동안을 걸고 헬믹 준장 상대로 그 단행을 요구하는 중에 있어, "체포명령 문제도 나는 민정장관의 직무상 나의 명의를 내어걸게 되는 터인즉, 4지사 이동안도 민정장관의 책임 있는 제안을 승인하는 것이 군정장관으로서 당연하지 않은가."고 역설하였던 것이다.

다음에 엄·김 양씨는 모두 사실에 상위되어 석방되었고, 다음 김승학·백홍균 양씨와 외타 14, 15인은 나와는 관련 없이 일시 구금되었으나, 일률로 민정장관의 명령이라고 선전되어, 세간에서는 허다한 잡음을 일으키고, 공박 매우 성하였다. (「백범 정치투쟁사」, 『민세 안재홍 선집 2』, 지식산업사 1983, 443~445쪽)

해설이 필요한 몇 곳에 밑줄을 그었다. 둘째 문단의 "러치 소장 귀미"는 바로 이 무렵 러치가 미국에 다니러 간 일을 말하는 것이다. 23일에는 아직 떠나지 않고 있었지만 헬믹(C. G. Helmick)이 대행을 시작하고 있었던 것으로 보인다.

셋째 문단의 "착오된 말일 뿐"이라 한 것은 조병옥 경무부장의 공식 발표에 따른 것이다. 소련 대표단에서는 투석이 있었다고 불평했는데, 조병옥은 조사 결과 투석이 없었다는 사실을 확인했다고 주장했다(「소 대표 승용차에 투석 사실은 무근-조 경무부장 담화 발표」, 『동아일보』 1946년 6월 26일). 안재홍은 남조선과도정부에 속한 몸으로서 남조선과도정부 경무부의 공식 입장에 따른 것으로 보인다.

셋째 문단의 "미군 최고책임부"와 여섯째 문단의 "회답"은 하지 사령관을 가리킨 것이다. 군정사령관 하지와 민정장관 안재홍 사이의 관계가 어떤 것이었는지 짐작할 수 있게 하는 대목이다. 공식 회합 외에는 만나지 않는 관계였던 것이다. 안재홍은 김구 체포명령을 내려달라는 요구를 철회시키기 위해 헬믹과 얘기했고, 브라운을 찾아가 만났다. 그런데 하지와는 만나지 않았고, 하지의 지시와 회답을 모호한 주어로 표시한 것이다.

군정사령관과 민정장관 사이에 개인적 대화의 길이 없었다는 것은 바람직한 일이 아니다. 누가 대화의 길을 거부한 것이었을까? 짐작에 맡길 뿐이다. 군정장관은 업무 때문에 민정장관과 접촉을 하는 입장이었지만, 사령관과 대화의 길이 없는 민정장관을 대하는 태도가 어떤 것이었을까? 그것도 짐작에 맡길 뿐이다.

여덟째 문단의 "4지사 이동안"이란 도지사 네 명의 자리를 옮기는, 안재홍의 장관 취임 이후 최대의 인사조치였다. 이 조치의 핵심은 인사행정처장 정일형을 충남 지사로 내보내는 것이었다. 민정장관으로서 안재홍의 큰 목표 가운데 하나가 군정청 인사개혁이었다. '통역정치'의 폐단에서 벗어나기 위해 정일형이 장악하고 있던 인사권을 빼앗아야 했다. 정일형은 이 일을 이렇게 회고했다.

> 민세 안재홍 씨는 민정장관이란 요직에 앉게 되었으나, 여운형 씨 비슷하게 중간노선을 걷고 있었기 때문에 한국인 부처장들의 협조와 신임을 얻지 못하였고, 특히 영어를 자유자재하게 구사하지 못해 군정 책임자들과도 잘 연결되지 않아 그 기능을 거의 발휘하지 못하고 고전하였다.
>
> 안 장관은 러치 군정장관이 잠시 귀국한 틈을 타서 전반적인 인사이동을 단행하려고 하였다. 그리하여 맨 먼저 인사행정처장직에 자기 사람을 앉히려고 나를 충청남도 지사로 전보 발령하였다. 러치 장관이 돌아오게 되어 나는 다시 물가행정처장으로 전임 발령을 받게 되었고, 행정기구개혁위원회의 위원장직도 겸직하게 되었다. (『오직 한 길로』, 163쪽)

참 솔직한 증언이다. 수십 년이 지난 후에도 이런 회고가 스스럼없이 나올 수 있었다는 사실이 연구자에게는 다행스러운 점도 있는 일이지만, 미군정 분위기가 대한민국에서 수십 년간 변함없이 계속되었다는 것은 한심스러운 일이다.

중간노선을 걷는 사람이라서 조선인 간부들의 협조와 신임을 받지 못했다느니, 영어를 자유자재하게 구사하지 못해 군정 책임자들과 잘 연결되지 않았다느니, 이 책이 나온 1991년까지도 '극우 통역정치'에 대한 반성이 별로 필요하지 않았던 것이다.

『해방일기』 작업을 시작하면서부터 "안재홍 선생에게 묻는다." 가상 인터뷰로 안재홍의 입장을 부각하는 데 의아해하는 이들이 많았다. 그중에는 여운형이나 김규식처럼 화려한 모습이 없었다는 점을 생각하는 이들도 있었고, 민정장관직에서 미군정에 '협력'한 인물이라는 점을 생각하는 이들도 있었다. 나는 대답해왔다. 그에게는 화려한 모습이 없는 대신 착실한 모습이 많았으며, 미군정에 대한 그의 '협력'은 통상적 의미의 것이 아니었다고.

외래 통치자에 대한 '협력'이라면 일신의 영달을 위한 민족에 대한 '배반'을 통상 떠올린다. 그러나 안재홍의 미군정 협력은 고행의 길이었다. 6월 23일 시위를 처리하는 과정에서 이 고행의 성격이 여실히 드러난다.

'남조선과도정부'로 최근 공식 명칭을 바꾼 군정청의 고위 간부직은 한민당·이승만 세력과 내통하는 사람들이 독점하고 있었다. 대표적인 인물이 조병옥과 장택상이다. 그들은 시위를 방관하는 정도가 아니라 방조까지 해놓고는 한독당 임정계 인물들이 시위를 선동했다고 보고했다. 심지어 김구까지 얽어 넣으려 했다. 그러고는 민정장관의 명령이 있어야 체포할 수 있다고 뻗댔다. 헬믹 군정장관 대리 등 미군 간부들은 이에 동조했다. 김구 한 사람 빼내기 위해서도 안재홍은 고군분투를 해야 했다.

상세한 회고가 없는 다른 일도 이로부터 가히 유추할 수 있다. 안재홍 같은 중간파 인물을 민정장관 자리에 앉힐 필요가 미군정 측에 있기는 했지만, 그 필요는 상징성을 넘어서는 것이 아니었다. 안재홍이 제시하는 노선의 의미를 이해하고 지지하는 미군 장교는 많지 않다.

안재홍은 미군정이 더 나쁜 결과를 가져오지 않도록 하려고 미군정에 '협력'했지만 그것을 고마워하는 미국인은 별로 없었고, 고까워하는 조선인은 많이 있었다.

1947. 6. 27.

하지의 직격탄, "이승만 씨, 테러를 그만두시오"

———

6월 14일 부산경찰서장이 노상에서 저격으로 암살당한 데 이어 26일
에는 독촉국민회 경남지부 부위원장이 집에 찾아온 괴한에게 암살당
했다.

> 부산경찰서장 권위상 씨는 금 14일 상오 8시 15분경 부내 보수정 1
> 정목 자택에서 자동차를 타고 출근하던 도중 돌연 괴한 1명이 나타
> 나 동 서장에게 권총 3발을 발사하고 도망하였다 하는데 탄환은 자
> 동차 유리창을 뚫고 동 서장 좌측 어깨 밑에 맞아 즉시 초량정 이근
> 용 병원에서 응급가료를 하였으나 동 8시 30분 드디어 절명하였다
> 한다. 이 급보에 접한 부산서에서는 즉시 비상소집을 하여 엄중한 경
> 계망을 펴고 방금 범인을 엄탐 중이다.
>
> (「부산 권위상 서장, 괴한에게 피살」, 『동아일보』 1947년 6월 15일)

> 〔부산 27일발 합동〕 전반 부산경찰서장이 피살당한 후 아직도 그 범
> 인을 체포치 못하고 있는 이즈음 또다시 독촉 경남지부 부위원장 엄
> 진영(49) 씨는 작 26일 하오 8시 반경 동래읍내 복천동 자택에서 일
> 괴한에게 권총으로 피살당하였다 하는데 당시 현장을 목격한 동씨의
> 부인은 다음과 같이 말하였다.

"하오 8시경 정체모를 학생복 비슷한 복장을 한 23·4세가량 되어 보이는 청년 1명이 찾아와 주인을 찾으므로 무슨 일이냐고 물은즉 독촉에서 비밀서류를 전달하러 왔다 하기에 그러면 내가 그 서류를 전달하겠다고 한즉 비밀을 전달할 말도 있다 하며 기어코 본인에게 만나게 하여 달라므로 부득이 주인이 나와 그 청년을 맞이한 것인데 그 청년은 곧 주인을 어깨동무하는 듯이 포옹하여 문 밖으로 수 보 나가 돌연 2발의 권총을 발사하여 1발은 복부에, 1발은 두부에 명중 즉사케 하고 태연한 태도로 어두움 속으로 사라지고 말았습니다."

(「독촉 경남 부지부장 괴한에 피살」, 『동아일보』 1947년 6월 28일)

같은 부산에서 12일 간격으로 경찰서장과 우익 중진 인사가 테러로 목숨을 잃었다. 피해자 신분으로 봐서 좌익테러 의심이 나올 법한데, 그런 이야기는 전연 없었다. 당시 경찰에서 좌익이 저지르지 않은 짓도 뒤집어씌우던 풍조에 비춰보면 좌익 소행일 가능성은 거의 없는 것으로 보인다.

당시 좌익테러도 우익테러 못지않게 성행한 것으로 우리 사회에서는 대개 인식해왔다. 그런데 이 시기의 신문기사를 실제로 살펴보면 좌익테러는 소요사태 속에서 경찰관이나 '반동분자'를 습격하는 등 상황에 따라 우발적으로 일어나는 것이 많았다. 치밀한 계획에 따른 고의적 테러는 우익 쪽이 압도적으로 많았다.

특히 권총을 이용한 테러는 좌익 쪽에 거의 없었다. 장택상의 회고 중에도 좌익의 은닉 무기 적발을 이야기하며 "그 무기는 주로 일본인들이 남기고 간 99식 소총 등이었다."고 했다(장병혜·장병초 엮음, 『대한민국 건국과 나』, 창랑장택상기념사업회 1992, 72쪽). 조병옥과 장택상의 암살을 획책하던 전 조선민청원 4명이 7월 12일에 검거되었는데, 그들이 준비한 무기는 수류탄뿐이었다(『서울신문』·『동아일보』1947년 7월 15일). 1946년 11월의 장택상 습격에도 수류탄이 사용되었다(장택상은 회고록에서 범인들이 권총도 사용했다고 적었지만 당시 신문기사 내용에는 권총이 없었다).

그리고 권위상 서장의 경우 승용차 안의 표적을 권총으로 공격했다는 점에서 5월 12일과 7월 19일의 여운형 습격과 같은 틀이다. 부산의 두 차례 암살사건은 우익 내부 세력 다툼의 결과가 아닐까 추측된다.

브라운 소장의 6월 24일 성명서 중 장택상이 권해서 시위대 대표 3인을 만난 장면에서 "이 청년들은 주장하기를 리 박사는 반탁통일운동에 있어 조선인을 지도하고 있는 바이며 또 만일 신탁이 기어이 실시된다면 죽음을 결행할 것이며 각 요인을 살해할 것이라고 하였다."라 한 대목이 있다. 시위대는 미소공위 대표단을 위협할 목적을 갖고 있었다. 그래서 "요인 살해"란 말을 거침없이 꺼낸 것이었다.

이승만이 하지 사령관에게서 받은 편지와 그에 대한 자기 답신 내용을 7월 1일 공개했다. 하지가 6월 28일 보낸 편지는 "당신네가 암살을 포함한 테러행위를 준비하고 있다는 정보가 믿을 만한 여러 사람의 제보로 확인되고 있으니 그런 짓 하지 마시오." 하는 직설적인 경고를 담은 것이었다. 브라운 소장이 시위대 대표들에게 들은 위협적인 언사 때문에 보내게 된 편지인데, 여운형에 대한 거듭된 암살 시도와 부산의 두 차례 암살사건도 이 편지의 배경이 되었을 것이다.

돈암장 비서처에서는 지난 1일 최근 하지 중장과 이승만 간에 교환된 서한 내용을 발표하였는데 지난번 일어난 반탁시위를 계기로 미군정 당국과 이승만, 김구 등과의 관계에 대하여 항간에는 구구한 억측이 유포되고 있는 때인 만큼 동 서한의 내용은 정치적 의의가 중대한 것이라고 한다.

● 하지 중장 서한: "귀하의 정치기관의 상층부에서 나온 줄로 짐작
되는 보도에 의하면 귀하와 김구 씨는 공위 업무에 대한 항의수단으
로서 조속한 시기에 테러행위와 조선경제교란을 책동한다 합니다.
고발자들은 이런 행동에는 혹건의 정치암살도 포함하기로 되었다 함
을 중복 설명합니다.
이러한 성질의 공연한 행동은 조선 독립에 막대한 저해를 끼칠 터이
므로 이러한 고발이 사실 아니기를 바랍니다. 조선이 독립할 준비가
아직 안 되었다는 것을 세계에 보여주는 케케묵은 방식을 통하여 발
현되지 않기를 나는 과거에도 바랐고 또 계속하여 바랍니다."

● 이승만 답신: "김구 씨와 내가 테러 및 암살 계획에 관여하고 있
다고 치의(致疑)하는 6월 28일부 귀함(貴函)은 귀하가 한인들과 그 지
도자들을 이해하지 못한다고 우리가 생각하던 바를 한 번 더 깨닫게
한 것입니다. 귀함을 받고 처음 생각에는 위신 소관으로 이런 글을
대답하지 않으려 하였으나 이 관계가 가장 중대하니만큼 경홀(輕忽)
히 볼 수 없는 터입니다. 그 중대시하는 이유는 귀하가 이 고발자를
불신이라면 범죄적 음모에 내가 연루자라고 비록 간접으로라도 내게
공함을 보낼 수 없을 것입니다.
이것이 명예손상에 심중한 조건이며 따라서 한인 전체에 모욕을 가
함입니다. 이것이 신탁지지를 강요하기 위하여 위협적이거나 함구시
키는 방식을 의미하는 것이 아니라면 그 고발자의 성명을 발로하여
철저히 조사에 편의케 해야 될 것입니다. 나는 피고의 일인으로서 귀
함에 이른바 나의 정치기관의 이면에 있는 자로 이 고발을 하였다는

인사의 성명을 지체 없이 내게 알려주기를 요청합니다. 내가 유죄한 경우에는 벌을 받아야 하겠고 그렇지 않으면 이런 중대한 쇠녕을 내게 씌우는 자가 벌을 받아야 할 것입니다. (…)

나의 품행상에 관계가 되며 따라서 민중에 영향이 미칠 사정이므로 이 왕복을 발포하는 것이 나의 책임으로 알고 귀한과 나의 답함을 병히 공개합니다. 이상."

(「최근의 반탁 문제에 이 박사·하 중장 왕복서한 내용」, 『동아일보』 1947년 7월 2일)

김구도 하지에게서 같은 내용의 편지를 받았을 텐데, 김구는 이승만의 답장이 공개된 뒤에 이에 동조하는 답장을 쓰고 공개했다.

하지 중장과 이승만 박사의 교환된 서한은 기보한 바이어니와 김구는 2일 하지 중장에게 다음과 같은 서한을 전달하였다.

"이 박사가 각하에게 보낸 서한 내용에 대하여 본인은 전폭적으로 지지하는 바입니다. 각하의 서한은 우리에게 불만을 갖게 한다는 것을 말씀하고 싶습니다. 그러나 각하가 이승만 박사와 본인이 범죄 계획의 혐의가 있다는 정보의 분명한 출처를 알고 있으리라고 믿습니다. 본인은 이 박사와 함께 각하에게 밀고자의 성명을 알려주기를 요청합니다. 이러한 사건은 충분히 또한 신속히 조사하여야 할 것을 각하도 동의할 줄 믿습니다. 각하는 우리에게 대하여 수차나 반미분자라고 말씀하였습니다. 그 실 우리는 미국의 민주주의 원칙을 위하여 투쟁하는 것뿐입니다."

(「하지 중장 서한에 김구 씨도 회한(回翰)」, 『서울신문』 1947년 7월 4일)

이승만과 김구는 테러 계획 같은 것 갖고 있지 않다고 완강히 부인했다. 그런데 정병준은 1947년 5월 24일자 주한미군 정보참모부 보고(G-2 Periodic Report No.539)를 인용해서 조병옥과 장택상이 우익집단의 테러 계획에 관한 보고를 올린 사실을 밝혔다.

조병옥은 "김석황이 이끄는 극우파가 (1) 여운형, 김규식, 허헌을 암살하고, (2) 미소공동위원회 소련 측 대표를 암살하며, (3) 조병옥과 장택상을 암살할 계획"이라고 주장했다. 임시정부 김구 측의 행동대원으로 알려진 김석황이 테러를 준비하고 있다는 조병옥·장택상의 주장이 정확한 진실을 전하는 것 같지는 않다. 김석황은 후에 김구 암살범인 안두희를 한독당에 가입시킨 '죄'로 구속되어, 한국전쟁 시 최후를 맞은 인물이었는데, 아마도 조병옥·장택상은 여운형에 대한 테러혐의를 김구 측에 미루고자 하는 의도가 있었을 것이다. (『몽양여운형평전』, 448쪽)

우익테러에 권총이 흔했던 사정도 이 책에서 확인할 수 있었다. 독촉국민회 청년단 조직부장을 지낸 문병극(文炳極)의 아래 진술은 이경남(李敬南)의 『분단시대의 청년 운동 상』(삼성문화개발 1989), 166~170쪽에서 재인용한 것이라는데 여기에 한 겹 더 재인용한다.

"저는 1946년 2월 6일에 38선을 넘어 남으로 내려왔습니다. (…) 조병옥 경무부장은 호신용 권총을 건네주며 어깨를 두들겨 격려했습니다. 당시 청년단의 무기는 미제 45구경 권총이었습니다. 이 권총은 인천의 미군 무기고 책임자인 흑인 장교 매케인 대위를 미인계로 매수하여 70정을 한꺼번에 빼낸 일종의 범칙무기였습니다. 70정 중 우선 35정을 서울로 가져왔으나 나머지가 미군헌병대에 적발되었고,

나도 검거되는 불운을 겪었습니다. 그러나 조병옥 경무부장이 사람을 보내 신병인수 형식으로 빼돌려주었습니다. 조병옥은 나를 대공투쟁에 꼭 필요한 인물이라고 굳게 신임하여 문제가 생길 때마다 적극 비호해주었던 것입니다."(『몽양여운형평전』, 449쪽)

조병옥과 장택상은 5월 24일 이전부터 김석황에게 겨냥을 맞추고 있었다. 6월 23일 시위의 배후로 경찰은 김구와 엄항섭, 김석황을 지목했는데, 한독당 임정파에게 책임을 뒤집어씌우려는 계획이 한 달 전부터 세워져 있었다. 이승만을 따라 김구와 맞설 태세가 갖춰져 있었던 것이다.

이승만이 미국에 가 있는 동안 김구 진영은 반탁세력을 장악해서 '임정 봉대'로 몰고 가려 했다. 반탁운동을 함께하면서도 동상이몽의 관계라는 사실이 분명해졌다. 이승만을 추종하는 조병옥과 장택상은 김구 진영을 빠뜨릴 함정을 준비하고 있었는데, 김구 쪽에서는 그 사실을 알아차리고 있었을까? 그랬던 것 같지 않다.

1947. 6. 29.

도지사 바꾸기도 벅찬 '허수아비 민정장관'

4개도 지사 이동 예정이 6월 28일 발표되었다. 전남 지사 서민호(徐珉濠, 1903~1974)와 강원 지사 박건원(朴乾源)을 맞바꾸고, 충남 지사 박종만(朴鍾萬)을 전북 지사로, 인사행정처장 정일형을 충남 지사로 옮긴다는 것이었다. 규모가 큰 이동일 뿐 아니라 예정 단계에서 발표했다는 것도 이례적인 일이었다.

이 이동이 일부 당사자의 반발을 불러일으키고 그들과 관련된 정치계에도 물의를 일으킨 모양이다. 안재홍 민정장관은 7월 1일 이 조치를 해명하는 성명을 발표했다.

(1) 인사쇄신은 나의 민정장관 취임 당시 하지 장군 요청의 일 항목이나 이래 5개월에 매우 신중한 태도를 취하였다.

(2) 금반 인사이동에 전북 지사 정일사의 용퇴를 요함은 사정에 인한 바로 국가적 행정의 견지에 의한 정당한 조치이다.

(3) 허위로 작성한 서류라는 것은 정부에 대한 일종의 모독이다. 단연 그 사실이 없다.

(4) 부처장은 정부의 최고기관인 고로 그를 지방장관으로 전출시킬 수 없다는 것은 이유가 성립치 않는다. 금후 지방행정의 중요성에 돌

아보아 인사교류를 생각하는 중이고 하물며 인사처는 위원회로 기구
가 개혁되므로 처장의 지방 진출은 타당하다.

(5) 지방장관이 지방의 대소지역의 중요성을 따라 전남 도지사의 강
원도 전근은 퇴직을 강요하는 것이라는 것은 억지일 것이다. 38선의
존재와 함께 현 강원도의 중요성은 서민호 전남 지사의 강력한 행정
이 요청된다. 서 지사가 전남을 떠나게 함은 국가적 견지로나 서 지
사 개인의 정치적 장래로나 안정성 있는 점은 깊이 고려하였다.

(6) 강원도 박건원 지사는 정당을 초월한 엄정한 지방장관으로, 충남
박종만 지사는 모 정당 제적자이나 공정한 성적 우량장관으로 금후
전남, 전북 등에서 반드시 명랑한 정치가 실행될 것이다.

이번 조치는 군정장관의 인정을 받아 단행한 것으로 편파한 인사조
치는 모두(毛頭)도 없다.

(「인사쇄신에 신중, 금반 지사이동의 경위-안 장관 담」, 『조선일보』 1947년 7월 2일)

(4)에서는 정일형 측의 반발을, (5)에서는 서민호 측의 반발을 알아
볼 수 있다. 정일형은 안재홍의 민정장관 취임 전까지 인사행정처장으
로 군정청 인사권을 장악하고 조선인 간부 중 최고 실력자 위치에 있
었다. 안재홍 취임 후의 인사 방침에 대해서도 견제력을 갖고 있었으
리라고 짐작된다. 그를 지방으로 내보내는 것이 이번 인사이동에서 안
재홍에게 최대의 목적이었을 것 같은데, 며칠 전(6월 25일) 일기에 적
은 것처럼 그는 8월에 러치 군정장관이 미국에서 돌아온 후 중앙으로
돌아오게 된다.

7월 3일 서재필(徐載弼, 1864~1951)의 기자회견장에서 헬믹 군정장
관 대리가 인사이동에 관한 기자들의 몇 가지 질문에 답변했다. 안재
홍도 함께 앉아 있는 자리였다.

(문) 이번 발표된 지사급 인사이동에 대해서 그 경위 여하?

(답) 법령 135호에 의해서 인사문제는 결정하게 되는데 이번 인사문제는 정당하다고 본다. 이 문제에 대하여서는 부·처장 대다수의 동의를 얻어 민정장관으로부터 넘어온 것을 본관은 입법의원에 보냈다. 그리고 이 문제는 입법의원에서 법령 118호에 의해서 방금 심중 고려 중이다. 최후의 결정은 입법의원에서 하게 된다.

(문) 이번 인사이동은 임명이 아니고 이동이니 법령 135호에 해당치 않으므로 정무회의를 거칠 필요가 없지 않는가?

(답) 전남 지사의 예를 들면 전남 지사를 사면시키고 다시 강원도 지사로 임명한 것으로 해석하여 135호 법령에 쫓아야 한다.

(문) 완전히 인사문제가 결정되기 전에 발표하는 것은 옳지 않다고 보는데?

(답) 인사문제를 그리 비밀에 부칠 필요는 없다고 보며 민주주의국가에 있어서는 모든 문제를 숨겨서는 안 되며 인사문제를 결정하는 것이다.

(문) 이동을 하게 된 관리들이 관리도를 이탈한 언행에 대해서는?

(답) 미국식은 무관이 아닌 경우에는 불평과 불만을 말하여도 상관이 없으나 나의 생각으로서는 이런 경우에는 안 민정장관에게 자기 의사를 표명하는 것이 신사도라고 할 수 있다.

(「인사이동은 부당-헬믹 대장과 안 장관 담」, 『조선일보』 1947년 7월 4일)

마지막 질문에서 이동 당사자들의 "관리도를 이탈한 언행"이 있었음을 알아볼 수 있다. 기자들은 상명하복의 '관리도(官吏道)'를 생각한 것 같은데, 불평불만을 공표하는 것이 미국식 관리도에는 문제되지 않음을 헬믹은 밝혔다. 다만 신사도에 어긋나는 표현이 있었다는 사실은

1935년 미국 드류대학 철학박사 학위를 받은 정일형. '통역정치'의
간판이던 그가 나중에 한국 제1야당 지도자가 되는 것은 어찌 보면
자연스러운 일이었다.

지적했다.

　군정청 법령 제135호에는 군정청 요직 임명에 입법의원이 인준권을
갖게 되어 있다. 신규 임명이 아니라 이동이므로 인준권의 대상이 아
니라고 볼 수 있는데, 안재홍은 굳이 입법의원에 회부한 것이다. 한민
당 등 일부 정치세력에서 문제 삼을 것을 예상했기 때문에 '회피'라는
오해나 곡해를 피하려 한 것으로 이해된다.

　시중에서도 이 문제에 관한 왈가왈부가 많았던 모양이다. 논란의 초
점은 '중앙청'의 인사 담당자 정일형의 '하방'에 있었을 것이다. 어느
도지사가 어느 도로 옮기는 일이야 사람들에게 무슨 큰 관심을 끌겠는
가. 7월 5일 한국여론협회에서 충무로 입구와 종로에서 통행인 1,236
명을 대상으로 '과도정부의 인사이동을 어떻게 보느냐?' 하는 설문의
여론조사를 했는데 이런 결과가 나왔다.

　　대찬성이나 범위가 좁다. 828명 67퍼센트
　　반대다. 136명 11퍼센트
　　무난하다. 98명 8퍼센트
　　기권. 174명 14퍼센트

(「전남 도청 인사이동 문제」, 『경향신문』 1947년 7월 9일)

6월 25일자 일기에 인용한 정일형의 회고에서 본 것처럼 성일형은 안재홍에 대해 "중간노선을 걸고 있었기 때문에 한국인 부처장들의 협조와 신임을 얻지 못하였고, 특히 영어를 자유자재하게 구사하지 못해 군정 책임자들과도 잘 연결되지 않"고 있었다는 인식을 갖고 있었다. 민심이 지지하는 중간노선 때문에 간부들의 협조와 신임을 얻지 못하는 분위기, 영어를 자유자재하게 구사해야 군정 책임자들과 잘 연결되는 분위기, 바로 '통역정치' 분위기 아닌가. 그 분위기를 대표하는 인물의 하방을 시정 사람들은 반겼을 것이다.

민심이 중간노선을 지지하고 있다는 사실을 밝혀주는 여론조사 결과가 마침 이 무렵에 나온 것이 있다. 조선신문기자회에서 7월 3일 오후 5시부터 1시간 동안 서울시내 중요 지점 10개소에서 통행인 2,495명에 대하여 5가지 설문으로 실시한 것이다.

(1) 6월 23일 반탁테러 사건은?

A 독립의 길이다. 651표(26퍼센트강)

B 독립의 길이 아니다. 1,736표(71퍼센트약)

C 기권. 72표(3퍼센트약)

(2) 미소공위와의 협의에서 제외할 정당 사회단체?

A 있다. 1,787표(72퍼센트강) 한민당 1,227표, 한독당 922표, 독촉국민회 309표, 남로당 174표, 민전 9표, 대한노총 91표, 전평 14표, (…)

B 없다. 341표(14퍼센트약)

C 기권. 331표(13퍼센트강)

(3) 국호는?

A 대한민국. 604표(24퍼센트강)

D 조선인민공화국. 1,708표(70퍼센트약)

C 기타. 8표(1퍼센트약)

D 기권. 139표(4퍼센트약)

(4) 정권형태?

A 종래제도. 327표(14퍼센트강)

B 인민위원회. 1,757표(71퍼센트강)

C 기타. 262표(10퍼센트강)

D 기권. 113표(5퍼센트약)

(5) 토지개혁방식?

A 유상몰수 유상분배. 427표(17퍼센트강)

B 무상몰수 무상분배. 1,673표(68퍼센트강)

C 유상몰수 무상분배. 260표(10퍼센트강)

D 기권. 99표(5퍼센트약)

(「국호는? 정권형태는? 기자회서 가두 여론조사」, 『조선일보』 1947년 7월 6일)

어느 질문을 놓고도 응답자의 70퍼센트 이상이 극우세력의 주장에 대해 확고한 반감을 표명했다. 민정장관이 중간노선을 걷기 때문에 부처장들의 협조와 신임을 얻지 못하는 군정청 분위기는 이러한 민심과 완전히 겉도는 것이었다. 이번 '4지사 이동' 조치는 안재홍이 발의하여 부처장회의에서 과반수의 지지를 받은 것이었다. 확고한 반대세력이 있는 부처장회의에서 어떻게 과반수 지지를 얻을 수 있었는지 구체적 경위는 알아볼 수 없지만, 취임 이래 꾸준히 노력해 그만한 지지라도 얻어낼 수 있게 된 것으로 생각된다.

이 인사 조치를 통해 안재홍이 모처럼 존재감을 과시하자 반대자들의 공격이 극심해진 것은 충분히 짐작할 수 있는 일이다. 삐라와 포스터가 난무하는 상황을 경찰이 방치하고 있다는 비난이 인 것을 아래 기사에서 알아볼 수 있다.

> 근일 서울시내에는 과도정부 최고책임자들에게 대한 공격 비난 삐라, 포스터 첨부 혹은 살포되고 있어 현재 군정 법령이 계속 적용되고 있음에도 불구하고 이를 취체(取締)할 경찰관이 방관적 태도를 취하고 있음은 이해할 수 없는 일이라고 일반의 의혹이 깊어가고 있는데 이에 대하여 조(병옥) 경무부장은 8일 공보부를 통하여 다음과 같은 담화를 발표하였다.
> "입법의원 의장이나 민정장관에게 대한 공격 삐라 또는 포스터를 첨부하는 것을 보고도 경찰이 취체치 않았다는 것은 교통정리하는 순경들이 혹시 무관심하게 보고 있는 관계였는지는 모르겠지만 하여튼 앞으로 만일 그런 것을 보고만 있고 취체치 않는 경관이 있다면 그 번호를 알려주기 바란다."
>
> (「군정위반의 삐라 등 철포에 경관 방관 의혹-조 경무부장 담화 발표」,
>
> 『조선일보』 1947년 7월 9일)

입법의원에서는 이 인사 조치가 신규 임명이 아니라 이동 조치이므로 인준이 필요하지 않다는 결론을 내렸다.

군정장관 대리 헬믹 대장의 인준과 부처장회의 과반수 통과에 의하여 안 민정장관으로부터 발령된 서민호(전남) 등 4도 지사의 인사 이동에 관하여는 과반 헬믹 군정장관 대리로부터 서한으로 입의에 인준을 요청해온 바 있어 8·9 양일의 104차, 105차 회의에서는 인준할 성질의 것이냐 아니냐는 문제로 격렬한 논쟁이 있었다.

즉 김호 의원의 '인준하자'는 동의와 서우석 의원의 "법제사법위원회에 부쳐 입의의 인준 필요 여부에 대한 법적 근거와 임명 경위를 조사하자."는 개의가 있었고 원세훈 의원으로부터 "금번 이동은 전임이므로 입의 권한 외이니 각하하자."는 재개의가 있었는데 재개의는 동의자 김호 의원의 요청으로 "본안은 신 임명이 아니고 전임이므로 의거할 법규가 없으므로 반환함."이라고 원세훈 의원의 주문을 수정하자 김호 의원은 인준하자는 동의를 취소하였다. 따라서 서우석 의원의 개의가 동의로, 원세훈 의원의 재개의가 개의로 변경되어 가부를 표결에 부친 결과 과반수로 개의가 통과되어 금번 인사 이동은 입의의 인준이 불필요하게 된 것이다.

(「인사폭동 외 인준문제, 입의에서 인준하 필요로 결의」,

『조선일보』 1947년 7월 10일)

이렇게 해서 민정장관으로서 안재홍의 군정청 인사쇄신 시도의 한 단계가 관철되었다. 불과 한 달 후 러치 군정장관이 미국에서 돌아오자 정일형이 바로 중앙으로 돌아오게 되지만. 이로부터 1년이 지난 후 민정장관을 그만두면서 안재홍이 회고한 글 "민정장관을 사임하고-기로에 선 조선민족"에서 이 언저리에 관한 서술을 옮겨놓는다.

입법의원 성립보다 앞서 행정권 이양론이 미인 군정수뇌자 측에서 일어났다. 행정권 이양은 미소공위 결렬로 인하여 조선인의 민주통일정부의 수립이 요원하여진 정세에서 조성된 방편이다.

남북분단이 그대로, 미소길항이 그대로, 좌우대립이 그대로, 군정의 권병이 미국인의 빙촌(方寸) 하나에 좌우됨이 그내로, 조선인이 각 개인적 이해와 파당적 사관(私觀)에 따라 권병을 쥐고 있는 미국인 고관에게 취송배제함이 그대로, 미국인이 조선에 대한 통찰 인식이 아직도 미급한 바 있어, 취송자의 언변에 따라 시비 혹 번복될 수 있음이 그대로, 국제적 또는 사상적 분규한 속에서 미의 입장 혹은 험지에 빠질까 회의 초조함이 아직도 없을 수 없는 것이 또 그대로이므로, 그들의 조선인 상대자에 대한 판단이 확정키 어려운 조건하에서, 역량은 민중을 총집결할 수 없고, 어학은 아의(我意)를 다소라도 소통할 수 없는 내가, 이때의 민정장관을 담당하는 것은 너무 몰아적(沒我的)이었다.

말하자면, 입법의원은 118호 법령에 의하여 군정부 내 3등급부터 이상의 주요 인물에 대한 자격심사로써 인사쇄신의 법규상의 결정을 짓고 민정장관은 행정부의 조선인 측 최고책임자로서 공정엄명한 인사쇄신을 함으로써 행정·경찰 기타 각 부문의 공기를 일신하고, 관민 간의 신뢰 친애의 도가 높아져서, 남조선의 정치의 민주화와 그의 총력집결에 의한 민생문제의 해결을 꾀할 수 있는 것으로만, 일반이 상망(想望)하고 식자 이를 기대하였던 것이다. 1월 말경, 나는 브라운 소장에 의하여 수교된 하지 중장의 추천서한에 인하여, 숙고집의(熟考集議)를 지나서 2월 5일 민정장관에 취임키를 수락하였다.

하지 장군의 서한은 "정부 내의 인사쇄신·경찰문제·식량문제·부일협력자문제" 등을 "양심적으로 인내성 있게" 해결하라는 의미의 위촉이었고, "조선 독립정부에 달하는 길"이라고 규정하였다. 그러나 '입법의원' 그것의 성능은 전에 이미 민주의원의 지난 자취 있었고, 또 한미공동회담이 전연 도로에 그친 것은 그 무위에 가까운 성적의 전주곡이었었다.

민정장관은, 처음 수삼 건의 해결 전무한 것은 아니나, 인사쇄신과 정치의 민주화 문제에 관하여는 "권력을 일개인에게 독점시키는 것은 민주정치 원칙에 위배된다."고 모 수뇌자의 반박만을 되풀이했다는 외에, 35호 법령에서 보는 바와 같은 견제 속에서 너무나 무권위한 편이었고, 오직 허다한 풍문의 중에 암류만이 종횡하는 편이었었다. 경찰에 관하여 문제 있었던 것은, 한미회담 이래의 현안이라 나의 사안(私案) 아니었고, 그것도 5월 중순 이후 전연 단념하였다.

5월 20일 이후 제2미소공위 열리자 제3호 행정명령이란 자 있었고, 그로써 좌방의 책동과 우방의 반탁소동 등 미소공위 진행에 저해되는 행동을 제척하자는 군정 및 과정 당로의 방침에서 나온 것이나, 반탁투위 관계단체에 대한 협의대상 불허여 문제로써 소 측은 결국 공위 파열을 계기 지었다. 미소공위 제2차 파열은 결정적 파열이요, 문제는 국련에 옮기게 되어, 오늘날의 가능지역 총선거 및 정부 수립의 단계에 온 것이다.

(…) 민정장관 재임의 전말은 후회함은 없다. 다만 그를 통하여 민족운동상의 득실을 일별하건대, 제1로 미군정 개시 당시 '인공' 방지의 때문에 보수적 세력과 결련하게 된 이유는 증설(曾說) 있고, 다음에 김규식 박사를 의장으로 입의를 열고 나를 민정수반에 들어 정부각계에 애국자를 더 많이 등장케 하여, 써 인심을 일신한다고 서둘렀으나, 무위로 마칠밖에 없이 된 것이 제2차적 단계요, 이리하여 김·안의 등장이 중도반단으로 무위일밖에 없이 된 때 공포되었던 행정권 이양은 결국 조선인의 무능 또는 불공명의 건과가 조건과 같이 되어 전연 취소 말살됨과 같은 결과로 된 것은 또 제3단계라고 하겠다.

요컨대 조선인은 자체 상호의 취송배제에서 민족적 총력을 자신 말살하였고, 미국인은 일차의 전폭적 신임을 조선인에게 표현치 못한 채로 3주년을 지나, 지금 바야흐로 가능시역의 총선거에서 소선인의 독립정부를 산출하려고 하는 것이다. 독립정부 됨에 대하여 그 거대한 기여 있기를 기원치 아니치 못할 것이다. 그런데 지금 북조선에서는 예상하였던 인민공화국 선포 준비의 비보(飛報) 왔다. 오호. 기로(岐路)는 의연 기로이고나. (『민세 안재홍 선집 2』, 279~282쪽)

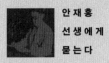
안 재 홍
선 생 에 게
묻 는 다

"김구 선생님, 왜 우리 마음을 버리십니까?"

김기협 | 한독당의 진로가 큰 갈림길에 선 것 같습니다. 지난 2일 소위
국내파의 아래와 같은 성명에 선생님도 참여하셨지요.

"우리 한국독립당은 공식적인 국제투쟁의 형해를 단연 벗어버리고
만만한 투지를 내포한 국제협의의 전위적인 진지한 건설과업만이 참
으로 해방과 독립완수의 대업을 신속히 쟁취하고서 조국 조분(爪分)
민족 파멸의 위난을 구급하는 것이다. 이 독립 쟁취를 목표로 한 국
제협의 때문에 미소공위에의 협의와 지지는 결정적으로 필요한 조건
이 되나니 전 민족 4천년 래 총수확이 반드시 오당 본래의 의도에 달
하게 함을 요청하는 것인 까닭이다."

(한독당 일부 중위(中委) 소집 건의, 공위참가를 주장하고 성명 발표」,

『조선일보』 1947년 6월 3일)

　　선생님을 중심으로 한 한독당 국민당계에서는 지난 연초부터 반탁
운동의 재개에 반대하고 미소공위 재개를 환영하는 입장이었지만 선
생님 본인은 민정장관직을 맡고 있는 입장에서 직접 나서지 않고 있었
습니다. 그런데 이번 성명서 참여를 보고 이제 선생님께서도 한독당에
서 마음이 떠나신 게 아닌가 생각하는 사람들이 있습니다.

안재홍 │ 어떤 한계에 이르렀다는 생각이 들었습니다. 5월 10일 당 대
회 이후 대다수 당원이 절망감에 빠져들고 있습니다. 언론에
서 이들을 '국내파'라 부르는데 일리가 있어요. 국민당계, 신한민족당
계만이 아니라 귀국한 임정과 김구 선생을 흠모해서 모여든 사람들 모
두를 가리키는 것이니까요. 사실 중경에서 돌아온 분들과 그 주변 사
람들을 제외한 '전 당원'이라고 할 수 있어요.

임정 요인들은 지도자의 위치에 있어요. 세상에서는 나도 지도자의
한 사람으로 쳐주기도 하지만, 나는 그분들을 지도자로 모시는 자세로
작년 봄 합당에 임했습니다. 대중이 원하는 방향으로 앞장서 나아가는
것이 지도자의 할 일입니다. 그런데 그분들이 지금 귀를 막고 당원들
이 원치 않는 길만을 고집하고 있는 것입니다.

군정청 요직을 맡고 있는 입장에서 내 어떤 행동도 오해나 곡해의
소지가 있는 것이기 때문에 업무 수행에 필요한 일 외에는 일절 나서
거나 끼어들지 않고 지냈습니다. 그런데 이제 절망에 빠진 당원 대중
과 함께하는 자세를 보일 필요 때문에 이번 성명에 참여했죠.

김기협 │ 지난 1월 3상회담 결정과 미소공위의 전면 지지를 독자적으
로 발표한 권태석 씨가 5월 10일 전당대회에서 제명되었죠.
그 한 달 전인 4월 12일 중앙위에 김구 선생 등(조소앙, 조완구, 엄항섭,
황학수) 임정 요인 다섯 분이 사표를 제출했습니다. 중앙위에서 권태석
씨에게 동조하는 움직임이 보이니까 몽니를 부린 것이라는 이야기가
돌았습니다.

김구 선생은 5월 9일 당 창립기념식에 불참하고 이튿날 전당대회에
도 권태석 씨 제명이 결정된 뒤에야 입장하셨죠. 그러고는 사임 이유
로 "소위 간부들이 임정요인들을 무시하는 행위"를 말씀하셨습니다.

귀국 후 공식석상에서 보여준 가장 옹졸한 언동이었습니다.

그날 전당대회의 150인 중앙위원 선출에서도 권태석 지지자들은 제외되었고, 그들은 나가서 민주한독당을 차렸죠. 남은 사람들 중에도 반탁 일변도의 노선에 반대하는 사람들이 많은데 김구 선생이 미소공위 참가 반대를 주장하고 있으니 불만을 더는 억누를 수 없게 된 것으로 이해합니다.

안재홍 | 3월 28일의 각파 연석회의가 고비였던 것 같습니다. 그 전날 독립노농당 유림(柳林, 1894~1961) 씨가 한독당 지도자들의 오류를 비판하는 성명서를 발표했죠. "그들의 오류가 체계적으로 발전됨을 따라 군중의 시청을 현혹시키며 독립운동에 지장을 줄 뿐"이라고 했습니다(『조선일보』 1947년 3월 28일). 임정 옛 동지로서 나서지 않을 수 없었던 것입니다.

연석회의에서는 3상회담 결정 전면 지지를 주장하는 권태석파와 전면 반탁을 주장하는 임정파 사이에서 국민당계가 미소공위에 일단 참여하고 신탁통치 문제는 나중에 다루자는 절충안을 냈습니다. 나는 그 정도 절충안은 받아들여질 줄 알았습니다. 그런데 그 절충안까지도 반탁의 배신자로 매도하고 나를 그 배후로 지목하는 것을 보며 한독당의 민주적 운영이 한계에 이르렀다는 생각을 했습니다.

김기협 | 귀국 전의 한독당이란 말이 정당이지, 망명자 수십 명의 폐쇄된 집단일 뿐 아니었습니까? 귀국 후에도 국민당과 신한민족당이 합치기 전까지는 정당 기능을 발휘하지 못하고 있었죠. 선생님처럼 임정의 권위와 김구 선생의 영도력에 기대를 거는 사람들이 모여 비로소 대중 정당으로서 한독당을 만든 겁니다.

그래서 합당 때 중앙위원 선출에서 옛 한독당 쪽에 많은 지분을 주었어도 역시 '국내파' 쪽 비중이 클 수밖에 없었죠. 그런데 상무위원과 당직은 압도적으로 그쪽에서 많이 가져갔습니다. 그 결과 상무위원회에서는 '해외파'가 우세하고 중앙위원회에서는 '국내파'가 다수인 상황이 되었습니다.

이런 상황에서 김구 선생 이하 '지도자'들이 당원들의 요구를 조금이라도 들어주면서 이끌어나가면 좋을 텐데, 전혀 그런 기색이 없어요. 권태석 씨처럼 못 참고 나서는 사람에게는 "임정 요원들을 무시하는 행위"라며 펄펄 뛰고요. 이런 비민주적 태도로는 당원의 지지를 키우기는커녕 지킬 수도 없습니다. 당원의 지지가 아니면 무엇을 믿고 정치를 하려는 것일까요?

안재홍 │ 독립투사로서 김구 선생에 대한 제 존경심은 변함없지만 정치가로서 그분에 대한 기대감은 줄어들지 않을 수 없네요. 그분은 한독당 당원들보다 한민당 주축의 반탁세력을 더 중시하는 것 같습니다. 작년 봄 한민당이 한독당과의 합당을 거부한 일, 지난가을 토지개혁에 대한 태도를 뒤집은 일에서 한민당의 본색을 알아보지 못했을 수가 없는데…….

반탁운동에는 한민당이 잘 따라오죠. 한독당원들보다 훨씬 더 열심이죠. 그게 다 자기네 속셈이 있어서 따라오는 건데, 이승만 박사를 따라 분단건국을 바라보는 그들 속셈을 선생께서 알아보지 못하시는 것인지……. 반탁운동으로부터 '임정 추대'를 끌어내려 했지만 이 박사가 귀국해서 한마디 하니까 쑥 들어가버리지 않았습니까?

민정장관직 수락할 때도 이미 그분의 판단력을 믿을 수 없었기 때문에 미리 의논드리지 않고 결정한 뒤에 가서 알려드린 것입니다. 지금도 반탁을 앞세워 미소공위 협의를 거부하자고 하면서 이 박사가 같은 입장이라고 믿으시는 모양입니다. 이 박사는 자기 자신은 미소공위에 들어가지 않더라도 한민당과 독촉국민회 등 자기 지지세력이 들어가서 실속을 챙기게 하고 있는데, 미소공위 거부는 한독당이 따라가서는 안 될 노선입니다. 그래서 중앙위 소집을 요구하는 '국내파' 성명에 나도 참여한 것입니다.

김기협 6월 4일 상무위원회에서는 국내파의 중앙위 소집을 거부하고 (『서울신문』·『동아일보』 1947년 6월 5일), 오늘(6월 6일) 다시 회의를 열어 "혁신파 55명에 대하여 제명 처분할 것을 전제로 감찰위원회에 회부할 것"을 의결했다는군요(『조선일보』 1947년 6월 8일). 미소공위 참여 주장 세력을 당에서 쫓아내기로 결심한 모양입니다.

제명 여부와 관계없이, 한독당이 미소공위 참여를 거부한다면 선생님도 이제는 한독당에 남아 있을 수 없는 일 아닙니까? 이미 쫓겨난 권태석 씨 쪽에서는 민주한독당을 만들고 있는데 그쪽에 합류하실 건가요, 아니면 국민당을 다시 만드실 건가요? 지금 '혁신파'에는 국민당 출신뿐 아니라 신한민족당 출신 등 국내파가 널리 포함되어 있는데, 모두 선생님을 쳐다보고 있습니다.

안재홍 국민당을 확장한 정당이 될 것 같습니다. 나는 민정장관직에 있는 한 정당 활동을 나서서 할 수 없는 입장인 만큼 권태석 씨 쪽과 합쳐도 좋겠다는 생각인데, 많은 사람이 더 큰 틀로 따로 만들 것을 주장하는군요. 합치더라도 그쪽에서 쫓아와 합쳐야 한다고.

국민당을 만들 때부터 나는 분명히 말했습니다. 내가 당장 위원장을 맡지만 내게는 지도자의 자격이 부족하다고. 뜻을 함께하는 동지들이 일단 국민당으로 모여 있다가 지도자다운 지도자가 나타날 때 함께 받들기를 바란다고.

그래서 임정 귀국 후 국민당의 이름으로 임정 봉대(奉戴)를 외치다가 작년 초 민주의원 출범을 앞두고 임정 비주류의 이탈 후 김구 선생을 받들기 위해 한독당으로 들어갔습니다. 함께 한독당에 들어간 국민당 동지들 모두 같은 마음이었습니다. 이제 한독당을 떠나게 되었는데, 우리 마음이 변한 것이 아닙니다. 김구 선생께서 우리 마음을 받아주지 않은 것입니다.

일지로 보는 1947년 6월

6월

- **2일** 민중동맹, 김약수 등 8명 제명
- **6일** 국립박물관 재개관
- **11일** 미소공위 공동공보 제4호 발표
- **12일** 미소공위 공동결의 제6호 발표
- **13일** 마셜 미 국무장관, 공위에 관해 견해 피력
- **14일** 부산경찰서장 노상에서 저격으로 암살당함.
- **15일** 공위 소련 측 대표 스티코프 연설
- **16일** 김규식, 삼청동 집에 괴한이 습격함.
- **17일** 이승만, 하지에게 서한 방송
- **18일** 우익진영 공위 참·불참을 계기로 3개 파로 분립
- **23일** 서울 등 각지에서 반탁 시위. 좌우합작위원회 김규식 기자회견. 보스턴마라톤대회 우승선수 환영회
- **25일** 미소공위 양측 대표단과 각 정당, 사회단체 대표 회의 개최
- **30일** 미소공위 제36차 본회의 평양에서 개최

230

3

여운형의 죽음에서
조선의 현실을 본다

1947년 7월 2 ~ 30일

1947. 5. 31. 청계천변 노천시장. 60여 년 세월의 차이를 분명히 느낄 수 있는 곳의 하나다.

1947. 7. 2.

조만식도 '반탁'에서 물러섰는데……

서재필이 7월 1일 오후 2시 인천에 입항했다. 군정장관 고문 윔스
(Benjamin B. Weems, 1914~1986) 중령이 장택상 수도경찰청장, 표양
문(表良文, 1907~1962) 인천시장과 함께 함상까지 출영했고, 김형민
서울시장이 꽃다발을 든 부인단체 대표들과 함께 잔교에서 그를 마중
했다. 부두에서는 안재홍 민정장관, 김규식 입법의원 의장, 김용무(金
用茂, 1891~1950) 대법원장 등 조선인 3부 요인이 여운형 등 여러 정
당·단체 대표 및 과도정부 부처장들과 함께 그를 영접했다(『조선일보』
1947년 7월 2일).

　군정청 조선인 간부가 총동원된 환영식을 보면 군정당국이 서재필
의 위상을 어떻게 받아들인 것인지 알 수 있다. 이승만에게 온갖 방법
으로 시달리던 하지가 이승만을 밟을 묘수로 서재필을 찾아낸 것이었
다. 이 선택을 정병준은 이렇게 설명했다.

　하지는 이승만의 공격을 방어하기 위해, 1947년 초에 워싱턴을 방문
했다. 이 기간 중 하지는 이승만에 필적할 수 있는 재미 한인 지도자
를 물색했는데, 그 후보자로 선택된 사람이 서재필이었다. 2월 27일
에 하지는 워싱턴에서 서재필을 '최고의정관'으로 임명하며, 자신과

1947년 7월 입국한 서재필을 모시는 김
규식과 여운형. 독립협회 활동으로나 미
국 시민으로나 이승만을 압도하는 인물인
서재필에게 하지 사령관은 큰 기대를 걸
었다.

함께 귀국할 것이라고 발표했다. 하지는 귀임 시(4월 5일) 서재필을 동
반하려 했으나, 81세의 노년이었던 서재필은 건강 악화로 동반할 수
없었다. 하지는 재차 서재필의 귀국을 종용했고, 서재필은 7월 1일에
귀국했다. 그러나 서재필은 이미 한국을 떠난 지 50년이 넘은 상태였
고, 미국 시민으로 귀화한 지 오래여서 국내 정치를 이해할 수 없었
다. 또한 서재필의 입국 시점에 이미 제2차 미소공위는 정돈 상태에
접어들었고, 서재필은 국내 정치에서 아무런 역할을 할 수 없었다.
(『우남 이승만 연구』, 651쪽)

　서재필은 1884년의 갑신정변에서 활약하고 1896년에 독립협회를
설립한 인물이다. 청년 이승만이 활동을 시작한 곳이 독립협회였다는
점을 생각하면 이승만의 직계 대선배였다. 그리고 미국 생활도 이승만
보다 선배였다. 혁명가로서나 미국인의 신뢰를 얻을 자격으로나 이승
만을 누를 수 있는 사람이 분명했다. 이승만의 측근 올리버(Robert T.
Oliver, 1909~2000)의 회고에서 서재필의 귀국에 이승만의 긴장한 모
습을 엿볼 수 있다.

7월 12일 오후 서울운동장에서는 서재필 박사 환영 군중대회가 열렸고 리 박사, 김구, 여운형, 그리고 그 외 몇 사람이 연설을 하였다. 이무렵에 날짜가 안 적힌 한 편지에서 리 박사는 하지 상군의 지도자 조작극에 대한 자신의 생각을 나에게 적어왔다.

"서재필 박사는 이따금 나를 해롭게 할 뜻으로 이런 말 저런 말 하였다. 나는 공사 간에 이에 대한 답을 하지 않았다. 이런 말들은 다른 사람보다도 서재필 자신을 해롭게 하는 역효과를 낳게 하였는데 그것은 그의 말이 사람들에게 그가 서 있는 위치를 정확히 알려주게 만들었기 때문이다. (…)

최근에 시내 전역에 몇 가지 각각 다른 삐라가 살포되고 정부가 수립되면 서재필이 대통령직을 수락할 것을 주장하였다. 이 사람들은 이러한 삐라로 백만인의 서명을 확보하려는 것이고 많은 중간파 사람들, 좌익분자, 그리고 불평분자들이 이 계획을 지지하고 있다. 서재필 박사는 수차에 걸쳐 자기는 한국을 돕기 위해 미국 시민을 포기하게 될 것이라고 공식으로 밝혔다. 이것은 하지 장군이 한국을 떠나기 전의 마지막 책략이다. 그 사람은 자기의 가능한 모든 방법을 다해서 한국 사람들의 일을 간섭할 때까지 간섭하며 평화로이 내버려두지 않겠다는 뜻이다. (…)"(로버트 T. 올리버, 『대한민국 건국의 비화』, 박일영 옮김, 계명사 1990, 126~127쪽)

이승만이 경계심을 품는 만큼 중간파에서는 서재필에게 큰 기대를 걸었다. 인천항에서 서울로 들어오는 승용차 뒷자리에 서재필 좌우로 김규식과 여운형이 나란히 앉은 모습을 보면 이 노 혁명가의 존재가 좌우합작의 상징이 될 것도 같았다. 그러나 서재필은 1년 남짓 서울 체류 동안 아무런 의미 있는 활동도 하지 못했다.

환영회 석상에서 연설하는 서재
필. 뒤에 조병옥이 보인다. 서재필
에게 큰 기대를 걸었던 사람들은
그만큼 큰 실망을 겪었다.

　서재필이 인천에 도착하던 시각에 평양에서는 미소공위와 북조선
정당·사회단체의 합동회의가 열리고 있었다. 소련 대표단이 이남 대
표들을 만난 6월 25일 남조선 정당·사회단체와의 서울 합동회의에
이어 미국 대표단이 평양에서 이북 대표들을 만나는 자리가 마련된
것이다.

　이 공식 회의와 다른 성격의 만남 하나가 이날 평양에서 이뤄졌다.
미국 측 수석대표 브라운 소장이 조만식(曺晩植, 1883~1950)을 만난
것이다. 공식적으로 표출되는 이북 지역 민의와 다른, 소련과 공산주
의에 반대하는 '진정한 민의'를 찾을 희망을 갖고 조만식을 만난 것이
다. 조선민주당을 이끌던 조만식이 반탁의 뜻을 굽히지 않아 연금 상
태에 놓여 있다고 서울에는 알려져 있었다. 이 만남의 상황을 정용욱
은 이렇게 설명했다.

미국 대표단은 평양 방문 기간 중 우익 지도자들과 종교계, 특히 기독교계 지도자들을 광범하게 면담할 계획을 세웠다. 미국은 이 면담을 통해 이들의 실제 입장과 태도를 알아내려고 했다. 또 소비에트식 정권에 저항하는 잠재적 반대가 광범하다는 것을 폭로함으로써 남한 우익단체들을 제외하려는 소련의 기도를 공격할 수 있는 자료를 얻기를 기대했다.

이러한 측면에서 미국 대표단장 브라운은 소련군 당국에게 강력하게 요청하여 7월 1일 조만식과 회견할 수 있었다. 이 자리에서 브라운은 조만식에게 신탁통치에 대한 견해를 물었다. 조만식은 미국만의 신탁통치가 가장 바람직하지만 미·소 양국에 의한 신탁통치가 불가피하다면 그것을 받아들여야 할 것이라고 대답하였다. 조만식은 이 회견에서 남한에 내려가 정치활동을 재개하고 싶다는 강렬한 희망을 표시했다.

브라운은 주로 북한의 상황과 남북의 정치 지도자들에 대해 의견을 구했고, 조만식은 이승만과 김구가 미소공위 성사를 위해 미국 대표단을 지원하지 않는 것은 큰 유감이라고 답했다. 조만식은 이미 5월 하순에도 밀사를 통해 하지에게 이승만의 반탁활동이 미소공위 사업을 방해할까 우려된다는 취지를 전한 바 있다. 또 조만식은 선거나 임시정부 수립 이전에 남한에도 토지개혁이 필요하다는 점을 강조했다.

이제까지 강경한 반탁론자로 알려져 있던 조만식이 이 시점에서 신탁통치를 받아들여야 하지 않겠는가 하는 상황 인식을 표명했다는 것은 놀라운 일이다. 조만식의 이러한 반응은 미소공위에서 미·소가 좀처럼 타협점을 찾지 못하고, 이승만·김구 진영의 반탁운동이 미소공위 성사를 불투명하게 만드는 요인으로 작용하는 것을 우려했기

1945년 10월 4일 평양공설운동장에서 열린 소련 군정집회에서. 단상에 서 있는 조만식. 조만식 오른쪽에 있는 세 장성이 차례로 치스차코프 사령관, 로마넨코 소장, 레베데프 소장.

때문에 나온 것이다.

또 조만식이 신탁통치 실시 이전이라도 남한에서 토지개혁을 시행할 필요가 있음을 지적한 것은 미군정으로 하여금 점령정책의 취약성을 다시 한 번 돌아보게 만들었을 것이다. 북한과 남한의 좌익은 1946년 봄 이래 이북의 토지개혁과 그 성과를 남한에서 미군정의 경제정책과 비교하여 남한 민중들에게 널리 선전했다. 그러나 남한에서는 2차 미소공위가 개최되고 있던 시점에서도 토지개혁법안을 둘러싼 줄다리기가 계속되었고, 이 문제의 해결 전망은 여전히 불투명했다. (정용욱, 『존 하지와 미군 점령통치 3년』, 중심 2003, 217~218쪽)

브라운과의 만남에서 조만식이 본의를 감춰야 할 강압을 받고 있지는 않았음이 분명하다. 그가 권력의 억압 아래 있었다 하더라도 브라운은 그 억압을 풀어줄 힘을 가진 존재였다. 1946년 초 그가 격렬한 반탁 태도를 보인 것은 『동아일보』의 '오보'를 보고 미국이 신탁통치를 반대하며 소련의 신탁통치 고집만 꺾는다면 즉각 완전 독립이 가능하다는 믿음을 가졌기 때문이었을 것이다. 그동안 현실을 파악하고 그에 따라 태도를 바꾼 것으로 보인다.

6월 11일 발표된 공동성명 제11호의 로드맵은 지금까지 별 차질 없이 진행되어왔다. 답신서 마감 7월 1일을 7월 5일로 연기하는 등 기술적 조정만 있었다. 그런데 6월 30일 평양에서 예정에 없던 본회의를 열고 이에 따라 그날 예정되어 있던 합동회의를 이튿날로 늦춘 데서 흐름의 변화가 처음 느껴진다. 본회의는 7월 2일과 3일에도 열렸고 미국 대표단은 3일 밤 서울로 돌아왔다. 브라운 수석대표는 그간의 경위를 밝히는 성명을 5일 발표했다.

미소공위 미 측 대표단은 6월 30일 오전 8시 평양에 도착하였고 7월 3일 오후 7시 당지를 출발하였다. 평양 체재 중 미 측 대표단 일행을 위하여 소군당국은 숙사를 알선하였다. 브라운 소장 및 공위 대표는 같은 숙사에 투숙하였고 기타 수원은 공위사무소 부근에 있는 호텔에 유숙하였다. 당지 체재 중 미 측 대표단은 소군당국의 정중한 환대를 받았으며 북조선주둔군사령관 코로트코프 장군은 브라운 장군을 위하여 장군이 평양시내에서 자유행동을 취하도록 하였다. 미 측 일행의 행동은 자유로웠으며 인민위원회보안대와 무장한 소군이 항상 일행의 신변을 보호하였다.

미 측 대표단은 다수의 조선인 대표자와 지도자들과도 회견하였다. 식사 수송 호위 및 일반사무 처리를 위하여 공위 미 측 대표단과 동행한 미군 약 80명을 수송한 특별열차는 평양역에 주차하고 있었다. 공위대표 이외의 수원은 체재기간 중 열차 내에 있었다. 그들은 자유시간에는 많은 사진을 촬영하였고 시내 각처도 구경하였다.

하지 중장과 제24군사령부와의 긴밀한 연락을 유지하기 위하여 항상 수시로 제24군에서 준비한 전신전화와 또 매일 비행기로 연락하였다. 미육군기 OI 47호는 7월 1일, 2일 및 3일 서울 평양 간을 왕복하였는데 동기는 매일 2시간씩 평양에 머무르고 있는 것이 허락되었다. 평양을 출발하기 전에 브라운 소장은 일행 평양 체재 중의 소군당국의 성의와 편의에 대하여 감사를 표하고자 코로트코프 장군을 방문하였으며 또 동 소장은 미 측 대표단의 만반 편의를 위하여 항상 노력하여준 스티코프 장군에게도 감사의 뜻을 표하였다. 공위 소 측 대표와 군악대는 퍼붓는 우중에도 불구하고 평양역에서 우리 일행을 환송하여주었으며 정거장과 주요 가도는 도착 시와 같이 우리 일행 출발에 지장이 없도록 일반 시민은 한 사람도 없었다.

공위의 평양회담의 주요 목적은 북조선에 있는 정당 및 사회단체의 대표자들과 일당에 회합함이었었는데 이 회담은 7월 1일 엄숙히 거행되었다. 평양에 체재 중 공위는 7월 2일, 3일 양일간 본회의를 개최하고 구두협의를 할 정당 및 사회단체의 명부를 검토하였는데 공동결의서 제12호에 규정된 각 조항의 채택 여부에 관하여는 완전한 합의에 도달하지 못하였다. 이 조항에 대하여서도 7월 7일 서울에서 차회의 공위 본회의 주최 시에 재토의될 것이다.

그런데 기간 공위는 질문서 답신에 대한 번역 및 심의를 계속할 것이다. 답신서 제출 마감일자가 7월 1일로부터 7월 5일까지 연기됨에 따라 정당대표자들과의 구두협의의 준비사무도 더 많아졌으므로 7월 7일 개시예정이던 구두협의는 연기되었는데 그 일자는 추후 발표할 것이다.

(「구두협의 개시 지연, 체평(滯平) 중소 측 호의에 감사-브라운 소장 성명」,

『서울신문』 1947년 7월 6일)

아직까지는 겉으로 드러나지 않고 있지만, 협의대상 문제가 걸림돌로 나타나기 시작하고 있었다. "각 조항의 채택 여부에 관하여는 완전한 합의에 도달하지 못하였다."는 말이 그것을 가리킨다. 제1차 미소공위에서도 치명적인 문제였던 협의대상 문제가 이번 재개를 앞두고 해결된 것으로 보였다. 그런데 어째서 또 문제가 되고 있는 것일까?

7월 23일 반탁시위가 문제를 일으켰다. 재개를 앞두고 미·소 양측은 과거의 반탁운동은 문제 삼지 않되, 협의대상 참여 후에는 반탁운동을 삼가도록 하는 기준에 합의했다. 그런데 7·23 시위에서 미군정 휘하의 경찰이 시위를 방조했다. 소련 대표단이 투석을 당했다고 하는데 경무부장이 나서서 투석은 사실무근이라고 우겼다. 설령 투석 사실을 확인하지 못했더라도, 대표단 보호책임을 진 경찰이 대표단의 피해 주장을 정면으로 반박하고 나올 수는 없는 일이었다. 반탁운동에 대한 미군정의 태도를 소련 측에서 믿을 수 없는 상황이었다.

그리고 한민당은 7·23 시위에 직접 나서지는 않았지만, 7월 27일 성명에서 "금반 반탁시위는 민중의 반탁의사 표시요, 모모 개인의 이익을 위한 것이 아니며 미소공위를 방해할 목적은 아닐 것"이라며 시위를 옹호했다(『동아일보』·『조선일보』 1947년 6월 28일). 반탁세력은 협의 대상 참여를 놓고 '역할 분담' 전략을 공언하고 있었다. 회의에 참여하면서도 실제로는 은밀하게 반탁운동을 벌이고 있는 것으로 보이는 정황이었다.

이 정도 상황으로 회담 진행을 포기한 결과를 놓고 소련 측의 회담 성공 의지가 충분했는지를 따질 여지는 있다. 그러나 회담을 재개한 조건을 미국 측에서 무너뜨린 것은 분명한 사실이다.

1947. 7. 4.

정판사사건의 김홍섭 검사와 곽노현 사건의 김형두 판사

———

오늘은 당장 벌어지고 있는 일을 떠나 마음에 걸려 있던 문제 하나에 대한 생각을 정리해본다. 정판사사건의 실상에 관한 생각이다.

1946년 5월에 터진 정판사사건은 미군정의 공산당에 대한 노골적 탄압의 출발점이었다. 이 사건을 계기로 공산당은 미군정에 적극적으로 저항하는 '신전술'을 채택했고, 공산당의 뒤를 이은 남로당도 지하활동에 치중하게 된다. 이남에서 좌익과 우익 간의 균형을 결정적으로 깨뜨려버린 사건이었다.

공산당 핵심간부 몇 사람이 무기징역 판결을 받고 복역 중 전쟁 발발 때 학살당한 사실을 놓고 보면 이 사건은 해방 후 최초의 '사법살인'이라 볼 수 있는 것이다. 그동안 이 사건의 진행을 더듬으며 미군정이 조작한 것으로 보이는 '심증'을 몇 가지 지적했다. 지금도 더 확고한 '증거'를 찾을 희망은 없지만, 여러 정황을 아울러 한 차례 정리해둔다.

일본 항복에서 미군 진주 사이의 한 달 안 되는 기간에 총독부는 30 수억 원의 조선은행권을 찍었다. 당시 통화량의 절반이 넘는 거액이다. 최고액권인 백 원권으로 찍어도 정상적 인쇄방법으로 찍어낼 수 없어서 몇 개 인쇄소에 원판을 보내 함께 찍게 했다. 그중 하나가 지카자와(近澤)빌딩에 있는 지카자와인쇄소였는데, 해방 후 이 4층 건물을 조선공산당이 쓰면서 인쇄소에는 '조선정판사'란 간판을 달아 활용하게 되었다.

1946년 5월 4일 뚝섬의 수영사라는 조그만 인쇄소에서 위폐단이 적발되었다. 범인 중 김창선이란 자가 정판사 직원이었고, 원판을 그가 정판사에서 빼내온 것으로 밝혀졌다. 경찰은 5월 8일에 정판사를 수색했고, 5월 15일에 군정청 공보부에서 '정판사사건'을 공표했다. 고급 간부들을 포함한 공산당원들이 대량의 위폐를 인쇄, 유통시켰다는 것이다. 발표 액수는 며칠마다 액수가 두어 배씩 늘어나 1천8백만 원에 이르렀다.

김창선 한 사람이 원판을 다른 위폐단에 가져간 것은 사실로 보인다. 그리고 뚝섬의 인쇄소 시설로는 작업이 안 되어 정판사에서 작업을 시도하면서 정판사의 다른 직원 몇을 끌어들였을 가능성은 생각할 수 있다. 그러다가 이 사실이 간부들에게 발각되었으나 경찰에 신고하지 않고 우물쩍거리고 있었을 가능성까지도 희박하나마 생각할 수는 있다. 그러나 위폐의 제작과 유통이 체계적으로 진행되었을 가능성은 전혀 없다.

완전히 조작된 것이거나 엄청나게 부풀린 사건이었다. 그런데 한 가지 마음에 걸리는 것이 있다. 조재천과 함께 기소를 맡은 김홍섭(金洪燮, 1915~1965) 검사의 태도다. 그가 어떤 인물이었는지 『한국민족문화대백과사전』의 "김홍섭"조를 옮겨놓는다.

1915~1965. 법조인. 전라북도 김제 출생. 보통학교를 졸업한 뒤 전주의 변호사 사무실에서 일하면서 독학으로 법률공부를 시작, 1939년에 니혼대학(日本大學)에 입학하여 2년 만에 조선변호사시험에 합

격하였다.

귀국 후 김병로(金炳魯)와 함께 변호사 사무실을 차리고 활약하다가 광복이 되자 서울지검검사로 임용되어, 조선정판사 위조지폐사건을 담당하여 명성을 떨쳤다. 그러나 그 해 9월 검사직에 대한 회의를 느껴 사임하고 뚝섬에서 농사를 지었다.

그 뒤 당시의 대법원장이던 김병로의 간청으로 법조계에 복귀, 서울지방법원판사·고등법원판사·지방법원장·대법원판사 등 요직을 두루 거쳤으며, 1953년 9월 가족과 함께 천주교에 입교하였다. 청렴강직함과 구도자적 생활은 법조계와 신앙계의 모범이 되었으며, 죄수들에 대한 헌신적인 사랑으로 인해 '수인(囚人)들의 아버지', '법의 속에 성의(聖衣)를 입은 사람', '사도법관(使徒法官)' 등의 칭호를 얻었다. 인간에 대한 형벌의 궁극적인 근거에 대해 고민하던 끝에 독특한 실존적 법사상을 수립, 중국의 오경웅(吳經熊), 일본의 다나카(田中)와 함께 동양의 3대 가톨릭법사상가로 평가받았다. 교회 사적에 대한 관심도 깊어 전주 치명자산에 이순이(李順伊, 누갈다)의 순교기념비를 자비로 세우기도 하였다.

1965년 3월 16일 폐암으로 죽었고, 1972년에 율곡법률문화상이 추서되었다. 저서로는 『무명』, 『창세기초』, 『무상을 넘어서』 등이 있다.

둘째 문단에서 1946년 9월 검사를 그만뒀다고 한 것은 착오다. 9월에는 사표를 냈다가 철회했다(1946년 10월 17일자 일기). 미국인 장교의 압력 행사 시도에 대한 항의로 사표를 냈는데, 검사국 전체가 그에 동조해 사과를 받아냈다. 10월 21일 정판사사건 구형 때까지는 직무를 수행했고, 얼마 후 검사를 그만둔 것 같은데 정확한 시점은 확인하지 못했다.

김홍섭은 양심적 법조인으로 널리 존경받은 사람이다. 가장 유명한 일화는 1956년 1월 이승만의 심복 김창룡(金昌龍, 1920~1956)을 암살한 허태영(許泰榮) 대령이 이듬해 9월 사형당할 때까지 옥중 교유하며 가톨릭 신앙으로 끌어들인 일이다. 두 사람 사이의 편지를 1957년 10월 1~3일자 『동아일보』에 연재한 "판사와 사형수" 기사는 내용도 감동적이거니와, 서슬 퍼런 이승만 정권하에서 현직 판사가 그렇게 소신을 드러낸 것이 놀라운 일이다.

이런 인물이 정판사사건을 유죄로 판단하여 기소를 행했다면 무슨 근거가 있었던 게 아니겠는가 생각되는 것이다. 묘한 일이 하나 있다. 11월 28일 선고가 있은 후 좌익에서 양원일(梁元一) 판사와 조재천 검사 등 관계자들을 비난하는 성명이 쏟아져 나왔는데 김홍섭의 이름은 거기 빠져 있었다. 당시 좌익에서 자기네에게 불리한 일이 있을 때 아무나 붙잡고 무슨 욕이라도 해대던 풍조에 비춰보면 김홍섭의 입장을 좌익에서도 수긍했던 모양이다.

10월 21일 구형 공판에서 김홍섭은 논고의 서론부만 제기하고 본론과 구형은 조재천이 맡았다. 김홍섭은 유죄 사실만을 확인하고 양형에는 관계하지 않기로 선을 그은 것이 아니었을까 하는 생각이 든다.

피의자들이 검찰에서 한 자백을 김홍섭이 어떻게 받아들였을까. 피의자들은 경찰과 검찰에서 유죄를 시인했다가 법정에서 번복했다. 법정투쟁의 전술이었다. 그들 자신의 진술로도 고문은 경찰에서만 받았고, 검찰에 송치된 후에는 받지 않았다. 경찰에서 강요당한 허위진술을 검찰 조사 때 바꾸지 않고 법정에서 방청객과 기자들이 보는 앞에서 뒤집음으로써 극적 효과를 노린 것이었다.

피의자들의 고문 주장을 김홍섭은 마음속으로 믿었을 것 같다. 그러나 피의자들은 기소가 끝난 후 법정에 가서야 고문을 주장했다. 그들

임종 직전 가족묘지 앞에 서 있는 김홍섭 판사. 많은 글을 남겼지만 정판사사건에 대한 언급은 별로 없다.

이 검찰 조사 과정에서 고문 사실을 주장했다면 김홍섭은 검사로서 그들의 권리를 보호하기 위해 최선을 다했을 것이다. 검사 역할을 제대로 해낼 수 없다면 사표를 냈을 것이다. 그러나 피의자들은 그런 역할을 그가 맡을 기회를 주지 않았다. 그는 최선을 다해 받아낸 진술 내용을 사실로 인정할 수밖에 없었다.

법정에서 판사를 상대로 고문 사실을 주장했으니 그 확인 책임은 판사에게 있는 것이었고, 판사는 그 주장을 인정하지 않았다. 그 단계에서는 검사로서 할 수 있는 일이 없었다. 마음속으로 어떻게 생각하든. 그가 곧 검사를 그만둔 것이 이 일에서 검사 역할의 한계에 환멸을 느꼈기 때문이 아닌가 생각해본다. 그러나 검사 직책을 지키고 있는 한 자신이 정상적 방법으로 받아낸 진술의 효과를 스스로 부정할 수 없었을 것이다.

이 일에 대한 생각을 정리하다가 아직도 대법원 판결을 기다리고 있는 곽노현 사건의 1심 재판부(주심판사 김형두)가 생각난다. 이 재판부는 재판 과정을 통해 피고에게 불리한 쪽으로 떠돌던 많은 의혹을 해소했다. 사실 확인에서는 피고에게 더 이상 고마울 수 없는 판사 노릇을 했다. 그런데 양형에서는 매우 무거운 벌금형을 내렸다. 그 양형으로 한쪽에서는 극렬한 비난을 받았고, 다른 한쪽에서는 심각한 비판을 받았다.(대법원은 2012년 9월 27일 곽노현에게 징역 1년의 제2심 판결을 확정했고, 곽노현은 이에 따라 교육감직을 상실했다.)

사법제도의 성실한 담당자로서 많은 고민을 재판부가 겪었을 것으로 생각된다. 곽노현 사건에 관심을 가진 사람들은 대개 그를 지지하거나 반대하는 입장에서 재판 결과를 바라본다. 나는 재판부의 입장에 초점을 맞춰 생각해보고 싶은 마음이 든다.

곽노현의 2억 원 증여가 선거제도에 대한 직접 위협이 없는 행위라고 재판부는 판단한 것 같다. 2백여 시간을 들여 사실심리에 공을 들인 것은 그 판단을 위해서였을 것이다. 선거 당시 곽노현이 금품제공을 조건으로 한 후보사퇴에 견결히 반대했고 몇몇 사람 사이에 오고간 언질에 대해 전혀 모르고 있었다는 사실을 확인한 것이다. 선거제도에 대한 직접 위협이 아니라고 판단했다면 징역형을 내리지 않은 것은 이해할 만한 일이다.

재판부가 이례적 수준의 노력을 사실심리에 기울인 것은 피고가 부당한 처벌을 받지 않도록 최선을 다한 것이다. 그런데 결국 유죄판결과 함께 무거운 벌금형을 내렸다.

법률과 사법에 관한 깊은 지식을 갖지 않은 나 같은 일반인에게 이 과정과 결과가 합쳐져 신뢰감을 준다. 부당한 처벌을 받지 않도록 재판부가 최선을 다하고도 유죄판결을 내렸다면 적어도 현행법에 저촉된 바가 없지는 않으리라는 신뢰감이다. 범죄 아닌 행위를 범죄로 규정할 수 있는 문제가 현행법에 있다면 그것은 입법부 쪽 문제다.

유죄라 하더라도 양형에 또 생각할 문제가 있다. 일반인의 눈에 3천만 원은 무거운 벌금이다. 그런데 '선의의 부조'로 2억 원을 쾌척할 수 있는 사람에게는 큰 액수가 아닐 수도 있다. 이 액수가 당선무효 기준을 크게 넘어서는 것이라서 사람들이 예민하게 받아들이는데, 그 기준에 맞춰 양형을 조정할 수는 없는 일이다. 선거제도에 대한 위협이 없는 행위에 대한 당선무효가 과중한 처분이라면 그것도 입법부 쪽 문제다.

문제된 행위가 실정법상 기술적으로는 유죄라 하더라도 사회질서를 해치기는커녕 보탬이 되는 훌륭한 행위이며, 오히려 이에 대한 처벌이 바람직하지 못한 결과를 일으킬 수 있는 것이라면 양형을 최소화하는 것이 마땅하다. 그런데 이 '선의의 부조'가 그런 훌륭한 행위인가? 재판부가 그렇게 보지 않은 것에 나는 동의한다.

이 사회에는 금전적 도움을 바라는 사람이 많이 있고, 2억 원이면 많은 사람에게 상당한 도움을 줄 수 있는 돈이다. 그런데 하필 박아무개에게 그 돈을 준 데는 '대가성'이 존재하기 쉽다. 최소한 시끄럽게 할 일을 조용히 해주는 정도의 '대가'는 생각할 수 있는 일이다. 그리고 이런 증여 행위가 밝혀지고도 처벌받지 않는다면 앞으로 어느 선거 뒤에든 박아무개와 같은 입장에 있는 사람이 곽노현 같은 입장에 있는 사람에게 금전을 쉽게 요구할 수 있으리라는 점에서 사회질서를 해치는 점이 분명히 있다.

지금 우리 사법부에서는 말도 안 되는 판결이 쏟아져 나오고 있다. 당장 이 사건의 항소심에서 검찰 주장을 대폭 받아들여 징역형을 선고한 것도 일반인의 신뢰를 받기 힘든 판결이다. 단 세 차례 공판을 통해 1심 판결을 크게 바꿨다는 사실 자체가 상식으로 납득이 되지 않는 것이다. 1심 판결이 양쪽 공격을 받은 반면 항소심 판결은 한쪽의 지지라도 받는 데 목적을 둔 게 아닌가 하는 의심을 피할 수 없다.

진영 논리가 극성스러운 이 사회에서 1심의 김형두 재판부가 여론에 휩쓸리지 않고 맡은 역할을 성실히 수행한 데 경의를 표한다. 그리고 그들에게 쏟아지는 십자포화를 보며, 66년 전 진짜 억울한 판결을 받은 정판사사건 피고들이 김홍섭 검사의 역할을 양해하던 금도를 그리는 마음이 든다.

1947. 7. 6.

극좌와 극우는 정치세력이 아니라 정치파괴세력

———

엊그제 정판사사건에 관한 생각을 한 차례 정리했는데, 좌우합작도 생각을 정리해보고 싶은 중요한 주제다. 마침 지난주 『프레시안북스』의 "장석준의 적록 서재"에 "좌우합작의 실패, 대한민국의 운명을 바꾸다!"란 글이 나왔다. 이 글을 보며 해방 공간의 좌우합작 시도에 대한 우리 사회의 통념을 한 번 살펴본다.

장석준이 좌익의 입장을 표방하면서도 매우 균형 잡힌 시각을 취하는 것이 우선 반갑다. 물론 본인의 노력 덕분이지만, 그동안 연구의 축적이 그런 시각을 뒷받침해주게 되었다는 사실에도 새삼 고마운 마음이 든다.

그런데 균형에 별 문제가 없는데도 당시 상황을 명확한 실체로 파악하는 데는 아쉬움을 느끼지 않을 수 없는 대목들이 있다. 한 장의 사진에 비유하면 여러 이미지가 그럴싸하게 배치되어 있기는 한데, 그 이미지들이 충분한 현실감을 주지 못하는 것이다. 적절한 깊이에 초점을 정확하게 맞춘 사진이라야 현실감을 주는 것이다. 해방 공간의 '극좌'와 '극우'를 정상적 정치세력으로 보는 통념을 장석준이 그대로 따르는 데 불만을 느낀다.

과연 해방 공간에서 '극우'가 어떤 세력이었는가? 당시 극우의 존재를 뒷받침한 것은 반탁운동이었다. 장석준도 "1946년 초에 폭발한 우파 진영의 반탁운동에 상응하는 대중적 흐름을 만들어내지 못한 것"을 좌우합작을 시도한 중간파(중도파)의 "치명적인 한계"로 본다. 그렇다면 반탁운동의 정체를 파악해야 극우파의 실체를 이해할 수 있을 것이다.

1945년 말 모스크바 3상회의 직후 터져 나온 반탁운동은 『동아일보』의 선정적 '오보'로 촉발된 것이었다. 미국은 조선의 즉시 독립을 주장하는데 소련이 신탁통치를 고집했다고 하는, '오보'라기보다 속셈이 빤히 들여다보이는 조작 기사였다. 반증이 불가능한 상태에서 이 조작 기사를 접한 조선인은 "소련의 고집만 꺾으면 즉시 독립이 가능하다."는 환상을 품고 맹렬한 반탁운동에 나섰다. 우파만이 아니라 좌파 인사들도 이에 동조했다.

적성국 지역에 군사점령과 신탁통치를 행하는 것은 연합국의 일반적 방침이었다. 조선 독립을 약속한 카이로선언 무렵에 오스트리아 독립 약속도 나왔다. "선거 때 무슨 말을 못하냐?"고 하는 낯 두꺼운 정치인도 있거니와, 전쟁 중에 무슨 말을 못하겠는가? 오스트리아와 조선의 독립 약속에는 독일제국과 일본제국의 결속력을 조금이라도 약화시키기 위해 남발한 공약의 성격이 있었다.

이 공약에 호응해서 독일과 일본에 대한 적극 항쟁이 일어났다면 약속의 무게가 늘어났을 것이다. 그러나 오스트리아인도 조선인도 연합국에 큰 도움을 주지 못했다. 전쟁이 끝난 후 제국을 해체하기 위해 독립을 시키기는 해도 오스트리아인과 조선인의 만족을 1백퍼센트 충족시킬 생각이 없었다. 오스트리아인은 좌우합작 정부를 세우고 10년간의 4개국 신탁통치를 받아들인 반면 조선인은 "최고 5년"의 신탁통치를 거부하다가 분단건국에 이르렀다.

미국이 오히려 더 긴 신탁통치 기간을 주장했다는 3상회담 실상이 몇 주일 후 알려지면서 많은 사람이 반탁운동에 대한 태도를 바꿨다. '반탁'의 입장은 지키더라도 당장 운동을 벌일 일은 아니라는 것이었다. 그 후의 반탁운동은 미소공위 좌초를 꾀하는 극우세력의 도구가 되었다. 큰 각광을 받은 반탁 시위 하나가 6월 23일에 있었는데, 시위 자체는 규모가 작았다. 경찰의 비호와 조장 때문에 시위가 부각된 사실에 대해 미소공위 미국 수석대표 브라운이 불쾌감을 표했다.

조선신문기자회에서 1947년 7월 3일 오후 서울시내 중요 지점 10개 소에서 통행인 2,495명을 상대로 실시한 여론조사가 있었다. 첫 항목이 "6월 23일 반탁테러 사건은?"이었는데 이에 대한 대답이 이렇게 보도되었다.

> A 독립의 길이다. 651표(26퍼센트강)
> B 독립의 길이 아니다. 1,736표(71퍼센트약)
> C 기권. 72표(3퍼센트약)
>
> (「국호는? 정권형태는? 기자회서 가두 여론조사」, 『조선일보』 1947년 7월 6일)

그 시점의 반탁운동은 대중의 외면 속에 극우단체의 동원으로 진행되고 있었던 것이다. 이 여론조사에서 새 국호로 '조선인민공화국'이 70퍼센트의 지지를 받은 반면 '대한민국'이 24퍼센트 지지에 그친 것을 보면 상해·중경 임정에 대한 존경심이나 기대감도 크게 희석되었음을 알아볼 수 있다. 무리한 반탁운동에 대한 염증이 아닐까 싶다.

평양에 있던 조만식은 가장 치열한 반탁운동가의 하나로 이름을 남기고 있는데, 1947년 7월 1일 평양을 방문 중이던 미소공위 미국 대표단의 브라운 수석대표가 그를 만났을 때는 그도 신탁통치를 받아들여야겠다는 의견을 표명했다. 1946년 초의 상황 인식이 잘못된 것이었음을 그사이에 깨달은 것으로 보인다.

당시의 극우세력 중 가장 공개적으로 정치활동을 펼치고 있던 한민당을 살펴보자. 1945년 창당 당시 한민당에는 김병로, 원세훈 같은 민족주의자들도 참여했다. 그러나 1946년 10월 한민당 주류가 합작위가 제시한 7원칙 중 토지개혁 조항에 반대하는 입장을 표하자 민족주의자들이 대거 탈당했다.

그 후의 한민당은 엄밀히 말해서 '정당'이 아니라 한낱 '이익집단'일 뿐이었다. 장석준은 중간파 정치노선의 한 예로 백남운(白南雲, 1894~1979)의 논설 두 편을 소개했는데, 이와 견줄 만한 정치논설이 한민당에서는 나온 것이 하나도 없었다. 한민당의 모든 움직임은 친일파를 포함하는 기득권층의 이익을 위한 정략 차원에서 이뤄졌다.

1946~1947년의 극우파는 인민의 소망을 실현하기 위한 정치활동을 외면하고 자파 세력의 강화에만 급급했다. 좌익에서도 비슷한 방식으로 정치활동을 외면한 극좌파가 대두했다.

장석준은 "좌우합작을 둘러싼 좌파 내부의 논쟁 때문에 1946년 말의 자생적 대중 봉기에 정치적 구심점을 제시하지 못한 것도 뼈아픈 오류"였다고 지적했다. 그러나 정치적 구심점을 제시하지 못한 것이 문제가 아니라 너무 많이 제시한 것이 문제였다. 심지연은 『대구 10월 항쟁 연구』 40쪽에서 항쟁에 대한 좌익의 입장을 박헌영계와 반박헌영계로 구분해서 요약했다.

박헌영계는 남한의 정치적 반동과 사회적 혼란으로 말미암아 항쟁이 발생했으며, 인민들의 투쟁은 정당하고, 인민정권이 수립될 때까지 투쟁은 계속될 것이라고 주장했다. 그리고 이러한 투쟁으로 말미암

아 구속된 사람의 석방과 아울러 박헌영 체포령을 취소하라고 요구
했다.

강진을 비롯한 반박헌영계는 "군중투쟁을 폭동으로 유도하거나 혹은
지도부대로서 테러를 감행한 것은 우리 진영의 파괴를 유치하고 전
위를 대중으로부터 고립하게 하고 국제문제를 험악하게 하는 죄악"
이라고 단언하고, 동지들의 폭동 선전과 선동으로 말미암아 대중투
쟁에 큰 손실을 초래했다고 주장했다. 그리고 폭동 때문에 총파업이
위기에 처했고, 추수투쟁도 막대한 지장을 가져와 큰 곤란을 겪게 되
었다고 지적하고, 올바른 지도자라면 폭동을 정당한 투쟁으로 인도
해야 함에도 불구하고, 테러를 조직하는 것을 당연한 것으로 이해하
고 있으니 어리석은 선동가라고 비난했다. (심지연, 『대구 10월항쟁 연구』,
청계연구소 1991, 40쪽)

남로당과 민전을 장악하고 있던 박헌영계는 1946년 가을 인민의 불
만이 최대한 격렬한 형태로 터져 나오도록 유도하는 데 힘썼다. 이 '신
전술'은 인민의 불만을 해소시키기는커녕 미군정과 극우파의 반발을
불러와 상황을 더욱 악화시키는 결과를 가져왔다. 격렬한 반항이 승리
로 이어질 가능성이 전혀 없는 상황에서 많은 조직원과 지지자들을 희
생시킨 이 전술은 좌익 내 헤게모니 쟁탈을 위한 정략적 차원의 선택
으로 보인다.

박헌영계의 활동은 시종일관 정략적 차원에 치중했다. 장석준은
"1946년 벽두에 반탁운동이 폭발하고 5월에 미군정의 조선공산당 탄
압이 시작되기 전까지만 해도 조선공산당의 노선 역시 좌우합작에 의
한 임시정부 수립"이었으며 "박헌영 노선과 여운형 노선이 갈린 것은
전자가 도중에 입장을 바꾸었기 때문"이라고 한다. 그러나 1946년 7

월 '신전술'을 내걸기 전에도 박헌영계는 통일전선에 진지한 노력을 기울인 흔적이 없다. 박헌영이 일시 통일전선에 다소 유연한 태도를 보인 것은 북한 지역의 정세에 영향을 받은 것으로 서중석은 해석했다 (『한국현대민족운동연구』, 245쪽).

정치노선을 개발하기 위한 노력도 빈약했다. 박헌영계에서 절대적 권위를 누린 정치논설이 해방 직후 발표된 '8월테제'인데, 서중석은 이것을 코민테른 '12월테제'(1928년)의 번안 수준으로 평가했다(같은 책, 235~238쪽). 1928년 당시 모스크바에 있었던 박헌영의 공산주의운동 노선 인식이 그 단계에 머물러 있었던 것으로 보인다. 1935년 제7차 코민테른 대회에서 파시즘에 대항하기 위해 '인민전선'으로 바꾼 방향을 그가 해방 때까지 소화하지 못하고 있었다는 사실은 소련영사관 직원이었던 샤브시나의 증언에도 비쳐 보인다.

> 재건위원회에서 정치노선을 작성할 때 박헌영은 우리 영사관 도서관에 자료 특히 코민테른 제7차 대회에 관련된 자료를 여러 번 의뢰하곤 하였다. (임경석, 『이정 박헌영 일대기』, 역사비평사 2004, 214~215쪽에서 재인용)

박헌영계는 장악력에만 치중하며 인민전선은커녕 좌익의 외연 확대도 소홀히 했다. 우호적 세력에까지 '프락치'를 너무 적극 활용해 불신과 분열을 초래했다. 인민의 신뢰와 지지를 키우기보다 좌익 내의 헤게모니를 장악하여 좌익에 대한 소련의 지원을 독점함으로써 권력을 추구하겠다는 목적으로 이해된다. 해방 직후 박헌영이 서울에 오자마자 소련영사관의 보호와 지원을 찾은 데서부터 일관된 자세로 보인다.

해방 시점에서 대다수 조선인이 원한 것은 식민지체제의 모순에서 벗어나는 것이었다. 그 염원이 민족주의와 민주주의로 집약되는데, 여기서 민주주의란 자유보다 평등에 방점을 두는 사회주의적 민주주의였다. 민족주의를 앞세운 것이 우파, 민주주의를 앞세운 것이 좌파였는데, 양자는 절대적 대립관계가 아니었다. 민의의 실현을 모색하는 진정한 정치활동이라면 우파건 좌파건 민족주의와 민주주의를 배합해야 하는 것이었다.

이 배합 작업이 바로 좌우합작이었다. 1946년 10월 7일 합작위에서 발표한 '7원칙'이 그런 예다. 좌파와 우파에서 합의점과 타협점을 찾은 것이다. 김규식과 여운형의 공동성명으로 발표된 내용은 이런 것이었다.

> 본 위원회의 목적(민주주의 임시정부를 수립하여 조국의 완전 독립을 촉성할 것)을 달성하기 위하여 기본원칙을 아래와 같이 의정함
>
> (1) 조선의 민주독립을 보장한 3상회의 결정에 의하여 남북을 통한 좌우합작으로 민주주의 임시정부를 수립할 것.
>
> (2) 미소공동위원회 속개를 요청하는 공동성명을 발할 것.
>
> (3) 토지개혁에 있어 몰수, 유조건 몰수, 체감매상 등으로 토지를 농민에게 무상으로 분여하여 시가지의 기지 및 대건물을 적정 처리하며 중요산업을 국유화하여 사회 노동법령 및 정치적 자유를 기본으로 지방자치제의 확립을 속히 실시하며 통화 및 민생문제 등등을 급속히 처리하여 민주주의 건국과업 완수에 매진할 것.
>
> (4) 친일파, 민족반역자를 처리할 조례를 본 합작위원회에서 입법기구에 제안하여 입법기구로 하여금 심리 결정케 하여 실시케 할 것.
>
> (5) 남북을 통하여 현 정권하에 검거된 정치운동자의 석방에 노력하고 아울러 남북 좌우의 테러적 행동을 일체 즉시로 제지토록 노

력할 것.

(6) 입법기구에 있어서는 일체 그 권능과 구성방법, 운영 등에 관한 대안을 본 합작위원회에서 작성하여 적극적으로 실행을 기도할 것.

(7) 전국적으로 언론, 집회, 결사, 출판, 교통, 투표 등 자유를 절대 보장되도록 노력할 것.

(「합작의 7원칙 발표」, 『동아일보』 1946년 10월 8일)

제3조 '토지개혁'을 보자. 좌익의 전통적 주장은 "무상몰수 무상분배"였는데, 합의된 원칙은 그에 가까운 효과를 가지면서도 중소지주의 입장을 배려한 것이다. 좌익 평등 이념과 우익 민족주의 이념의 조화를 꾀한 것이다.

한민당은 여기에 반대함으로써 대지주의 이익에 집착하는 본색을 드러내고 민족주의자들의 대거 탈당 사태를 겪었다. 한편 박헌영계가 장악한 남로당은 "무상몰수 무상분배"에서 한 치도 움직이지 않았다. 공산국가 소련이 점령한 이북과 자본주의국가 미국이 점령한 이남 사이의 상황 차이에 대한 배려가 전혀 없었던 것이고, 민족주의와 배합한 통일전선 결성의 의지도 없었던 것이다.

겉보기로는 극좌와 극우가 극한적 대립관계다. 그러나 그 사이에는 '적대적 공생관계'가 있었다. 나는 처음에 이 공생관계가 우발적으로 형성된 역설적 현상이라고 생각했다. 그러나 작업이 진행됨에 따라 극좌와 극우의 속성을 이해하면서 이 관계의 필연성을 깨닫게 되었다. 두 세력은 정상적 정치활동을 봉쇄한다는 공동의 목표를 갖고 있었고, 모든 강령에 '절대'를 붙임으로써 중간파의 배합·타협 노력을 가로막았다. "3상회담 절대 지지"와 "신탁통치 절대 반대"는 서로 반대되는 강령이면서도 미소공위 파탄을 위해 힘을 합쳤던 것이다.

"일단 한반도에 두 국가가 수립된다면, 전쟁은 필연이었다." 장석준의 이 말에 동의한다. 제2차 세계대전 직후 분단건국은 독일과 인도·파키스탄에서도 이뤄졌지만 한반도와 사정이 다른 나라들이었다. 독일은 전범국이었기 때문에 분단을 감수해야 했고, 인도·파키스탄은 민족 통일성이 약했기 때문에 통합을 향한 압력도 적었다. 분단건국은 한민족에게 극히 부자연스러운 상태였기 때문에 통합을 향한 내부압력이 걷잡을 수 없이 컸다.

당시 조선인의 절대다수가 통일건국을 원한 것은 의심의 여지없는 사실이다. 그런데 다수 인민의 염원이 어그러진 까닭이 무엇인가? 정치가 작동하지 않았기 때문이다.

정치를 작동시키려는 노력은 있었다. 좌우합작이 두드러진 예다. 그런데 이런 노력이 왜 실패로 돌아갔나? 지도자들을 포함한 '정치인'들의 잘못을 따지게 된다.

그런데 '정치인'의 범위를 다시 생각해볼 필요가 있다. 정치를 작동시키려 노력하는 사람이라야 '정치인'이라 할 수 있다. '정상배'와 '혁명가'는 '정치인'이라 할 수 없다. 정상적 정치의 작동을 방해하거나 파괴하려는 사람들이기 때문이다.

해방 공간의 정치현상을 흔히 '좌우대립'으로 인식하는데, 나는 그보다 정치인과 사이비 정치인 사이의 대립에 더 큰 의미가 있다고 생각하게 되었다. 이익이나 이념을 위해 정치를 파괴하려는 사이비 정치인들의 힘이 인민의 염원을 실현하려는 정치인의 노력을 압도했기 때문에 통일 민족국가를 바라는 대다수 인민의 뜻이 좌절된 것이었다.

극우파의 반탁운동 같은 대중운동을 일으키지 못한 것이 중간파의 "치명적 한계"였다고 장석준은 아쉬워한다. 반탁운동이 어떤 힘으로 일어난 것이었던가? 1945년 말에 일어난 격렬한 운동에는 『동아일보』

조작 기사 등을 통한 선동과 미소공위 반대세력의 책동이 큰 몫을 했다. 반탁운동은 돈과 권력의 힘으로 만들어낸 움직임이었고, 진정한 대중운동은 경찰과 극우파의 물리력으로 봉쇄되어 있었다.

극우파는 미군정의 방조 아래 엄청난 자금력을 휘둘렀다. 그리고 소련의 후원 아래 진행된 이북 지역의 혁명적 변화는 많은 혁명가를 극좌의 길로 유혹했다. 중간파의 힘이 약했던 것이 아니다. 그들의 노력을 좌절시킨 돈의 힘과 꿈의 힘이 너무 강했던 것이다.

조선이 일본에서 독립한 것과 비슷한 상황에서 독일로부터 독립한 오스트리아의 경우를 보자. 오스트리아 정치인들은 좌우합작 정부를 세우고 10년의 신탁통치를 거쳐 무난히 건국에 이르렀다. 조선의 중간파 정치인들도 오스트리아 정치인들 못지않게 성실한 노력을 기울였다. 그런데 오스트리아에서는 조선과 같은 사이비 정치인들의 발호가 없었다.

조선의 사이비 정치인 발호는 미국과 소련의 작용에 의한 것이었다. 저희들 멋대로 38선을 그어놓고 각자 점령지역을 자기네에게 좋은 방향으로 끌고 가려 했다. 그 힘이 너무나 커서 그에 편승한 사이비 정치인들이 민의의 실현을 가로막을 수 있었던 것이다.

해방은 일본으로부터의 해방이었을 뿐, 다른 외세의 압박을 조선인에게 가져왔다. 그 압박 때문에 조선인은 제대로 된 정치를 펼칠 여건을 누리지 못하고 분단건국과 전쟁을 겪었다. 한반도는 그 압박이 남긴 일그러진 모습에서 아직도 벗어나지 못하고 있다. 이 일그러진 모습을 바로잡기 위해서도 65년 전의 선배들을 짓누른 그 압박의 성격을 정확히 이해하기 위해 애쓸 여지가 아직까지도 남아 있다.

식민지시대부터 분단시대까지 고통의 시대를 꿰뚫고 살아온 이구영(李九榮, 1920~2006)의 말씀이 절실하게 느껴진다. 좌우대립은 외세

작용의 결과로서 피상적 현상일 뿐이며, 시대조건을 파악하는 것이 분
단 극복을 위해서도 첫 번째 과제라는 생각에서다.

> "우리 시대의 가장 중요한 과제인 통일의 문제 역시 민족 문제입니
> 다. 혹자는 분단의 원인은 이념 문제라고 주장할지 모르지만 분단은
> 어디까지나 우리 민족이 약육강식의 세계사에서 겪지 않을 수 없었
> 던 민족 문제였다고 봅니다. 따라서 당연히 통일의 문제도 민족 문제
> 의 일환으로 다루어져야 한다고 봅니다." (심지연, 『역사는 남북을 묻지 않
> 는다』, 소나무 2009, 21쪽)

1947. 7. 11.

느닷없이 "배 째라!"로 돌아선 미국 대표단

중단된 지 1년 만에 재개된 미소공위에 대해 당시 민정장관 안재홍은 "미국 측의 이른바 70퍼센트 유망시(有望視)한다는 예감"을 회고했다. 안재홍은 러치 군정장관과 헬믹 군정장관 대리를 업무상 마주치는 외에 브라운 미소공위 수석대표와 자주 만나고 있었는데, 그가 말한 "미국 측" 예감이란 브라운에게서 들은 미국 대표단 분위기였을 것 같다.

5월 21일 재개에 이르는 과정을 보더라도 그 낙관적 분위기를 이해할 수 있다. 몰로토프 외상과 마셜 국무장관이 회담 성공을 향한 강한 의지를 보여주고 있었다. 이 분위기 속에서 회담은 순조롭게 진행되어 6월 11일에 실현 가능성이 뚜렷한 로드맵이 나왔다. 이에 따라 6월 25일과 7월 1일 협의대상으로 참가를 신청한 정당·단체들과 미·소 대표단의 합동회의가 서울과 평양에서 열렸고, 7월 7일까지 정당·단체들의 의견서가 접수되었다.

그런데 7월로 접어들며 난항의 기미가 보이기 시작했다. 6월 30일 예정되어 있던 이북 지역 정당·단체들과의 합동회의를 하루 늦추고 제36차 본회의를 연 데서 난기류가 처음 느껴진다. 그 후 열흘 동안 평양에서 두 차례, 서울에서 세 차례 본회의가 더 열렸지만 볼 만한 결과가 나오지 않고 있었다. 그러다가 7월 11일 브라운 대표의 발언이 나왔다.

〔주 서울 AP 특파원 로버트 씨 제공 합동〕미소공위 미 측 수석대표 브라운 소장은 공위진전에 관하여 신문기자에게 여좌히 말하였다.

(1) 소련 측은 과거 3주일에 걸쳐 공위협의에 참가코자 하는 남조선 정당 사회단체 425단체 일부를 삭감시키려고 노력하였는데 이에 대하여 미 측은 반대하고 있다.

(2) 남조선에 있어서의 정치단체의 좌우 비율은 우측 5 대 좌측 3이며 북조선에서 공위와의 협의를 요청하고 있는 38단체는 전부 좌측인 것이다. 그러나 남북조선 전부를 통한 좌우의 비율은 아직 결정되지 않고 있다.

본관은 11일 스티코프 대장과 회담하고 공동성명서 발표에 관하여 심의할 예정이고 이 공동성명에서 소련 측의 주장과 미 측의 반대를 명확히 할 것이다.

(「협의대상을 위요한 소 주장과 미 반대」, 『자유신문』 1947년 7월 12일)

제2항의 "좌우 비율"이란 말이 이상하다. 참가를 신청하는 정당·단체들이 좌우를 구분해서 표시하게 되어 있는 것이 아닌데 미국 측에서 주관적으로 구분을 하고 있는 것이다. 물론 실질적으로 너무 치우치는 문제가 있다면 양측이 조용히 의논해서 완화할 방책을 찾을 수도 있겠지만, 그 비율을 명확하게 정할 수는 없는 일이다. 미국 측이 우익의 참가 범위가 좌익보다 작게 될까봐 노심초사하는 속셈을 보여주는 말이다.

브라운 대표는 7월 16일 공보부 특별발표에서 양측 대표단이 합의하지 못한 내용을 공개했다. "소련 측의 주장과 미 측의 반대"를 명확히 할 공동성명서 작성에도 합의하지 못하고 일방적으로 발표하게 된 것이다.

7월 17일자 『자유신문』에는 이 방대한 발표가 네 부분으로 나뉘어 실렸다. 먼저 전체 제목 「공위 협의대상의 불합의 요점-미 대표 발표」 아래 전문(前文)이 실려 있다.

> 미소공위 제43차 본회의는 1947년 7월 14일 하오 1시 반부터 조선 서울 덕수궁에서 브라운 소장 사회하에 개회되었다. 공위는 제33차 본회의부터 토의를 시작하여 제42차 본회의에 이르기까지 합의를 보지 못하였는데 최초협의에 초청할 정당 및 사회단체 명부에 관하여 계속 토의한 결과 불합의의 원인인 근본적 논의점은 다음과 같다.

그리고 「반탁단체는 제외-지방적인 기관 등 불인(不認)」이란 제목 아래 "소 측 대표의 의견"과 "소 측 대표 논의점의 특징"이 실려 있다.

> "소 측 대표의 의견"
> 다음의 범주에 소속되는 정당 및 사회단체는 최초 협의대상 명부에서 제외할 것, 특히
> (1) 사회단체로서 규정되지 않은 단체,
> (2) 지방 및 기타 순전히 1지역의 단체,
> (3) 막부협정을 전적으로 지지할 의도가 없는 단체 특히 반탁위원회 및 유사단체의 회원
>
> "소 측 대표 논의점의 특징"
> (1) 상공회의소, 의사회, 불교연구원, 계리사협회 같은 공업적 · 상업

적 및 생산자 단체, 기타 정치 경제를 연구하고자 조직된 단체는 막부협정에 규정된 사회적인 숙어로 사용된 사회단체로 인정할 수 없다.

(2) 중앙에 사무소가 없는 지방정당 및 단체는 협의의 자격이 없음.

(3) 선언서에 서명하고 협의신청을 하여 막부협정 지지에 동의한 정당 혹은 단체의 성의도 불구하고 만약 이러한 정당 혹은 단체가 계속 반탁위원회 혹은 유사단체에 가입하고 있는 경우에는 소측 대표는 거부함. 이러한 정당 혹은 단체라도 다만 그가 공적으로 반탁위원회 혹은 유사단체에서 탈퇴만 하면 협의대책이 될 수 있음.

(4) 공동결의에 발표된 대로 외상회의의 협정에 의하여 1정당이 협의자격이 있다는 것은 결코 그 정당이 공위와의 협의에 꼭 가입하여야 한다는 것은 아니다.

(5) 1정당은 협의단체 명부에 가입하기 위하여는 양측 대표가 모두 승인하여야 함.

그리고 원고지 8매 길이로 "미국 대표의 의견"과 "미 측 대표 논의점의 특징"이 붙어 있고, 결론이라 할 내용이 「근본적 상이점 해결 미소공위 속의(續議) 중―협의 제외는 상호협정 외 불능」이란 제목의 박스 안에 들어 있다.

결론부의 요점은 두 가지다. 하나는 양쪽 대표단 중 어느 쪽도 신청한 정당·단체에 대해 거부권(기사에서는 '부인권(否認權)'이라 했음)을 가질 수 없다는 것이고, 또 하나는 미소공위나 모스크바결정에 반대하는 구체적 행위가 결정적으로 확인되기 전에는 협의대상에서 제외할 수 없다는 것이다.

소련 수석대표 스티코프(Terenti F. Stykov)는 7월 21일 이에 대항하는 성명을 발표하고 기자회견을 하였다. 회견에서 "공위에 참가를 청

원한 단체를 제외하자는 것은 소련이 부인권을 행사하려 함이 아닌
가?" 하는 질문에 대해 "나는 소미공동위원회에서 소련 측 견해를 말
했을 뿐이지 부인권을 행사한 것은 아니다."라고 대답했다. 그가 거부
권을 요구한 것이 아니라고 명언한 이상 브라운의 7월 16일 성명의 결
론 중 하나의 축은 성립하지 않는 것이다.

또 하나의 축인 반탁 문제에 대해서도 브라운의 주장은 석연치 않
다. 7월 16일 성명의 「미 측 대표 논의점의 특징」 중 이에 관계된 내용
은 이런 것이다.

> 반탁위원회 및 유사단체에 가입한 정당도 만약 그들이 협의청원을
> 하고 요구된 선언서에 서명하였으며 마셜·몰로토프 협정에 의하여
> 당연히 최초협의 대상이 될 자격이 있음. 만약 그들이 공위가 상호
> 협정에 의하여 외상회의에서 합의를 본 협정 제3항(즉 공위와의 협의에
> 초청을 받은 개인 정당 및 사회단체는 공동성명 제5호에 포함된 선언서에 서명 후에
> 는 공위의 사업 또는 연합국 혹은 막부협정 이행에 적극적으로 반대하는 것을 선동하
> 거나 교사하지 않아야 된다)에 규정되어 있는 대로 고발 후 제외되지 않거
> 나 또는 제외될 시까지는 자격이 있다. 공동성명 제5호에 포함된 선
> 언서에 서명 후 공위의 업무 또는 연합국 혹은 막부협정 이행에 적극
> 적으로 반대하는 것을 선동 또는 교사하는 개인, 정당 및 사회단체는
> 장차의 공위와의 협의에서 제외되어야 함.

제5호 공동성명에서 규정한 (모스크바결정을 지지한다는) 선언서에 서
명만 하면 협의대상 자격이 되고, 그 후 이에 어긋나는 언행으로 고발
되어 부적격 판정을 받을 때까지는 이 자격이 유지된다는 것이다. 그
런데 소련 측 주장은 반탁투위에 가입해 있는 상태 자체가 실격 요건

이라는 것이었다. 7월 21일 소련 측 성명서에 이런 대목이 있다.

> 막부결정을 반대하여 투쟁하려고 특별 조직된 정당 단체 또는 모스크바결정을 반대하여 투쟁하려고 그 단체에 가입한 정당 단체를 협의대상에서 제외할 것을 소 측 대표는 제의했으며 반탁투쟁위원회에 가입한 제 정당·사회단체를 협의에 가입시키지 말 것을 소 측 대표는 특별히 주장했다. 공위가 재개된 이후 또는 협의규정에 관한 공위 결정이 발표 이후에도 반탁투쟁위원회는 공위와 막부결정을 반대하는 투쟁을 중지하지 않았을 뿐 아니라 도리어 조선민주임시정부 수립에 관한 사업을 파괴하려고 그 투쟁을 강화했다는 것을 소 측 대표는 지적했다. 반탁위원회에 가입한 제 정당 또는 사회단체는 반탁위원회에서 탈퇴함을 성명하기 전까지는 반탁위원회에 대한 책임을 계속 부담할 것이다.
>
> (「협정 준수면 해결. 반탁정당 등의 참가만 미합의-소 측 공위 경과를 석명」,
> 『자유신문』 1947년 7월 23일)

1945년 말 결성된 반탁투위는 그동안 유명무실한 상태에 있으면서도 해체되지 않고 있다가 1947년 2월부터 활동을 다시 시작했다. 특히 5월 들어 미소공위 재개를 앞두고 활동이 많아졌으며, 6월 23일의 반탁시위에서도 앞장섰다. 반탁투위에 가맹한 수십 개 정당·단체가 탈퇴하지 않을 경우 반탁투위의 반탁활동에 참여한 것으로 간주해야 한다는 소련 측 주장은 타당한 것으로 보인다.

6월 23일 시위를 다시 돌아본다. 시위대가 대표단 차량에 투석했다는 소련 측 주장을 조병옥 경무부장이 부인한 것은 믿기 어려운 주장이다. 설령 투석까지는 없었다 하더라도 시위가 회담에 지장을 준 것은 명백한 사실이다. 반탁투위는 시위를 공공연히 지지했고 시위로 체포된 사람들도 대부분 반탁투위 간부들이었다. 한민당이 이 시위에 대한 책임에서 벗어나려면 반탁투위 탈퇴는 최소한의 필요조건이 아닐 수 없다.

반탁 관계와 거부권, 두 가지 문제에 비해 사소한 것으로 보이지만, '사회단체'의 정의 문제에서도 미국 측 주장이 어색해 보인다. 소련 측은 조선인을 대표하는 성격이 약한 단체들, 예컨대 전문직종 단체나 특정지역 단체는 제외하자고 주장했는데, 미국 측은 7월 16일 성명에서 "막부협정에는 '사회단체'라는 숙어에 하등 해석이 없음", "지방 및 기타 순전히 1지역의 지방단체와의 협의는 막부협정, 마셜·몰로토프 협정 혹은 공동결의의 여하한 조건에도 금지되어 있지 않음"이라고 일축했다.

손님이 너무 적으면 자격을 너무 엄히 따지지 말고 오는 대로 받아주는 편이 좋을 수도 있다. 그런데 이북 지역에서 38개 단체가, 그리고 이남 지역에서 425개 단체가 참가를 신청했다. 효과적인 토론이 불가능한 숫자다. 그리고 7월 21일 소련 측 성명에서 "용산구자동차협회, 안암청년단, 여수기독청년회" 등 예시한 것을 보면 정말 저런 단체들까지 다 입장시켜야 미소공위에서 조선인의 입장이 제대로 대변될 수 있는 것일까, 한숨이 나온다.

협의단체 자격을 둘러싼 논쟁에서 미국 측 입장이 너무나 억지스럽다. 미소공위를 결렬시키고 조선 안건을 유엔에 가져갈 방침을 미국이 이 시점에서 이미 세우고 있었던 것일까? 6월 중순까지도 미소공위 성공을 위해 성심성의를 다하는 것처럼 보이던 미국 대표단의 태도가 몇 주일 사이에 이렇게 표변한 까닭이 어디에 있었을까? 앞으로 더 면밀히 살펴보겠다.

1947. 7. 13.

마셜의 태도가 바뀌는 조짐이 보인다

———

웨드마이어(Albert Coady Wedemeyer, 1897~1989) 중장이 트루먼 대통령의 특사로 중국과 조선을 방문한다는 발표가 7월 12일에 나왔다.

> 〔워싱턴 12일발 UP 조선〕 트루먼 대통령은 전 중국전역 미군사령관 엘버트 C. 웨드마이어 중장을 대통령 특사로서 긴급 사실조사 사명을 주어 정치경제 고문을 대동시켜 중국과 조선에 급거 파견하였는데 이는 마셜계획을 극동에 채용하는 제1착 조치로 간주된다. 이 결정은 또한 미국의 중국에 대한 정책이 공산군과의 투쟁에 있어 미국의 장개석 지지를 요청하는 미국 내 및 중국에 있어서의 강력한 압력에 순응하여 미국의 대중정책이 불원간 변경될 것을 시사하는 것이다.
> 그리고 이 특별사절에 웨드마이어를 기용한 것도 의미심장하다. 마셜과 같이 그도 군인이다. 그는 사실에 있어 대통령에 대하여서보다도 마셜 국무장관에 보고할 것이다. 그는 전쟁 말기에 장 주석이 인면중(印緬中) 미군사령관 스틸웰 장군에 불만을 표명하였을 때 그와 교대하여 중국전역 미군사령관이 되었으며 국민정부에 동정이 좋은 것으로 보인다. 웨 씨는 또한 당년 70세의 스튜어트 씨 후임으로 주중 미대사에 임명되리라는 설도 있었다 한다.

그리고 그는 마셜 씨가 중국에 갔을 때와 같이 대통령 특사로 대사의 자격을 가지고 가는 것이다. 마셜 씨가 특히 중국내전을 조정하라는 훈령을 띠고 화평사절로서 중국에 간 데 대하여 그는 중국과 조선의 전반적 정세를 사찰하기 위하여 파견된 것이다. 그의 사명에 관한 상세한 내용은 상금 발표되지 않았으나 그의 목적은 다음과 같은 것으로 보인다.

(1) 중국에 관하여

가. 마셜계획 기타 방법에 의하여 중국에 경제적 안정을 실현케 하는 데는 여하한 조치가 필요한가를 결정할 것. 해리먼 상무장관은 구주 향발 전에 마셜계획을 아세아에 원조할 가능성을 시사하였다.

나. 미국은 중국 내전에 대한 중립을 포기하고 장 정권에 대하여 모든 도의적·물질적 지원을 공여할 것인가를 결정할 것.

(2) 조선 문제

가. 조선임시정부 조직에 관한 미·소 간 교섭의 정돈상태를 분석하고 이 상태가 마셜 장관이 막부회의 당시 시사한 바와 같이 남조선 미국점령지대에 대한 일방적 계획추진이 필요한 정도로 중대한 것인가를 발견할 것.

나. 조선의 군정을 국무성에 이관하여 민정을 실시케 하는 것은 실제에 있어서 실행가능한가를 발견할 것. 대조선 2억 특별원조계획은 상금 고려 중이나 당분간 보류될 것으로 보인다.

「조선 임정 수립에 관한 미·소 정돈(停頓)상태의 분절 등-웨 중장의 내국 목적」,

『서울신문』 1947년 7월 13일)

마셜은 국무장관 취임 전 1945년 말부터 1947년 초까지 대통령 특사로 중국에 파견되어 국민당과 공산당을 포괄하는 연립정부를 세움으로써 내전을 막는 일에 노력했다. 이 노력의 실패 원인은 복합적인 것이지만 장개석의 비협조가 결정적이었다. 장개석은 연립정부를 회피하더라도 군사력으로 공산당을 억누를 수 있고, 미국에게는 결국 자신을 지원하는 것밖에 다른 선택이 없다고 믿었다.

1947년 3월 공산당의 오랜 근거지 연안(延安)을 함락시킴으로써 장개석의 승리가 확실해지는 것 같았다. 그러나 공산군은 연안을 전략적으로 포기하고 실력을 정비해 6월 하순부터 대대적 반격에 나섰다. 6월 30일에는 황하를 건너 전선을 크게 확장했다. 본격적 전쟁은 이제부터였다.

이 시점에서 웨드마이어 특사가 파견된 것이다. 트루먼과 마셜은 장개석에게 지나치게 휘둘리는 데 염증을 내고 있었다. 장개석 군대에 수십억 달러의 원조를 쏟아 붓고 있었지만 장개석은 원조의 효과를 제대로 보여주지 못했다. 중국과 관계된 미국 관리와 군인들 중 유별난 반공주의자 외에는 모두 장개석에게 진절머리를 내고 있었다.

위 기사 내용처럼 웨드마이어는 그중 장개석 정권과 관계가 좋은 편이었다. 그래서 이 시점에 그를 보낸 데는 장개석을 설득하기 위한 마지막 노력의 뜻이 있었다고 생각된다.

그런데 웨드마이어의 임무에 조선이 중국과 함께 들어 있다는 점이 주목을 끈다. 미국의 극동정책 안에서 대중국 정책과 대조선 정책이 연계될 가능성을 보여주는 조치로 관측되었다(『서울신문』·『조선일보』 1947년 7월 15일). 중국에서 국민당 입장이 약화되는 데 따라 조선에 대한 미국 정책이 강화될 수 있다는 것이다.

엊그제 일기에서 미소공위 미국 대표단의 태도가 7월 들어 결렬을 불사하는 쪽으로 표변한 사실을 지적했다. 웨드마이어 특사 파견을 보며 중국 정세 변화가 이 태도 변화에 작용한 것은 아닌가 하는 생각이

웨드마이어 특사. 중국 방문이 주목적인 특사에게 한국 방문을 겸하게 한 것은 한국 문제 처리를 중국 문제와 연계시키려는 미국 정부의 방침에 따른 것으로 이해된다.

든다.

미 국무성의 입장 변화 조짐은 7월 16일 하지와 이승만의 회동에서도 느껴진다. 두 사람 사이가 1947년 들어 극히 험악해진 사실에 비추어 이 회동에 뭔가 특별한 뜻이 있었던 것처럼 생각되는 것이다. 험악한 관계가 계속되고 있었던 사실을 이승만의 7월 3일 성명서에서도 확인할 수 있다.

소위 해방 이후로 작년 겨울까지 우리가 노력한 것은 하지 중장의 정책을 절대 지지해서 한미 협동으로 정부를 조직하여 우리 문제를 우리가 해결하기를 바라는 것이다. 하지 중장은 우리 협의를 얻어 시험하여 본 것이 5·6가지의 계획인데 다 실패한 것은 공산지도자들의 협의를 얻지 못한 까닭이요, 이것을 얻지 못할 동안까지는 무슨 계획이나 다 무효로 만들자는 것이 하지 중장의 유일한 정책이다.
우리가 이 정책이 성공될 수 없는 것을 알고도 협조한 것은 하지 중장이 필경 가능성 없는 것을 파악하고 새 정책을 쓰기를 바라고 기다려 온 것이다. 그런데 작년 겨울에 와서는 하지 중장이 그 계획을 고칠 가망이 없는 것을 확실히 인식한 나로서는 하지 중장에 우리가 더 지지할 수 없다는 이유를 설명하고 이제부터는 김구 씨와 나는 우리의 자유보조를 취하게 된 것이다. (…)

우리가 하지 중장과 협동이 못 되는 것은 부득이한 경우이며 개인의 친분이나 정의(情誼)에 다른 것이 없고 오직 정치상 노선에 차이가 있을 뿐이니 언제든지 하지 중장이 정책을 변경하여 우리가 참아온 주장을 지지해주기까지는 다른 도리가 없는 터이다. 하지 중장의 정책은 미국 민중이나 정부에서 행하는 바와 위반이므로 우리는 미국의 주장을 우리도 주장해서 한미 동일한 민의를 행하려는 것뿐이니 일반 동포는 이를 철저히 인식하고 언론이나 행동에 일절 악감정을 표시하지 말고 오직 정치상 우리 주장하는 바만 가지고 정당히 매진할 것이다.

(「하지 중장에 협동 못함은 부득이한 경우—이승만 박사 성명」,

『조선일보』 1947년 7월 4일)

지난 1월 미국에 체류 중이던 이승만이 하지를 '용공주의자'로 몰아붙인 이래 하지 역시 이승만에 대해 극도의 적대감을 보이고 있었다. 미소공위 재개에 임해 이승만이 비협조적인 태도를 보임에 따라 이 적대감이 더욱 강해져 6월 28일에는 이승만에게 테러 행위를 그만두라는 편지를 보내기까지 했다. 그러다가 7월 16일 두 사람이 만나게 된 것은 어찌된 일이었을까?

미소공위가 재개 이래 처음 보는 난관에 봉착하고 있는 한편 이승만을 중심한 민족진영에서는 주여(週餘)에 걸쳐 민족대표자대회를 열고 있어서 해방 후 8·15기념일을 앞둔 작금 정계의 동향이 미묘한 차제 이승만은 16일 오후 8시부터 하지 중장 관저에서 동 중장과 미소공위 위원 제이콥스와 장시간에 걸쳐 중요 회담이 있었다.

소식통이 전하는 바에 의하면 동 회담은 마셜 국무장관으로부터 제이콥스에게 온 모종 장문전보에 의하여 제씨의 알선으로 회동하였다는데 동 회의에 삼자가 다 같이 조선 문제에 대하여 협조하기를 서로 요망하였다고 한다. 그리고 이 박사는 17일 밤에 랭든 부부와 제이콥스를 돈암장에 초청하여 만찬회를 열었다고 한다.

이 박사는 왕방한 기자에게 다음과 같이 말하였다. "제이콥스 씨 알선으로 16일 밤 하지 중장 관저에서 최근 마셜 국무장관이 보낸 친전을 중심으로 의견교환을 하였는데 아직 자세한 내용은 발표할 수 없다."

(「마 장관 모종 전문으로 이 박사, 하 중장 중요 회담」, 『동아일보』 1947년 7월 19일)

제이콥스(Joseph E. Jacobs)는 재개된 미소공위가 한창 진행 중이던 6월 16일 교체되어 입국한 대표였다. 주둔군사령관 정치고문과 미 국무성 사절의 자격을 가진 사람이었다. 총영사를 겸하고 있던 랜드 대표를 대신해서 그 시점에 그가 새로 파견된 까닭이 무엇이었을까?

재개된 미소공위의 생산적 분위기는 6월 11일까지 계속되었다. 그런데 6월 16일에 제이콥스가 대표로 교체되었고, 한 달 후에는 그가 하지와 이승만의 회동을 주선하고 있었다. 한 달 사이에 어떤 일이 있었던가? 6월 23일에 이승만과 김구를 받든다는 반탁시위가 있었고, 그 처리 과정에서 경찰은 김구 세력을 곤경에 몰아넣으려 했다. 그리고 미국 대표단은 협의대상 선정에 무리한 기준을 주장하면서 합의되지 못한 내용을 일방적으로 발표했다.

7월 16일 밤 하지와 이승만이 의견교환을 했다는 마셜의 친전은 하지가 받은 것이었을 텐데, 어떤 내용이었을까? 이승만이 7월 3일 성명서에서 말한 것처럼 "하지 중장이 정책을 변경하여 우리가 참아온 주장을 지지해"주도록 하라는 내용이었을까?

풀리지 않는 의문들이 많이 떠오른다. 그러나 그중에 분명한 것은 마셜 국무장관의 미소공위에 대한 태도가 바뀌고 있었다는 사실이고, 그로써 하지 사령관이 그토록 싫어하는 이승만과 밤늦게 뭔가를 의논할 필요가 생겼다는 사실이다.

1947. 7. 16.

경찰을 범죄조직으로 만들어낸 조병옥과 장택상

조그만 일이지만 이 무렵 남조선 분위기를 단적으로 보여주는 듯한 일 한 가지를 적는다.

> 전 조선비행기주식회사 사장 겸 화신 사장 박흥식 씨를 친일파라 했다고 명예훼손죄로 박 씨가 고소를 제출하여 일반의 시청을 끌고 있다. 즉 7월 4일 흥한피복 쟁의단은 "친일파 민족반역자 박흥식을 타도하라"는 벽보를 붙였는데 동일 오후의 고소에 의하여 중부서에서는 쟁의단 대표 김동근, 박정근 양씨를 명예훼손죄로 구금 문초 중이라 한다.
>
> (「'나는 친일 한 일 없소' 박흥식 씨 명예훼손 고소」, 『자유신문』 1947년 7월 9일)

해방 당시 '박흥식(朴興植, 1903~1994)' 하면 '친일파'의 대명사였다. 1942년 12월 천황을 알현한 후 『매일신보』에 "배알의 광영의 감읍"이란 글을 올리고 1년 후 같은 신문에 "배알 1주년-지성으로 봉공"이란 글을 올린 사람이 친일 한 일 없다면 친일한 사람이 누가 있겠는가. 1949년 1월 반민특위의 제1호 체포자도 박흥식이었다.

힘 있는 자들에게도 명예훼손 고소는 함부로 할 수 없는 일이다. 전

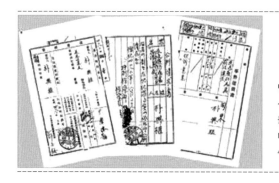

반민특위에 1호로 검거된 박흥식 관련 문서. 그를 친일파라 불렀다고 명예훼손이라면, 도대체 친일파를 어디 가서 찾을 수 있단 말인가?

여옥의 『일본은 없다』(푸른숲 1997)가 표절이라고 원저자가 주장했을 때 전여옥이 그를 명예훼손으로 고소한 일을 보라. 표절 자체를 입증하는 데 비해 명예훼손이 아니라는 사실을 입증하는 것은 훨씬 쉬운 일이다. 결국은 명예훼손 고소에 대한 판결을 통해 원저자의 주장이 옳다는 사실이 간접적으로라도 쉽게 증명되었으니 전여옥의 고소가 삽질이란 평을 듣는 것이다.

그런데 박흥식은 당당히 고소했다. 그리고 경찰은 피고발자를 "구금 문초"하고 있었다. 경찰이 그렇게 처리해주리라는 사실을 확신하지 못했다면 박흥식이 당당히 고소하지 못했을 것이다. 그러면 그는 어떻게 그런 확신을 가질 수 있었을까? 장택상이 생각난다.

박흥식이 1946년 2월 15일 횡령, 배임 등 혐의로 서울법원 검사국에 체포되어 서울형무소에 수감된 일이 있는데, 수감된 지 세 시간 만에 석연치 않은 방법으로 석방되어 물의를 빚은 일이 있다(1946년 3월 2일자 일기). 그때 개입한 것이 장택상이었다. 당시 해명으로는 군정청 국방국장 챔피니(Arthur Seymour Champeny, 1893~1979) 대령이 경기도 경찰부장 장택상에게 박흥식의 일을 묻기에 함께 대법원으로 갔다가 챔피니가 하지 사령관의 명령까지 들먹이며 석방을 요구해 풀어줬다는 것이다. 그런데 누가 알겠는가. 박흥식 풀어주려는 생각을 장택상이 가지고 챔피니를 구워삶아 대동하고 간 것인지. 당시 김용무 대법원장은 "영어마디나 하는 자의 중간 모략으로 군정을 모독시킨" 일이라고 한탄했다. 박흥식은 장택상의 '단골손님'이었던 것이다.

경찰의 사병화(私兵化)에 대한 책임은 조병옥과 장택상에게 나란히 있었다. 조병옥의 책임이 더 클 수도 있다. 그러나 조병옥은 나쁜 짓을 하더라도 호탕한 태도로 나름대로 사람들의 호감을 얻은 반면 장택상의 행동에는 진짜 치사하고 추잡한 것이 많았다. 김규식의 비서로 두 사람 모두를 경계하는 입장에 있던 송남헌은 그 차이를 이렇게 회고했다.

> 개인적으로 상대해보면 장택상은 무척 소심하다고 할 정도로 더 이상 인간적일 수 없었지만, 정치적으로는 철저하게 현실주의적인 태도를 취했다. 바로 이 점에서 그는 조병옥과 커다란 대조를 이루었는데, 조병옥은 선이 굵다고 할 정도로 대범한 행동을 하여 주위 사람들을 감동시켰다. (『송남헌 회고록: 김규식과 함께한 길』, 89쪽)

조병옥 얘기 나온 김에 7월 5일 그가 발표한 담화문을 본다.

> 근래 전남북도에 점증 발생하는 우익 테러사건에 대하여 경무부에서는 이를 중대시하고 조사를 한 바 (…) 소위 좌익진영에 속한 자의 주모·주동으로 인한 집단적 폭동, 경찰 기타 관공서 및 경찰관 습격, 살상, 무기탈취, 청사파괴와 각종 맹휴 등이 연발하여 의연 무법상태를 연출하고 또 장래 이 상태를 계속할 우려가 농후하여 건국과 일반 동포의 생명재산에 미치는 불안과 공포가 막대하므로 이 파괴적 행

동에 유치 도발된 민족적 애국단체의 공동 방위적 입장에서 출발한 행동이라고 긍정되는 바인데 전남북도 사건에 대하여는 이미 그 진상을 발표하였거니와 금반 전남도 사건에 대하여는 우익 측의 테러 이외에 우익진영과 경찰이 합동하여 테러행위에 이르렀다 함은 전연 무고한 사실이다.

그러나 일면 경찰 개개의 행동에 대하여는 유감되는 사례가 불무(不無)하다. (…) 그러므로 전기 우익 측 테러책임자에 대하여 취조 처단할 것은 물론이거니와 동 경찰관에 대하여는 복무규율에 비추어 엄중 처분하겠고 또 일반경찰관의 지도 감독을 일층 강화하여 그런 불상사가 재연되지 않도록 만전을 기하겠다.

바라건대 정치단체 또는 사회단체의 미명에 빙자하여 허위적·선동적 파괴행동으로 인한 무법상태의 연출을 즉시 중지하라. 다시 경고하노니 만일 이에 위반하는 개인이나 단체에 대하여는 테러 발생의 전 책임을 지우고 엄중 처단할 방침이다. 그리고 부연하는 바는 테러사건의 진상을 고의로 왜곡하여 주관적 판단을 가하고 선동적 언사를 통하여 민심을 현혹케 하고 치안을 문란케 하는 개인이나 단체 급 언론기관들에게 엄중 경고하노니 이런 불합리한 태도를 즉시 시정하여야 한다.

(「불상사 없도록, 호남 '테러'에 관한 조치-조 부장 담」, 『조선일보』 1947년 7월 6일)

우익 테러는 인정하되 경찰 테러는 개개인의 예외적 행동으로 치부한다. 우익 테러도 좌익의 "파괴적 행동에 유치 도발된 민족적 애국단체의 공동 방위적 입장"으로 변명해준다. 좌익에는 엄격하고 우익에는 물렁한 경찰의 자세는 7월 7일 종로 YMCA회관에서 열린 민주학생연맹(이하 '민주학련'으로 줄임) 결성 행사 습격사건에서도 여실히 나타난다.

7일 오후 5시 반경 시내 종로 청년회관에서 민주학련 결성 '축하의 밤'을 개최하여 순서를 진행 도중 돌연 5, 6명의 학생이 침입 회의를 방해하려 하였으나 경비원들의 경비태세가 엄격한 까닭에 밖으로 쫓 겨나오게 되자 밖에서 대기하고 있던 백여 명의 학생들이 준비하였 던 자갈돌로 돌팔매를 시작하여 청년회관 2층 전면의 유리창을 모두 파괴하여 수라장을 만들었다. (…) 급보를 받은 종로서에서는 사건 발생 약 20분 후 무장경관 20여 명이 출동하여 제지하는 일방 책임자 네 명을 검거하는 동시에 대회장을 검색한 후 축하회를 해산시킨 다 음 대회 책임자 수 명을 호출하여 본서에 동행하였다 한다.

「종로 복판 일시 수라장-민주학련 결성 축하회에 석전(石戰)」,

『자유신문』 1947년 7월 9일)

느닷없는 돌팔매질로 난장판을 만든 것은 우익 학생들인데 행사를 해산시키고 책임자 몇을 연행한 것은 무슨 이유인가? 이튿날 장택상 의 기자회견에서 이런 문답이 있었다.

(문) 7일 밤 YMCA에서 열린 민주학련의 '축하의 밤'에 테러를 감행 한 불상사가 있었는데 이에 대하여 경찰에서는 어떠한 조치를 하였 는가?

(답) 경찰에서는 바로 경찰관을 출동시켜 이를 진압시킴과 아울러 테러를 한 책임자 4명을 체포하여 현재 종로서에서 취조 중이며 민 주학련 측은 3백 명 집회허가를 가지고 2천 명이나 모였기로 그 책임 으로 3명을 체포하였다.

YMCA 2층 강당이 2천 명이나 들어갈 수 있는 공간도 아니었다. 설령 2천 명이 들어갔더라도 집회 신고 인원과 차이가 있다 해서 행사를 중지시키고 책임자를 체포할 일이었을까? 우익 학생들이 난동을 부리지 않았더라도 출동해서 행사를 중지시켰을까? 경찰은 "좌익 탄압, 우익 옹호" 메시지를 노골적으로 내걸고 있었다. 서중석의 설명에 실감이 난다.

경무부장 조병옥과 수도경찰청장 장택상은 청년·학생단체의 두터운 보호막이었다. 장택상은 '공정한 수사'를 내세워 이들을 연행 수사하는 일이 적지 않았지만, 그것은 언제나 좌익을 때려잡기 위한 표면상의 제스처였다. 조병옥은 청년·학생단체 소속원들이 지방에 내려가 좌익 단체를 때려부술 때 '정치 감각'이 모자란 현지 경찰이 이들을 구속하면, 이들이 얼마나 중요한 일을 해내고 있느냐고 호통을 치며 석방하게 하였다. (『한국현대민족운동연구』, 333~334쪽)

1947년 7월의 서울에서 경찰이 어떤 모습의 존재였는지, 7월 19일의 여운형 암살 장면에서 적나라하게 드러난다. 정병준은 사건의 개요를 정리한 뒤 이렇게 덧붙였다.

몽양의 암살에는 우연치곤 너무 많은 경찰이 등장했고, 관계했다. (…) 몽양이 살해된 곳은 우연히 파출소에서 50보도 채 떨어지지 않은 곳이었고, 암살범이 저격할 수 있을 만큼 몽양이 탄 차의 속력을 줄이게 만든 것도 파출소 앞에 서 있던 경찰차가 우연히 가로막은 때

원구단 앞에서 『LIFE』가 찍은 여운형. 개인의
비극으로서는 해방 조선의 비극을 가장 절실하
게 대표한 비극의 주인공이다.

문이었다. 게다가 현장 근처에선 우연히 고장 난 경찰차를 수리하던
경관 3명이 있었다. 우연히 범행현장을 목격한 이들은 범인 대신 범
인을 추격하던 몽양의 경호원을 공범으로 체포했다. 범행현장 일대
는 우연히 모든 전화가 불통되었지만, 몽양의 측근과 추종자들은 즉
시 체포되었다.

이런 너무 많은 우연을 어떻게 이해해야 할 것인가? 암살이 파출소
앞에서 버젓이 행해졌다는 사실만으로 암살범과 경찰의 연관관계를
단정 지을 순 없다. 그러나 몇 달 전에 동일한 장소에서 동일한 방식
의 총격테러가 있었다는 사실을 떠올리면, 적어도 범인들이 경찰을
두려워하지 않거나 염두에 두지 않았다는 점을 알 수 있다. 여기서
두 가지 추론이 가능하다. 하나는 범인들이 경찰을 두려워하지 않을
정도로 대담했을 가능성이고, 다른 하나는 범인들이 경찰과 긴밀한
연관관계를 갖고 있었을 가능성이다. 사건의 실마리가 풀리면서 드
러난 바이지만, 경찰은 암살범과 밀접한 관계를 유지하고 있었음이

분명했다. (『몽양여운형평전』, 465~466쪽)

공공기구인 경찰을 사병화하는 데는 저항이 따르기 마련이다. 1946년 가을에 수사국장 최능진(崔能鎭, 1899~1951)이 조병옥과 장택상에게 대항한 것, 1947년 봄에 특무과장 이만종이 임청 사건 처리에 불만을 갖고 사임한 뒤 진상을 폭로한 것이 그런 저항의 두드러진 사례였을 것이다. 그러나 경찰의 조병옥·장택상 체제는 끄떡도 하지 않았다. 그 체제에 대한 저항 요소는 꾸준히 도태되었다.

1947년 7월까지 경찰, 특히 서울의 경찰은 하나의 조직폭력단 같은 조직으로 변질되어 있었다. 일제강점기의 식민지경찰보다도 악질적인 범죄집단이었다. 당시 경찰에 몸담은 사람들이 모두 악질 범죄자였냐고? 그럴 리가 없다. 수천, 수만 명의 집단에 착한 사람이 왜 없었겠는가? 조폭 영화를 보라. 수십 명 집단에도 착한 사람은 끼어 있지 않은가? 다만 두목의 뜻을 거스를 만큼 용기 있는 사람이 배겨낼 수 없는 조직이 되어 있었다는 것이다.

1947. 7. 17.

빛은 작고 그림자는 컸던 박정희의 쿠데타

1960년 4월 이승만이 축출될 때까지 남한은 국가의 틀을 제대로 갖추지 못하고 있었다. 북한이 소련과 중국에서 받는 것보다 훨씬 더 큰 원조를 미국에서 받고 있었지만 밑 빠진 독이었다. 권력자는 이권을 대가로 충성을 모으기 바빴다. 야당도 부정부패를 줄이자는 정도의 주장을 내놓을 뿐, 근본적 대안을 제시하지 못했다.

1961년 5월 남한을 장악한 군사정권은 반공과 경제개발을 명분으로 내세웠다. 둘 다 절실한 과제였다. 아직 냉전의 초창기였던 당시 상황에서 국가 존립의 필수조건인 미국의 후원을 확보하기 위해서는 반공의 깃발이 필요했다. 그리고 경제적 자립은 진정한 독립을 위해 가장 요긴한 조건이었다.

경제 발전은 반공의 맥락에서도 중요한 문제였다. 전쟁 후 남북대결은 군사대결에서 경제대결로 옮겨가고 있었다. 그런데 1950년 남한의 군사력 열세가 10년 후에는 경제력 열세로 되풀이되고 있었다. 전쟁으로 인한 파괴는 북한이 더 심했다. 그러나 북한이 회복과 발전을 위한 노력을 쌓는 동안 남한은 원조의 단물만 빨아먹으며 제자리걸음을 하고 있었다.

남한의 서민생활은 일제 말기와 큰 차이 없는 열악한 수준에 머물러 있었다. 그런 상황에서 일부 특권층의 치부는 민중의 상대적 박탈감을 더욱 심하게 만들었다. 또한 미국 등 서방 국가들과의 접촉을 통해 경제선진국을 선망하는 풍조가 팽배했다. (김기협, 『밖에서 본 한국사』, 돌베개 2008, 297~298쪽)

최근 몇 년간 한국근현대사에 관심을 집중하고 지내면서 전체적 흐름에 대해서는 스스로 납득할 만한 설명을 찾아낼 수 있었다. 그러나 개별 사건에 대해서는 확실한 판단이 어려운 것들이 있다. 5·16군사정변이 그중 하나다.

어제 오홍근의 글 "박정희 '상습 쿠데타 기획' 공론화해야"(오홍근, 「그레샴 법칙의 나라 64」, 『프레시안』 2012년 7월 16일)를 읽었다. 박정희(朴正熙, 1917~1979)와 박정희 정권에 대한 정확한 비판이 많이 들어 있고, 이 논설을 지지할 사람들이 많을 것이다. 한편 반대할 사람도 많을 것이다. 그중에는 정치적 이유의 맹목적 반대자도 있겠지만, 오홍근의 입장이 편파적이라고 느끼는 사람들도 있을 것이다. 내가 보기에도 정확하지 못한 비판이 더러 섞여 있는 것 같다.

"상습 쿠데타 기획" 얘기부터 그렇다. 박정희가 1952년과 1960년 초에 쿠데타를 계획한 일이 있다는 사실을 들어 그를 정치권력만을 넘보는 '쿠데타꾼'으로 규정하는 얘기인데, 두 시점의 상황을 감안해야 제대로 판단할 수 있는 일이다. 전쟁 와중에 이승만 자신이 헌정질서를 무너뜨렸던 1952년, 그리고 인민의 불만이 한계를 넘어서고 있던 1960년 초에 정말 군사쿠데타가 일어났다면 "구국의 혁명"으로 평가받을 측면이 분명히 있었을 것이다.

실제로 쿠데타는 1961년 5월에 일어났는데, 그 시점은 쿠데타가 정당화될 수 있는 시점이었던가? 정당화될 측면이 꽤 있다고 나는 생각

쿠데타를 보도한 동아
일보.

한다. 쿠데타의 충격 없이는 당시 정권의 의지와 역량이 주어진 상황
을 헤쳐나가기에 부족한 문제가 많았다고 생각한다.

　최근 2년간 해방 공간의 사태 전개를 들여다보면서 대한민국이 대
단히 많은 모순과 문제점을 안고 태어난 국가라는 생각을 절실하게 한
다. 모순과 문제점은 1950년대를 통해 해소되기는커녕 더욱더 확대되
었다. 이승만 한 사람과 그 추종자 몇몇을 제거하는 정도로 의미 있는
'혁명'이 이뤄질 수 없는 것이 1960년의 한국 상황이었다.

　해방 조선의 인민이 바란 것은 민족주의와 민주주의의 실현이었다.
여기서 민주주의는 자유보다 평등, 특히 사회경제적 평등에 중점을 두
는 사회주의 성향의 민주주의였다. 기득권층으로 구성된 한민당과 정
상배 이승만의 세력이 손을 잡고 미국의 후원 아래 민족주의와 민주주
의를 억누르며 세운 것이 대한민국이었다.

　외세에 의존한 이승만 정권은 민심을 억압의 대상이나 농락의 대상
으로만 여겼다. 민족주의와 민주주의를 지키며 민심을 받들려는 사람
들은 야당의 자리에조차 설 수 없었다. 감옥과 무덤만이 그들의 자리
였다. 야당 자리를 차지한 민주당이 민심을 농락의 대상으로만 여긴
것은 이승만 정권과 다름이 없었다. 민주당이 대통령 후보로 내세운

신익희(申翼熙, 1894~1956)와 조병옥의 행적을 세밀히 살펴보며 참담한 마음을 금할 수 없다. 민족주의자로서도 민주주의자로서도 평가받을 여지가 없는 사람들이기 때문이다. 정치가다운 정치가로서 모처럼 무대에 나섰던 조봉암의 운명이 당시 상황을 여실히 보여준다.

억눌렸던 민심이 1960년 4월 터져 나와 이승만을 몰아냈지만 그 빈자리를 메운 세력도 도토리 키 재기였다. 민주당 정권이 이승만 정권보다 낫게 보이는 점이 있다면 민심의 드러낸 이빨을 보았기에 더 조심했기 때문일 뿐이지, 민족주의와 민주주의(절차적 민주주의를 넘어선)의 실현을 위한 의지가 없었다. 십여 년간 억눌려 있던 민심도 분노만을 표출했을 뿐, 민족과 국가의 지향점에 대한 뚜렷한 인식을 미처 빚어내지 못하고 있었다.

민주당 정권이 혼란을 벗어나지 못한 것은 우연한 일이 아니었다. 한편 냉전의 압력과 물질적 근대화의 과제가 어떤 질서든 질서의 확립을 요구하고 있었다. 박정희는 쿠데타를 통해 식민지시대 말기와 같은 형태의 질서를 대한민국에 복원했다.

이 쿠데타를 "구국의 혁명"이니 "최선의 선택"이니 옹호하는 박근혜의 발언이 물의를 빚었는데, 미시적으로는 일리 있는 말이다. 쿠데타 시점에서는 질서 확립이 확실히 필요한 일이었다. 질서만 세워놓고 다른 폐단을 일으키지 않았다면 "구국의 혁명"이란 표현도 무리하지 않았을 것이다.

그런데 세워놓은 질서라는 것이 구시대의 질서였다는 데 일차적 문제가 있다. 해방된 민족이 간절하게 바라던 민족주의와 민주주의는 더욱더 가혹한 탄압을 받았다. 박정희의 쿠데타는 일시적 문제를 해결하는 데는 공로를 세웠지만 한국 사회를 시대를 역행하는 길로 이끌었다. 감기를 낫게 해준다고 마약에 중독시킨 셈이다.

박정희 정권이 경제성장에 공을 세운 점 하나는 인정해야 한다고 말하는 사람들이 많다. 그런 이들에게 타이완, 싱가포르, 말레이시아 등 인적·물적 자원조건이 한국과 비슷한 나라들과 비교해볼 것을 권한다. 1960년에서 1990년까지 30년간 이 나라들의 총경제성장은 모두 한국과 비슷했다. 한국과 비슷한 기반조건을 가진 나라들이 그만한 경제성장을 이룰 시대적 조건이 그 기간에 존재했던 것이다. 박정희 정권과 같은 독재정권의 존재가 경제성장의 필요조건이 아니었다.

이승만 정권은 한국을 형편없이 망쳐놓았다. 그 출발점이었던 해방 직전의 질서라도 복원시킨 것이 박정희 쿠데타의 공로다. 그 시대착오적 노선을 1~2년 정도 적용하는 것은 새 출발의 동력을 얻는 데 도움이 될 수 있었다. 4~5년 정도 권력을 잡고 버텼다면 "공과가 반반"이란 말을 들을 수 있었을 것이다. 그러나 영구집권을 꿈꾸며 18년이나 매달려 있었던 것은 민족주의와 민주주의의 발전을 가로막은 범죄였다.

오홍근은 "상습 쿠데타 기획"과 함께 박정희의 친일 문제와 남로당 경력을 비판 대상으로 지적했다. 친일행적은 감출 수 없이 드러난 문제인 반면, 남로당 경력은 박정희 추종세력이 끈질기게 감추거나 얼버무리려 해온 것이다. 그러나 아무리 이것을 믿고 싶어하지 않는 사람이라도 짐 하우스만(James Harry Hausman)의 증언 앞에서는 어쩔 수 없을 것이다. 짐 하우스만은 1949년 당시 미 군사고문단 참모장이었고, 1981년까지 미 8군사령관 특별고문으로 있으면서 한국 국방정책에 엄청나게 큰 영향을 끼친 인물이다.

나는 이승만 대통령으로부터 이 숙군 작업이 얼마나 잘 엄중하게 처리되고 있는가에 대해 1일 보고를 하도록 명령받고 있었다. 나는 그

때 신성모 국방장관, 윌리엄 로버트 고문단장 등과 함께 수시로 이 대통령을 만나고 있었다. 박정희 피고의 형 집행을 면죄해줄 것을 이 대통령에게 보고했다. 그 이유로 나는 그가 일본 육사 출신으로 모스크바 공산주의자는 아니며, 군의 숙군 작업을 위한 군 내부의 적색 침투 정보를 고스란히 제공한 공로를 들었다. (짐 하우스만, 『한국 대통령을 움직인 미군 대위』, 정일화 옮김, 한국문원 1995, 34쪽)

나는 박정희의 친일·좌익 경력에 지나치게 무게를 두는 데 반대한다. 그의 친일·좌익 경력, 그리고 체포 후의 배신행위는 그 인간성의 이해를 통해 쿠데타와 독재정치의 성격을 밝히는 데 도움이 될 수 있지만, 그 자체에 '역사적 평가'의 대상이 될 의미가 있는 것이 아니다. 그의 쿠데타와 독재정치는 그 자체로 평가되고 비판받아야 한다. 주변적 요소에 너무 치중하면 '인격 살인'의 반론 때문에 정작 중요한 논점이 흐려질 염려가 있다.

박정희의 유산에 대한 박근혜의 고뇌가 보이지 않는다는 오홍근의 지적에는 전적으로 찬성한다. 정수장학회에 대한 박근혜의 "눈 가리고 아웅"식 대응은 철저한 기회주의자의 모습이다. 아버지의 유산 중 자산은 이용하고 부채는 외면하려는 기회주의자다.

그런 박근혜가 정두언의 체포동의안 부결 후 "정두언 의원이 직접 책임지고 해결해야 한다."고 말했다는 뉴스를 보며 과연 그에게 "책임"이란 말이 무슨 뜻을 가진 것인지 의아한 생각이 든다. 정두언이 무엇에 책임을 지고 무엇을 해야 한다는 말인가? 동의안 부결은 정두언이 아니라 새누리당이 한 짓인데, 입증되지도 않은 혐의에 책임을 지란 말인가? 자기 동생 박지만이 물의를 일으켰을 때 잡아떼던 태도와 대비시키는 논평이 꼬리를 물고 있거니와 박근혜는 "책임"이란 것에

(「YMCA 테러, 검거 처치한다―장 총장 담」, 『자유신문』 1947년 7월 9일)

대해 극히 주관적인 관념을 가진 것 같다.

박정희의 유산에 대한 상반된 태도가 제대로 정리되지 못한 채 격돌을 계속하고 있는 것은 유감스러운 일이다. 과거에 대한 이 사회의 시각이 정리되지 못하고 있으니 미래에 대한 전망도 확실히 세우기 힘든 것이다. 그 딸인 박근혜가 아버지의 유산에 대해 너무 치우친 시각을 갖고 정치에 나선 것이 문제를 더욱 어렵게 만들고 있는 것 같다.

소크라테스의 마지막 부탁이 닭 한 마리 값 갚으라는 것이었다. 한 세상 살고 가면서 세상에 남긴 빚을 먼저 걱정하는 것이 훌륭한 사람의 자세다. 박정희가 남기고 간 빚을 박근혜가 잡아떼기만 한다면 후세에 남는 박정희의 평판은 더욱 나빠질 것이다.

1947. 7. 20.

여운형 선생 65주기를 맞아

———

65년 전의 어제 몽양 여운형이 혜화동로터리 부근에서 저격 암살당했습니다. 어제 그분의 65주기 학술심포지엄에 참석해보니 범행의 배경조차 아직 공식적으로 확인되지 않은 채로 있군요. 그러나 이 일기에서 지금까지 살펴본 정황을 놓고 볼 때 경찰이 개입한 극우파 소행이라는 데 의문의 여지가 없는 것 같습니다. 오늘은 어제 심포지엄의 기조발표를 위해 준비한 글을 올립니다.

민심을 받들던 지혜와 용기

몽양 선생이 향년 62세에 타계한 후 65년이 지났습니다. 선생께서 애써 추구한 가치에서 이 땅의 후손들이 배울 것이 무척 많은데, 그분의 재세 기간보다 더 긴 시간을 지난 지금까지도 그 가치가 충분히 드러나지 못하고 있는 것 같아 안타깝습니다.

　선생의 행적에 관심을 모은 지 2년밖에 안 되는 제가 여러분 앞에 나서서 그 가치를 논한다는 것이 외람스러운 일입니다만, 한 모퉁이를 밝히는 데는 역할이 있을 수 있겠다고 생각합니다. 자유로운 연구가 가능하게 된 후인 근년의 연구를 집중적으로 섭렵할 수 있었기 때문입니다.

'몽양의 가치'를 바라볼 수 있는 시각은 여러 가지입니다. 오늘 저는 '정치'의 시각에서 본 몽양의 가치를 생각해보고자 합니다. 2년 동안 해온『해방일기』작업을 통해 종래 '좌우대립'을 축으로 통상 보아온 해방 공간의 정치현상을 '중극대립'의 축으로 보게 되었는데, 그 시각에서 정치인 여운형의 의미를 부각해볼 수 있었기 때문입니다.

중극대립이란 중간파와 극단파의 대립을 말하는 것입니다. 종래의 좌우대립 구도에서는 극좌와 극우가 가장 첨예한 대결 상대로 나타나지만, 사실에 있어서 두 극단파 사이에는 '적대적 공생관계'가 있었습니다. 극좌와 극우는 서로 존재 이유가 되면서 힘을 합쳐 인민의 염원을 억눌렀던 것입니다.

중간파 중에 중도 우파와 중도 좌파를 구분해서 이야기하지만, 그 경계선은 애매합니다. 해방 당시 일반 조선인이 지지한 정치 원리는 두 가지였습니다. 민족주의와 민주주의. 일본 군국주의 식민지배의 모순을 극복하는 방향이었기 때문입니다. 그중 민주주의는 자유보다 평등에, 정치적 평등보다 경제적 평등에 방점을 두는 사회주의 경향이었습니다. 그래서 우익은 민족주의, 좌익은 민주주의를 간판으로 삼았던 것입니다.

대다수 인민은 민족주의와 민주주의 중 어느 한쪽을 위해 다른 한쪽을 포기하려 하지 않았습니다. 두 원리가 함께 실현되기 바랐습니다. 정치인, 지도자의 역할은 두 원리를 함께 살리는 방향으로 조선사회를 이끌어가는 것이었습니다. 이 역할을 떠맡으러 나선 것이 중간파였고, 중간파는 두 원리를 아울러 받들었습니다.

한 가지 원리에 집착해 다른 원리를 묵살한 것이 극좌와 극우였습니다. 그들 중에는 한 원리에 대한 집착이 너무 강해 다른 하나를 살필 줄 모르는 소신파도 없지 않았겠지만, 그런 정신병 증세는 흔한 것이 아닙니다. 대다수 극단파는 하나의 원리를 명분삼아 권력을 추구하고 이익을 도모하는 정상배와 음모가였습니다. 인민의 염원을 실현하는 '정치'에 뜻을 둔 정치인이 아니었습니다.

극좌와 극우가 명분으로 이용한 대표적 이슈가 '토지개혁'과 '반탁'이었습니다. 먼저 토지개혁을 보면, 좌익의 이상적 방안은 '무상몰수 무상분배'였습니다. 그런데 몽양 선생이 참여한 합작위가 1946년 10월 발표한 7원칙 중에서 토지개혁 방안은 '체감매상 무상분배'였습니다. 무상몰수에 접근하는 효과를 가지되 조선인 지주, 특히 중소지주의 입장을 옹호한다는 점에서 민주주의와 민족주의의 효과적 절충이라 할 수 있습니다.

한민당은 이 방안에 반대하다가 민족주의자와 중간파 성향 인사들의 대거 탈당으로 '반동정당'의 본색이 드러났거니와, 공산당·남로당도 '무상몰수'를 고집하며 이 방안에 호응하지 않았습니다. 중국과 베트남이 공산화 과정 초기에 민족부르주아지를 포용하는 통일전선 정책을 펼친 데 비해 박헌영이 이끌던 조선의 공산주의 세력은 좌익 내의 헤게모니에 집착하여 '극좌'의 길을 걸었던 것입니다.

한편 한민당과 이승만·김구 세력은 반탁을 핑계로 미소공동위원회의 파탄을 몰고 왔습니다. 조선이 카이로선언에서 독립의 약속을 받았다 하지만, 추축국의 일부를 독립시키면서 신탁통치를 거치게 하는 것이 일반적인 연합국 방침이었다는 사실은 오스트리아의 경우에서도 확인되는 것입니다. 오스트리아는 좌우 연립정부를 세워 10년간의 신탁통치를 거쳐 완전한 독립을 얻었습니다. 그런데 조선에서는 5년간의 신탁통치도 못 받겠다고 미소공동위원회에 돌을 던지다가 분단건국에 이르고 말았습니다.

애초에 반탁운동이 거족적으로 일어난 것은 『동아일보』의 조작된 '오보' 때문이었습니다. 미국이 즉시 독립을 주장하는데 소련의 고집으로 신탁통치가 결정되었다고 하는 이 기사를 접한 조선인들은 소련만 잘 설득하면 신탁통치를 거칠 필요가 없겠다는 환상에 빠졌던 것입니다. 몇 주일 후 모스크바회담의 실상이 밝혀지자 양심적 민족주의자들은 반탁을 하더라도 과도임시정부 수립 후에 할 일이라며 반탁운동에서 발을 빼고 미소공동위원회를 지지했습니다. 대중의 반탁 열기도 가라앉았습니다. 그러나 극우세력은 조직을 동원한 반탁운동으로 미소공동위원회에 걸림돌을 만들었습니다.

거듭 말씀드리지만, 민심은 민족주의와 민주주의를 원했습니다. 그런데 권력과 이익을 좇은 사람들은 민심을 등졌습니다. 극좌와 극우는 민심을 등지고도 어떻게 행세할 수 있었을까요? 의지할 외세가 있었기 때문입니다.

흔히들 말합니다. 중간파가 말인즉슨 옳았지만 실력이 없었다고. 중간파가 못 가진 실력, 극좌와 극우가 가진 실력이 어떤 힘이었습니까? 외세가 준 힘입니다. 총칼만이 아닙니다. 1945년 8월 15일에서 9월 8일 사이에 총독부는 30억 원의 조선은행권을 찍었습니다. 직전 발행고가 55억 원이었습니다. 너무 찍을 분량이 많아 민간의 인쇄소까지 동원했습니다. 불량품도 많아서 당시 사람들은 이것을 "붉은 돈"이라 부르며 받기 꺼려했습니다. 그런데 이 돈의 효력을 미군정이 보장했습니다. 유통될 시간도 없었던 이 돈이 누구 손에 있었겠습니까? 친일파의 손에 있다가(예컨대 박흥식은 5천만 원을 받았습니다.) 극우파로 퍼져갔습니다. 삐라 붙이는 데, 군중 동원에, 극우신문 운영에, 그리고 테러 조직에 이 돈이 쓰였습니다.

조선의 독립 약속이 있기는 했지만 연합국은 천사가 아니었습니다. 오스트리아와 조선은 전쟁 공헌이 작았다고나 하지만, 폴란드는 어느 연합국 못지않게 큰 공헌을 한 나라입니다. 그런데도 폴란드는 국토 절반을 소련에 빼앗기면서 반대쪽 절반을 독일로부터 잘라 받는 칼질을 당하고, 망명했던 민족주의자들에게 문을 닫아야 했습니다.

오스트리아인들은 엄혹한 현실을 직시하고 10년의 신탁통치를 받아들였습니다. 조선에도 그처럼 현실을 직시하고 인민의 염원을 실현하기 위해 애쓴 분들이 있었습니다. 좌우합작에 매진한 중간파입니다. 민족주의자로서 그분들은 신탁통치를 감수하더라도 민족통일국가를 이뤄야겠다는 의지를 보였습니다. 사회주의자로서 그분들은 부르주아지를 포용하더라도 농민과 노동자의 기본 입지를 보장하려 했습니다.

그분들이 같은 시대 오스트리아 정치인들보다 못한 것이 아닙니다. 외세의 작용이 오스트리아보다 심중했고, 그에 따라 정상배의 발호가 극성스러웠을 뿐입니다. 목숨을 내걸고 통일건국을 위해 매진했던 몽양 선생의 노력도 그 앞에서 좌절되고 말았습니다.

분단건국 이래 이북은 고사하고 이남의 대한민국도 민심을 묵살하는 반공독재에 수십 년간 시달려야 했습니다. 1987년에 군사독재에서 벗어나고도 지금까지 인민의 염원을 실현하는 정치체제가 이뤄지지 못하고 있습니다. 저는 그 까닭이 해방 공간에서 중간파의 좌절에 비롯하는 것이라고 봅니다. 그때 만들어진 '적대적 공생관계'의 틀이 살아 있기 때문입니다.

분단건국과 내전이라는 민족의 비극을 놓고 외인론과 내인론을 말합니다. 저는 해방 공간에서 펼쳐진 상황을 살펴보며 외인론에 마음이 쏠립니다. 65년 전에 제 몫을 잘한 선배들이 있었습니다. 그들의 뜻을 꺾은 것이 얼른 봐서는 정쟁의 상대자들처럼 보이지만 그렇지 않습니다. 극우와 극좌의 정상배와 음모가들은 정상적 상황이라면 사회 주변부에서 어둠 속에 묻혀 있을 존재였습니다. 그들이 활개치고 나라를 망칠 수 있었던 것은 외세의 작용 때문이었습니다.

냉전의 압력에 기대어 민심을 억누르던 독재체제가 20여 년 전 끝난 뒤, 이번에는 신자유주의의 압력에 기대어 민심을 휘두르는 엘리트연합 체제가 이 땅에 자리 잡았습니다. 이제 총칼이 아니라 돈의 힘이 민족주의와 민주주의를 가로막고 있습니다. 65년 전에 비하면 외부 압력은 줄어들고 내부 역량은 늘어났는데도 이 사회가 질곡을 벗어나지 못하고 있는 꼴을 몽양 선생이 보신다면 뭐라고 하실까요?

"중간파는 어디 있는가?" 묻지 않으실까요? 65년 전의 중간파는 돈의 힘과 주먹의 힘에 굴하지 않고 민심을 받들기 위해 좌우합작에 매진했습니다. 민족사회의 장래를 걱정하며 현실을 직시하던 그분들의 지혜와 용기가 정쟁의 승패에만 매몰된 이 시대 사람들에게서도 더 많이 나타나기 바랍니다.

1947. 7. 23.

음미할 여지가 있는 후버 전 대통령의 '망언'

———

한 가지 여담부터. 오는(2012년) 9월 7일이면 카터(Jimmy Carter, 1924~) 전 미 대통령이 하나의 신기록을 이룰 것이다. 대통령 퇴임 후 31년 7개월 16일을 채움으로써 미국 대통령 퇴임 후 가장 오래 산 사람이 되는 것이다. 카터가 깨뜨리게 될 종전 기록은 1933년 3월 4일에 퇴임하고 1964년 10월 20일에 사망한 후버(Herbert Clark Hoover, 1874~1964)의 것이었다.

퇴임 기간이 길 뿐 아니라 그 내용이 충실하다는 점에서도 두 사람은 닮았다. 재임 중 인기가 형편없다가 퇴임 후의 활동을 높이 평가받는 카터를 "미국 최고의 전임 대통령"이라고 부르는 사람들이 있는데, 후버도 당대에 그런 평가를 받았다. 트루먼 행정부에서 아이젠하워 행정부에 걸쳐 행정개혁위원회(후버위원회)를 이끈 업적도 높은 평가를 받고 윌슨(Thomas Woodrow Wilson, 1856~1924) 대통령의 전기 『우드로 윌슨의 시련』(The Ordeal of Woodrow Wilson)을 쓴 것도 좋은 평가를 받았다.

1928년 선거에서 58퍼센트 득표율로 압도적 승리를 거뒀다가 1932년 선거에서 40퍼센트에도 미치지 못하는 참패를 당한 후버의 굴욕은 무엇보다 대공황에 효과적으로 대응하지 못했기 때문이었다. 엔지니어 출신으로 대통령 출마 전에 행정 경력만을 갖고 있던 그가 격변의 시대를 맞아 정치력을 발휘하지 못한 것을 그 실패의 원인으로 해석하는 이들이 많다. 실제로 그가 재임 중 시행한 공황 대책 중 루스벨트의 뉴딜 정책에 발판이 되어준 것이 많았다. 그런데 그는 루스벨트처럼 '시대정신'을 부각하는 일을 하지 못했던 것이다.

1947년에 트루먼 대통령이 후버위원회를 만들어줌으로써 후버가 대통령 시절 발휘하지 못했던 탁월한 행정능력을 구사할 수 있었다고 한다. 그 실적이 매우 좋았기 때문에 다음 대통령 아이젠하워도 후버위원회를 지속시켰다고 한다. 영욕을 초월한 위상 때문에 어떤 문제에도 당당히 나설 수 있었던 것이 이 시절 후버의 강점 중 하나였을 것이다.

그런 후버의 의회 증언 한 대목이 당시 조선인들의 속을 뒤집어놓았다. 지나치게 솔직하고 당당한 소신 표명이었던 것 같다. 하원 세출위원회에서 대외원조 예산에 관한 증언을 행한 가운데 조선에 관한 이런 내용이 있었다.

> "소련은 구주의 장애물이며 동시에 조선 통일에 관한 장애물이다. 나는 조선을 여하히 처리해야 할는지에 관하여 건설적 사상을 자아낼 수 없었다. 그곳에 있는 사람들은 금후 다년간 자치를 행할 수 없다. 조선이 재통일된다 해도 누군가 금후 25년 동안 그들의 정부를 감독하여야 할 것이다. 조선이 분열되어 있는 동안 우리는 조선 문제 해결을 기도할 수 없다. 소련이 그 태도를 유지하는 한 문제 해결책은 없을 것이다. 우리는 남조선을 자유자족케 할 수 있을 것이나 소련이 북방에 잔류하는 동안 강력한 점령을 계속할 필요가 있을 것이다."
>
> (「조선 25년간 감독론」, 『자유신문』 1947년 7월 20일)

이 증언이 알려진 며칠 후 조선을 방문 중이던 미국 언론인단과 조선 기자들의 회견이 있었는데, 후버의 발언에 관한 조선 기자들의 질문에 미국 언론인들의 이런 대답이 있었다.

> 제너리(『콜리어』잡지 주필): "후버 씨는 1 시민의 입장에 있다."
> 패만(『밀워키저널』주필): "후버 씨의 말에 조선에서 큰 관심을 가지는 것 같은데 그 해결은 조선인 자신이 그럴 필요가 없도록 준비할 필요가 있다."
> 존슨(UP 부사장): "후버 씨 말은 과장된 말이라고 믿는다."
>
> (「신탁문제 정의-미조 기자단이 담론」, 『자유신문』1947년 7월 25일)

사법사절단을 이끌고 미국에 막 다녀온 미군정 사법고문 피글러도 7월 22일 기자회견에서 후버 발언에 관한 질문을 받자 그 의미를 깎아내리기에 바빴다.

> (문) 후버 씨가 의회에서 25년간 조선을 감독할 필요가 있다고 언명하였다는데 이러한 조선인의 의사를 무시하는 여론이 미국 안에 많은가?
> (답) 후버 씨가 말한 것은 못 들었고 그러한 말을 하는 미국인을 한 사람도 보지 못하였다.
>
> (「후버 씨의 조선 감독론 미국 내에 찬성자는 없다」, 『자유신문』1947년 7월 23일)

5년간의 신탁통치도 못 받아들이겠다는 반탁운동이 극성스러운 조선 사회에서 후버 발언에 대한 반응은 모욕감과 분노로 뒤덮여 있었다. 이례적으로 후버 발언에 대한 지지가 독촉 선전부에서 나왔다. '반공·반소'라면 무슨 소리든지 지지하는 단체였던 모양이다.

> "미국 전 대통령 허버트 후버 씨가 의회에서 난관문제에 관하여 소련
> 은 구주의 장애물이며 동시에 한국 통일에 장애물이라고 공표한 것
> 은 진상을 파악한 것이다. 우리는 더욱 한국의 실정 특히 북한 암흑
> 정치를 중외에 널리 알려지도록 노력하여야 할 것이다."
>
> (「조선 25년 감독 운운은 '카'선언 전복을 의미」, 『동아일보』 1947년 7월 23일)

후버의 발언에 대한 규탄은 여러 방면에서 나왔는데, 『자유신문』
7월 25일자 사설 「노(老) 후버의 망언」에 그 논지가 대표적으로 나타
나 있다.

> (…) 조선에 대한 연합국의 책무는 국제적으로 공약된 막부 3상결정
> 에 의하여 이행되어야 할 것이요, 그것에 의하여 연합국의 조선 원조
> 의 한도도 결정되고 있는 것이다. 재통일된 후 25년간 조선의 정부를
> 감독하여야 한다는 것은 조선 민족의 자치능력을 모욕한 일대 망언
> 일 뿐 아니라 제국주의적 약소민족 침략을 교사하는 악질적인 발언
> 이라 아니할 수 없다.
> (…) 제2차 세계대전은 제국주의국가에 대한 민주주의 연합국의 승
> 리이다. 그러므로 전후의 처리는 마땅히 약소민족 해방이란 목표에
> 서 이뤄져야 할 것이요, 노 후버의 말과 같이 25년의 사슬을 다시 채
> 우고 그 점령지구의 물자를 원조함으로써 정치적·경제적 벗어날 수
> 없는 예속을 강요하는 것은 용인될 수 있는 것이 아니다. (…)

제2차 세계대전의 승리자인 연합국이 "제국주의국가" 아닌 "민주주

의국가"였던가? 이것은 일종의 "눈 가리고 아웅"이었다. 연합국이 전쟁 중 "약소민족 해방"을 약속한 것은 전쟁에 유리한 효과를 바란 전략적 조치였다. 전쟁이 끝난 뒤에도 세계질서 재편에서 유리한 입장에 서기 위해 해방자의 역할을 계속 선전했지만, 화장실 가기 전의 마음과 뒤의 마음이 같을 수는 없었다. 한편 약소민족 입장에서는 그 속셈을 설령 알더라도 연합국을 민주주의국가, 해방자로 떠받들어야 약속 이행을 바랄 수 있었다. "당신은 정말 천사야." 추어올림으로써 상대방의 천사 역할을 이끌어내는 것이었다.

후버 발언은 긴 파장을 남기지 않고 하나의 에피소드처럼 지나갔다. 그러나 이 시점에서 이 발언에는 깊이 새길 의미가 있었다고 나는 생각한다. 후버는 "1 시민"으로 돌아간 전임 대통령에 그치는 존재가 아니었다. 트루먼 행정부에서 영향력이 매우 큰 인물의 하나였다. 대통령 퇴임 후 십여 년이 지난 시점에서 그는 소소한 전술전략에 개의치 않는 '원로'였다. 그의 발언에는 미국의 당시 입장이 외교적 수사(修辭) 없이 나타난 것으로 볼 수 있다.

7월 중순을 지나는 동안 미소공위의 전망은 계속 어두워졌다. 10일, 14일에 이어 16일에 열린 제43차 본회의는 오후 1시 반에서 6시까지, 최장시간 회의를 기록했으나 고대하던 제12호 공동성명을 만들어내지 못했다. 이날 미국 측 수석대표 브라운이 합의가 안 된 내용을 일방적으로 발표했고, 밤에는 하지가 이승만을 만났다(7월 11, 13일자 일기). 여운형은 이날 미소공위의 진행을 걱정하는 담화를 발표했는데, 그가 내놓은 마지막 담화였다.

"국제회의란 의견 대립으로 가다가 난관에 봉착할 수도 있지만 필경 이것은 극복되어 결론을 맺는 것이다. 미소공위에서 구두협의대상문제로 약간 난관에 봉착된 모양인데 이것도 결국은 해결될 수 있는 것이다. 조선은 적국도 전패국도 아니고 또 조선에 관한 국제공약이 엄존한 이상 이 난관은 반드시 극복되고야 말 것이다."

「공위 난계 착봉에 대하여 난계 극복 가능-여 근민당수 담」,

『조선일보』 1947년 7월 17일)

그런데 이 시점에서 미소공위의 전망을 비관하는 마셜 국무장관의 발언이 전해졌다.

〔워싱턴 17일발 AP합동〕 마셜 미 국무장관은 서울에서 개최되고 있는 공위 진전에 관하여 다음과 같이 말하였다. "현재 공위는 재차 과거에 당면하고 있던 난관에 도달하고 있는데 미 측으로서는 공위 심의로부터 탈퇴할 의사는 없다."

〔워싱턴 17일발 INS합동〕 마셜 미 국무장관은 조선 문제에 관하여 신문기자에게 다음과 같이 말하였다. "조선통일정부 수립을 심의하는 미소공위는 그 진전에 있어서 재차 정돈상태에 도달하였는데 그 결과로서 미국이 즉시 이에 대응할 행동을 취할 계획은 갖지 않고 있다. 미 측이 조선으로부터 철퇴한다는 보도가 있는데 이는 진실이 아니다."

「공위 탈퇴 의사는 호무(毫無)-서울 회담에 마셜 장관 담」,

『서울신문』 1947년 7월 18일)

'외교적 수사'란 말도 있거니와, 나쁜 것을 직설적으로 나쁘다고 하지 않는 것이 외교다. 미소공위는 6월 중순까지 더할 수 없이 순탄하게 진행되어 좋은 성과를 거두고 있었다. 6월 23일의 준 관제(準 官製)

반탁시위가 악재가 되어 6월 말부터 삐거덕거리고 있었는데, 그로부터 불과 보름 후 마셜 국무장관이 비관적 견해를 내놓았다는 것이 뭔가 이상하게 보인다. 7월 13일 일기에서 미소공위에 대한 마셜의 태도가 바뀌는 조짐을 이야기했는데, 아무래도 조선 내 상황과 관계없이 미국 정책이 바뀌고 있다는 느낌이 든다.

1947. 7. 25.

전략가 여운형과 전술가 박헌영

───

여운형이 저격당한 얼마 후 오기영은 『신천지』 제2권 제8호(1947년 9월)에 실은 글 「정치도(政治道)」에 이렇게 적었다.

사람이 죽음에 당하여 모든 애증과 시비를 초월하는 것은 지극히 아름다운 인정이다. 이 인정은 이미 하나의 윤리요 도덕으로서 생전에 피차 어떠한 원한이나 애증을 가졌던 사이라도 이것을 다 풀어버리고 다만 그 죽음을 아끼는 것이며 그렇지 못한 사람은 결국 옹졸한 인간임을 면하지 못하는 것이다. (…)

이제 한 정치가가 죽었다. 그래서 그를 위하여 좌우가 다 같이 죽음을 통석하는 것은 지극히 마땅한 예의일 것이다. 그러나 이것이 그 생전의 시비공과를 초월했을 때에 아름다운 예의일 것이지 죽은 이의 입에 말이 없음을 다행히 여겨 저마다 제 소리로 고인을 떠받드는 것은 여기 정치적 의도가 섞였음을 간파할 때에 예의와는 거리가 멀고 요술과는 근사하다는 것을 지적한다.

그것이 무슨 소리냐고? 그러면 아주 까서 말하거니와 적귀(赤鬼)라고까지 하고 여적(呂賊)이라고까지 하던 이들이 그를 갑자기 "우리 편의 애국자"라고 성명하는 것은 무엇이며 기회주의라고 공공연히 경멸하고 심하게는 "인민의 적"으로까지 몰아칠 듯하던 이들이 갑자기 위대한 민족의 지도자라는 시호를 보내고 상제(근민당)보다 더 서러워하는 복상제가 나타나는 것은 무어냐 말이다.

그가 죽었다고 하여서 그 죽음을 삼팔선으로 하고 갑자기 그의 정치이념이 달라졌을 까닭은 없다. 하다면 생전에 그를 욕하던 것이 옳았다 할진대 사후의 칭송이 우스운 일이요, 사후의 통석이 옳다 할진대 생전의 경멸이 부당하였던 것일 것이다. 그는 호협하고 너그러운 이였던 분이라 생전의 자신에 대한 포폄에 개의하지 않았듯이 사후의 "비례적인 과공"도 웃고 볼는지 모르나 후일의 사필의 그의 정치적 공과를 논하는 국시(局時)에 그에 대한 시비를 표변하는 이들의 시비도 가릴 것이다. (오기영, 『진짜 무궁화』, 성균관대학교출판부 2002, 110~112쪽)

"생전에 그를 욕하던 것이 옳았다 할진대 사후의 칭송이 우스운 일"이라기보다 "사후의 통석이 옳다 할진대 생전의 경멸이 부당하였던 것"이란 말이 더 적절하게 들리는 것은 꼭 내가 여운형을 존경해서만 그런 것이 아닐 것이다. 극좌와 극우의 그에 대한 비방과 중상 중에는 터무니없는 것이 많았다. 예컨대 그가 친일파라는 주장. 이 주장이 좌우에서 너무 많이 나왔기 때문에 버치 중위가 좌우합작 사업 기획 단계에서 일본에 사람을 보내 진위를 확인하기까지 했다고 한다(B. Cumings, The Origins of the Korean War, p. 255).

생전과 사후의 그를 대하는 태도가 표변했다는 지적은 우익보다 좌익에 해당하는 말이다. 여운형 조난 직후 이승만과 김구의 반응은 예의의 테두리 안에 있었다. 이승만은 "몽양의 불행에 내 어찌 기분이 좋을 리 있으리오." 하는 말로 시작해 "하여간 아까운 인물을 잃었다." 정도 논평이 있었다. 김구는 "놀라움을 마지않으며 삼가 조의를 표하

는바"라며 범인이 신속히 체포되기 바란다고 했다(『자유신문』 1947년 7
월 22일).

반면 박헌영이 장악하고 있던 민전의 반응은 요란했다. 오기영이 말
한 "상제보다 더 서러워하는 복상제"란 저격 이튿날인 7월 20일 민전
주도로 만들어진 '구국대책협의회'를 가리킨 것으로 보인다.

> 몽양 여운형 선생의 유지를 끝까지 계승 실현하기 위하여 20일 근로
> 인민당에 모인 민전 산하단체와 그 외의 70여 정당 사회단체 대표들
> 이 모여 (1) 테러 박멸 (2) 친일파 민족반역자 숙청 (3) 민주경찰 수
> 립 (4) 공위의 추진과 유령단체 제외 등을 강력히 추진해나가기로 결
> 정하고 '구국대책위원회'를 신진당, 청우당, 민주한독당, 민주동맹,
> 신한국민당, 좌우합작위원회, 건민회, 사민당, 근로대중당, 민생동맹
> 등의 각 단체 대표 1명씩이 참가하여 조직하였는데 앞으로 이들의
> 활약이 기대되는 바다.
>
> (「각 정당 단체를 총망라 구국대책위원회 결성」, 『자유신문』 1947년 7월 21일)

그 이튿날인 21일에는 "11개 정당 35개 사회단체를 총망라한 구국
대책위원회"의 공동성명이 나왔다. 7개조의 주장이 열거되어 있었다.

> 1. 여운형 선생에 대하여 전 민족적 최대의 조의를 드리기 위하여 민
> 주주의 정당 및 사회단체의 인민장으로 할 것.
> 2. 여 선생의 하수자를 즉시 체포할 것을 요구하며 공위 속개 중 일체
> 반탁테러 파괴에 참가한 (중략) 계열의 일체 테러단을 즉시 해산하
> 고 단원을 일체 검거 엄벌할 것.
>
> (제3조는 기사에 빠져 있음)

4. 테러단의 실제적 조종자인 친일파 집단을 즉시 해체하고 그 계열을 공위에서 제외할 것.

5. 이러한 모든 파괴 시위를 방임하고 무제한의 자유를 허여하여 오늘날 이 중대한 사건을 야기하도록 객관적으로 방조한 경찰의 책임자들을 추궁 파면할 것.

6. 군정기관 내에서 일체 친일도당을 즉시 구축할 것.

7. 인민의 구국적 자유에 대한 법적 보장을 받아 인민 자신으로서 민주주의 질서를 유지하고 법률을 수호케 할 것.

(「공위 파괴와 테러 배제, 구국운동을 전개하자」, 『자유신문』 1947년 7월 22일)

이 기사에는 제2조 주장 중 "(중략)"으로 표시한 부분의 비난 대상을 가려놓았고 제3조가 빠져 있다. 가리고 빠뜨린 내용이 무엇이었는지, 이를 반박한 7월 28일의 한민당 성명서에서 알아볼 수 있다. 이런 대목이 있다.

이번 여운형 씨 사건의 책임을 우리 한국민주당에게 지우려고 하는 음험한 모략에 대하여는 본당으로서는 철저히 항의하는 바이다. (…) 소위 구국대책위원회의 명의로 지난 22일에 미소공동위원회의 미·소 양국 수석대표에게 제출한 진정서 중에는 다음과 같은 간과치 못할 사항이 기재되어 있는 것에 언급치 않을 수 없다.

"3. 반탁투쟁위원회의 주동자로서 모스크바 3상결정을 적극 반대하여왔으며 이것을 반대하기 위하여 5호 성명에 서명하고 공위에 침입하였고 이번 여 선생을 살해한 테러단의 실제 조종자인 친일원흉 한민당 그 계열을 반드시 공위에서 제외할 것."

1947년 8월 3일 몽양 장례식 행렬. 생전에 들은 욕설과 사후에 들은 칭송 사이의 엄청난 차이는 기네스북에 오를 만한 기록이다.

구국대책위원회는 여운형의 죽음을 정치적으로 이용하려는 시도였다. 그 내용이 설령 옳은 것이라 하더라도 공산당·남로당이 해묵은 주장으로 "물실호기(勿失好機)"라는 듯이 달려드는 꼴이 보기 흉하다. 김규식은 7월 23일 합작위가 구국대책위원회와 아무 관련이 없다는 담화를 발표했고, 다음 날 신한국민당, 신진당과 민중동맹이 구국대책위원회와 관련 없음을 밝히는 공식 성명을 냈다(『동아일보』 1947년 7월 24일).

여운형의 죽음에 임해 그와 박헌영 사이의 관계를 돌아보며 박헌영의 정치적·인간적 문제점을 생각하게 된다. 여운형이 피격 당시 갖고 있던 손가방 안에 박헌영이 보낸 편지 한 장이 들어 있었다. 1946년 4월 16일에 여운형의 환갑 축하로 쓴 편지였다.

"당신은 조선민족해방운동의 과정에서 위대한 지도자였습니다. 당신은 일본제국주의의 압력에도 불구하고 조선 독립을 위해 싸워왔고 조선 노동계급을 위해 용감히 투쟁해왔습니다. 우리는 당신의 삶과 같은 위대한 생애를 회고할 수 있게 되어 매우 기쁩니다. 현 정세는 복잡미묘한 성격을 띠고 전개되고 있습니다. 이 같은 위기에서조차 당신은 현명한 관찰로 우리의 민주독립을 위해 옳은 노선을 보여주셨습니다. (…) 환갑을 맞이하여 건강과 장수를 축원합니다."(『이정 박헌영 일대기』, 316쪽에서 재인용)

극진한 존경과 신뢰를 담은 편지다. 간이라도 빼줄 것 같은 이런 편지를 보내고 있던 무렵에도 박헌영 추종자들은 여운형을 "인민의 적"으로 몰아붙이고 있었다. 바로 이때 여운형이 평양을 방문한 정황을 박병엽은 이렇게 증언했다.

김일성이 또 박헌영에게 임시정부 수립과 관련하여 여운형·백남운·김원봉·홍명희·김창숙·장건상·김성숙 등 좌파 인사들도 만날 필요가 있다고 지적하자 처음에는 견제심리에서인지 꺼리는 태도를 보였던 박헌영도 결국 동의했다고 한다. 이 밀담이 계기가 되어 박헌영이 4월 6일 서울로 돌아간 지 열흘 남짓 만에 여운형이 평양을 방문하게 된다. 이것은 박헌영이 여운형에게도 소련군정 지도자들과 접촉할 수 있는 기회를 주자는 김일성의 제안에 일단 동의해놓고도 이를 제대로 추진시키지 않자 김일성이 여운형의 월북을 위해 직접 사람을 파견한 결과였다.

보기 좋은 편지는 보내면서도 여운형이 북쪽과 접촉을 하는 것은 꺼렸다는 이야기다. 이후 좌우합작의 진행을 놓고도 박헌영이 김일성에게 여운형을 나쁘게 이야기한 사실을 박병엽은 일관되게 증언했다.

1946년 6월 29일의 협의회에서 좌우합작 문제도 논의되었다. 박헌영은 여운형의 좌우합작운동에 대해 매우 비판적이었다고 한다. 여운형이 야심가여서 자신의 지위가 약해지니까 미국을 등에 업고 새 국면을 주도해나가려고 한다는 것, 미국의 입장에서는 정판사사건을 근거로 공산당을 탄압하고 다른 한편으로 남조선민전을 분열시키려고 여운형을 끌어들여 단독정부 수립의 정치적 기초를 마련하려고 한다고 강조하였다. 여운형의 태도는 아무리 좋게 보아야 미국의 전략에 말려들어 이용당하고 말 것이라는 것이 박헌영의 설명이었다고 한다.

그런데 박헌영은 회의에서 미국이 이용하고 있는 좌우합작운동을 철저히 분쇄해야 한다는 입장을 보였다. 북조선공산당 상무위원들 가운데 박헌영과 같은 의견을 보인 사람들도 있었다. 박헌영이 이런 입장을 표명하자 김일성은 여운형의 편지를 받았다는 이야기는 빼고 신문을 보니까 여운형이 미국의 입장을 좇아가는 것은 아닌 것 같다고 넌지시 말했다고 한다.

이에 대해 박헌영은 "그것은 김일성 동지가 여운형을 몰라서 하는 얘기다. 여운형은 대중 앞에 나서 선동하기를 좋아하는 야심가이고 철저한 친미주의자이며 부르주아 민주주의자이다. 여운형이 좌우합작운동을 끄집어내면서 3대 원칙을 제시했는데 첫째로 부르주아 민주주의공화국을 세운다고 하지 않았느냐. 또 그는 출신 자체가 양반지주 출신이다."라면서 여운형에 대한 반대 입장을 보였다.

그런데 여운형이 피격 당시 들고 있던 손가방에서는 이런 내용의 메모도 나왔다고 한다.

「인민당의 전술 계획」

1. 우리는 남조선에서 합작추진 우익을 반대하는 반동적 요소를 좌우익 합작과정에서 평화적 전투를 통해 저지해야 한다. 우리는 소극적인 반탁진영이 반동적 지도자와 미국의 영향으로부터 분리되어 나오게 되어야 한다. 이렇게 함으로써 우리는 공산당에 대한 반동적 공격을 약화시켜야만 한다.

2. 우리는 공위 휴회 전에 미국 대표가 그들의 잘못된 관점을 수정하도록 강제해야 한다.

3. 우리는 북조선과 남조선의 통일이라는 관점하에서 우익이 반북조선적 견해를 포기하게 만들어야 한다. 동시에 우리는 그들이 북조선에서 수행된 모든 민주건설들을 이해하도록 만들어야 한다. (『몽양여운형평전』, 263~264쪽)

1946년 7월에 작성된 것으로 보이는 이 메모의 제1항에서 중도 우익이 극우파가 장악한 반탁진영으로부터 빠져나올 길을 제시한 것이 눈에 띈다. 미소공위 성공을 바라는 중도 우익이 김구·이승만 영수체제에서 벗어날 수 있는 좌우합작의 길을 만드는 데 좌익의 호응이 있어야 한다는 것이다.

그리고 우익의 분열에서 바라는 효과를 "공산당에 대한 반동적 공격을 약화"시키는 데 있다고 했다. 그는 공산당이 좌익의 '본산(本山)' 역할을 맡아야 한다고 믿었다. 인민당의 역할을 공산당에 대해 보조적인 것으로 본 것이다. 남로당이 세워진 뒤 그가 남로당에 대항하던 사로당을 해체하고 근민당을 창당한 것도 이 관점을 지킨 것으로 이해된다. 그는 남로당이 이남 좌익을 위한 첫 배라 보고, 그 배를 놓친 사람들을 위해 두 번째 배로 근민당을 만든 것이었다.

이 메모의 제2항과 제3항에도 그의 투철한 '전략마인드'가 비쳐 보인다. 그에 비하면 박헌영은 '전술마인드'를 벗어나는 생각을 하기 힘들었던 사람 같다.

1947. 7. 30.

"브라운 소장, 당신마저!"

───────

1946년 9월 말 미소공위 수석대표로 부임한 브라운 소장은 미군정의
어느 간부보다도 미소공위의 성공을 위해 성실히 노력하고 좌우합작
에도 열심히 협력한 인물이었다. 안재홍의 회고 중에도 미군 지도부의
협력이 필요할 때 브라운과 우선 의논한 일이 대목대목 보인다. 그런
브라운마저 7월 29일 과도정부 부처장회의에서는 미소공위 전망을 어
둡게 보는 태도를 보였다.

공위 미측 수석대표 브라운 소장은 29일 오전 10시부터 중앙청 제1
회의실에서 개최된 부처장회의에 출석하여 약 1시간에 걸쳐 그동안
의 공위 경과를 설명하는 동시에 미 측 주장의 정당성과 아울러 주장
을 일보도 양보할 수 없다는 뜻을 말하였다 한다. 이에 모 부장은 "만
일 금번 회의에서 양측의 합의를 얻지 못한다면 딴 해결방법은 없는
가?" 하는 질문을 하였던바 브라운 장군은 "물론 우리는 최선을 다하
여 끝까지 합의를 얻는 데 노력하겠다. 그러나 불행히도 합의를 얻지
못하는 일이 있다면 그때에는 또다시 마·모 양씨 간의(양국 외상 간의)
협의에 옮기게 될 것이며 또 거기에서도 합의를 얻지 못한다면 UN에
상정시켜 해결지울 수밖에 없다."는 의미의 답변을 하였다 한다. 그

리고 동 정무회의에서는 미 측 주장 지지를 결의한 다음 위원 5씨를
선출하여 성명서 작성을 위촉하였다 한다.

(「공위 불합의면 UN 상정-브 소장 부처장회의서 답변」,

『동아일보』 1947년 7월 31일)

이승만 등 극우파에서 주장해온 유엔 상정 가능성까지 이 자리에서
언급되었다. 당시 상황에서 유엔 상정이란 연합국 합의의 파기, 즉 현
존하는 국제질서의 포기라는 심각한 문제를 내포한 조치였다. 결성 단
계에 있던 유엔이 다루기에 적합한 문제인지도 합의되어 있지 않았다.

1947년 6월에서 7월에 걸쳐 미소공위에 대한 미국의 태도 변화가
본국 정부에서 비롯된 것이라는 인상을 여러 각도에서 받는다. 7월 말
시점에서 브라운 대표의 부정적 태도 역시 본국의 지침 아니고는 다른
설명이 어려운 것이다.

미군정 간부들은 수시로 담화를 통해 제반 문제에 대한 입장을 발표
했다. 그런 공식 입장을 넘어 그들의 속생각을 알아볼 자료는 많지 않
다. 그런데 7월 하순 조선을 방문한 미국 언론인단 일원인 얼 존슨 UP
부사장의 "조선시찰기"가 눈에 띈다. 존슨의 견해는 미군정 간부들의
브리핑에 근거를 둔 것인데 그들이 조선 언론에 발표하는 공식적 입장
보다 속내를 많이 드러낸 것으로 보인다. UP가 극우적 관점을 많이 소
개하던 매체라는 점도 염두에 두고 읽어야 할 것이다. 유의할 대목에
밑줄을 그었다.

태평양을 건너고 일본을 거쳐 왕방한 우리들에게 미군사령관들은 조
선이 동양의 문제지점이라고 말하였다. 우리가 서울에 도착하면서 이
상 언명의 이유가 명백하여진다. 이는 <u>공산주의자가 미국군대 점령하</u>

<u>의 지대에 혁명을 실현하려 하고 있다는 의구심</u>에 입각한 것이다.

만일 여차한 사태가 일어난다면 미국군은 그곳에서 공산주의자와 투쟁하여야 할 것이며 그 결과 여하는 추측할 수 없다. 이런 불상(不祥)한 가능성이 있기 때문에 미군사령관 존 R. 하지 장군은 그의 가족을 조선에 데리고 오지 않았으며 기타 육군인원에게도 그들의 가족을 본국에 두라고 권하였다. 군대는 자리 없는 총을 휴행(携行)하고 철조망이 정원의 담을 싸고 있다. 유럽전 참가병은 서울이 그들이 그 지역에서 본 어느 곳보다도 전선같이 보인다고 말하였다.

가장 간단히 말한다면 조선 문제는 여하히 이 나라를 소련의 위성국이 되지 않고 조선인에게 반환하느냐에 있다. 제2차 대전이 끝날 때에 소련군은 북조선에 진입하여 38도선까지의 북부조선을 점령하였다. 카이로와 모스크바의 연합국회의에서는 조선이 "적당한 시기"에 독립을 향유할 것을 결정하였으며 미·소 양군의 분할점령은 일시적인 조치이다.

1945년의 모스크바결정에 의하여 연합국은 조선을 임시정부하에 두고 최고 5개년간에 적당한 시기에 조선에 신탁통치를 실시하고 조선이 독립을 획득케 하기 위하여 미소공동위원회를 설치하였다. 이 위원회는 즉시 회의를 시작하였으나 최초에 있어 하등의 진전이 없었고 그 후에도 진전이 없다. 이제 이는 또다시 정돈상태에 있다.

위원회의 투쟁은 460개의 조선정당 단체 중 어느 것이 임시정부 수립에 관련하여 위원회와 협의할 것인가에 관한 것이다. 미국 측은 <u>소련 측에서 극좌단체에 우선적 대우를 주어서 위원회 업무를 방해하려 한다</u>고 주장하고 있다. 위원회는 정당이 협의에 참가하기 전에 여하한 자격을 가질 것인가에 관하여 의견이 대립되고 있다. 조선인은 신탁통치를 배격하고 있는데 그들은 신탁통치가 일본인이 1910년부터 1945년까지 그들에게 부하한 예속적 지배를 의미하는 것으로 생각하고 있다.

소련 측은 38도선 이북의 그들 점령지역을 소련의 위성국으로 만들었다 한다. 북조선에는 약 1천만의 인구가 있고 미국 지대엔 약 1천9백만의 인구가 있다. 경계선 양측에 군사적 감시대가 있으나 북부의 공산주의자들은 수천 명의 우수한 사상훈련을 받은 공산주의자를 남부에서 소요를 일으키는 데 현지의 동료들과 협력시키기 위하여 미국지대로 보내고 있다. 이들은 경계선을 넘어 매일 소련지대로부터 도망하여 온다는 피난민 이외의 것이다. 그들을 미국당국은 장차 혁명에 위협을 줄 세력으로 보는 것이다. 미국지대의 봉기는 주민이 자발적으로 일으킨 것같이 보이나 실상은 이북에서 동 지대에 침투한 당 공작원에 의하여 조직 지도된 것으로 보인다.

이 정세에 또 한 가지 우려할 점은 소련이 20만의 조선인 군대를 가지고 있는 것이다. 그들은 경계선 이북에 남아 있다. 경계선 이남에서는 미군을 보충하는 군대가 전연 없으나 1만 명의 경비대와 2만 8천의 경찰대가 있다. 이것은 이 빈궁하고 분열된 국가에 있어서의 세력대항 상태이다.

조선은 중국, 러시아 그리고 최후에 일본에 의하여 지배당하여 오던 40년의 역사에 있어 독립기념일을 가지지 않았다. 1945년에 그들은 해방 직전에 있었다고 생각하였다. 그러나 그때부터 2년이 경과한 오늘 해방은 상금 요원한 것으로 보인다. 인민은 실망하고 싸움을 좋아하게 되었다. 현재 세계를 분할시키고 있는 2대 이데올로기 대립은 이 나라에 있어 분할경계선 때문에 기타 어느 나라에서보다도 현저한 초점이 되고 있다. 기타 5개국을 합한 것보다도 많은 정당으로 분열된 정치적 사상을 가진 조선인은 공산주의와 서방 민주주의 세

력이 이 반도에서 공공연한 충돌을 행하게 된다면 혼란을 더욱 조장
시킬 따름일 것이다.

(「공위 또 정돈, 공당은 소요공작, 양 사상 대립의 초점, 국권 상실의 신탁은 배격」,
『동아일보』 1947년 7월 30일)

소련과 공산주의자들의 의도에 대한 몇 가지 "의구심"이 두드러져
보인다. 그 의구심 중에는 "20만의 조선인 군대"처럼 허무맹랑한 것도
있고 이남에서 "혁명을 실현하려" 하고 있다는 것처럼 그럴싸한 것도
있다. 그러나 그럴싸한 것이라도 이남의 민중봉기가 자발적인 것이 아
니라 "이북에서 동 지대에 침투한 당 공작원"에 의한 것이라는 해석처
럼 균형을 벗어난 것이 많다. 이런 과장된 의구심은 소련을 믿지 못할
상대로 규정함으로써 미소공위 파탄의 정당화에 필요한 것이었다.

미소공위에 직접 관계되는 문제로 "소련 측에서 극좌단체에 우선적
대우"를 준다는 주장을 보자. "극좌단체"의 기준이 무엇인가? 북조선
인민위원회와 북조선민전 등 이북의 주축 단체들은 좌익 주도이기는
해도 통일전선의 기본 성격을 가진 조직이었다. 결코 "극좌단체"가 아
니었다.

7월 16일 브라운 대표가 양국 간 합의가 되지 못하는 문제점들을 소
상히 발표한 중에도 이 문제가 들어 있지 않았다는 점에 유의할 필요
가 있다. 이 문제에 대한 미국 측 주장은 입증될 수 없는 것이기 때문
에 공식 회담에서 제기될 수 없었을 것이다. 미국 측이 그저 "의구심"
으로 가지고 있어서 좌우 균형에 불안감을 품고 소련 측의 합리적 주
장에도 동의하지 못하는 심리적 근거가 된 것이었을 뿐이다.

이북의 38개 단체가 미소공위 진행에 모두 협조적 태도였다는 사실
은 이남의 수백 개 단체 중 미소공위에 비협조적인 극우단체가 많았다

는 사실과 대조되어 미국 측 입장을 당혹스럽게 만들었을 것이다. 미국 측은 이북 단체들의 미소공위에 대한 협조적 태도를 소련에 대한 협조적 태도로 해석하고 "극좌단체"의 딱지를 붙임으로써 자기네 약점을 변명하는 구실로 삼은 것이다. 이남의 민중봉기를 미군정의 실정에 대한 민중의 불만이 아니라 공산주의자들의 책동으로 보는 것과 같은 식의 억지 해석이었다.

소련 측이 반탁투위 가입단체의 제외를 요구한 것은 합리적 주장이다. 6월 23일 시위에서 미소공위 반대 의사를 분명히 표명한 반탁투위에 가입한 상태에서 미소공위에 들어오겠다는 것은 무리한 주장이었다. 그날 시위에서 소련 대표단에 대한 투석 여부에 대해서조차 미군정과 미국 대표단에서는 시인하는 것을 반탁진영에 동조하는 것이 명백한 경찰 수뇌부는 부인하고 있을 정도였으니, 반탁세력에 대한 미국 측의 단호한 태도가 미소공위 진행을 위해 꼭 필요한 상황이었다.

그런데도 미국 측이 극우단체 배제에 동의하지 않은 것은 이북 단체들을 모두 "극좌단체"로 보기 때문이었다. 공식적으로는 내놓을 수 없는 "의구심"을 일방적으로 가진 채 그를 근거로 해서 몽니를 부린 것이었다.

존슨 시찰기 끝 문단의 "인민은 실망하고 싸움을 좋아하게 되었다."는 대목에 눈길이 머문다. 시찰단 입국이 여운형 암살 사흘 후였으니 그런 측면에 관심이 끌리지 않을 수 없었을 것이다. 하지만 조선인에 대한 이런 관점을 미군정 간부들이 미국 언론인들에게 심어주고 있었다는 사실이 씁쓸하다. 일본 제국주의자들이 조선 침략을 합리화하던 조선인관이 이제 미국의 강압적 개입을 정당화하는 데 쓰이고 있는 것이다.

바로 며칠 전 브라운 대표가 발표한 담화에서도 미소공위 성공을 기원하는 조선인의 마음이 느껴진다. 미국의 전략적 판단은 이런 민심을 무시한 채 옮겨가고 있었던 것이다.

앞서부터 농민 기타 각층에서 미소공위의 성공을 비는 뜻으로 양국 대표에게 식료품이며 옷감, 미술품 등속을 선물하는 일이 빈번하여 일부 측에서는 마땅치 않게 생각하는 편도 있는 터인데 공위 미국 측 수석대표 브라운 소장은 이에 관하여 그 호의는 감사하나 개인적으로 선물받는 것은 매우 처치가 곤란하니 그만둬달라고 26일 대강 다음과 같은 담화를 발표하였다.

"미소공위 미 측 대표는 사회 각 단체와 개인을 위시해서 각 방면으로부터 많은 선물을 받았는데 이 대부분은 미술품이다. 이것은 조선 인민이 미소공위 성공을 열망하는 표현으로서 그 동기에 심심한 사의를 표하는 바이다. 그러나 미 측 대표는 이런 후의를 받기에 처지가 곤란하니 금후로는 이런 선물을 보내지 않도록 바란다. 그리고 미 측 대표가 받은 식료품은 고아원에 다시 선사했고 그 밖에 귀중한 물품은 남대문 국립도서관에 기증했는데 이 물품은 8월 1일부터 거기서 공개 전시하게 되어 있으며 이것은 미 측 대표의 기증품으로서 조선민중의 영원한 기념품이 될 것이다."

(「공위 축하선물 사절, 받은 귀중품은 공개 전시」, 『조선일보』 1947년 7월 27일)

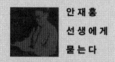안 재 홍
선 생 에 게
묻 는 다

여운형은 누가 죽였는가

김기협 │ 오늘 몽양 선생의 장례식이 거행됩니다. 그동안 이런저런 곡
절이 있기는 했지만 아무래도 그분이 선생님께 제일 가까운
동지로 보이는데, 우선 위로 말씀드립니다.

안재홍 │ 고맙습니다. 개인적으로 좋아하는 친구라서 슬픈 일이기도
하거니와, 민족의 장래를 함께 걱정하던 그분이 이렇게 떠나
버리니 그러지 않아도 험난한 앞길을 어떻게 헤쳐 나갈지 막막하기 이
를 데 없군요.

김기협 │ 몇 달 전(1947년 3월 5일) 선생님께 여쭙던 생각이 납니다. 그
분이 선생님보다 다섯 살 연상이신데, 그분 얘기할 때 선생님
이 "몽양, 몽양" 하면서 동무 얘기하듯 경어를 쓰지 않는 게 좀 이상했
어요. 그때 선생님이 말씀하셨죠. 그분의 대범함이 지나쳐 무책임에
이를까 걱정될 때가 있다고. 하지만 허술한 듯하면서도 큰 믿음은 확
실한 분이라고.

안재홍 │ 맞아요. 그분과 나는 기질이 크게 달라요. 그분은 호걸이고
나는 골샌님이죠. 생각도 행동도 젊은이 같은 분이어서 함께

일하려면 내가 노인이 된 기분이니까, 사실 그분이 아우처럼 느껴질 때가 많았죠.

2년 전 건준을 함께 꾸리던 때가 엊그제 같네요. 우익 쪽은 호응이 미약한데 좌익 쪽에서는 열심히 달려들고 있었죠. 나는 시작 단계에서 균형을 잃는 것이 첫 단추를 잘못 끼우는 거나 마찬가지라고, 좌익 쪽 참여를 좀 억제할 필요가 있다고 봤는데, 그분은 좌익이 마음껏 들어와 일하는 걸 봐야 우익 쪽도 자극을 받는다고 문을 활짝 열어놓자는 주장이었습니다.

건준이라는 모처럼의 기회를 그런 식으로 날려버리는 걸 보면서 이런 분이랑은 함께 일하기 힘들다는 생각이 들었습니다. 그런데 한참 지나고 생각하니 당시 한민당 쪽 움직임이나 콤그룹 쪽 움직임이나 그런 식으로 돌아갈 수밖에 없었던 거예요. 그렇다면 몽양의 자유방임적 방침이 그런 형세가 빨리 드러나도록 했다는 점에서 현명했던 거죠. 문제가 드러나야 대책을 세울 수 있는 것 아닙니까.

김기협 | 해방 당시 국내 인물 중 가장 명망이 큰 분들이 신문사 경영하던 분들이었죠. 선생님과 몽양 선생, 그리고 고하(송진우(宋鎭禹, 1889~1945)) 선생과 고당(조만식) 선생이었습니다. 1945년 말 고하 선생 조난에 이어 이제 몽양 선생이 변을 당했는데, 두 암살의 성격에는 큰 차이가 있는 것 같습니다. 선생님께서는 어떻게 보시는지요?

안재홍 | 고하의 조난은 혼란 속의 우발적 사건인 반면 몽양 암살은 큰 힘을 가진 세력의 조직적 범죄라고 봅니다. 고하 때는 경찰력이 미비할 때라서 몇 사람만 조직적으로 움직여도 암살이 가능했어요. 그런데 지금은 막강한 미군방첩대(Counter Intelligence Corps, CIC)는

차치하고라도 경찰력이 왜정시대의 갑절이나 됩니다. 지난 5월에도 이번 저격과 똑같은 백주대로상에서의 습격이 있지 않았습니까? 이번 암살은 막지 못한 것이 아니라 막지 않은 것입니다.

김기협 열아홉 살 소년 하나가 범인이라고 잡혀 있는데도 사람들은 그를 진정한 흉수로 여기지 않습니다. 진짜 범인은 바로 경찰이라고 하는 사람들이 많습니다.

안재홍 충분히 나올 수 있는 얘기죠. 지난 3월 몽양 자택 폭파사건 때 정창화라는 청년이 범인이라고 자수했고, 경찰은 이 청년을 이용해 몽양을 잔뜩 놀려먹고 나서 도로 풀어주지 않았습니까? 경찰 개혁을 주장해온 우리 합작파를 친일 경찰과 조병옥, 장택상이 적으로 여긴다는 것은 세상이 아는 사실인데, 그 사실이 다시 확인된 일이었죠.

이번 한지근 경우는 체포인지 자수인지도 아리송하고, 정창화의 자수보다도 더 황당해요. 장택상은 노덕술과 최운하가 자기한테 보고도 없이 한지근을 체포했다며 두 사람을 정직시켰다고 하는데, 어처구니 없는 얘깁니다. 노덕술, 최운하가 장택상 모르게 움직이다니, 있을 수 없는 일이죠. 그런 얘기 듣는 사람들은 "아, 장택상이가 뭔가 숨기는 게 있구나." 생각이 들지 않을 수 없습니다.

지난 5월에 이어 백주대낮에 혜화동 파출소 부근을 범행 장소로 택한 것은 경찰이 어떻게 움직일지 예측했기 때문 아니겠습니까? 실제로 경찰의 "우연한" 행동 두 가지가 범행에 결정적 도움이 됐습니다. 첫째, 순찰차 한 대가 몽양이 탄 차를 가로막아 속도를 줄이지 않을 수 없었습니다. 둘째, 범인을 추격하는 경호원을 외근 중이라는 경찰관이

범인으로 "오인"했다며 붙잡아 추격을 방해했습니다.

경찰 자체가 암살을 행한 것 아니냐는 추측까지 떠돌고 있는데, 경찰 지휘권을 갖고 있는 민정장관으로서도 반박할 길이 없습니다. 상당수의 경찰관이 범행을 도와주는 역할을 맡은 것은 분명한 일로 보입니다.

김기협 │ 경찰이 우익테러에 협조해온 것은 광범위한 현상이죠. 아마 혜화동의 경관들에게 "혹시 무슨 소동이 일어나도 열심히 나설 것 없다."는 귀띔이 있었다 하더라도 대수롭지 않은 일로 여겼을 겁니다. 아무튼 경찰의 협조가 있었다는 것은 분명한 사실이고, 그렇다면 우익테러임이 틀림없는 것으로 사람들이 생각했겠군요.

당시에는 이북 출신 19세 소년 한지근의 단독범행으로 처리되어 사형 판결을 받았다가 미성년자라는 이유로 무기징역으로 감형되었죠. 공소시효가 훨씬 지난 1974년에 공범 4명이 사건 진상을 밝히고 나섰습니다. "역사를 바로잡고 원통하게 죽은 한 동지의 제사라도 떳떳이 지내기 위해" 전모를 밝히는 것이라고 자랑스럽게 떠들었습니다.

그들이 밝힌 바에 의하면 한지근의 본명은 이필형이고 당시 21세였다는군요. 송진우 암살범 한현우와 연계된 테러리스트 집단이었다고 하고요. 그런데 모의 과정에서 선생님과 김규식 선생도 표적으로 거론된 일이 있다고 하니, 합작파를 공격대상으로 삼은 것이 분명합니다. 그중 몽양 선생이 결국 표적으로 결정된 이유가 무엇일까요?

안재홍 │ 몽양은 여러 차례 테러를 당했고, 그중에는 좌익테러도 있었습니다. 좌익테러는 위협에 목적을 둔 것이었습니다. 목숨을 노린 테러는 우익의 것이죠. 아무튼 몽양에 대해서는 좌익 소행이라고 우길 여지가 있다고 생각했겠죠. 그리고 테러를 자행하는 우익단체에서는 '반공'을 명분으로 내겁니다. 그래서 몽양을 표적으로 삼기가 쉬웠겠죠.

그리고 좌우합작 사업에서 몽양의 역할이 정말 컸다는 사실을 그가 떠나고 나니 새삼 절실하게 느낍니다. 우익에는 김 박사나 내가 아니라도 나설 사람이 얼마든지 있어요. 하지만 좌익에는 몽양의 역할을 대신할 사람이 없습니다. 남로당의 지침에 묶이지 않으면서 지도력을 발휘할 수 있는 사람, 이북 지도부와도 허심탄회하게 의견을 나눌 수 있는 사람을 어디서 다시 찾겠습니까.

김기협 │ 몽양 선생을 회고한 글(「몽양 여운형 씨의 추억」, 『민세 안재홍 선집 2』, 198~207쪽)을 "나무라고 싶다가도 탐탁스러이 생각되고, 미운 듯하다가도 그리운 인물"이라는 말로 시작해서 오늘 하관식 후 어느 기자에게 "몽양의 하관식을 보고 돌아서는 나의 심경은 그지없이 적막하다. 허다한 훼예(毁譽)를 귀 밖으로 들으면서 오직 민족 결합을 위해 갖은 고심을 함께하였더니, 이제는 이미 유명의 길이 갈렸구나." 하는 말로 끝냈습니다.

해방 후 선생님과 몽양 선생은 건준에서 힘을 합치려다가 실패했고, 좌우합작에 뜻을 모으던 중에 유명을 달리하게 되었습니다. 그분이 떠났어도 선생님은 좌우합작과 미소공위 성공을 위해 매진하실 텐데, 그 전망을 어떻게 보시는가요?

안재홍 │ 좌우합작은 이미 상당한 성과를 거뒀습니다. 작년 10월의 7원칙에서 거두기 시작한 성과죠. 이번 미소공위 재개에 임해 합작을 지지하는 정당·단체들이 시국대책협의회를 구성해 미소공위

시문서를 함께 작성하는 과정에서 큰 성과가 확보되었습니다.

애초에 좌익과 우익이 갈라선 것은 독립건국을 쉽게 봤기 때문입니다. 건국은 당연히 될 것이니, 그 정책에서 평등에 중점을 둘 것인가, 자유에 중점을 둘 것인가 하는, 어찌 보면 부차적인 문제를 갖고 나는 우익이다, 너는 좌익이다, 했던 겁니다. 그런데 1년이 지나고 또 1년이 지나는 동안 건국 전망이 갈수록 불투명해지니 안 되겠다, 정책에서는 각자 욕심을 접어놓고 우선 건국부터 확실히 해놓은 뒤에 부차적인 문제는 생각하자고 뭉친 겁니다. 뭉친 우리는 좌익도 아니고 우익도 아닌 '중간파'입니다.

분단건국을 원하는 세력들이 지금 조선에서는 기승을 떨고 있습니다. 미소공위 분위기도 다시 어두워지고 있습니다. 이제 동지 중에 목숨을 빼앗긴 사람까지 나왔습니다. 낙관하기 어려운 상황입니다.

미국 측에서는 유엔 상정 이야기가 나오고 있습니다. 확실한 분단건국의 길입니다. 중간파의 노력이 분단건국을 막고 통일 민족국가의 목적을 이룰 수 있을지 장담할 길이 없습니다. 그러나 최선을 다해야죠. 실패 자체도 애통한 일이겠지만, 지금 여기 있는 우리가 최선을 다하지 못한다면 그것은 역사 앞에서 도저히 감당할 수 없는 죄악이 될 겁니다.

일지로 보는 1947년 7월

7월

1일	미·소 대표단, 협의대상으로 참가 신청한 정당, 단체들과 합동회의. 서재필 입국
5일	공보부, 남조선 총인구수 1,930만 명이라 발표
7일	미소공위, 정당, 단체들의 의견서 접수
9일	안재홍, 적산불하 문제 등에 대해 기자회견
12일	브라운 미 대표 협의청원상황에 대해 특별 발표. 서재필 환영 대회
13일	UP기자 스탠리 리치, 공위의 의견대립에 대해 언명
16일	이승만과 하지 회동. 미 대표 브라운, 협의대상 문제에 대한 양측의 대립논점 발표
17일	마셜 미 국무장관, 공위휴회상태 대응계획 없다 말함.
18일	브라운 미 대표, 협의대상 문제에서 미국 강경입장 표명
19일	여운형 혜화로터리에서 피격당해 절명
21일	스티코프 소 대표, 협의대상 문제에 대해 성명서 발표
23일	반탁시위. 미군정 휘하의 경찰들 시위 방조
24일	헬믹, 가지회견에서 적산불하 문제 등에 대해 언급
25일	공위 제47차 본회의, 협의대상 문제로 격론
26일	조병옥, 여운형 장례에 대해 담화 발표
30일	브라운 미 대표, 공위 불합의면 UN 상정 언급

4

미국은 미소공위를 버리고
어디로 가는가?

1947년 8월 1 ~ 31일

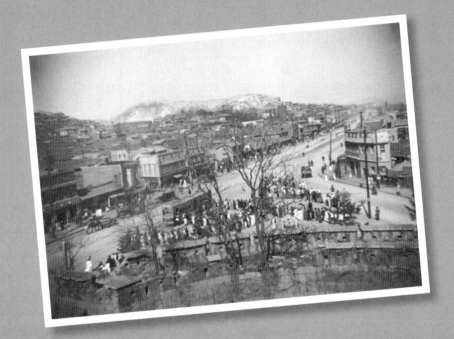

1947년 동대문 전차정거장 모습.

1947. 8. 1.

3년차로 접어들며: "역사의식의 결함," 박근혜만의 것인가?

박정희의 쿠데타에 대한 박근혜의 몇 차례 언급을 놓고 "역사의식의 결함"을 지적하는 이들이 있다. 박근혜는 "나처럼 생각하는 사람도 많다."고 대꾸한다. 두 주장이 다 참으로 보인다. 그렇다면 3단 논법에 의해 이 나라에는 역사의식의 결함을 가진 사람이 많다고 할 수 있다.

누가 어떤 결함을 가졌는지 일일이 확인해보지 않더라도 한국인의 역사의식에 결함이 많을 개연성은 누구나 알고 있다. 수십 년 동안 현대사의 자유로운 연구와 서술이 반공의 굴레에 묶여 있었기 때문이다. 역사의식의 "결함" 정도가 아니라 현대사의 인식 자체가 오랫동안 제도적으로 "봉쇄"되어 있었다.

1980년경 나오기 시작한 『해방전후사의 인식』(한길사 2006, 이하 『해전사』로 줄임)이 당시 청년들의 열렬한 환영을 받은 것은 너무나 오랫동안 닫혀 있던 뚜껑을 열어준 것이기 때문이다. 그로부터 20여 년이 지난 2006년 『해전사』의 역사의식에 반대하는 사람들이 그 문제점과 한계를 지적하며 『해방전후사의 재인식』(박지향, 책세상 2006)을 펴낸 취지에는 일말의 타당성이 있다. 『해전사』가 나올 당시의 여건으로 적지 않은 기술적 문제점을 갖고 있었던 것은 어쩔 수 없는 일이었다.

한국사회의 역사인식은 『해전사』의 출현을 계기로 눈을 뜨기 시작했다. 그러나 지금까지 그 성장에는 한계가 있다. 그 첫 번째 이유는 연구의 축적이 아직 충분치 못해서 성장을 뒷받침할 영양 공급이 원활치 못한 데 있다. 『해전사』는 읽는 데 대단한 의지와 노력이 필요한 책이다. 그런데 30년이 지난 지금까지도 업그레이드 버전이 나오지 못하고 있는 것은 안타까운 일이다.

또 하나의 이유는 새로 자라나는 역사의식이 정치투쟁에 자주 휘말리는 데 있다. 『해방전후사의 재인식』이 단적인 예다. 『해전사』 다음 단계의 담론을 구성할 연구가 많이 수록된 책이다. 그러나 일부 편집자의 정치적 편향성과 지나친 목적의식 때문에 그 가치를 제대로 살려내지 못했다. 역사의식이 진영 논리의 근거로 이용되면서 일부 정치세력에서는 역사의식의 성장 자체를 적대시하는 경향이 나타나고 있다. 박근혜가 "나처럼 생각하는 사람"이라고 하는 것이 곧 "역사를 대수롭지 않게 생각하는 사람"이라는 뜻 아니겠는가.

나는 2008년 『뉴라이트 비판』(돌베개 2008) 작업 중 『해방전후사의 인식』과 『해방전후사의 재인식』의 문제점을 생각하게 되었다. 근현대사에 관한 연구자들의 중요 업적을 일반 독자들에게 효과적으로 전해 주는 목소리가 필요하다는 생각을 했고, 2009~2010년 『망국의 역사 조선을 읽다』(돌베개 2010) 작업에 나선 것은 그 때문이었다.

『망국의 역사 조선을 읽다』 작업을 진행하면서 『해방일기』 작업을 구상했다. 1945년 8월 해방으로부터 1948년 8월 분단건국에 이르기까지 3년간의 사태 진행을 65년의 격차를 두고 일기 형태로 정리한다는 것이다. 그 목적은 연구자들의 업적을 독자들에게 효과적으로 전하는 데 있다. 나는 『해전사』에 대한 보완 효과를 바랐다. 서로 다른 성향과 서술방법을 가진 여러 분야의 많은 필자를 독자들이 하나하나 직접 상

대해야 했던 『해전사』와 달리 한 사람의 내레이터가 독자들을 최근의 주요 연구 성과에 안내해주는 역할을 맡는 것이다.

과대망상이란 비평을 각오하고 스스로 높여 말하자면 공자가 말한 "술이부작(述而不作)" 정신을 따르고자 한 것이다. 지금까지 많은 연구자의 작업성과를 소개해왔다. 그 성과들 중에는 많은 독자가 직접 참고하기 어려운 것이 많다. 서술이 딱딱한 연구서라서, 발행부수가 너무 적어서, 또는 저자의 정치적 입장을 감안해서 받아들이기 힘든 책들이 있다. 나는 독자들을 대표해서 그중 해방 공간을 제대로 살펴보는 데 도움이 되는 내용을 뽑아 독자들이 알아보기 쉽도록 하나의 그림을 그려왔다.

3년 계획의 작업에서 3년차로 들어서고 있으니 하산길에서 계곡머리까지 내려온 셈이다. 산행의 보람을 최대한 음미하기 시작할 시점이다. 지금까지 걸어온 길에 아쉬움도 많이 남아 있지만, 그만하면 거칠 과정을 제대로 거쳐왔다고 스스로 마음을 다독인다.

독자들에게 소개해주면 좋았을 연구 성과를 빠뜨린 것이 적지 않음은 분명하다. 참고한 자료 중에도 내 이해력 부족 때문에 충분히 활용하지 못한 것이 많다. 그러나 능력과 여건의 한계 속에서나마 최선을 다하려는 자세는 일관해왔음을 자부한다. 무엇보다, 정치적 진영 논리를 넘어섬으로써 색안경에서 벗어나려는 노력에 스스로 만족감을 느낀다.

내 정치적 입장에 대한 비판이 없을 수는 물론 없었다. 내란음모죄로 고발까지 당했다. 그러나 그것은 고발한 이들의 색맹 증세 때문일 뿐이라고 믿는다. 나는 몇 해째 보수주의자 입장을 표방해왔고, 『해방일기』 작업에서도 군이 따진다면 보수주의자의 관점을 지켜왔다. 단, '열린 보수주의자'의 시야를 잃지 않으려고 노력해온 것이다.

박근혜처럼 생각하는 사람이 적기를 바라는 것도 보수주의자의 마음이다. 보수주의자는 마음이 가난한 사람이다. 겸손한 마음으로 과거를 돌아보며 그 안에서 인간의 분수를 찾는다. 박근혜는 과거에만 매달려 있지 말고 미래를 이야기하자고 한다. 그것은 보수주의자가 아니다. 과거의 경험과 무관한 "멋진 신세계"를 꿈꾸는 것은 진보주의자의 몫이다.

나는 진보주의자들에게도 너무 황당한 꿈에 빠져들지 않도록 역사를 생각할 것을 권한다. 역사에 얽매이기까지는 않더라도 인간의 약점과 한계, 그리고 인간에게 주어진 조건을 아주 잊어버리지는 말아야 한다는 것이다. 이 사회의 과거를 가장 크게 상징하는 사람의 하나가 과거를 잊고 미래만 생각하자고 하는 모습은 너무 황당하기만 하다. 그 아버지 박정희 자신은 역사를 나름대로 중요시한 사람이었다고 나는 본다. 군국주의 일본의 질서를 이 나라에 재현하고 일본 제국에 대한 만주국의 역할을 대한민국에서 복원하려 한 것은 아무 역사의식 없이 할 수 있는 일이 아니었다.

53년 전인 1959년 7월 31일 처형당한 조봉암을 생각한다. 1956년 대통령 선거에서 "평화적 남북통일"과 "피해대중을 위한 정치"를 내세워 자유당과 민주당을 모두 두려움에 떨게 한 놀라운 지지를 끌어모으고 1958년 국회의원 선거에서 진보당 바람을 크게 일으킬 것으로 예상되던 조봉암은 선거 몇 달 전 간첩죄 등의 혐의로 체포되었다. 그해 7월 2일의 제1심 판결에서 그가 불법무기 소지 등 혐의로 5년형을 선고받자 반공청년의 법원난입 사건이 일어났고, 그 후의 2심과 3심에서 사형 판결을 받았다. 2011년 1월 20일 대법원 재심에서 간첩죄와 국가보안법 위반 등 주요 혐의에 대한 무죄 선고를 받았다.

조봉암 '법살(法殺)'의 주범은 물론 이승만 정권이었다. 그런데 놀라

1958년 체포되어 간첩죄로 재판받고 있는 조봉암. 지금의 민주당이 당시 민주당의 후예라면 조봉암의 법살에 사죄해야 마땅하다.

운 것은 당시의 제1야당 민주당의 태도다. 최소한의 법질서를 유린하는 정권의 횡포를 견제할 1차 책임을 가진 것이 제1야당이다. 그런데 민주당은 방관했다. 부작위(不作爲)를 통한 공범이었다.

민주당이 그저 공포심 때문에 몸을 사린 것이라면 '공범' 소리는 듣지 않을 것이다. 그러나 당시 정치 상황은 제1야당이 꼼짝도 못할 정도의 살벌한 공포 분위기가 아니었다. 1956년 선거에서 민주당이 같은 야당인 진보당(아직 준비위원회 시절이었다)을 대한 태도를 보면 민주당이 정권 못지않게 진보당을 적대한 사실이 분명하다(서중석, 『조봉암과 1950년대 상』, 역사비평사 2000, 120~146쪽).

나는 해방 공간에서 극좌와 극우 사이의 '적대적 공생관계'를 살펴보고 있는데 그 10년 후 같은 틀의 공생관계가 자유당과 민주당 사이에 펼쳐지고 있었던 것이다. "같은 틀"이라 함은 민심을 외면하는 정치세력들이 왜곡된 정치구조의 혜택을 나눠먹는다는 뜻이다. 해방 공간에서 좌우의 극단파가 이런 관계를 통해 통일 민족국가에 대한 민중의 염원을 묵살하고 분단건국의 주역이 되었다. 그 10년 후에도 비슷한 관계가 민심의 실현을 추구하던 조봉암과 진보당의 노력을 좌절시켰다.

"역사는 되풀이된다."는 말이 있다. 역사의 비극적 측면을 가리키는 말이다. 비극이 되풀이되는 것은 반성이 모자라기 때문이다. 분단건국의 원인이 충분히 검토되지 못한 채 10년 후 조봉암이 처형당하고 민심이 다시 짓밟힌 것은 아직 민간의 역량이 빈약한 시절의 일이었다. 그런데 다시 50여 년이 지난 지금까지도 적대적 공생관계의 그림자가 이 사회에서 걷히지 않고 있는 것은 참으로 "역사의식의 결함" 때문이 아닐 수 없는 일이다.

민주당에는 당을 좋은 길로 이끌어가려고 애쓰는 사람들이 있어왔다. 그러나 해방 공간에서 기득권을 옹호하기 위해 분단건국에 앞장섰던 한민당의 뿌리와 이승만 정권 이래 제1야당으로서 반사이익을 누려오던 전통에서 벗어나지 못하는 측면이 또한 민주당에 있다.

정권을 쥐는 것보다 제1야당 자리에 머무르는 것을 내 몫 지키기에 더 편안한 길로 여기는 사람들이 민주당의 진로 결정에 상당한 지분을 지키고 있다. 50여 년 전의 민주당이 조봉암과 진보당을 싫어한 것처럼 공생관계의 틀을 위협하는 제3세력의 득세를 꺼리는 경향이 민주당에 있다. 정권의 어떤 심한 잘못에도 불구하고 민심의 절반이 '무당파'의 자리를 지키는 기이한 현상은 제1야당으로서 민주당의 전통에 대한 민간의 넓고 깊은 불신이 아니고는 설명하기 힘든 것이다.

대한민국 국민 중 경상도와 전라도 주민들은 오랫동안 선거권을 제대로 누리지 못해왔다는 한탄이 있다. 어느 쪽에서 "막대기만 꽂아놔도" 당선되는 선거가 수십 년래 거듭되는 상황에서 의미 있는 선거권 행사가 가능하냐는 것이다.

이것이 바로 적대적 공생관계의 문제다. 선택을 직접 가로막는 단순한 억압이 아니라 선택의 대상을 제한하는 구조적 억압이다. 선거

때마다 '물갈이'로 국민의 불만을 무마하려 하지만, 정말 필요한 것은 '물갈이' 정도가 아니라 '판갈이'요, 나아가 '틀갈이'라는 사실을 적대적 공생관계의 역사에서 알아볼 수 있다.

1947. 8. 6.

'주인 없는 들개'가 된 '권력의 주구' 경찰

———

미군정하의 남조선은 경찰국가로 변해왔다. 웨드마이어 특사가 1947년 가을 조선을 방문했을 때 경찰의 미국인 고문 한 사람이 "국가경찰조직이란 그 정의상 바로 경찰국가와 동의어"라는 의견을 말했다고 한다(Bruce Cumings, The Origin of the Korean War 2, p, 188에서 재인용). 1945년 가을 이래 경찰 총수를 맡아온 조병옥은 경찰이 민심을 돌아볼 필요 없이 임명권자에게 충성해야 한다는 주장을 버젓이 하는 사람이었다.

> "우리 경찰진용은 사회추천에 의한 민선기관이 아니고 그 직원은 군정관이 부여한 경무부장의 임명권에 의하여 그 신분이 보장된다. 사회와 타협하고 구합(苟合)할 권리도 없고 의무도 없는 것이다. 군대와 같은 명령계통을 가지고 규율적으로 복무를 다함으로써 의무를 다하게 되어 있다. 따라서 앞으로 그 명칭과 기구도 경무부와 일원적 연락 아래 두고자 준비하고 있는 터이다."
>
> 「조 경무부장, 경찰은 민선기관 아니다」, 『동아일보』 1946년 4월 7일)

1946년 10월 소요사태에서 경찰의 반동성이 미군정의 최대 문제로

부각되면서 좌익의 경찰 비난에 중간파도 경찰개혁안 제출로 가세했다. 1947년 2월 중간파의 안재홍이 민정장관에 취임하면서도 첫 번째 요구가 경찰개혁이었다. 그러나 안재홍도 몇 달 안 되어 경찰개혁은 단념하지 않을 수 없게 되었다고 회고했다(『민세 안재홍 선집 2』, 281쪽).

오늘날의 검찰이 '권력의 주구' 노릇으로 권력화를 시작했다가 '검찰의 독립성'을 확보하면서 정권의 통제조차 벗어난 '주인 없는 들개'가 되었다는 의견을 적은 일이 있다(김기협, 『김기협의 페리스코프』, 서해문집 2010, 53쪽). 해방 공간의 경찰도 마찬가지였던 것 같다. 미군정 당국자들이 반동적 인물들에게 경찰 통수권을 맡긴 것은 편의를 위한 일이었는데, 일단 경찰 권력이 확립되자 임명권자들도 마음대로 어쩔 수 없는 존재가 되어버린 것이다.

미군정 당국자들이 형식적 민주주의의 최소한의 필요조건으로 집착한 것이 "언론의 자유"였다. 그런데 1947년 8월이 되면 경찰의 언론 탄압이 일상적인 일이 되어 있었다. 물론 미군정이 좌익 신문 탄압으로 시범을 보이기는 했지만, 미군정의 탄압은 정치적 목적을 가진 일회성 조치였다. 일상적 언론 탄압을 경찰의 속성으로 삼는 것은 결코 미군정 당국자들이 바란 일이 아니었다. 8월 7일 남조선과도정부 출입기자단이 조병옥 경무부장에게 제출한 건의서에서 당시 기자들의 불만을 알아볼 수 있다.

건의문: "귀하의 건강을 축복합니다. 최근 언론계의 책임자 내지 제1선 기자에 대하여 구금 취조하는 사실이 거듭 발생하고 있음은 심히 유감으로 생각하는 바입니다. 이에 남조선과도정부 출입기자단은 좌와 같이 2개 조항의 요구조건을 결의 전달하오니 찰지(察知) 혜량하시와 즉시 실천하여 주심을 무망하는 바입니다."

요구조건

1. 현재 구금 취조 중에 있는 신문지 책임자 밎 제1선 기사는 즉시 석방하고 불구속으로 조사할 것.

1. 앞으로 기자 및 논조에 관하여 조사의 필요가 있을 시에는 일절 불구속으로 문의할 것.

(「언론인 구금 빈발은 유감, 과정 기자단서 조 부장에 건의」,
『조선일보』 1947년 8월 9일)

이에 조금 앞서 수도경찰청 출입기자 일부가 기존의 출입기자회에서 벗어나 별도의 출입기자회를 만든 사실이 눈길을 끈다. 새 출입기자회는 8월 1일에 성명서를 발표했다.

하기 각사 수도경찰청 출입기자 일동은 현 제1총감부 겸 수도경찰청 출입기자회를 탈퇴하고 새로이 제1경무총감부 출입기자회를 조직 발족하였으므로 다음과 같이 그간의 경위를 공개하여 우리들의 행동이 언론의 공정과 우리 민족의 자주독립 전취를 위한 부득이한 조치임을 이해하는 한편 금후 가일층 편달과 지도를 요망하는 바이다.

최초에 전기 수도청 기자회가 조직된 목적은 각처의 출입기자회가 다 그러한 것과 마찬가지로 각사 출입기자의 취재의 편의와 출입기자들의 친목을 도모하기 위한 것이었으나 조직 후 점점 시일이 경과함에 따라 기자회는 이러한 조직 당초의 목적보다 모종의 정치 역할을 조역(助役)하는 경향으로 기울어지게 되어 주의 주장을 달리하는 각사 기자로서 구성된 동 기자회가 협조기사라는 명목하에 기자의 성격을 구속하고 공동취재라는 명목하에 취재의 범위를 단일화시켜 사실의 정당성과 여론의 공정성을 상실케 하여 일부 정치세력의 정치적 이익에 무비판적으로 가담 추종하는 결과를 초래케 되었던 것이다. 이러한 반언론적 태도를 금일에 이르기까지 포기치 않으려는 우리들의 노력과 그들의 공정한 언론인으로서의 양심의 반성이 있기를 기대해왔기 때문이다.

그러나 근일에 이르러 국내외 정세의 미묘한 동향에 따라 그들은 그들의 목적에 따라 거의 극단적인 언론에까지 이르게 되어 한 사람의 신문인이니보다 정당 일원임을 자처하고 사건의 보도보다도 정치목적의 선전을 위주하는 데 종시 일관하게 된 것이다. 그들에겐 국가와 민족의 운명보다도 그들이 소속한 혹은 지지하는 정치단체가 더욱 소중한 것이다. 자유스런 보도에 의한 공정한 여론을 환기시켜 조국 재건에 이바지하려는 우리들로서는 도저히 여좌한 반언론적 반민족적 언동에 이 이상 더 묵인할 수 없으므로 동일한 출입처에 본의 아닌 2개의 기자단을 갖게 된 것은 퍽 유감으로 사유하는 바이다.

시비선악은 역사의 판단에 맡길 것이나 해방 이후의 조선 언론계가 빚어낸 반민족적·반국가적 죄과를 성찰할 때에 오히려 만시지탄이 없지 않은 바이다. 민족의 공론을 등에 지고 새로이 출발하는 본 기자회에 많은 애호와 성원이 있기를 바라마지 않는 바이다.

1947년 월 일

제1경무총감부 출입기자회 가입사: 동아일보, 민중일보, 현대일보, 대한일보, 독립신문, 부인신문, 중앙통신

(「공정한 언론기코 기자회를 탈퇴」, 『동아일보』 1947년 8월 2일)

『서울신문』, 『경향신문』, 『조선일보』, 『자유신문』 등 당시의 영향력 있는 신문들 이름은 보이지 않는다. 『동아일보』가 주동이 된 일 같은 데 왜 이런 짓을 해야 했을까?

바로 떠오르는 일이 지난 삼일절 충돌의 처리를 둘러싼 장택상과 출입기자단 사이의 갈등이다(1947년 3월 1일자 일기). 인명피해를 낸 발포를 좌익 소행으로 몰아붙이기 위해 남로당 등 좌익 단체들이 들어 있던 일화빌딩에서 총격이 가해졌다고 장택상은 발표했는데, 기자단은 이 발표에 납득할 수 없는 점이 많다며 독자적으로 조사를 행하고 이를 반박하는 결과를 발표했다. 분노한 장택상이 기자들의 청사 출입을 금지하자 기자단은 수도경찰청 취재 거부로 대응했다.

처음 있는 일도 아니었다. 1946년 1월 19일 새벽 경찰이 학병동맹을 습격한 후에도 장택상의 말도 안 되는 발표에 반발한 조선신문기자회에서 독자적으로 사건을 조사해 발표한 일이 있었다(1946년 1월 27일자 일기). 당시 조사와 발표의 주체는 조선신문기자회였지만, 수도경찰청 출입기자단이 중심이 된 것은 물론이었다.

장택상은 극우니 반동이니 이전에 성격상 문제가 있는 사람이었던 것 같다. 그의 자서전 『대한민국 건국과 나』(창랑 장택상 기념사업회 1992)를 펼쳐봐도 "어떻게 저런 짓을?" 싶은 것을 본인은 대단히 자랑스러운 듯이 늘어놓은 일이 가득하다. '제2기자회' 일 역시 나름대로 꾀를 써서 몇몇 기자를 유혹해 꾸민 일 같다. 그의 성격 문제에 너무 천착할 것은 아니지만, 그런 짓이 횡행하던 상황을 적어둔다.

수도청 출입기자단만이 아니라 전체 기자단에도 제2기자회 설립이 이 무렵 추진되었다. 1945년 10월 만들어진 조선신문기자회와 별도로 '조선신문기자협회'의 8월 10일 설립에 관한 기사가 『동아일보』에 꾸준히 올라왔다. 발회식에서 김구, 이승만, 조소앙 등이 축사를 했다니 우익 기자회인 모양인데, 어느 기사에도 참여한 신문사 명단이 보이지 않는 것을 보면 참여 범위가 신통찮았던 모양이다.

이 시점에서 더 중요한 사태는 8월 5일 시작된 서울중앙방송국 탄압이었다.

전파를 이용하여 적화 선전을 하던 남로당원 등 14명이 4일 수도관구경찰청에 검거되었다. 정부의 기관으로써 엄정 중립의 입장에서 불편부당해야 할 중앙방송국의 마이크를 통하여 전해지는 방송 내용이 요즘 때때로 이상할 뿐 아니라 정당시간에 실시되는 우익 정객의 방송이 구절구절 중단되는 일이 적지 아니하여 일반 청취자들은 적지 않은 의아를 느끼고 있었는데 수도경찰에서 단호한 메스를 내리어 마침내 그 흑막과 음모를 적발하고 그의 관계자에게 철퇴를 내린 것이다.

그런데 지난 1월 남로당에서 내린 지령 전모를 수도경찰청에서는 5일 발표하여 그들의 전율할 음모를 만천하에 폭로하였는데 그 지령은 다음과 같다.

1. 방송국 전원을 남로당 세포에 가입시킬 것(현재 전 국원의 4분의 1은 획득).

1. 방송을 통하여 극좌익 사상을 일반 청취자에게 주입시킬 것.

1. 우익 측에 관한 정치방송은 가급적 방송을 회피하도록 하고 만일 방송을 할 때에는 기계고장을 구실로 하여 암암리에 방송을 방해하여 일반 청취자가 청취하기 곤란하도록 할 것.

1. 가사 등을 창작하여 청취자에게 좌익사상을 주입시킬 것.

1. 미국인의 언동을 일일이 보고할 것.

1. 직장을 통하여 비밀을 보고할 것.

등으로 서울중앙방송국 세포조직부서는 다음과 같다.

편성과: 김응환, 김원식, 이만재, 이방원. 방송과: 차영동, 신진철, 전보일. 총무과: 김순화, 백상균, 이민, 기술자 3명, 수부 2명.

서울중앙방송국원의 마이크를 통한 음모사건은 방금 수도경찰청에서 연루자를 속속 검거 중에 있는데 7일 새벽 5시경에는 동국 조정과원 안병무(27)와 아나운서 이춘자(23) 외 1명이 검거되었으며 이들 외에도 방금 10여 명이 지명수배 중에 있다 한다. 그리고 이들은 전부 남로당원으로 최후에는 기계파괴까지 계획하였다고 자백하였다 한다. 그런데 이들은 무선법 위반 법령 19호 4항 위반과 맥아더포고 2호 위반으로 불일간 일부는 송청하리라고 한다.

동아일보가 신이 났다. 위 기사들이 6일자와 8일자 2면 톱기사로 실렸는데, 그사이의 7일자 2면 톱기사도 맞춰서 나왔다. 그런데 이 기사는 기사거리가 되는 건지 잘 모르겠다.

불편부당하여야 할 중앙방송국에서 적색운동을 일삼았던 방송국원 14명이 방금 수도경찰청에서 엄중한 취조를 받고 있다 함은 기보하였거니와 이와 따로이 서울고등검찰청에서는 서울중앙방송국에서 지난 28일 남산에서 거행된 공위촉진 인민대회에서 공위 소련 측 수석대표의 연설을 왜곡 방송한 혐의로 방송국장 외 3명의 직원을 방금 불구속으로 문초 중에 있는바 동 사건의 전말은 대략 다음과 같다.
지난 8일 남산에서 거행되었던 공위촉진 인민대회에서 공위 소련 수석대표 스티코프 장군의 연설 중 '반탁투쟁하는 사람들은 막부삼상

결정과 연합국을 지지하여 민족독립국가를 건설하려는 우국지사들 앞에 수치를 면치 못하리라.'는 1절을 시내 모 신문사 기자는 '멀지 않은 장래에 인민 앞에 사과하리라.'고 보도하였는데 서울중앙방송 국에서는 이러한 허위보도를 그대로 전용 방송 선전하여 민심을 교란시키고 질서를 문란케 한 혐의로 지난 2일부터 이혜구 방송국장 외 3명의 방송국원들과 모 신문사 편집국장 그리고 취재기자는 서울고등검찰청 박종근 검찰관으로부터 불구속으로 취조받고 있다.

(「방송국사건 확대—남산대회 허위방송 발각, 검찰청서 국장 직원 취조」,

『동아일보』 1947년 8월 7일)

동아일보가 이렇게 열을 올리는 사흘 동안 『자유신문』에는 짤막한 기사 하나만이 올라왔다.

수도경찰청 5일 발표에 의하면 시내 명륜동 1가 33의 36에 사는 김응환(24, 방송국 편성과장)은 방송국의 좌익화를 꾀하고 있던 것을 수도청에서 탐지하고 남로당 등 세포원 14명 중 7, 8명을 검거하여 취조 중이라 한다.

(「방송국사건 수도청 발표」, 『자유신문』 1947년 8월 6일)

1947. 8. 8.

『해방전후사의 인식』과『한국전쟁의 기원』

좋은 책을 기획해서 잘 만들어내는 출판인에게 '경의'를 느끼는 일이 왕왕 있는데, 1979년 시점에서『해방전후사의 인식 1』을 만들어낸 한 길사의 업적에는 돌이켜 생각해도 '경이'를 느끼지 않을 수 없다. 유신 체제가 막바지 기승을 떨던 그 시절에 체제가 전력을 다해 틀어막던 주제를 독자들 앞에 내놓다니, "맨땅에 헤딩"으로 보였다.

'대한민국의 기원'에 관한 진지한 토론은 대한민국이 '국시'를 걸고 가로막아온 일이었다. 몇 세대에 걸쳐 수천만 국민이 반공의 포로로 살아온 희한한 현상이 어떻게 해서 빚어진 것인지 살펴보는 일이 이 사회에서는 수십 년간 철저하게 금지되어왔다. 이 금지의 폭력성이 절정에 이른 1979년 시점에서『해방전후사의 인식』이 나온 것은 그 자체로 하나의 역사적 현상이었다.

그 시점의 상황을 차분히 되살펴보지는 못했지만, 달이 차면 기울기 시작하는 것과 같은 자연스러운 측면도 있었던 일이라고 생각해둔다. 바로 그 무렵에(1981년) 커밍스(Bruce Cumings, 1943~)의『한국전쟁의 기원 1』이 나온 데서 이 느낌이 더욱 뒷받침된다.

학술활동에 대한 냉전의 압력이 미국에서는 한국처럼 심하지 않았다. 반공주의에서 벗어난 이야기를 한다 해서 지하실에 끌고 가 두들

겨 패는 일은 없었다. 하지만 연구비 등 제도적 지원에 차별이 있었고, 그런 차별을 무릅쓰고 달려들 만큼 한국현대사를 중요하게 여기는 연구자가 나오기 힘들었다.

그런 상황에서 커밍스는 미국현대사를 열어보는 하나의 중요한 열쇠를 한국현대사에서 찾아 나섰다. 정상적 사고에 제약을 가하는 냉전의 시각에서 벗어나려는 노력이 미국 학계에서 1960년대 후반 이래 늘어나오다가 이 시점에 이르러 한미관계에까지 번져나온 것이다.

『해방전후사의 인식』과 『한국전쟁의 기원』의 출현은 한국과 미국 양쪽에서 냉전체제의 압력이 더 유지되기 어렵게 된 상황을 보여준다. 그러나 그 압력이 한국 쪽에서 더 지독한 것이었다는 사실은 두 책의 성격에 대조되어 나타난다. 『해방전후사의 인식』은 강렬한 지향성에 비해 담론의 안정성에 아쉬운 점이 많았다. 반면 『한국전쟁의 기원』은 담론의 새로운 차원을 위한 구체적 근거를 많이 확보했다.

『해방일기』 작업은 1980년대 이후의 연구 성과를 참조하여 『해방전후사의 인식』 다음 단계 담론의 방향을 정리하는 데 목적을 둔 것이다. 여기에 커밍스의 연구가 매우 큰 비중을 차지했다. 조선 내 사정에 관해서도 커밍스의 연구에 잘 정리된 것이 많거니와, 특히 그 시기 미국 사정이나 세계 사정에 관해서는 종래 국내 연구자들에게 바라기 어려운 수준의 정확하고 적절한 안내를 많이 받을 수 있었다.

그런데 몇 달 전부터 커밍스의 안내에 다소 불만을 느끼게 되었다. 트루먼독트린이 나오면서부터였다. 커밍스는 미 국무성이 육군성 등 여러 부서로 보낸 1947년 3월 27일자 보고서를 매우 중시한다. 『한국전쟁의 기원 2』, 46쪽에는 이 보고서 내용 일부가 발췌되어 있다.

소련에 대한 봉쇄를 철저히 한다는 우리 정책에 빈틈이나 약점이 없

어야 한다는 점이 중요하다. 한 지역에서라도 약한 태도를 보이면 소
련은 틀림없이 이것을 전면적 완화의 징조로 해석할 것이기 때문이
다. 조선에서 우리가 소련에 굴복하거나 회피하려는 자세를 보이기
만 하면 독일 등 우리에게 본질적으로 훨씬 더 중요한 지역에서 소련
의 태도가 굳어지는 결과를 쉽게 가져올 수 있다. 반면 조선에서 확
고한 태도를 보일 경우 소련과의 다른 관계에서도 우리 입장이 실질
적으로 강화될 수 있다.

이 보고서가 조선에서 반소·냉전 노선을 주장했다는 사실에는 이론
의 여지가 없다. 다만 그 시점에서 미국 정책노선이 그 방향으로 확고
하게 굳어져 있었다고 보는 커밍스의 관점에는 수긍이 안 된다. 조선
문제의 유엔 회부 방침을 미국 정부가 정해놓은 상태에서 미소공위 재
개는 시늉에 불과했던 것처럼 커밍스는 설명한다. 그러나 마셜과 몰로
토프 사이의 서신 교환, 그리고 6월 중순까지 미소공위의 순조로운 진
행을 모두 시늉으로만 몰아붙이는 데는 무리한 느낌을 받지 않을 수
없다.

6월 중순까지는 미소공위 성공을 위한 진지한 노력이 미국 측에서
도 있었다고 나는 본다. 대표단을 이끈 브라운 소장이 미군정 내에서
김규식·안재홍 등 중간파의 대변인 노릇을 해온 것도 미소공위 성공
을 바라는 뜻이었다고 해석한다. 6월 11~12일에 공동결의와 공동성
명으로 나온 성과를 얻기까지 미소공위의 강행군은 회담 성공을 위한
양측 대표단의 진지한 성의가 어울린 것으로 나는 평가한다.

이 협조 분위기가 깨진 외견상의 계기는 6월 23일의 반탁시위였다.
소련 대표단은 투석을 당했다고 주장하는데 남조선과도정부(미군정)
경무부는 투석 사실이 없다고 주장했다. 미국 대표들 중에는 투석 사

실을 개인적으로 확인한 사람들이 있었지만, 이 시위에 책임이 있는 반탁투위의 가입단체를 제외해야 한다는 소련 측 요구를 미국 대표단은 거부했다. 미소공위를 반대하는 반탁운동을 미국 대표단이 어느 정도 옹호한 셈인데, 그때까지 회담 성공을 위해 성실하게 노력해온 태도에서 벗어난 것으로 볼 수 있다.

그래서 이 시점에서는 커밍스가 주장하는 것처럼 미소공위를 무시하는, 즉 소련과의 협력관계를 거부하는 쪽으로 미국 정부의 새로운 지침이 내려온 것이 아닐까 하는 생각이 든다. 6월 16일 대표단에 새로 파견된 국무성 직원 제이콥스가 7월 16일 이승만과 하지의 만남을 주선한 사실을 지난 7월 13일자 일기에서 지적했는데, 그 역할이 흥미롭다. 테러 같은 짓 하지 말라는 경고 편지와 그에 대한 가시 돋친 응답을 주고받고 있던 견원지간의 두 사람으로 하여금 밤늦은 시간에 무릎을 맞대게 만든 사람이 조선에 들어온 지 한 달밖에 안 된 사람이었다니, 가져온 메시지가 여간 중요한 것이 아니었던가 보다.

해방 조선의 자연스러운 진로를 왜곡한 외세로서 미국의 역할이 소련보다 압도적으로 컸다고 하는 커밍스의 관점에 나는 전면적으로 동의한다. 소련은 조선의 변화에 편승하여 이득을 취하려는 소극적 입장이었던 반면, 미국은 일제강점기 질서를 조선에 복원하는 반동적 노선을 통해 영향력 확보를 적극적으로 꾀했다. 그러나 미국의 그런 노선을 커밍스는 지나치게 일관되고 확정적인 것으로 보는 것이 아닌가, 불만스러운 점이 있다.

이 불만의 정체를 전상인의 「브루스 커밍스와 한국현대사 이해」(『고개 숙인 수정주의』(전통과 현대 2001, 360~411쪽))에서 확인할 수 있을 듯하다. 전상인은 커밍스의 연구에서 "구조주의적 시각의 과잉" 또는 "이론의 과잉과 구조의 과적"이란 문제를 지적한다. 이 문제는 사실 지나친 단순화의 위험을 일으킬 수 있는 것이다. 전상인은 일제강점기 조선의 계급 갈등 양상과 점령 초기 미군정의 의도에 대한 커밍스의 해석에서 이 문제를 지적했는데, 나도 이 지적에 동의한다.

8월로 접어들며 브라운 미 측 대표는 마치 '돌아올 수 없는 강'을 건넜음을 확인하는 듯한 행보를 보인다. 8월 1일에 합의되지 않은 내용을 밝히는 성명서를 발표하고 기자회견을 했다. 스티코프 소련 측 수석대표는 그 이튿날 뒤따라 성명서를 발표하고 기자회견을 했다. 합의에 이르지 못하는 책임을 서로 상대방에게 떠넘기는 그 내용을 더 이상 세밀히 소개할 필요는 느끼지 않는다.

다만 한 가지 사실만 지적해둔다. 7월 16일 브라운이 양측 대립 논점을 일방적으로 발표한 닷새 후에 소련 대표단의 반박 성명이 나왔다. 그런데 이번에는 단 하루 만에 반박 성명이 나온 것이다. 미소공위의 난항을 확인하는 사인을 미국 측이 줄곧 앞장서서 내보내고 있고, 그에 대한 소련 측 반응도 촉박해지고 있다.

1947. 8. 13.

"커밍스가 상식 이하?" 전상인, 너무 웃긴다

———

해방 2주년이 다가오고 있다. 2년 동안 많은 변화가 조선에서 일어났는데, 분단건국을 향한 움직임을 그중 중요한 변화로 본다. 2년 전에는 조선인만이 아니라 누구 눈에도 "말도 안 되는" 분단건국이었는데, 이것이 이제 상당수 관계자들에게 유력한 옵션으로 떠올라 있다. 그리고 1년 후에는 완전히 현실이 되어버릴 참이다.

분단건국을 전쟁의 충분조건처럼 보는 커밍스의 관점에 나는 동의한다. 세밀히 따져보면 전쟁 발발에 소련, 중국, 미국 등 외세의 작용도 있었다. 하지만 결속력이 강한 한민족을 두 국가로 떼어놓은 상태 자체가 전쟁 발발의 기반조건이었다. 외세의 작용은 이 기반조건 위에서 부차적인 작용을 일으킨 것에 불과하다. 그리고 전쟁 후에도 한민족의 정치적 존재양식은 60년 동안 분단에 묶여 있었다. 1948년의 분단건국은 1910년의 식민지화와 함께 한민족의 진로를 결정지은 20세기 최대의 사건이었다.

아직도 벗어나지 못하고 있는 분단 상태를 극복하기 위해 분단건국의 원인을 살펴보지 않을 수 없다. 1981년 커밍스가 제기한 미국책임론은 소련의 적화야욕에 모든 책임을 돌리는 반공독재로부터 아직 풀려나지 못하고 있던 대한민국에 큰 충격을 주었다.

조선의 해방 공간에 강한 힘을 끼치고 있던 미국에 분단건국의 책임이 하나도 없었다는 것은 불가능한 일이다. 그런데 정권 비판 시위보다 미국 비난 시위를 더 엄하게 다스리던 반공독재하의 대한민국에서는 미국의 책임을 조금이라도 거론하는 것이 공권력으로 봉쇄되어 있었다. 봉쇄의 틈바구니를 뚫고 나온『해방전후사의 인식』에서조차 미국의 책임을 적극적으로 파고든 글은 진덕규의「미군정의 정치사적 인식」뿐이었다.

조선 분단에 대한 미국의 책임을 미군정의 무능과 같은 소극적 문제가 아니라 당시 미국 국가노선의 적극적 작용에서 찾은 커밍스의 연구는 세계체제론 차원의 구조주의 관점에 입각한 것이었기 때문에 많은 사실을 일관성 있게 해명할 수 있다는 강점을 지닌 것이었다. 똑같은 해상도라도 구도를 잘 잡은 사진이 피사체의 모습을 잘 보여주는 것과 마찬가지다.

며칠 전(8월 8일) 일기에서 커밍스의 관점에 부분적인 불만을 느끼며 전상인의『고개 숙인 수정주의』한 대목에서 그 불만의 이유를 확인한다는 이야기를 썼다. 이것을 본 한 독자가 충고(경고?)의 메일을 보내줬다. 전상인은 뉴라이트의 신진 기수이므로 인용할 때 조심해야 한다는 것이다.

4년 전『뉴라이트 비판』작업 때 나는 "뉴라이트에게서도 배울 것은 배운다."는 자세를 표방했고, 실제로『해방전후사의 재인식』에 실린 논문들을 그 후의 여러 작업에 잘 활용해왔다. 그 책 편집자들의 의도를 잘 모르고 게재를 허락한 순진한 연구자들의 논문만이 아니라 편집진 필자의 논문도 활용해왔다. 누군가가 애써서 작성한 논문이라면, 그 의도를 충분히 감안하고 활용할 때 다 나름대로 활용 가치가 있는 것이다.

전상인의 연구도 마찬가지다. 객관적 자세를 지키는 느낌을 주려고 노력하는 수준이 다른 뉴라이트 필자들보다 뛰어나기 때문에 그의 글은 대개 '논설' 차원이 아니라 '논문' 차원으로 받아들일 수 있다. 그러면서도 '수정주의'의 고개를 숙이게 하고 싶은 그의 의도는 명백하다. 그러니 그 의도를 감안하고 그의 글을 읽는다면 "아, 정치적 이유로 커밍스를 반박하고 싶은 사람들도 더 이상 할 얘기가 없구나." 하는 판단을 쉽게 내릴 수 있다.

전상인은 『한국전쟁의 기원』을 직접 비평한 글 「브루스 커밍스와 한국현대사 이해」에서 "주관적 목적성"이란 말을 여러 번 쓴다. 나도 여러 대목에서 동의하는 지적이다. 그런데 커밍스가 구조주의 방법론을 쓴 사실을 전제로 한다면 이 지적은 큰 의미를 가질 수 없다. 구조주의 방법론에 따른 연구는 세밀화가 아닌 스케치의 성격을 가진 것이므로 실증적 기준에서는 한계를 원천적으로 인정하는 것이기 때문이다.

전상인은 커밍스의 실증적 한계를 비판하는 데 자신의 다른 글 「1946년경 남한주민의 사회의식」을 여러 번 활용한다. 그런데 이 글은 여론조사 분석이라는 일견 실증적 방법을 활용한 연구결과지만, 실제로 그 무렵 남한 주민의 사회의식을 밝히는 데는 별로 도움이 되지 않는 글이다. 내게는 큰 도움이 되지 않았다.

그 까닭은 무엇보다 군정청에서 시행한 여론조사만을 대상으로 한데 있다. 나는 이 글 읽으면서 정말 이상하게 생각했다. 왜 같은 시기에 시행된 한국여론협회의 조사를 활용하지 않았을까? 당시 상황으로는 뜻밖으로 보일 만큼 균형 잡힌 조사 자세를 보고 감명을 받은 일이 여러 번 있다. 군정청 조사보다 분량이 적지만 조사자의 편향성과 의도성을 보정하는 데 매우 요긴하게 쓰일 수 있는 자료다.

1990년에 『한국전쟁의 기원 2』가 나온 후 공산권 자료의 대거 발굴에 따른 실증적 연구의 확장이 커밍스의 주장을 많이 뒤집은 것처럼 전상인은 주장한다.

> 그것은 고의적인 선택이라기보다는 커밍스의 저작들 자체가 냉전의 붕괴 이전에 저술된 것으로서, 구공산권 자료가 공개되기 이전이었다는 점을 감안할 필요가 있다. 이런 점에서 커밍스 자신도 냉전의 피해자라고 말할 수 있다. 특히 1990년에 출간된 『한국전쟁의 기원 2』는 시기적으로도 불운이었다. 그 이후의 한국현대사 연구들은 새로운 자료의 공개에 힘입어 한반도 분단의 기원에 관한 커밍스의 주장을 거칠게 비판하고 있다. (『고개 숙인 수정주의』, 388쪽)

커밍스의 연구에 대한 일부 한국 학자들의 거친 비판은 1990년 이전에도 있었고 이후에도 있었다. 내가 『해방일기』 작업에 활용하는 연구 성과는 거의 다 1990년 이후에 나온 것인데, 나는 거친 비판이 특별히 많다고 보지 않는다. 전상인 자신도 커밍스의 허점을 "침소봉대"하는 "커밍스 알레르기" 현상을 지적하는데, 위 문장 역시 커밍스의 실증적 한계를 과장하는 "침소봉대"로 내 눈에는 보인다.

전상인의 이런 서술도 "침소봉대"라고 할 수 있을까?

> (소련은) 1945년 9월 하순에서 10월 하순까지 한 달간 분단지향적이고 독자적인 북한 분할통치 기구를 속속 구성하였다. 여기서는 소비에트 민정의 수립이라든가 행정의 한인화 정책과 함께, 특히 독자적인 공산당 창설이 매우 중요하다. 왜냐하면 사회주의 체제가 일반적으로 국가에 대한 당의 우위 원칙에 기반하고 있기 때문이다. 따라서 커밍스가 남한의 '국가'는 보고 '당'은 간과한 채, 미군 점령하의 남

한이 먼저 분단의 길로 갔다고 주장하는 것은 <u>상식 이하</u>이다. 그리고 1946년 2월에 탄생한 북조선임시인민위원회를 '북부 단독정부(separate northern administration)'라고 부른 것은 커밍스 자신이다. 같은 시기, 남한에는 분명히 '남부 단독정부'라고 부를 만한 것이 존재하지 않았던 상황이었다.

아니다. 이것은 "침소봉대"가 아니다. 바늘이라고 할 만한 것도 없으니까. 이건 그냥 없는 꼬투리 잡는 거다. 내가 보기에는 객관적 태도를 애써 꾸미는 전상인이 자기 정치적 의도를 이 책에서 제일 노골적으로 드러낸 대목이다.

당이 국가를 지도하는 것은 공산주의국가에서 일반적 현상이다. 하지만 '조선공산당 북조선분국'이 만들어졌다 해서 1945년 10월의 북조선이 공산주의국가가 된 것은 아니다. 전상인의 논리대로라면 북조선분국의 '본가(本家)'인 조선공산당이 성립해 있던 남조선은 '공산주의국가 할배'가 되어 있었던 셈이다.

그리고 "separate northern administration"이 어떻게 "북부 단독정부"가 될 수 있나? 미국 가서 공부했다는 사람이 "administration"과 "government"도 구분 못하나? 그리고 당시 남조선에서는 미군정이 스스로 "38도선 이남 조선의 유일한 합법정부"를 자처하고 있었다. 이북을 점령한 소련군은 점령 당일부터 인민위원회 등 조선인의 자치 노력을 후원해주었고 그 결과 조선인의 행정부라 할 수 있는 북조선임시인민위원회가 1946년 2월 세워진 것이었다. 반면 이남에서는 미국인이 결재권을 가진 채로 군정청의 이름만 '남조선과도정부'로 바꾼 것이 1947년 5월의 일이었다.

내가 좀 흥분했나? 맞다. 흥분했다. 무엇보다 밑줄 친 말 "상식 이하"에 꼭지가 돌았다. 누구의 상식, 어느 사회 어느 학계의 상식을 전상인은 말하는 것인가? 이런 식으로 '상식'을 들먹이는 것은 4년 전 어느 분에게 들은 표현대로 "학자로서 해서 안 될 소리"다.

『뉴라이트 비판』 작업 당시, 안병직 교수와 동년배의 원로 학자 한 분을 만났을 때 "그분에 관해 이상한 얘기가 들리곤 하는데, 뭐가 잘못된 건가?" 물으시기에 마침 갖고 있던 복사자료를 보여드렸다. 안 교수가 이런 말을 한 대목이었다.

> 김대중 씨는 자기의 주관적 통일 이론만 가지고 남북수뇌회담을 추진한 것입니다. 한편으로는 북한 정세를 제대로 읽을 수 없을 만큼 우둔하고, 다른 한편으로는 국가 민족이야 어떻게 되었든 자기의 개인적인 정치적 야심을 철저히 추구할 만큼 사악했다고 할 수 있습니다. (안병직·이영훈, 『대한민국 역사의 기로에 서다』, 기파랑 2007, 288쪽)

이 대목을 보고 그분이 "학자로서 해서 안 될 소리를 했군." 하고 탄식했던 것이다. 나는 전상인의 말 "상식 이하"도 학자로서 해서 안 될 소리라고 본다. 학술 비평에 누구의 것인지 모를 "상식"을 왜 들고 나오나? 그 상식을 공유하는 사람들의 지지는 받을 수 있을지 모르겠지만, 내게는 그의 학문적 자세를 깊이 불신케 하는 독단일 뿐이다. 북조선분국 설치가 공산국가의 수립? 그게 상식이라고? 너무 웃긴다.

전상인의 이런 주장을 보며 분단건국에 대한 커밍스의 미국 책임론에 더욱 신뢰가 굳어진다. 커밍스 관점의 부정에 초학문적 동기를 보여주는 그가 이 정도 허술한 주장밖에 내놓지 못하는 것을 보면 유효한 반론의 여지가 크지 않다는 심증이 드는 것이다.

미국 책임론은 커밍스의 학설에서 핵심 내용이다. 그러면서 대한민국의 정통성에 대한 더 깊은 성찰을 요구하는, 큰 정치적 함의를 가진 명제다. '전통주의'를 표방하는 '반공주의' 입장에서 그야말로 "알레르기"를 일으킬 대상이다. 이 대목에서 전상인이 유난히 수준 낮은 주장을 독단적인 논조로 내놓는 것은 알레르기 증상의 일종인 것 같다.

나는 지난 2년간의 작업을 통해 분단건국의 미국 책임론을 깊이 믿게 되었다. 그렇다고 대한민국의 정통성을 부정하지는 않는다. 지금까지 반공주의자들이 주장해온 정통성과는 다른 의미의 정통성을 모색할 뿐이다.

1947. 8. 15.

해방 2년, 되살아난 경찰의 위세

———

서울운동장에서 열린 해방 2주년 기념식은 평온하게 진행되었다. 정치세력 간의 충돌을 피하기 위해 안재홍 민정장관이 모든 기념행사를 관에서 진행한다는 행정명령 제5호(「해방 기념 축하식 거행에 관한 건」)를 8월 4일에 발포해놓았었다. 너무나 평온하다 보니 이런 정도의 충돌이 눈에 띄는 정도였다.

지난 15일 거행된 8·15기념행사 식장에서 좌석 관계로 통위부장 유동열, 송호성 등이 중도에서 퇴장한 사건이 있은 다음 서울시장은 통위부를 방문하고 진사하였다는 통위부 측 발표에 대하여 18일 시장 김형민은 다음과 같은 강경한 담화를 서면으로 발표하였다.

"제2차 8·15기념식전에 시로서는 통위부장 좌석을 과도정부 부처장 좌석과 동열에 배치하였던바 유 부장은 본부석에 특대하지 않았다는 것과 통위부 내 육해군사령관의 좌석을 지정하지 않았다는 것을 구실로 그날 통위부 간부 측에서 불평을 가지고 본부좌석을 발길로 차서 뒤엎고 의자에 붙인 귀빈의 기명을 떼어 던지고 심지어 그날 의식 역원에게 욕설까지 하고 유 부장 이하 간부가 퇴장한 일이 있었다.

이에 대해서 시로서는 유 부장만을 다른 부장과 차별하여 특석을 배치할 수 없었고 육해군사령관의 좌석은 본래 제한된 자리라 준비가 없었으나 양 사령관의 요구에 의하여 따로이 배치했다. 그럼에도 불구하고 국경식전의 준비좌석을 뒤엎으며 일대 소란을 일으킨 통위부의 처사는 비례천만으로 이를 항의하러 시장 자신이 16일 통위부를 방문하고 진사를 요구한 일은 있으나 시에서 진사한 일도 없고 진사할 조건도 없다. 이러한 유감스러운 일이 다시는 없도록 바란다."

(「통위부 처사는 유감스러운 일」, 『경향신문』 1947년 8월 19일)

이튿날 통위부는 이를 반박하는 항의서를 발표했다.

"첫째 통위부장의 좌석이 일 정당 일개 모모의 비서의 밑에 들게 한 것은 금번 식전에서 처음 보는 예다. 통위부로서는 김 시장이 말한 육해총사령관의 좌석에 대한 시비를 한 일은 없다. 이번의 김 시장의 태도는 국토를 호위하기 위하여 조석으로 국기를 배례하는 조선의 국군을 무시하였다. 이것은 시장이 우리 국군에 대하여 허위 날조의 낭설을 일삼아 국군의 모체를 의식 유린하였다고 확인하는 데 적당한 처치책을 행사하기에 재차 진사를 요구한다.

(1) 시장 자신이 통위부와 육해사령부에 직접 출두하여 각각 진사할 것.

(2) 8월 19일부 각 신문에 보도된 시장 담화를 취소할 것.

(3) 각 신문에 진사문을 재차 발표할 것."

(「김 시장에게 진사(陳謝) 요구 석차 문제로 통위부 장교 궐기」,
『조선일보』 1947년 8월 20일)

김형민 시장이 무책임한 기회주의자의 모습을 보인 일은 이 일기에서도 여러 차례 소개한 일이 있다. 이번 일 역시 그 자신의 담화문을 보더라도 "시장 자신이 16일 통위부를 방문하고 신사를 요구"했다는 말이 너무 황당하다. 본인이 찾아갔다는 것은 잘못을 시인하고 사과하기 위해서까지는 아니더라도 문제를 좋게 해결하려는 뜻이었을 텐데, 담화문에서는 사과를 요구하러 간 것이었다고 일방적인 주장을 하고 있다.

'군대 아닌 군대'로서 통위부의 어색한 위상에서 불거진 문제였다. 조선 정부가 세워지지 않은 상태에서 점령군이 현지 군대를 만드는 것은 점령의 취지에 어긋나는 일이었다. 미군정과 이남 우익은 이북에 군대가 만들어지고 있다는 소문을 문제 삼으려 애써왔다.

그런데 미군정은 군대를 만들고 싶어했다. 그래서 '조선경비대'와 '해안경비대'를 경찰의 보조기구라는 명목으로 1946년 1월부터 만들어왔다. 통위부 측에서 말하는 "육해총사령관"이란 두 경비대의 대장을 말하는 것이다.

경비대를 관할하는 군정청 부서가 '국방사령부'였는데, 1946년 봄 미소공위에서 소련 측이 '국방'이란 말을 문제 삼자 '국내경비부'로 바꿨다. 이것을 통상 '통위부'라 불렀고, 이것이 대한민국 국방부로 이어지게 된다. 조선경비대 간부 26명 중 23명이 일본군과 만주군 출신일 정도로(허종, 「친일파·민족반역자 처단은 왜 좌절되었는가」, 『질문하는 한국사』, 내일을 여는 역사 재단 엮음, 서해문집 2008, 413쪽) 이 군대 아닌 군대도 친일파의 거점이 되지만, 유동열, 송호성 등 임정-광복군 출신도 한몫을 맡고 있었다.

'군대 아닌 군대' 문제는 언젠가 다시 살펴보기로 하고, 기념행사 진행을 맡은 서울시에서 8월 11일 발표한 행사 지침에 흥미로운 점이 있다(『경향신문』 1947년 8월 12일). 구호를 "일당 일파의 편향적 색채를 떠

나", (1) 우리를 해방시킨 연합국에 대한 사의, (2) 민주주의 자주독립
에 대한 의의를 표시하되 그 방법과 조건을 제시하지 말 것을 요청했
다. 그리고 "식전이 끝난 후 창덕궁 비원에서 열리는 축하연에 참가희
망자는 회비 2백 원을 첨부하여 14일까지 각 구청 중앙청에 신청할
것"에 대한 안내도 들어 있다. 능력에 따라 원하는 사람들이 고위층과
어울릴 수 있는 '하이 소사이어티'가 서울에서는 돌아가고 있었던 것
이다.

치안 문제라면 경찰의 움직임을 살펴보지 않을 수 없다.

> 8·15기념일을 앞두고 서울에서는 좌익진영에 광범위한 검거선풍이
> 불고 있다. 11일 밤부터 12일에 걸쳐 수도경찰청 관내 각 경찰서원
> 들은 이유는 알 수 없으나 일제행동을 검색하는 동시에 대량 검거를
> 단행 중인 모양인데 검거된 사람 중 판명된 사람들은 대략 다음과
> 같다.
> 근민당: 장건상, 이여성, 백남운, 박동철, 신동일. 전평: 박경우. 전
> 농: 최한철. 협동: 박경수. 여맹: 유영준. 문련: 박찬엽. 법학자동맹:
> 조평재. 신문관계자: 장순각, 이신식, 문분란(부인기자)
>
> (「수도청 관하에 검거 선풍, 좌익 요인들 속속 피검」, 『서울신문』 1947년 8월 13일)

경무부차장 최경진 담에 의하면 이번 좌익 측 인물의 검거는 경무부
에서 하는 것으로 CIC는 독자적으로 하고 있다고 하며 12일 밤 11시
전까지 체포된 수는 327명이라고 한다. 그리고 계속 체포가 있으리
라 하며 검거 이유는 말할 수 없으나 조 경무부장이 14일 귀임하므로
곧 발표가 있을 것이라고 한다.

13일 수도경찰청 발표에 의하면 남로당 간부 허헌 이하와 3단체 간

부는 범죄사실이 판명되었으므로 지명수배 중이라 하며 일반이 상상하고 있는 바와 같은 예비검속은 아니라고 한다. 13일 정오 현재 지명수배자 중 약 60명가량이 검거되었고 아직 미체포자의 수효는 약 10명가량 된다 하며 그 외의 검거자는 이번 지명수배와는 관계가 없고 삐라 기타 다른 관계라고 한다. 그리고 이번 사건에 대한 상세한 발표는 근일 안으로 있을 것이라고 한다.

(「좌익계열에 검거 선풍 수도청 형사대 총출동 각 서별로」,

『조선일보』 1947년 8월 13일)

좌익계열의 검거선풍에 대하여 수도경찰청 당국은 일체 언급을 피하고 있는데 13일 기자단과 만난 장택상 총감은 다음과 같이 언명하였다.

"사건에 대하여서는 일체 말하지 못하겠다. 2·3일 후 진상을 발표하겠다. 예비검속이라는 것은 현 경찰에는 없다. 이번 검거는 정확한 범죄 사실이 확인되어 검거한 것이다. 지명수배 중의 인물은 거의 체포되었다."

(「예비검속 아니다, 2, 3일 후 진상발표-좌익 요인 검거 후문」,

『동아일보』 1947년 8월 14일)

좌익계열의 검거선풍으로 인하여 지명수배 중의 인물은 속속 검거되고 있는데 13일 밤에는 시내 모처에서 피신 중인 남조선노동당 허헌 위원장이 종로서원에게 체포되는 한편 김기성, 김태준, 김오성, 이인동 등도 경찰에 체포되었다는데 나머지 수배인물도 체포코자 경찰에서 맹활동 중이다.

(「허헌 노동당위원장 등 좌익간부 또 검거」, 『동아일보』 1947년 8월 15일)

좌익인사 수백 명을 일제히 검거하러 나서면서 "예비검속이 아니"라는 주장만 거듭할 뿐, 혐의를 밝히지 않고 있다. 8월 18일 조병옥 경무부장의 담화문에서 이 검거 사태가 비로소 언급되었는데, "사전 사찰경계를 엄밀히 실시한 결과 민전, 남로당, 전 민청 등등의 소속원의 주모 주동으로 인한 8·15를 기한 대규모의 경찰관서 및 일반관공서 습격, 경찰관 살해, 기타 폭동음모사건 24건을 검거 적발하는 등 파괴적 사건을 미연에 방지하기 위하여 만전을 기한 바"라 했을 뿐이다(『서울신문』 1947년 8월 19일). 바로 이런 것이 '예비검속' 아닌가? 같은 날 장택상의 기자회견에서는 이런 문답이 있었다.

(문) 좌익 측 요인의 검거 이유는?
(답) 방송국을 이용하여 남조선 적화음모와 8월 15일을 기하여 경기 일대를 폭동화시키며 미군정을 파괴하려는 음모가 발각된 데 기인함으로 일체의 검거가 끝나기 전에는 진상발표가 안 된다. 세상에서 떠드는 예비검속은 아니다. 삐라 또는 행정범 검거는 석방되고 치안관에게 회부되었다. 방송국과 경기폭동 관계는 진상을 추후로 발표할 예정이다.
(문) 지명수배자는 전부 검거되었는가?
(답) 아직 다 안 됐다. 계속 수사 중에 있다.
(문) 허헌 씨도 체포되었다는 말이 있는데?
(답) 그에 대하여는 말할 수 없다.
(문) 이번 테러검거 건수는?
(답) 6건에 수십 명인데 소속단체가 판명된 것도 있고 아직 안 된 것도 있으므로 계속 조사 중이다.

　　（「장택상 수도경찰청장 좌익요인 검거에 대해 언급」,『서울신문』 1947년 8월 19일）

지난가을 소요사태에서 경찰의 문제점이 널리 드러나 미군정 간부들에게도 비판을 받으면서 얼마 동안은 경찰이 다소 고개를 숙이고 지냈다. 특히 조병옥 경무부장과 장택상 수도청장의 경질이 경찰개혁의 출발점으로 꾸준히 거론되었다. 그러나 두 사람의 경질을 조건으로 민정장관직을 수락했던 안재홍조차 "그것도 (1947년) 5월 중순 이후 전연 단념하였다."고 탄식하기에 이르렀다(『민세 안재홍 선집 2』, 281쪽).

1947년 8월까지는 경찰의 위세가 고스란히 되살아나 있었다. 8월 6일자 일기에서 이야기한 방송국 사건이 위 장택상의 기자회견에서도 예비검속의 빌미로 거론되는데, 아무 알맹이도 없는 사건이다. 방송국 직원 전원을 남로당에 포섭해 방송을 적화 선전에 쓰려 했다? 방송국에는 허수아비만 근무하나? 소설도 아니라 하급 만화 수준이다.

8월 9일 조병옥의 기자회견 발언은 그 시점 경찰의 자세를 여실히 보여준다.

"형사사건에 있어 언론인도 일반과 같이 증거를 없애고 도피할 염려가 없는 경우 이외는 불구속 취조는 허용되지 않는다. 도대체 몇몇 신문에 대해서는 더 동정할 여지가 없다. 태양당이니 보성사니 하는 테러에 대해서 왁자 떠들면서 하곡수집을 독려하러 나간 사람들을 작당 습격하는 악질 파괴행동에 대해서는 왜 한마디도 없는가? 남조선을 파괴하려는 행동을 선동하는 보도에 대해서 발본적 처단이 내릴 때가 올 것이다. 신문지법이 폐지되었다고 하지만 나로서는 신문지법이 아직 적용될 여지가 있다고 보며 또 적용하도록 할 용의가 있다. 이에 관해서는 일간 사법당국에서도 성명이 발표될 것이다."

(「폭동보도에 발본적 처단-조 경무부장 담」, 『조선일보』 1947년 8월 10일)

왜 극우테러만 보도하고 경찰이 발표하는 "악질 파괴행동"은 보도
하지 않느냐며 기자들을 꾸짖고 있다. 그리고 잦은 언론인 체포에 항
의하는 기자들에게 '신문지법'을 들이대고 있다. '신문지법'이 어떤 법
인가? 통감부 시절인 1907년 제정되어 일제강점기 내내 언론탄압의
무기로 활용된 '식민지법'이다. 이 법은 1952년에야 공식적으로 폐기
되었다. 해방이 되고도 7년이나 더 버틴 것은 조병옥 같은 자들이 매
달려 있었기 때문이다.

1947. 8. 17.

러치 군정장관, '이승만의 사람'이었나?

———

서울시 개최로 서울운동장에서 열린 해방 2주년 기념식에서 축사를
읽은 조선인은 서재필, 이승만, 안재홍의 3인이었고, 김구는 폐회 직
전 만세 3창을 선창했다. 이승만의 축사에 주목할 만한 내용이 들어
있다.

"재작년 이날 해방이 되어 2년이나 지나도록 해방이라는 것은 오직
명분뿐이요, 실제에 있어 우리는 이 해방을 의심치 않을 수 없습니
다. 재작년 12월 조선의 독립을 원조키 위하여 체결된 막부 3상결정
은 조선을 참가시키지 않고 된 것이며 사리에도 맞지 않을 뿐 아니라
또한 실제에 있어서도 이 결정에 의한 우리의 독립은 불가능한 것입
니다. 무릇 연합국이 일본과 싸운 것은 조선을 해방시켜주기 위해서
싸운 것은 아니나 여하튼 우리가 외적으로부터 해방된 것은 연합국
이 승리를 얻었기 때문입니다. 그러므로 우리는 연합국 특히 미국에
감사를 드리는 바입니다.
우리가 우리의 진정한 민주주의국가를 건설하는 길과 그리고 연합국
이 우리의 민주독립을 원조할 수 있는 유일한 길은 38선을 철폐하고
남북을 통한 자유선거에 의해서 민의가 반영된 정부를 수립하는 데

있다고 생각합니다. 우리는 이날을 맞아 가일층 단결을 공고히 하는 동시에 결의를 새로이 하여 자유의 획득과 독립 전취에 일로매진합시다."

(「해방이란 명목뿐, 자주정권 전취하자」, 『동아일보』 1947년 8월 16일)

연합국이 "조선을 해방시켜주기 위해서 싸운 것은 아니나 여하튼……" 하며 연합국에 대한 감사의 의미를 제한한 것이 지금의 상식에는 맞는 것이지만, 당시의 '해방자'에 대한 '무조건 감사' 분위기에서는 파격이다. 주체성 있는 발언이라고 칭찬해줄 만한 것이지만, 그 이면의 의미를 살펴볼 필요가 있다.

연합국은 전쟁 수행의 목적이 자기네 국익에 있는 것이 아니라 세계 인민을 파시즘으로부터 해방시키는 데 있다고 표방했다. 공산주의자 중에는 소련에 한해 이 '해방자' 역할을 진심으로 믿는 사람이 없지 않았겠지만, 당시 사람들도 바보가 아닌 이상 모든 연합국이 세계 인민을 위하는 착한 마음으로만 전쟁에 임한 것이 아님을 모를 수 없었다. 그런데도 그 역할을 기꺼이 인정하고 '무조건 감사'를 표한 것은 연합국이 '해방자' 역할에 충실하기를 바라는 뜻이었다.

그런데 이제 이승만이 이 암묵적 합의를 깨고 연합국의 위신을 떨어뜨리는 발언을 한 것은 소련 입장을 비난하며 모스크바결정을 공격하기 위한 것이다. 그리고 "남북을 통한 자유선거"가 올바른 독립의 길이라고 주장하는 것이다.

자유선거를 통한 주체적 독립. 민족자결의 원리에 맞는 좋은 길이다. 그런데 그 좋은 길이 현실적으로 가능한 길이었는가?

이승만이 얘기한 '자유선거'란 1946년 10월의 입법의원 선거 같은 것을 말하는 것이다. 군정청과 경찰의 전면적인 좌익 탄압 속에 돈과

주먹이 난무한 선거, 선거관리도 제대로 안 된 선거였지만 이승만은
더할 수 없는 만족을 표했었다. 1946년 11월 11일의 담화문 중에 이런
말이 있었다.

> "입법의원 선거는 정식으로 되었으니 우리 민족이 다 축하할 것이다.
> 관선입법의원은 불일 내로 군정에서 발표가 있을 것인데 합작위원과
> 는 하등 관계가 없는 것이요 군정당국이 한인 직원들과 협의하여 정
> 한다니 또한 공정히 선택되기를 바랄 것이다. 애국남녀는 설령 불충
> 분한 점이 있어도 그대로 세워가지고 점차로 교정하여 국권회복만을
> 도모할 것이다."
>
> (「친일파 문제 등—이 박사 담화 발표」, 『서울신문』 1946년 11월 12일)

더 중요한 문제는 조선에 개입하고 있던 두 연합국 중 미국만을 받
들고 소련을 배척하는 길이 현실적으로 어떤 결과를 가져올까 하는 것이
었다. 소련은 점령 초부터 자기네에게 적대적인 국가가 조선에 세워
지지 않기 바란다는 뜻을 공언해왔다. 속셈을 감추지 않고 '공언'했다
는 것은 자기네 영향을 일방적으로 받는 위성국가를 바라는 것이 아니
라 중립적 국가를 바란다는 뜻이었다. 당시 소련이 중국의 공산혁명을
지원하지 않고 장개석 정부와 우호관계를 추구한 것을 보더라도 동아
시아 지역에서는 적극적 '적화 야욕'이 없었다는 사실이 분명하다.

모스크바결정을 폐기하고 미군정·이승만식의 '자유선거'를 전 조
선에 실시하자는 주장은 소련을 불안하게 만드는 것이었다. 이북 지역
에서 아무리 공정한 선거를 시행하더라도 그 갑절이나 인구가 많은 이
남 지역에서 미군정·이승만식 '자유선거'를 실시한다면 반공반소 국
가가 나올 수 있기 때문이었다.

1947년 이승만 지지 집회. 4월에 미국에서 돌아온 이승만 앞에 친일파의 금력과 권력이 줄을 섰다.

조선인이 '민족자결'을 내세우며 연합국 외상회담 결정을 파기하라는 주장이 소련 입장에서 어떻게 보였을까? 조선은 전쟁 중 일본제국의 일부였다. 조선인의 역할 중 일본제국을 도와준 것이 연합국을 도와준 것보다 압도적으로 많았다. 적대행위의 책임을 물어도 물을 만한 민족을 '일본제국 해체'라는 큰 그림에 맞춰 너그럽게 봐주기로 한 것이다. 자기네는 선의의 '해방자' 노릇을 하면서 조선인도 알아서 협조적 태도를 보이기 바랐다. 10년 신탁통치를 군소리 없이 받아들인 오스트리아인들처럼. 그런데 염치도 없이 '민족자결'을 들고 나오는 것은 미국의 일방적 영향 아래 들어가겠다는 속셈이 훤히 보이는 주장이었다.

소련 입장이 옳고 그르고를 떠나, 소련이 받아들일 수 없는 주장이었다. 그렇다면 어떤 결과에 이르게 되는가? 전쟁 아니면 분단건국이

었다. 만족할 만한 정치적 진행을 겪고 있던 이북 지역을 소련이 자진
해서 포기할 리는 없으니까.

　조선인들이 아무리 찧고 까불어도 모스크바결정의 당사자들 사이에
협조가 굳건하다면 문제가 될 수 없는 일이었다. 그러나 지난 2년 동
안 미·소 간 대립이 심각해진 결과 소련을 봉쇄(contain)한다는 트루
먼독트린이 나와 있었다. 미국 스스로 조선에 관한 모스크바결정을 뒤
집고 싶어하는 조짐이 뚜렷해지고 있었다.

　미국에 40여 일 가 있다가 8월 7일 귀임한 러치 군정장관의 움직임
이 이와 관련해 주목된다. 귀임 후 며칠간 두드러진 행동이 없던 러치
가 8월 11일 입법의원에 선거법 처리를 재촉하는 편지를 보냈다.

> 입법의원에서는 보선법에 대한 지난 7월 20일부 헬믹 준장의 요청을
> 토의한 후 작보(昨報)한 바와 같이 동원의 견해를 밝히고 대략 원안대
> 로 할 것을 행정부에 전달한 바 있었거니와 러치 군정장관은 불원간
> 선거를 시행하기 위하여 급속히 헬믹 준장의 요청을 검토하여달라는
> 요지의 서한을 11일부로 입의에 전달하여온 바 있었다. 동 서한의 내
> 용은 다음과 같다.
> "군정장관 대리가 입의에 재고를 요청한 제점은 중요한 것으로 믿는
> 바이지만 본관으로서는 동법을 속히 통과시켜 하루빨리 선거를 실시
> 하는 것이 더 필요하다고 생각한다. 군정장관대리가 지적한 제점을
> 고려하여 수정할 점을 고쳐서 급속히 동 법안을 본관에게 보내주기
> 바란다."
> （「총선거 불원 실시? 러치 장관, 입의에 서한을 전달」, 『서울신문』 1947년 8월 14일）

　이튿날 러치는 이승만과 김구를 만났는데, 그 취지도 선거법의 조속

한 처리에 있는 것으로 알려졌다.

조선에 관한 중대임무를 띠우고 워싱턴에 갔다가 지난 7일 귀임한 러치 군정장관은 그동안 기자단과의 회견도 하지 않고 시정방침을 연구 중이던바 12일 오전 중에는 이승만, 오후에는 김구와 군정장관실에서 개별적으로 장시간 회담하였다 한다. 신빙할 만한 소식통의 말에 의하면 러치 장관은 양씨와의 회견석상에서 미국 시민들은 조선에 있어서의 선거법 공포 실시가 금일까지 지연되고 있음을 크게 유감으로 생각하고 있다는 것과 동 장관 부재중 헬믹 장관대리가 입의에 통과된 보선법을 재고하라는 서간을 보내었는데 원의에 의해서 수정을 해오든지 원안대로 회부되든지 재회부되는 대로 보선법을 공포하여 하루빨리 민의에 의한 입법부를 세우겠다는 굳은 견해를 피력하였다 한다.

(「선거법 회부 즉시 공포, 민의의 입법부 창설-이, 김 양씨와 회담코 러 장관 언명」,

『동아일보』 1947년 8월 14일)

입법의원은 즉각 러치의 '지시'에 따랐다. 헬믹 군정장관대리가 7월 20일부 서한으로 재고를 요청했던 선거권자 연령 등에 대한 재고를 8월 12일 제128차 본회의에서 후다닥 해치우고 원안대로 가결해서 군정장관에게 송부했다. 입의속기록에서 아래와 같은 내용이 눈에 띈다.

1. 선거권자 연령에 대하는 선거의 경험과 훈련이 없고 처음으로 보선을 실시하는 조선의 현실로서는 23세를 선거연령으로 택한 것은 국정에 타당하다고 확신한다. 또 현시와 같이 정계와 사조가 혼란한 시기에 있어서 23세 이하의 청년층의 정치적 판단이란 건전하다고

단정할 수 없으므로 본원의 견해는 변함이 없다.

1. 자서(自書)투표는 문자해득 시험을 과하는 것이며 투표자 수를 제한하려는 것이라고 논하였으나 원래 우리 국문은 해득키 용이한 것이므로 결코 문맹층을 제한하여 투표에 참가치 못하게 하지 않을 것이다.

이승만의 측근 올리버의 회고 중 1947년 7월 워싱턴에서 러치의 이상한 행동에 관한 내용이 있다.

자기의 최종 보고를 위해 워싱턴에 온 그는 리 박사와 하지 장군 사이의 정돈상태를 깨려는 마지막 노력을 기울였다. 임병직 대사가 베푼 만찬에서 러치 장군은 정세를 논하며 내가 존 힐드링 국무차관보로부터 받은 다짐과 마찬가지로 미국 정책이 모스크바협정으로부터 자주적인 한국인의 공화국 수립으로 전환하고 있음을 우리들에게 새삼 다짐하려고 최선을 다해 이야기하는 가운데 밤이 늦도록 시간을 보냈다. 그 다음 날 7월 15일 러치 장군과 나는 리 박사에게 내가 보내야 할 한 통의 적절한 전문을 작성하기 위해 몇 가지로 고심하였다. 나의 서명을 받기 위해 러치가 작성한 첫 기초문은 다음과 같이 되어 있었다.

(…) 나는 러치 장군으로부터 그 본문을 거두면서 그에게 귀하가 초안한 것은 "썩 잘된" 것이 아니니 내가 곰곰이 다시 생각해보마고 말했다. 그 내용은 잘못된 것이 있는 반면 옳은 점도 역시 많았다. 신탁통치를 반대하는 것은 리 박사와 다른 한국의 애국자들의 의무인 동시에 그만큼 하나의 권리이기도 하였다. (『대한민국 건국의 비화』, 128~130쪽)

러치의 극우 성향은 업무 수행 자세에서 일관되게 드러난 것이다. 그런 그가 워싱턴 방문 중 이승만의 측근들과 깊은 접촉을 가지는 것은 이해할 만한 일이다. 그런데 올리버가 이승만에게 보낼 전문의 초고를 대신 써준다? 맨입으로? 근거 없는 추측을 또 참기 어렵다.

올리버는 러치의 초고가 마음에 들지 않아서 자기 손으로 다시 썼다고 한다. 미국 정세에 관한 보고서였던 모양인데, 러치에게 이렇게 청했을 것 같다. "우리는 뜻이 같은 사이고 당신이 나보다 더 잘 아는 분이니까 당신이 써주면 고맙겠소." 러치가 쓴 초고는 버렸지만 사례는 그대로 했을 것이다. 그렇게 부탁하고 사례하는 과정을 통해 러치를 자기네 편으로 만들었을 것이다. 러치가 귀국하자마자 헬믹이 재고를 요청해놨던 선거법을 즉각 처리해달라고 서두르는 것 같은 유별난 행동을 그런 추측 없이는 이해하기 힘들다.

이승만은 미소공위 좌초에 자신감을 갖고 있었다. 7월 16일 제이콥스 미소공위 대표가 주선한 하지 사령관과의 만남이 결정적 계기였을 것이다. 이 자신감은 8월 10일 우익 신문들의 '조선신문기자협회' 결성식 축사에서 한껏 드러난다. 이 협회의 위원장은 동아일보 고재욱 주필이었고 부위원장은 민중일보 이헌구 주필과 대동일보 이건혁 편집국장이었다.

> 이승만은 남조선 총선거를 주장하여 10일 조선신문기자협회 결성대회 석상에서 대요 다음과 같이 연설하였다.
> "우리는 국권을 회복하고 정부를 세워야 한다. 우리가 우리의 뜻대로 만드는 것이 우리의 정부이지 미소공위나 만국회의에서 만드는 것은 우리의 정부가 아니다. 내가 주장하는 것은 우리의 민의대로 총선거를 시행하자는 것이다.

38이북은 그만두고 경상도 하나만이라도 독립하고 UN에 가입하여 국제적으로 말할 수 있게 되면 우리는 우리를 점령하고 있는 외국 사람들에게 물을 것이 많다. 미국 사람이나 소련 사람들은 우리를 위하여 싸운 것이 아니고 대세에 의하여 싸운 것이다.

그러므로 우리는 하루바삐 총선거를 시행하여 입법부를 구성하고 통일정부를 세워서 독립해야 한다.”

(「총선거를 강조-이 박사 연설 내용」, 『경향신문』 1947년 8월 12일)

1947. 8. 20.

마셜 국무장관, 미소공위 폐기 선언 직전!

———

미소공위의 파탄을 향한 발걸음이 빨라지고 있음을 8월 8일자 일기에서 지적했다. '불합의' 사항에 대한 미국 대표의 일방적 발표가 7월 16일에 나오자 소련 대표의 반박이 닷새 후에 나왔다. 그런데 8월 1일 미국 대표의 재차 발표에 대해서는 바로 다음 날 소련 대표의 반박이 나왔다. 그리고 8월 8일 '임협 서한'에 관한 미국 대표의 성명이 나오자, 이튿날 소련 대표의 반박 성명이 나오고, 미국 대표의 성명이 또 하나 나왔다.

'임협 서한'이란 임시정부수립대책협의회(이하 '임협'으로 줄임)가 미·소 대표 앞으로 7월 28일 보낸 편지다. 임협은 반탁진영 중 미소공위 참가를 신청한 정당·단체들의 연합회였다. 한민당 등 15개 단체 연명의 이 편지의 핵심 내용은 이런 것이었다.

> "반탁투쟁위원회는 6월 초순에 산하단체의 공위 참가 여부 문제를 토의하기 위하여 대표자대회를 개최하였는데 그 문제에 대한 단체 간의 합의를 보지 못할 것이 분명하여지매 공위 협의 여부는 산하 각 단체의 자유결정에 일임하기로 하는 동시에 참가단체와 불참가단체 간에 적극 반대가 있어서는 아니 될 것을 결정하였습니다.

그리고 공위 협의에 참가한 단체는 소위 6월 23일 시위행렬에 하등 관여한 사실이 없습니다. 반탁투쟁위원회의 회원인 동시에 공위협의에 참가한 단체는 공위 제1단계의 업무인 임시정부 수립에 있어서 또한 임정 수립 후 그 제2단계의 업무인 원조안의 토의에 있어서 단체 각자의 정직한 의견을 발표함으로써 그리고 어떠한 방안이든지 만일 그 방안이 한국의 주권을 침해하거나 또는 한국의 내정을 간섭하는 경우에는 정직한 반대의 의견을 표시함으로써 미소공동위원회와 협력하여야 한다는 의견을 견지하고 있습니다.

이러한 권리의 보류 이외에 우리 제 단체는 공위의 업무에 대하여 적극적 반대를 선동하는 일도 없고 장래에 선동할 일도 없을 것입니다. 그렇게 하는 것은 공위와의 협의에 참가하는 각 단체 자신의 정책과 위반되는 까닭입니다."

(「공위 방해한 일 없다」, 『동아일보』 1947년 8월 9일)

8월 5일 미소공위 회담에서 소련 대표는 편지를 보낸 임협 대표들을 회의장에 불러 면담할 것을 주장했고, 미국 대표는 이에 반대했다. 소련 대표는 편지 내용과 서명 사실을 확인할 필요가 있다는 주장이었는데, 미국 대표는 구두협의 외에 조사를 위해 참가신청단체 대표를 부를 필요가 없다는 주장이었다.

8월 9일 스티코프 소련 대표가 발표한 성명서는 앞부분에서 이 문제를 지적했다.

"15개의 정당 사회단체의 서한을 검토함에서 소련 측 대표에서 여러 가지 문제들이 발생되었다. 그러므로 8월 5일 공위 회의에서 소련 측 대표는 반탁투쟁위원회에 가맹하고 이상에 지적한 서한에 서명한 15

1947년 8월 2차 미소공위 대표단. 미국의 미소공위 폐기 방침이 아직은 대표들의 얼굴에 비쳐 보이지 않는다.

개의 정당 단체의 대표들을 1947년 8월 7일 공위 회의에 초청하여 그 서한을 검토함에서 발생되는 주요한 제 문제들의 해답을 듣자는 의견을 제의하였다. 이와 함께 지적한 제 정당 단체의 대표들을 공위 회의에 초청함으로써 만 1개월 동안 공위 회의에서 해결하지 못한 미정확한 문제 등도 해결할 수 있다는 것을 소련 측 대표는 지적하였다. 그러나 미국 측 대표는 여사한 제 정당 단체의 대표에게 할 질문을 다만 그들이 공위 구두협의에 참가할 시에 할 수 있다고 언명하면서 소련 대표의 의견을 거부하였다. 미국 대표가 반탁투쟁위원회에 가맹하고 공위협의에 청원서를 제출한 제 정당 사회단체의 대표들을 공위 회의에 초청하려는 소련 측 대표의 제의를 강경히 거부함에 대하여 소련 측 대표는 이상하게 생각한다. 소련 측 대표의 의견은 결국 제 정당 사회단체의 명부작성에 관하여 해결하지 못한 중요 문제

들을 해결하려 함에서 제기된 것이다.'

(「양측의 미합의점 급속 완전 해결을 희망—소련 측 발표, '스' 중장 성명」,

『조선일보』 1947년 8월 10일)

성명서 뒷부분에서는 협의대상 단체 명부가 완성되기 전이라도 임시정부의 성격과 형태를 토론하는 공위 업무를 계속해나가자는 소련 측 제안을 미국 측이 거부하고 있다는 사실을 지적했다. 이후의 미국 측 성명에서 이 점에 대한 반박이 없는 것으로 보아 이 지적은 사실로 보인다. 반탁투위 소속 단체 등 협의대상 문제가 해결되지 않고 있는 상황을 빌미로 미국 측이 회의 진전을 가로막고 있었던 것이다.

브라운 미국 대표의 8월 9일 성명서는 '표현의 자유'를 내세워 이남 극우단체의 반탁운동이 미소공위 참가의 결격 사유가 아니라는 주장을 되풀이한 것이었다. 제2차 미소공위의 배경이 된 마셜·몰로토프 서한에 대해서는 "협의대상 청원서에 서명한 정당 및 사회단체의 대표자는 모스크바결의 혹은 미·소 양국 중 1국에 대하여 적극적 반대를 조장 선동치 않는 이상 모스크바결의와 장래 정부 수립 및 그 양자에 포함된 여하한 언구 사상에 관하여서도 공적으로 혹은 사적으로 자유로 의견을 발표할 수 있게" 되었다고 주장했다. 이 성명의 핵심 내용은 이런 것이었다.

"미국 측 위원은 어떠한 정당 혹은 사회단체가 반탁위원회 혹은 동 성질의 기관에 소속한 것이 공위 협의대상이 못 되는 이유로는 보지 않는다. 정당 및 사회단체가 위원회를 조직하여 장래의 원조 후원의 문제를 토의 검토하여 그 기관을 반탁위원회 혹은 유사한 명칭으로 부르는 것은 지극히 당연한 일이다. 이러한 위원회가 그 활동을 자유의사 발표에 국한하고 적극적 반대를 조장 선동하지 않는 한 그러한 위원회는 미·소 양 외상의 협정에 의하여 반대의견을 표현할 수가 있는 것이다.

사실상 모스크바결의 제3항은 조선민주임시정부와 조선민주 제 기관과 협동하여 조선민족의 정치경제 급 사회발전을 원조후원(신탁)하며 또한 민주 자주정부를 발달시키어 조선의 국가독립을 달성하는 방안을 강구하는 업무를 공동위원회에 위촉하였다. 모스크바결의 제3항의 요구에 의하여 공동위원회가 중대한 책임을 결정하며 해결할 때에 제하여 조선 사람이 이 중대한 문제에 관하여 침묵을 지킨다면 어찌 공위에 대하여 원조가 되리라고 공위가 기대할 수 있겠느냐?"

(「명부 작성 토의와 병행하여 '임정' 의안 착수를 제의—스티코프 장군, 성명을 발표」,

『서울신문』 1947년 8월 10일)

과연 6월 23일의 반탁시위가 "모스크바결의 혹은 미·소 양국 중 1국에 대하여 적극적 반대를 조장 선동"하지 않은 것이라고 브라운은 진심으로 믿고 있었을까? 상식적으로 이해가 가지 않는 태도다. 수단과 방법을 가리지 말고 소련 측과의 대화를 단절하라는 확고한 지침에 따르는 것이 아니고야 어떻게 이런 억지를 쓸 수 있을까? 소련 측 주장은 참가를 신청한 단체가 반탁투위를 탈퇴하면 자격을 문제 삼지 않겠다는 것이었다. 반탁운동 경력이 있는 단체를 원천적으로 거부하던 1년 전 자세에서 크게 물러선 것이었다. 이 점에서는 미소공위에 대한 미국 측의 무성의가 더할 수 없이 분명했다.

8월 12일 마셜 국무장관이 몰로토프 외상에게 보낸 편지가 오랫동안 이어지던 미국 대표단의 석연치 않은 태도를 석연하게 풀어준다.

"친애하는 몰로토프 씨, 귀하의 1947년 4월 19일부 서한에 '조선에 대한 모스크바협정 엄정 실행을 기본'하여 서울에서 5월 20일에 미소공동위원회가 재개할 것과 그 위원회의 성과를 1947년 7월이나 8월에 미·소 양 정부에 제출하여 심사케 하자는 것을 제안하셨습니다. 공동위원회 미국 측 대표의 보고에 의하면 양국 대표 간의 합의가 불가능하다고 합니다.

그렇게 월여(月餘)를 두고 모인 회의에 하등 물적 변화가 없으나 미국 정부로서는 여기에 대하여 막대한 관심을 아니 가질 수 없습니다. 본관이 5월 2일부 서한에 귀하의 진술한 모스크바협정 엄정 실행을 기본하여 공동위원회는 과무를 수행하여야 하겠다는 데 대하여 본관은 앞으로 오해가 없게 하기 위하여 그 구절에 대한 해석을 명백히 한 바 있었음을 귀하는 기억하실 것입니다.

본관은 '조선 민주주의 정당과 사회단체 대표자들은 공동위원회와 협조할 용의가 있는 한 자기네 국가의 앞으로 세워질 정부에 대한 과거에 가졌던 정견이나 의사발표로 말미암아 공동위원과의 협의에서 제외될 수가 없다는 미국 정부의 초지일관하고 뚜렷한 방침을 적발 표시했습니다. 귀하의 5월 7일부 회신에도 이 미국 방침에 대하여 예외를 삼지 않았습니다. 이 미국 방침에 합치된 하지 중장의 1946년 12월 24일부 치스차코프 장군에게 보낸 서한에 기하여 공동위원회를 개최하자고 귀하가 승낙한 바 있습니다.

이 미국의 방침을 수행하는 데 있어 공동위원회 미국 측 대표는 조선 민주주의 정당과 사회단체의 최대 범위의 협의와 그 협의에 참가할 때에는 전 조선 국민의 의견 의사 자유발표에 아무러한 제한도 없어야 할 것을 주장해왔습니다. 공동업무를 촉진시키기 위하여 미측 대표는 구두협의는 1천 명 이하의 회원을 가진 정당과 단체가, 또는 소 측 대표로 가합한다는 숫자를 제시하면 그런 정당과 단체만을 구두협의하자는 제안을 했으나 이 안 역시 소 측 대표가 거부한 것입니다.

조선 독립에 대한 희망이 그렇게도 오래 천연된 이때에 조선 국민에게 대한 정의감으로라도 미국 정부는 이보다 더 천연할 수 없다고 확신합니다. 그러므로 본 정부는 1947년 8월 21일까지에 공동위원회가 그 회에서 진행된 성과를 보고하도록 하기를 희망합니다. 그리하여 미·소 각 정부는 독립 통일된 조선을 건설하여 열국의 일원으로 정당한 자리를 취하게 하자는 모스크바협정의 목적을 즉시 달성시킬 일층의 방도를 강구하자는 것입니다. 본관은 이 서한의 부본을 영국·중국 정부에 제출합니다."

(「조선 독립의 천연은 불가 막부협정 실천에 유효한 방도 강구—마셜 미 장관 신서한의

요지」, 『동아일보』 1947년 8월 15일)

지금까지 미·소 대표 사이의 논쟁은 미소공위 재개를 앞두고 양국 외무장관 사이의 합의를 어떻게 해석하느냐 하는 문제에 매달려 있었다. 그런데 합의 당사자인 마셜이 소련 측이 합의를 어겼다고 손가락질하며 나선 것이다. 지난봄 합의의 핵심은 참가 단체들이 기왕에 벌인 행동은 문제 삼지 않되, 참가 신청 이후의 미소공위 반대 활동을 삼가게 하는 데 있었다고 나는 기억한다. 그런데 마셜은 다르게 기억하는 모양이다. 본인이 아니라고 하는 데야 더 뭐라고 하겠는가.

편지를 보내면서 불과 9일 후까지 미소공위의 보고를 요구했고, 편지의 부본을 다른 연합국인 영국과 중국에도 보낸다고 했다. 1945년 12월의 3상회담 결정을 근본적으로 재검토하겠다는 태세다. 전쟁 직후의 3상회담에서는 전쟁 수행의 주역으로서 소련의 역할이 존중받고

있었지만, 이제 다시 4개 연합국 외상이 모인다면 영국과 중국은 20개월 전에 비해 소련 입장을 많이 존중해줄 것 같지 않은 상황이 되어 있다.

이 편지가 미국 측에서는 최후통첩인 셈이다. 8월 14일 브라운은 기자회견에서 회담을 완전히 포기한 태도를 보였다.

> 공위 미 측 수석대표 브라운 소장은 소 측 수석대표 스티코프 대장에게 마 씨 서한에 의하여 공위가 5월 21일 재개 이후 현재까지 이르는 사이에 있어서의 공위 토의석상에서 제시되었던 제안 및 반제안의 총체를 종합한 공동보고안 작성 준비에 관하여 14일부터 협의를 개시할 것을 정식으로 요구하였다고 신문기자단 회견석상에서 다음과 같이 말하였다.
>
> "나는 미·소 양측이 공동보고를 제출함이 좋다고 생각하고 있으나 만약 우리가 이 합의를 보지 못한다면 단독 보고를 할 수밖에 없을 것이다. 보고는 엄비(嚴秘)로 제출될 것이며 그 공개책임은 양 정부에 있다. 한편 공위는 통일조선 정부 수립의 모든 노력을 계속할 것이다."
>
> 그런데 브라운 소장은 이상 마 씨 서한에 대한 언명 중에서 공위 재개 이후 처음으로 정돈상태란 말을 사용하였는데 현재까지 정돈상태라는 말은 너무 강하다 하여 단지 불합의라는 말만을 사용하였던 것이다.
>
> (문) 공위 진행상황을 각기 본국에 보고한 후에도 회의는 계속 진행하는가?
>
> (답) 서한내용에 중지하라는 내용이 없는 이상 회의는 계속한다.
>
> (문) 앞으로의 공위사업진행을 어떻게 예측하는가?

(답) 나도 알 수 없다.

(문) 금후 공위의 난관을 극복 불가능으로 보는가?

(답) 모르겠다.

(문) 공위가 결렬되면 조선 문제가 UN에서 해결될 줄 아는가?

(답) 그는 개인의 의견으로서는 추단키 어려우나 지금의 난관은 양
국 외상 간에서 해결할 지시를 주는 것이 좋을 것이다.

「양 외상 지시를 공위 난관 해결에 기대-브 소장 기자단 문답」,

『조선일보』 1947년 8월 15일)

미소공위 회담은 8월 14일 이후 열리지 않고 있다가 마셜이 보고서
제출 시한으로 지정한 21일을 하루 앞두고 열렸다. 그러나 소련 대표
단은 보고서 제출에 관한 몰로토프 외상의 지시를 받은 바 없다며 보
고서 작성에 응하지 않았다. 브라운은 20일 회의 후 기자들에게 이렇
게 말했다.

"나는 스티코프 장군에 대하여 소련 대표의 동의 유무에 불구하고 일
방적 보고를 작성하여 제출하고 있으며 이는 지시된 8월 21일까지 미
국무성에 도착할 것이다. 나는 8월 12일 이후 14일 및 그 후에도 공위
회의 개최를 요구하였으나 소련 측에서 종시 이에 불응하였다. 소 대
표가 마셜 장관의 몰로토프 외상에 보낸 서한에 관한 통지를 받았는
지는 알 수 없으나 나는 이 서한의 사본을 스 장군에게 전달하였다."

「입일(卄日) 공위도 무성과」, 『동아일보』 1947년 8월 22일)

몰로토프는 마셜에게 8월 22일에 답장을 보냈고, 이 편지는 8월 25
일 스티코프가 공개하였다. 마셜이 일방적으로 제안한 보고 제출일을

하루 넘긴 뒤에 답장을 보낸 것이다. 외교 서신에 대한 답장을 편지 받은 지 열흘 만에 하는 것은 관례에 어긋나는 일이 아니다. 이 편지에서 몰로토프는 남조선의 좌익 검거선풍을 문제 삼았다. 그 얘기는 다음 회에.

1947. 8. 22.

소련: "회담을 하자는 거야, 말자는 거야?"

———

1947년 봄 미소공위를 재개하기 위한 마셜과 몰로토프 사이의 서한 왕래에 관해 4월 11일자 일기에서 설명했다. 마셜 미 국무장관이 소·영·중 3국 외상에게 4월 8일 보낸 편지에는 5개항이 담겨 있었는데, 미소공위 정돈상태의 책임을 소련군사령관에게 돌린 제1항과 남조선에서 미국의 단독행위 가능성을 시사한 제5항 외의 제2~4항은 회담 재개를 간곡히 청한 내용이라 할 수 있다. 단, 제4항에서는 미·소 협조를 위한 '유의사항'으로 "민주주의적인 자유의사 표시의 권리를 존중"한다는, 제1차 미소공위 당시 미국의 주장을 되풀이했다.

몰로토프 소련 외무장관은 이 편지에 대한 답장을 4월 19일에 미·영·중 3국 외상에게 보냈다. 4개항을 담은 이 편지의 제1항에서는 미소공위 정돈상태의 책임을 미국 측에 돌렸지만, 제2~4항에서는 회담 재개를 위한 구체적 방침을 제시했다.

마셜은 5월 2일 몰로토프에게 다시 서한을 보냈는데, 몰로토프의 견해에 전반적인 동의를 표하고 5월 20일 미소공위 재개에도 찬성했다. 단 하나, 4월 8일 편지에서 '유의사항'으로 지적했던 협의대상 문제만을 남아 있는 이견으로 지적했다.

"4월 8일부 귀하게 전달된 나의 서한에 있어서 나는 공위가 모스크바협정 결정사항을 실천하는 데 있어서는 민주주의적 권리, 즉 자유의사 표시의 존중이 그 기초가 될 것을 언명한 바 있었다. 이러한 언명으로서 나는 다음의 사항을 유의하였던 것이다. 즉 이것은 임시조선정부 수립문제에 대하여 공위와 협의하는 데 있어서 조선민주주의 정당 및 사회단체가 공위와 협력할 용의가 있는 이상 이 정당단체가 현재 또는 과거에 있어 장차 조선 정부에 대하여 가진 견해 여하에 의해서 동 협의로부터 제거되어서는 안 되는 것이 세인에게 주지된 미 측 입장인 것이다."

(「자주독립 조선수립 UN 참가조건 찬동」, 『동아일보』 1947년 5월 4일)

몰로토프는 마셜에게 두 번째 답장을 5월 7일 보냈는데, 그 내용 전체가 조선 신문에 실리지는 않았고, 모스크바발 기사만이 전재되었다. 기사의 끝부분에 협의대상 문제가 언급되어 있다. 과거에 반대한 일이 있는 개인이나 단체라도 "현재로" 지지하고 있다면 문제 삼지 않겠다는 것이다.

미군사령관 존 R. 하지 중장은 1946년 2월 24일에 만약에 소련이 조선인이 현재로 모스크바결정을 지지한다는 그들의 서명선언서를 수락할 수 있다면 미·소 쌍방의 입장을 조화시킬 수 있다고 치스차코프 장군에게 회답하였던 것이다. 금번 몰로토프가 수락한 것은 즉 이 제안인 것이다. 그리고 모스크바방송에 의하면 마셜 장관과 몰로토프 외상은 그들의 서한 복사를 영국과 중국의 양국 정부에 송부하였다 한다.

(「전 민주정당단체, 임정수립 참가에 동의」, 『서울신문』 1947년 5월 13일)

마셜은 5월 12일 다시 편지를 보내 모든 점에 만족했으며 공위 재개 준비에 착수하도록 지시했음을 알렸다(『조선일보』·『서울신문』1947년 5월 14일, 15일). 그래서 미소공위는 5월 21일에 재개되었고, 6월 11일까지 여러 가지 생산적 결과를 이뤄냈는데, "정당·단체와의 협의 규정"을 만들어낸 것도 그중 하나였다. 이 규정 내용을 6월 11일자 일기에 소개했는데, 내용이 길고 복잡한 제1항은 줄여서 소개했다. 그런데 협의단체 자격이 이 조항에 다뤄져 있으므로 제1항 내용 전부를 옮겨놓는다.

1. 공동위원회가 조선민주 제 정당 및 사회단체와 협의할 시 본 공동위원회는 1947년 5월 13일부 미 국무장관 마셜 씨가 자기의 서한을 통하여 수락한 1947년 5월 7일부 소련 외상 몰로토프 씨의 서한에 기재된 제 조건을 지침으로 함. 차에 해당한 몰로토프 씨의 서한을 인용하면 여좌함.

1946년 11월 26일부의 서한에 소련 사령관은 공동위원회 업무수행 재착수의 기본조건을 좌와 여히 제안하였음.
"(가) 공동위원회는 반드시 조선에 관한 모스크바결의를 완전히 지지하는 민주주의 제 정당과 사회단체만을 협의대상으로 할 것.
(나) 공동위원회협의에 초청된 제 정당 및 사회단체는 모스크바결의에 적극 반대의사를 표명함으로써 자기의 위신을 손상한 사람들을 협의대표로 선발치 말 것.
(다) 협의에 초청된 제 정당 혹은 사회단체는 이후 모스크바결의 또는 본 위원회의 업무에 반대의사 표시를 하지 말며 또한 타인에게 동양의 의견을 선동하지 말 것.

이상 조건을 위반하는 제 정당 혹은 사회단체는 양국대표단의 합의에 의하여 공동위원회와의 협의에서 제외시킴."

1946년 12월 24일부의 서한으로 미군사령관은 소군사령관의 제안을 다음과 같이 수정을 첨부하여 공위사무 재개의 기초로 접수하였음.

"제1제안은 여좌히 해석함이 가함: 제5호 성명에 발표한 선언문에 서명 날인함은 모스크바결의를 완전히 지지하려는 서약 선언으로 수납되며 따라서 선언문을 서명 날인한 제 정당 혹은 사회단체는 우선 협의에 참가할 권리를 가진 것이다.

제2제안: 이와 같이 선언을 한 각 정당 혹은 사회단체는 모스크바결의 수행에 관한 의사를 공동위원회에 최량(最良)으로 진술할 수 있다고 하는 사람을 대표로 임명할 권리를 가지었다고 나는 인정한다. 그러나 여사한 대표자가 모스크바결의 수행과 미국 혹은 소련에 관하여 적대된다고 충분한 이유하에서 인정된다면 공동위원회는 상호협의한 후 해 정당에 그 대표자 대신에 다른 대표자를 선발키로 요구할 수 있다.

제3제안: 본안은 여좌히 수정함을 제의함. '공동위원회협의에 초청된 개인 정당 혹은 사회단체는 성명 제5호에 발표한 선언문에 서명날인 후는 공동위원회의 업무, 미국 혹은 소련 모스크바결의 실천에 대하여 적극적 반대를 조작 혹은 선동하지 말아야 한다. 제5호 성명에 기재된 선언문에 서명날인 후 공동위원회의 업무, 미국 혹은 소련 혹은 모스크바결의 실천에 대하여 적극적 반대를 조작 혹은 선동하는 개인, 정당, 사회단체는 공동위원회와의 협의에서 제외함. 그러한 개인, 정당, 사회단체의 제외처분 결정은 공동위원회 합의에 의할 것.'"

공동위원회 업무에 재착수하여 조선민주주의임시정부 수립을 촉진

미소공위가 열리기 전에 담소하는 하지 중장
(왼쪽)과 치스차코프 대장.

하기 위하여 상기한 바의 미군사령관의 수정을 나는 수납함.

(「정당 단체와의 협의규정」, 『동아일보』 1947년 6월 12일)

치스차코프(Ivan M. Chistiakov) 편지의 (다)항(하지 편지의 "제3제안")
에 문제의 핵심이 있다. 미소공위 업무, 미국, 소련, 모스크바결의에
대한 반대는 "의사표현의 자유"로 보호받지 않도록 합의가 되어 있는
것이다. 합의 사실이 미소공위에서 공식적으로 확인까지 되어 있는 것
이다.

그런데 6월 23일의 반탁시위가 이 조항에 어떻게 저촉되지 않을 수
있나? 회담장으로 쳐들어와 소련 대표단에게 돌까지 던졌는데. 투석
사실을 조병옥 경무부장은 부인했지만 미국 대표단원들은 시인했다.
그리고 소련 대표단은 이 시위를 주도한 반탁투위 가입 단체의 즉각
제외를 요구한 것이 아니라 그 단체들의 반탁투위 탈퇴를 요구한 것일
뿐이었다.

미국 대표단이 회담의 진행을 원했다면 소련의 요구를 받아들여야
했다. 한민당 등 임협 소속 단체들은 미국이 소련 요구에 동의할 경우
반탁투위에서 탈퇴하는 형식을 밟는 데 아무 문제가 없었다. 그렇게
했으면 적어도 반탁을 명분으로 미소공위 진행을 방해하는 행위는 단

속할 수 있었을 것이다.

그런데 미국 대표단은 어떤 조치를 취할 것도 거부했다. 임협 소속 15개 단체가 7월 28일 마치 소련 측 약을 올리는 듯한 편지를 보내왔을 때, 그 단체 대표들을 불러 만나보자는 소련 측 제안까지 거부했다. 그리고 그 단체들이 포함된 협의단체 명부가 작성되기 전까지는 당장 진행할 수 있는 일을 진행하자는 소련 측 제안도 거부했다. 회담 진행을 중단시키려는 확고한 의지를 미국 대표단이 갖고 있었다고밖에 해석할 길이 없는 상황이었다.

미국 대표단의 '벽창호 작전'과 나란히 진행된 것이 미군정의 좌익 탄압이었다. 8·15를 앞둔 예비검속처럼 시작된 좌익인사 체포령이 마구잡이로 떨어졌다. 남로당 위원장 허헌 이하, 좌익의 알려진 인물로 체포령을 면한 사람이 별로 없었다. 방송국 사건이니 뭐니 해서 별 증거도 없이 전면적 좌익 섬멸작전이 벌어졌다. 6월 중순 포고령 위반자 수백 명의 대거 석방으로 미소공위 전망을 밝게 해준(6월 18일자 일기) 것과 정반대 분위기였다.

8월 12일 마셜의 서한을 받은 후 답장을 보낼 때까지 열흘 동안 몰로토프는 무엇을 하고 있었을까? 마셜은 8월 21일까지 미소공위가 보고서를 제출하게 하자고 했다. 몰로토프는 소련 대표단에게 상황을 알아봤을 것이다. 그래서 남조선의 좌익 탄압이 얼마나 심각한 상황인지 파악했을 것이다.

그래서 스티코프 대표가 8월 25일 공표한 몰로토프의 8월 22일자 서한에는 협의대상이 되려는 단체들이 반탁투위에서 탈퇴해야 한다는 지적에 이어 좌익 정당과 단체들에 대한 미군정의 탄압이 중지되어야 한다는 요구가 담겨 있었다.

"존경하는 마셜 각하

소미공동위원회의 사업문제에 관한 각하의 1947년 8월 12일부 서한을 수납하였음을 확인합니다. 주지하는 바와 같이 공위의 업무는 1947년 5월 7일부 나의 서한의 전문으로 진술되었고 각하가 5월 13일부 서한을 통하여 수취한 조선민주주의 제 정당 및 사회단체와의 협의에 관한 3조건에 기준하여 재개되었습니다. 협의문제에 있어서 이 제 조건에 준비하도록 소련 대표에게 지시가 있었습니다. 이 제 조건에 의거하여 공위는 조선에 관한 모스크바협정을 전적으로 지지하는 제 민주주의 정당 및 사회단체와 반드시 협의할 것입니다.

그러나 후견에 관한 모스크바결정을 반대투쟁하는 위원회에 가입한 제 정당 및 단체도 협의에 참가하려고 청원서를 제출하였습니다. 이 제 정당 및 단체가 이상에 지적한 위원회와 공개적으로 결렬하고 동 위원회에서 탈퇴하였다는 성명을 한 후에라야만 그 제 정당 및 단체를 협의에 참가시킬 수 있다고 소련 정부는 인정합니다. 이러한 것이 없이는 그이들과 협의가 진행되지 말아야 할 것입니다.

조선민주주의 제 정당 및 사회단체와의 광범한 협의의 입장에 입각한 소련 정부는 수십 수백 명의 맹원(盟員)을 가진 정당과 단체가 협의하여야 된다고 인정치 않습니다. 이러한 단체의 수는 많으며 이러한 단체는 위신이 없는 까닭으로 그들과의 협의는 효과적이 못 될 것이며 그 외에도 이러한 적은 맹원을 가진 제 단체와 집단과의 협의는 공위의 사업을 몇 개월간 지연시킬 것이며 또는 조선 정부 수립을 오랫동안 연기시킬 것입니다. 소련 정부는 당원 혹은 맹원을 1만 명 이상을 가진 제 정당 및 단체와 협의할 수 있다고 인정합니다.

협의진행 중에 언론 및 의사 발표가 제한되지 말아야 된다는 각하의 언명에 관하여서는 모스크바결정 실천을 추진시키는 제 정당 및 사회단체에 언급되어야 할 것입니다.

그럼에도 불구하고 최근 남조선에 있어서 모스크바결정을 지지하는 입장에 입각한 남조선 제 정당 및 사회단체는 미 측 당국의 가장 엄중한 제한과 가혹한 박해를 당하고 있습니다. 이것은 민주주의 원칙에 모순이 되어 모스크바결정에 도저히 부합되지 않는 것입니다. 이러한 제 정당 및 사회단체의 사무소는 경찰당국에 점령당하고 있으며 그들의 지도자와 당원 혹은 맹원은 검거되고 있으며 제 출판기관은 정간당하고 있습니다.

만일 남조선민주주의 사회단체 및 그들의 활동가에 대한 박해가 즉시 또는 완전히 폐지되지 않는다면 이러한 공세는 조선에 관한 모스크바 3상회의 결정을 정당히 이행할 가능성을 제외하는 비정상적이며 또는 용허할 수 없는 것이라고 소련 정부는 인정합니다. 공위 미측 대표는 자기 정부로부터 금년 4월에 미·소 양 정부 간에 달성된 협정 실행을 위한 적당한 지시를 받아야 할 필요가 있다고 소련 정부는 인정하며 또는 공위가 사업 진상에 대하여 보고하라는 각하의 제의를 반대하지는 않습니다. 이것은 각 정부가 모스크바결정의 목적 실행을 위한 유리한 진보적 대책을 신속히 토의하기 위한 것입니다. 이상에 지적한 바에 기준하여 소련 대표에게 적당한 지시가 있었습니다.

본 서한의 등본을 나는 영국·중국 양 정부에 전달하였습니다.

국무장관 각하, 나의 높은 존경을 믿어주시기를 바라마지 않습니다."

(「'공위' 화막(華莫) 양부 교섭에 재등장, 모 외상 업무보고에 찬동 반탁진영 문제
남조선 사태도 언급-스 중장 발표」, 『조선일보』 1947년 8월 26일)

이에 앞서 스티코프 대표는 8월 20일 공위 회담에서 성명서를 발표하고 22일에는 이 성명서를 기자들에게 배포했다. 8월 들어 갑자기 격심해진 미군정의 좌익 탄압 상황을 몰로토프에게 보고하는 한편 미소공위 수석대표로서 문제 제기를 하고 나선 것이다.

"주지하는 바와 같이 민주주의 조선임시정부수립 원조와 적당한 대책을 예정하기 위하여 미소공동위원회는 모스크바결정에 의하여 조직된 것이다. 모스크바결정 제2항에 의하여 공위는 제안 작성에 있어 반드시 조선민주주의 제 정당 및 사회단체와 협의하여야 한다.

금년 사업 행정(行程)에서 공위는 조선민주주의 제 정당 및 사회단체와의 협의에 관한 결정에 대한 협의결의 제12호를 채택하였으며 수립될 민주주의 조선임시정부의 국가제도와 정강에 관한 자문서를 작성 시인하였으며 공위와 협의하기를 지원한 조선민주주의 제 정당 및 사회단체에 전달하였다.

남북조선 제 민주주의 정당 및 사회단체는 제5호 공동선언서에 서명하였고 공위협의에 참가하겠다는 청원서를 공위에 제출하였으며 또한 공위와의 구두협의에 참가하기 위하여 대표를 선발하였다. 그리고 민주주의 조선임시정부의 지방정권 구성 및 조직의 원칙과 임시정부의 정강에 관한 제안을 제출하였다.

제 민주주의 정당 및 사회단체 명부작성 토의에 있어 공위에 현저한 의견 대치가 생겼으며 이 문제로 공위사업이 지연되고 있다. 조선인민은 공위사업에 긴장한 관심을 기울이고 있으며 민주주의 조선임시정부가 수립되기를 명백하고 정당한 열망으로 기대하고 있다.

공위사업이 이와 같이 심중하고 긴장한 시기에 처하여 있는 때 남조선에서 좌익진영 지도자들의 대대적 검거와 또 좌익사상을 가진 민주주의적 정당과 사회단체들의 해산을 시작하며 좌익 민주주의적 신문을 탄압하며 좌익신문 직원들을 검거하고 있다. 검거는 지방에서도 서울시와 같이 진행되고 있다. 모스크바결정과 공위사업을 열성적으로 지지하는 남조선 제 민주정당 사회단체만을 반대하여 탄압이 진행되는 것을 지적하지 않을 수 없다.

검거된 자들 중에는 공위 구두협의에 참가하기 위하여 선발된 제 민주정당 및 사회단체 대표들도 있다. 남조선에서 제 민주주의적 정당 및 사회단체를 반대하는 탄압의 범위를 명백히 표명하는 수 개의 실례를 열거하려 한다. 소련 대표는 많은 조선인들의 대표와의 담화와 남조선 신문보도에서 이 사실들을 알게 되었다.

1947년 7월 27일에 남조선 민전은 공위경축인민대회를 진행하였다. 주지하는 바와 같이 이 대회에는 양측 대표 주석이 참가하였다. 남조선 경찰은 공위대표 목견하(目見下)에서 공위사업을 지지하라고 호소한 직업연맹 대표와 여맹 대표를 출연이 끝나자 곧 체포하였다. 그리고 수 일 후에 이 대회의 조직자의 한 사람인 김광수를 체포하였다.

남로당 부위원장 이기석 씨와 기타 노동당 중앙위원 수 명을 체포하였다.

8월 12일에 민전 중앙사무실과 문학인쇄소에서 민전 중앙 및 인쇄소의 많은 지도간부와 직원들을 검거하였다.

8월 11일·12일 2일간에 직장과 사택에서 서울시 및 서울 각 구 민전 지부 지도간부들이 검속되었다.

8월 초순에 전농 대표 백용희 씨가 검거되었고 8월 12일에는 전농 부위원장 이구순 총무부장, 김기용 선전부장, 현동훈 상무위원, 최한철 씨와 기타 맹원들이 검거되었다.

전평 중앙위원 문은종, 박봉우 등 기타 지도자들이 검속되고 또 민주여성동맹 지도자들도 검속되었는데 그중에는 여맹위원장 유영준, 부위원장 정칠성 등이 있다.

협동조합위원장 박경수, 중앙위원 안희승, 문필가동맹 선전부장 박찬모, 법조회 중앙위원 윤학기 등 지도층과『독립신보』, 『노력인민』의 직원 장순간, 이신목, 김호진 등이 체포되었다. 이 외에도 근로인민당 지도층 백남운, 이여성, 한일대, 신동일, 박창렬, 기타 및 청우당 지도층 박우천, 김형제, 기타가 검거되고 있다.

민전 중앙위원회, 노동당 중앙위원회, 인민공화당 중앙위원회, 전평 중앙위원회, 기타 제민민주주의단체 사무소가 당국의 지령에 의하여 폐쇄되었다. 검속된 중에는 인민의 지원과 요구를 전달할 목적으로 공위를 방문하였던 대표들도 많이 있었다.

8월 14일 덕수궁 내에서 공위업무진행에 관하여 사회거론 및 신문계에 보도할 목적으로 소련 측 대표단은 기자회견을 개최하였는데 여기에 참석한 민주주의 신문기자단 일부는 회견을 마친 후 덕수궁 대문 출입구에서 검속되었다. 공위와의 협의를 위한 제 정당 및 사회단체의 대표들인 민주주의 제 정당 및 사회단체의 지도자에게 대한 대대적 검속은 남조선에 있어서 조선에 관한 모스크바결정 및 몰로토프·마셜 간의 협정 수행에 방해하는 환경을 환기하였다.

예상컨대 공위업무를 결렬시킬 목적으로 이러한 환경이 환기되는 것 같다. 소 측 대표는 미 측 대표가 이 정세에 관하여 중대한 관심을 돌릴 것과 또는 남조선민주주의 제 정당 및 사회단체의 존재와 그들의 활동에 있어서의 정상적 환경과 공위사업에 적당한 환경의 회복에 대하여 급속한 대책을 취할 것을 주장한다."

(「공위 환경회복을 주장-스 중장 좌익 검거에 성명 발표」,

『조선일보』1947년 8월 23일)

1947. 8. 24.

미국의 승부수, 총선거

———

8월 20일 미소공위 회담에서 미국 측은 마셜 미 국무장관이 몰로토프
소 외상에게 8월 12일자 서한에서 제안한 보고서 공동작성을 촉구했
다. 그러나 소련 측은 몰로토프 외상으로부터 보고서 제출에 관한 아
무런 지시가 없었다며 응하지 않았기 때문에 회의는 성과 없이 끝나고
말았다. 그런데 이 회의에서 소련 측은 미군정의 좌익 탄압이 미소공
위 사업을 저해할 지경이라며 성명서를 발표하고 시정을 요구했다.

> 1947년 8월 20일 제54차 본회의 석상에서 소련 측 수석대표는 소위
> 남조선에 있어서 좌익지도자와 단체를 탄압함에 대하여 맹렬한 항의
> 를 표시하였다. 소 측 수석대표는 그이들의 다수가 모스크바결의와
> 공동위원회의 업무를 지지하며 협의에 신청하였다고 말하였다.
> 그리고 무수한 체포 등은 모스크바결의와 마셜·몰로토프 협정의 완
> 수를 방해하는 사태를 지었다고 언명하고 그 사태는 공동위원회의
> 사업을 저해한다고 비난하였다. 소련 위원은 남조선의 민주정당 및
> 사회단체가 존재할 수 있고 또한 활동할 수 있는 정상적 상태를 회복
> 하는 즉시 조치를 미 측 위원이 취하라고 주장하였다. 미 측 위원은
> 문서를 번역하여 회답을 준비함에는 시간이 필요하다고 하고 이하와

같이 대답하였다.

"소련 측 발표에 대하여 미국 측 수석위원의 의견은 소련 측 위원은
남조선 정부 운영을 간섭 기도함이라 본다. 공동위원회의 업무는 조
선을 통치하는 것이 아니라 장차 조선을 통치할 정부 수립에 관한
안을 작성하는 것이다. 조선통치에 대하여 현재 책임을 지는 사람은
따로 있다. 이 성명에 관하여서는 미 측 위원은 후일 그 대답을 제시
한다."

(「좌익 탄압에 소련 측 항의, 회담 준비에 미, 시간 필요」,

『경향신문』 1947년 8월 24일)

스티코프 수석대표는 8월 22일 이 성명서를 기자들에게 공표했다.
엊그제(8월 22일) 일기에 옮겨놓은 이 성명서에는 최근의 좌익 탄압 사
례들이 나열되어 있다. 여기 나타난 것만 보더라도 가히 융단폭격 수
준이다. 8월 중순의 며칠 동안에 민전, 전국농민조합총동맹(이하 '전농'
으로 줄임), 전국노동조합평의회(이하 '전평'으로 줄임), 민주여성동맹(이
하 '여맹'으로 줄임), 남로당 등 좌익 단체의 사무실이 경찰에게 점거당
하고 간부들이 체포·수배되었다. 수십 명이 검거된 8월 4일의 방송국
사건 같은 것은 여기 들어 있지 않은데, 소련 대표단이 '의심의 여지없
는' 좌익 탄압 사례만을 성명서에 담았기 때문일 것으로 생각된다.

미국 대표단은 회담을 준비하는 데 시간이 걸릴 것이라고 정식 응답
을 미루면서 '내정 간섭'이라는 일차 의견을 내놓았다. 브라운 수석대
표는 회담 정돈상태의 책임을 소련 측에 지우는 장문의 성명서를 8월
23일에 발표했는데, 그 끝에서 좌익 탄압에 대한 소련 측 항의를 언급
하면서 같은 입장을 되풀이했다.

1947년 8월 20일 제54차 본회의 석상에 소 측 수석대표는 소위 남조
선에 있어서의 좌익지도자와 단체를 탄압함에 대하여 맹렬한 항의를
표시하였다. 소 측 수석대표는 그이들의 다수가 막부결의와 공동위
원회의 업무를 지지하며 협의에 신청하였다고 말하고 있다. 그리고
무수한 체포의 예를 들고 이 체포 등은 막부결의와 마셜·몰로토프
협정의 완수를 방해하는 사태를 지었다고 언명하고 그 사태는 공동
위원회의 사업을 저해한다고 비난하였다.

소련 위원은 "남조선의 민주정당 및 사회단체가 존재할 수 있고 또한
활동할 수 있는 정상적 상태를 회복"하는 즉시 조처를 미 측 위원이
취하라고 주장하였다.

미 측 위원은 이 문서를 번역하여 회답을 준비함에는 시간이 필요하
다고 하고 이하와 같이 대답하였다. "소련 측 발표에 대하여 미국 측
수석위원의 의견은 소련 측 위원은 남조선 정부 운영을 간섭 기도함
이라 본다. 공동위원회의 업무는 조선을 통합하는 것이 아니라 장차
조선을 통치할 정부 수립에 관한 안(案)을 작성하는 것이다. 조선통
치에 대하여 현재 책임을 지는 사람은 따로 있다. 이 성명에 관하여
서는 미 측 위원은 후일 그 회답을 지시할 것이다."

(「미 제안을 3차 거부, 임정수립 4제안도 무답」, 『동아일보』 1947년 8월 24일)

"조선통치에 대하여 현재 책임을 지는 사람"이 따로 있다 한 것은
미군정의 하지 사령관을 가리키는 말일 것이다. 그런데 과연 "따로 있
다"고 할 수 있는 것일까? 미소공위는 미국과 소련 간의 회담이 아니
라 북조선 점령 소련군과 남조선 점령 미군 사이의 회담이었다. 미국
대표단원 중에 국무성 직원이 있다 하더라도 회담장에서 그는 국무장
관이나 대통령이 아니라 하지 사령관을 대표하는 입장이었다. 자기네

가 대표하는 사람 얘기를 하면서 "따로 있다"고 하는 것, 미국 대표단의 무책임한 태도의 한 모퉁이일 뿐이다.

'내정 간섭'을 들먹이는 것도 문제가 있다. 브라운은 7월 말 평양에서 조만식을 만나지 않았는가? 조만식 탄압 소문이 서울에서는 1946년 초 이래 떠돌아왔고, 미국 대표단은 공위사업의 원만한 진행 조건을 확인하기 위해 조만식 면담을 요구했다. 소련 측은 이에 응했고, 조만식이 억압 상태에 있지 않다는 사실이 확인되었다. 이북의 우익 탄압을 자기네는 문제 삼으면서 이남의 좌익 탄압은 어째서 간섭해서 안 될 내정이란 말인가.

소련 대표단의 항의를 반박하는 하지 사령관의 발언이 8월 24일자 『동아일보』에 「공위 방해로 검거·피검자 행동은 북방 지시와 합치」란 제목의 기사에 실렸는데, 그 일부로 〔주 서울 AP 특파원 로버트 제공〕의 바이라인 아래 인용 내용이 눈길을 끈다.

> "과반 방송국사건을 위시한 대대적 혁명 도발 기세가 보이므로 남조선국립경찰로 하여금 잠시 분란을 방지하려는 목적에 사건 관계 주모자들을 체포케 하였다."

이게 예비검속이 아니면 뭐가 예비검속이란 말인가? 조선인들은 일제강점기에 당하던 예비검속에 강렬한 반감을 갖고 있었다. 그래서 경찰은 실제로 예비검속을 하면서 겉으로는 아니라고 잡아떼고 있었다. 그런데 조선인들의 그런 반감을 알지 못하는 미국 기자는 들은 그대로를 전한 것이다.

하지는 정식 반박 성명을 8월 25일에 내놓았다.

본관은 8월 22일에 미소공위 소 측 수석대표가 남조선 관리 및 미군 당국은 공위사무를 방해하는 제 상태를 양출하고 있다고 비난한 선전적 성명에 대하여 경악하는 바이다. 본관은 재조선 미군당국이 공위의 진척을 촉진하기 위하여 전력을 다하였다는 것을 단언하는 바이다.

최근 남조선에 있어 경찰에 의한 검거사건이 있다는 것은 사실이다. 금반 검거는 미군 점령지역 내의 정부 및 법과 질서의 파괴를 기도한 선동적 행동을 억압하기 위한 것이었다. 그리고 이러한 행동은 북조선 지도자 및 평양에 있는 신문 및 방송국에 의하여 종용되고 있다는 충분한 증거를 우리는 가지고 있다.

이러한 행동의 주모자들을 공위 소 측 위원은 어찌하여 특히 이때에 공위사무 진행에 극히 중요하다고 생각하고 있는지 이를 이해키 곤란한 바이다. 공동위원회는 개회 후 7주일간 정돈상태에 함입하였다. 전 조선을 위한 임시정부를 구성하는 데 조선인과의 광범위하고 전반적인 협의문제를 토의하는 권리를 소 측 위원은 완강히 거부하였다. 공위의 성공을 방해하는 제 조건은 소 측의 입장에 의하여 양출된 것이다.

8월 22일부 소 측 대표의 성명은 남조선당국을 비난함으로 자신의 결함을 은닉하려 하는 것에 불과하다고 간주된다. 소 측의 대표단은 남조선에 있는 동안 남조선당국의 손님이며 남조선당국의 활동은 해당국의 완전한 권한하에 있는 것일 뿐만 아니라 또 법과 질서를 유지함에도 필요한 것이다.

(「공위 성공에 전력 다했다—하지 중장 스 장관 성명에 반박」,

『서울신문』 1947년 8월 26일)

반박의 핵심은 둘째 문단에 있다. "미군 점령지역 내의 정부 및 법과 질서의 파괴를 기도한 선동적 행동"을 막기 위한 경찰활동이었다는 주장이다. 그런데 그런 행동으로 봐야 할 증거는 제시하지 않았다. 이 성명서에서 제시하지 않았을 뿐 아니라 거의 모든 검거에 대한 발표에서 혐의만 밝힐 뿐, 상식적으로 납득이 갈 만한 증거를 제시하지 않았다. 그러면서 이북의 지령에 따른 행동이라는 "충분한 증거"를 갖고 있다고 주장하는데, 그 증거가 무엇일지는 "평양에 있는 신문 및 방송국"이란 대목에서 짐작이 간다. 이북의 신문과 방송에서 이남 미군정을 비난한 내용을 갖고 이남 좌익의 파괴활동 지령이라고 뒤집어씌운 모양이다.

셋째 문단에서 문제 제기의 시점에 시비를 거는 데서 하지의 마음속 생각이 읽힌다. 소련 측의 잘못으로 회담이 정돈상태에 이미 빠져버렸는데, 좌익 검거가 새삼 무슨 문제가 되냐는 것이다. 회담이 순조롭게 진행 중이라면 협의대상으로 참가할 주체로서 좌익을 보호할 필요가 있겠지만, 지금은 정돈상태니까 무슨 상관이냐는 것이다. 미소공위는 이 시점에서 공식적으로 진행 중이었다. 그런데 하지는 이미 끝장난 것으로 간주하고 있다. 이것은 하지 개인의 판단이 아니었을 것이다. 미국 측 관계자들이 이미 미소공위의 다음 수순에 몰두하고 있었다는 사실을 엿볼 수 있다.

브라운 수석대표 역시 미소공위가 이미 끝장난 것으로 여기고 있었음을 그의 8월 23일 성명에서 알아볼 수 있다. 긴 성명 중 반탁투위 소속 단체의 협의대상 자격과 관련된 미국 측 주장은 이미 소상하게 소개한 것이고, 새로 주목을 끄는 것은 미국 측이 회담 진행을 위해 세 가지 제안을 했다가 두 가지는 거부당하고 한 가지는 아직 대답을 듣지 못하고 있다는 주장이다. 정돈상태의 책임을 소련 측에 미루려는 주장인데, 어떤 내용인지 살펴본다.

과거 2주간 미 측 위원은 협의대상에 관한 현재의 의견대립을 해소하는 데 따라서 공위의 다른 업무를 급속히 진전시키는 집중적 노력의 일부분으로 2차에 긍하여 특별히 제안을 제출하였다. 그 제안의 둘은 소련 측 위원이 거부하였으며 제3제안에 대하여서는 현재까지 하등의 회답이 없다.

1947년 7월 29일 제48회 본회의에서 이하와 같은 제안을 하였다.

'소련 측 위원은 북조선 소재의 정당 및 사회단체와 협의를 진행하며 미 측 위원은 남조선에 소재하는 정당 및 사회단체와 협의를 진행할 것.'

1947년 8월 1일 제50회 본회의에서 미 측 위원은 이하의 안을 제출하였다.

'소련 측이 협의하려고 원하는 정당 및 사회단체에 대하여서는 38도 이남 이북에 긍하여 공동으로 협의를 시행할 것. 소련이 의아하다고 주장하는 38도 이남에 소재하는 정당 및 사회단체에 대하여서는 미 측이 단독 협의할 것. 미 측이 시행하는 그러한 협의는 공동위원회의 협의로 간주할 것.'

이 두 제안을 소 측은 거부하였다.

1947년 8월 12일 제53회 본회의에서 제출한 제3안으로 현재까지 그 회답을 접수치 못한 것은 여좌하다.

1. 구두협의는 약(略)하고 조선 정당 및 사회단체가 제출한 자문서 답신을 모스크바협정에 의한 협의로 수납할 것.

2. 제2분과위원회에 명령하여 임시헌장 및 조선임시민주정부 정강을 완성하여 공동위원회에 제출케 할 것. 이 헌장은 어떠한 관직은 임명

하고 어떠한 관직은 선거할 것을 명시할 것.

3. 4개국에 건의할 헌장은 국제입법기관 및 헌장에 명시한 정부요원을 선거하는 요청을 포함시킬 것. 해 선거는 국제감시하에 자유선거운동, 비밀다수정당투표로 할 것. 제2분과위원회에 지시하여 건의할 헌장에 첨부하여 4개국에 제출할 남북조선에서 시행할 선거에 관한 상세안을 준비케 할 것.

4. 제3분과위원회에 지시하여 현재 남북조선 정부의 통합안과 겸하여 조선임시민주정부에 임명할 직원 선거안을 준비케 할 것.

미 측 대표는 이 제안에 약술한 것과 같은 자유로운 총선거를 통하여 조선인이 소 측 위원이 취한 입장으로 인하여 광범위한 구두협의를 통하여 획득치 못한 의사를 표시할 수 있을 것이라고 생각한다. 미 측 대표는 국제적 감시하에 명백하고 자유가 보장된 총선거는 협의보다 더 광범한 의사표시가 허용되리라고 믿는다.

(「미 제안을 3차 거부, 임정수립 4제안도 무답」, 『동아일보』 1947년 8월 24일)

7월 29일과 8월 1일의 제안은 소련의 즉각 거부를 예상하면서 그냥 내놓아본 제안 같다. 한쪽에서 협의한 내용을 공동위원회가 협의한 것으로 간주하다니, '협의'의 뜻이 보장되지 않는 것이다. 진짜 중요한 의미를 가진 것은 8월 12일의 제안으로 보인다.

원래 미소공위를 통한 건국방안은 조선 정당·단체들과 협의해 조선인의 민의를 파악하여 연합국(미·소)이 임시정부를 만들어주고, 이 임시정부가 총선거 준비의 주체가 된다는 것이었다. 그런데 이번 제안은 바로 총선거로 가자는 것이었다.

총선거. 이것이 미국의 마지막 제안이었다. 러치 군정장관이 앞장서서 선거법 제정을 서두른 것도 총선거 국면을 대비한 것이 분명하다.

미국 측은 총선거로 바로 가는 길을 유력한 대안으로 오래전부터 세워 놓았던 것이다. 결국 미소공위를 떠나 조선 문제를 유엔으로 가져가서도 총선거가 미국의 명분이 되었고, 이 총선거가 '가능지역 선거'로 낙착되면서 분단건국에 이른 것이다.

　그러나 총선거 방침이 분단건국의 충분조건은 아니었다. 총선거로 가더라도 유엔 아닌 미소공위가 그 준비를 맡았다면 남북 총선거도 가능했고 국제감시도 더 충실하게 될 수 있었을 것이다. 소련이 총선거 제안을 거부했기 때문에 반쪽 선거가 되었고 국제감시도 허술하게 되었다는 점을 생각하면 소련의 거부가 분단건국의 더 직접적 원인이었다고 볼 수도 있다. 앞으로 면밀하게 살펴야 할 문제다.

1947. 8. 26.

이승만과 김구의 '정책이념 차이'

————

8월 25일 이승만이 민족대표자대회(이하 '민대'로 줄임) 회의에서 이런 요지의 발언을 했다.

> "현하 한인들은 대개 총선거를 실시할 것을 기대하고 있으나 일부에
> 서는 이를 반대하고 있으며 또 우익진영 내에서도 미군과 협조하지
> 않고 자율적으로 한다 하며 반대하는 사람들도 있으나 우리는 미군
> 과 협조하여 하루바삐 총선거를 실시하도록 해야 할 것이며 만일에
> 한미 합작으로 잘 안 되든지 또 지연된다 하는 때에는 우리는 단독으
> 로라도 총선거를 하도록 해서 조속한 시일 내에 자유정부를 수립하
> 여 시급한 민주문제 등을 해결하도록 해야 할 것이다."
>
> (「미군 감시하 선거-이 박사 연설, 민대대회」, 『조선일보』 1947년 8월 26일)

우익진영 내에서 미군과의 협조를 반대한다는 사람들이란 김구 이
하 중경임정 세력을 말하는 것이다. 이승만이 말하는 "우익진영"이란
극우세력을 말하는 것이고, 1945년 말 이래 극우세력은 반탁운동에
힘을 합쳐왔다. 한민당, 이승만, 김구는 기본 입장에 상당한 차이가
있었지만 반탁운동을 통해 미소공위를 배척하는 데는 득실을 함께했던

1947년 행사장이 아닌 곳에서의 김구와 이승만. 이 시점의 김구는 권력을 다투는 모습을 보였을 뿐, 민족을 위한 투쟁 자세를 보이지 않고 있었다.

것이다.

극우 3개 세력은 각자의 강점을 갖고 있었다. 한민당은 재력과 함께 군정청에서 경찰에 걸치는 인적 자원을 갖고 있었다. 이승만은 미국 정계·군부·언론계의 극우파에 연줄을 갖고 있었다. 김구는 임시정부의 권위와 민족주의자로서 명망을 갖고 있었다. 기세 높았던 1945년 말의 반탁운동은 3개 세력의 힘이 합쳐진 결과였다.

한편 각 세력은 나름의 약점을 갖고 있었다. 한민당은 가장 큰 실력을 갖고 있었지만 명분과 위신이 없었다. 민족주의의 척결 대상인 친일파와 민주주의의 타도 대상인 지주층이 그 실력의 배경이기 때문이었다. 그래서 주도적 역할을 맡을 수 없었고, 그 구성원들도 상황에 따라 개인적 득실관계가 유리한 쪽으로 빠져나가기 쉬웠다.

이승만과 김구는 국내 기반이 없다는 것이 약점이었다. 그래서 처음에는 한민당의 실력에 의지하지 않을 수 없었고, 시간이 지남에 따라 각자의 조직을 키우는 데 주력하게 되었다. 두 사람은 조직 확대를 놓고 경쟁하는 입장이었다.

중경임정을 등에 업은 김구가 이 경쟁에서 유리한 점을 많이 갖고 있었다. 1946년 4월 국민당과 신한민족당이 한독당과 합당한 것은 민족주의자로서의 성망 덕분이었다. 이승만이 극우세력에게만 매달린 반면 김구는 민족주의 세력에 폭넓은 영향력을 갖고 있었다. 그런데 김구는 반탁세력의 장악을 중시하면서 민족주의 세력의 지지를 잃었다. 1947년 5~6월 한독당의 분열이 그 결과였다.

김구가 민족주의 세력보다 반탁세력, 즉 극우세력을 중시한 것은 '임정 추대' 때문이었다. 한민당은 창당 때부터 '임정 봉대'를 내세워 건준을 외면·적대했고, 같은 임정 추대를 제창한 안재홍 국민당의 '보강론'과 달리 '직진론'을 주장했다. 보강론은 중경임정을 뼈대로 삼되 국내 인물로 보강한다는 것인데, 직진론은 국가권력을 통째로 있는 그대로의 중경임정에 맡기자는 것이었다. 1945년 말 반탁운동이 터져 나올 때 한민당 계열 군정청·경찰 간부들이 앞 다퉈 김구에게 충성을 맹서한 것이 이 직진론의 입장이었다.

이승만과 김구의 귀국 직후 3자 사이의 관계를 보여주는 한민당 측의 기록이 재미있다.

> 임정이 민족진영에서 주도권을 잡으려면 한민당을 눌러야 했는데 인물로 당할 수가 없었다. 그들이 제일 큰 적수로 본 것이 송진우와 장덕수였다. 송진우에게는 구실이 없는지라, 일제 말기에 학병권유 연설을 한 바 있는 장덕수를 친일파로 몰아 제거하려고 들었다. 더구나 장덕수는 민족진영에서 손꼽히는 이론가요, 웅변가였다.
> 임정이 한민당을 적대시하는 또 한 가지 이유는 한민당이 이승만을 적극 지지하였기 때문이다. 김구는 연배로나 학식 경력으로나 이승만에게 형사(兄事)하여 협력할 뜻을 거듭 밝혔지마는, 그 밑에 있는

사람들은 이승만이 있는 한 자기들은 햇빛을 보지 못할 것이라 하여 두 사람 사이를 떼어놓으려고 하였다. 그 일례로 임정계는 독촉중앙협의회와는 별도로 같은 성격을 가진 특별정치위원회의 결성을 꾀하였는데 여기에는 좌익계도 가담할 움직임을 보였다. 그들은 임정의 주미외교위원회 위원장에 지나지 않는 이승만이 먼저 환국해서 국부(國父)의 행세를 하면서 독립촉성중앙협의회를 결성한 것이 못마땅했고, 따라서 이승만을 받드는 한민당은 우당(友黨)이라기보다 정적(政敵)으로 보였던 것이다.

그럼에도 불구하고 한국민주당이 계속 임정을 지지하는 태도를 바꾸지 않은 것은 그 법통 때문이었다. 상대할 만한 인물은 김구, 이시영, 김규식 외에는 별로 없었으나 군정에 종지부를 찍고 독립을 가져오기 위해서는 임정 법통을 이용하는 것이 명분이 있고 가까운 길이었다. 한민당의 수석총무로 임정의 고자세를 자주 대하게 된 고하는 울화통을 터뜨리기도 했다.

"해외에서 고생했다고 받들어주니까 30년 전의 머리를 그대로 갖고 자기들만이 애국자란 얼굴을 한단 말이야."

그러나 인촌은 냉정했다.

"그렇게 생각하면 어떤가. 지금은 그들을 받들고 나라를 세울 때란 것을 잊지 말게." (인촌기념회, 『인촌 김성수 전』, 동아일보사 1976, 485~486쪽)

한민당 입장을 미화·정당화하기 위해 작성된 글이지만 뜻하지 않게 비쳐 보이는 사실들이 있다. 이승만과 김구 사이의 경쟁, 그리고 한민당과 김구 세력 사이의 반감이 드러나 있다. 다만 반감에도 불구하고 한민당이 임정을 지지한 것이 그 "법통" 때문이라 한 것은 충분한 표현이 아니다. 한민당은 임정에 의지해서 친일파 규탄을 모면하려 한 것이었다.

한민당과 임정 사이의 초기 관계를 적나라하게 보여주는 일화가 하나 있다.

임정의 환국을 누구보다 고대하고 열렬히 환영한 것은 한국민주당이었는데 임정은 이 한민당에 대해 고자세로 나왔다. 한민당이 앞장서 만든 '환국지사후원회'는 그들에게 일차로 기금 9백만 원을 전달하였던바 그 속에 부정(不淨)한 돈이 들어 있다 하여 왈가왈부 말이 많았다. 이 문제로 양측이 자리를 같이했을 때는 오고 가는 말도 거칠었고, 국내숙청론(國內肅淸論)이 터져 나오기도 했다. 국내에서 친일하지 않고 어떻게 생명을 부지해왔겠느냐고 하는 치졸한 논리였다. 송진우는 참다못해 한마디 했다.

"여보 해공(신익희), 부정, 부정 하지만 중국에서 궁할 때 무엇을 어떻게 하고 살았는지 여기서는 모르는 줄 아오? 임정은 정부요. 정부가 받는 세금 속에는 양민의 돈도 들어 있고 죄인의 돈도 들어 있는 법이요."(『인촌 김성수 전』, 485쪽. 같은 이야기가 『설산 장덕수』, 326~328쪽에는 더 길게 나와 있다.)

'국내숙청론'이란 친일파 처단 주장을 한민당에서 부른 이름이다. 친일파만 처단하자는 주장인데, 마치 국내 인사를 몽땅 숙청하자는 진짜 치졸한 주장처럼 부풀려 말하는 전형적인 물 타기 수법이다.

9백만 원. 쌀 한 가마에 백 원 안쪽일 때였다. 최고액권인 백 원권으로도 수백 킬로그램의 짐이니, 그야말로 '차떼기'다. 이런 거액이 단순한 '성금'일 수는 없는 것이다. 이 돈을 받아먹는다는 것은 한민당 편이 된다는 얘기였다.

　한민당으로서는 '재력시위'이기도 했다. 한민당 사람들이 허리띠 졸라매고 쓸 돈 아껴서 갖다 바친 돈이 아니었다. 마음에 들게 행동하면 얼마든지 더 갖다 줄 수 있다는, 일종의 '계약금'이었다.

　아무리 부자들이라 하더라도 이런 큰돈을 이처럼 가볍게 움직일 수 있다는 것은 정상적인 일이 아니다. 미군 진주 전에 총독부에서 서둘러 찍은 30여 억 원의 '붉은 돈'이 아니고는 이해하기 힘든 일이다. 이승만과 미군정 당국자들에게는 얼마나 갖다 바쳤을까. 임정 측이 받아들이는 데는 한 차례 진통이라도 있었기에 이런 일화가 전해지지만, 조용히 받아먹은 자들도 있었을 것이다. 그러니까 이 돈을 돈으로 인정해줬겠지.

　한민당 친일파들이 해방 직후 느끼던 불안은 미군정이 자리 잡음에 따라 흐려져 갔다. 그래서 1946년 10월에는 당내 민족주의자들의 반발을 무릅쓰고 토지개혁을 반대하는 본색을 거리낌 없이 드러내기에 이르렀다. 이 단계에 와서는 임정의 권위에 의지할 필요도 없어졌다. 불안한 시절을 넘기기 위해 임정세력에게 수수료를 지불한 셈일 뿐이었다. 그래서 한민당을 한독당에 통합하려는 김구의 집요한 노력을 거듭거듭 뿌리칠 수 있었다. 그리고 제2차 미소공위에 이승만과 김구의 뜻을 거스르며 협의대상 신청을 할 수 있었다.

　1947년 초 이승만이 미국에 가 있는 동안 김구는 우익세력을 반탁투위와 국민의회로 정비하고자 했다. 3월 1일을 기해 국민의회를 발판으로 정부 수립을 선포하려는 시도까지 했다. 이승만이 김구의 주도권 장악을 걱정해서 귀국을 서둘렀다고 하는 설도 있다. (『한국현대민족운동연구』, 536~537쪽)

　우익의 주도권을 둘러싼 김구와 이승만의 물밑경쟁은 두 사람의 귀국 이후 꾸준히 계속되었다. 이승만은 1947년 4월 미국 방문에서 돌아

온 이후 지지세력을 민대로 재조직했는데 김구 측은 이것을 국민의회
와 합치려 시도했으나 여의치 않았다. 8월 9일 통합대회를 열었다가
성과 없이 끝났는데, 이때 두 지도자의 "정치이념 차이"가 공공연히
지적되기 시작했다.

> 무성과로 폐회된 합동대회에서 민대 측과 국의 간의 정치이념 차이
> 가 명백화하였음에 비추어 9일 민대 측은 국의에 포섭된 대의원 전
> 원에 대하여 소환장을 전달하고 11일에는 독촉국민회 회의실에 약 1
> 백여 명의 대의원이 참집(參集)하여 소환에 불응하는 대의원 처분문
> 제와 이에 따르는 대의원 보선문제를 결의하는 동시에 독자적 입장
> 에서 이 박사의 정치이념을 근간으로 하는 선거대책의 수립과 동 대
> 책위원회의 구성 등을 토의 결정할 것이라 한다.
>
> 한편 이러한 비상사태에 처하여 국의 측에서도 합동대회 이후 산입
> 위원회를 소집하고 이에 대한 선후책을 강구 중이었는데, 11일 상오
> 김구 주석은 국의 의장 조소앙을 대동하고 돈암장을 방문하고 국면
> 타개책에 관하여 요담하였다고 한다.
>
> (「민대·국의결렬 타개책을 강구」, 『동아일보』 1947년 8월 12일)

두 사람 사이의 "정치이념 차이"는 무엇인가. 파시스트 성향에서는
차이가 없었다. 김구는 민족주의자였고 이승만은 아니었던 것이 차이
였다. 그래서 이승만은 남조선에 미국의 영향을 받는 국가를 세우고
싶어했고 김구는 모든 외국의 영향에서 벗어난 국가를 한반도 전체에
세우고 싶어한 것이었다.

1947. 8. 29.

"독도는 우리 땅!" 힘 있게 외치려면

————

조선산악회 울릉도 학술조사대 일행은 많은 수확을 거두고 작 28일 오전 무사히 서울에 돌아왔는데 각 부문을 따라 단시일 내로 보고서를 작성하여 일반에게 공개하리라는바 사회적으로 문제가 되어 있는 독도 문제 등이 있는 만큼 동대에 대한 일반의 기대가 크다고 한다.

(「울릉도 학술조사대 28일 조 무사 귀환」, 『자유신문』 1947년 8월 29일)

해방 후 독도 문제 전개의 출발점을 면밀히 살핀 정병준의 『독도 1947』(돌베개 2010)이 연전에 나왔다. 민족국가 수립이란 거대한 과제로 혼란과 격변을 겪고 있던 1947년에 독도 문제는 사회의 큰 관심을 끌기 어려운 형편이었다. 그런데 지금까지 중요한 국가적 과제로 남아 있는 이 문제에 당시 조선인들은 뜻밖으로 보일 만큼 적극적 대응에 나섰다.

정병준의 이 연구는 당시 조선인의 주체적 자세를 밝혔다는 점에서, 그리고 독도 문제의 정확한 이해에 공헌한다는 점에서 주목할 만한 것이다. 1951년 샌프란시스코회담 때 이승만 정부는 이 문제를 그 성격에 대한 이해 없이 대하다가 큰 후환을 남겼다. 최근 이명박의 독도 방문이 즉흥적으로 이뤄진 것을 보면 그의 보좌진 역시 정병준의 연구조차 제대로 소화하지 못한 것이 아닌가 하는 의심이 든다.

　1947년에 조선인들이 독도 문제에 경각심을 갖기 시작한 것은 6월 20일자 『대구시보』 기사가 난 뒤였다.

　　해방 후 만 2년이 가까운 오늘에 이르기까지 조국의 강토는 남북으로 분할되고 이 땅의 동족들은 좌우로 분열되어 주권 없는 백성들의 애달픈 비애가 가슴 깊이 사무치는 이즈음 영원히 잊지 못할 침략귀 강도 일본이 이 나라의 정세가 혼란한 틈을 타서 다시금 조국의 일도서를 삼키려고 독아(毒牙)를 갈고 있다는 소식 하나가 전해져 3천만 동포의 격분에 불 지르고 있다.

　　즉 간흉한 침략귀 일본이 마수를 뻗친 곳은 경북도 내의 울릉도에서 동방 약 49리(哩) 지점에 있는 독도란 섬으로서 이 섬은 좌도와 우도 두 개의 섬으로 나뉘어 있는데 좌도는 주위 1리반이며 우도는 주위 반리에 지나지 않는 무인 소도이기는 하나 해구(海狗), X호(虎), 복패(鰒貝), 감곽(甘藿) 등의 산지로 유명하다고 하는데 이 우리의 도서를 해적 일본이 저희 본토에서 128리나 떨어져 있으면서도 뻔뻔스럽고도 주제넘게 저희네 섬이라고 하며 최근에는 도근현(島根縣) 경항(境港)의 일인 아무개가 제 어구(漁區)로 소유하고 있는 모양으로 금년 4월 울릉도 어선 한 척이 독도 근해로 출어를 나갔던바 이 어선을 보고 기총소사를 감행한 일이 있다고 한다.

　　그러면 여기에 이 두 도서가 조국의 일부분인 유래를 조사해보면 한말 당시 국정이 극도로 피폐한 틈을 타서 광무 10년(1906) 음력 3월 4일 일인들이 이 도서를 삼키려고 도근현으로부터 대표단이 울릉도에 교섭 온 일이 있었는데 당시 동 도사(同 島司)는 도 당국에 이 전말을 보고하는 동시 선처를 청탁해온 문서가 아직도 남아 있으므로 본도

1947년 과도정부의 독도조사를 주도한 민간단체는 '조선산악회'였다. 조선산악회는 등산클럽이 아니라 '학술원'의 성격을 가진 국학 연구단체였다.

지사 최희송 씨는 이 증거문헌과 실정을 19일 중앙 당국에 송달하여 국토의 촌토라도 완전히 방위할 것과 이 독도의 소재를 널리 세계에 선포토록 요청하였다고 한다. (『독도 1947』, 98~99쪽에서 재인용)

이 기사가 중요한 내용을 세 가지 측면에서 잘 담고 있다는 사실을 정병준은 높이 평가한다. 첫째는 위치와 경제적 가치 등 지리적 정보, 둘째는 역사적 영유권에 대한 인식, 그리고 셋째는 최근 일본인의 침탈 상황.

이 기사에 촉발되어 7월 중 서울의 여러 신문이 독도 문제에 관한 기사를 냈다. 그런데 당시 일본과 조선 남부의 국가주권은 미군이 쥐고 있었고 그 대표자가 맥아더였다(조선 남부의 공식 주권 대표자는 하지였지만 미군 편제에서 하지가 맥아더의 휘하에 있었다). 따라서 영토 문제 주장도 맥아더사령부의 선처를 호소하는 형태를 취했다.

왜인들은 맥아더선을 넘어 울릉도에서 48마일 떨어지고 일본에서

128마일 떨어져 있는 우리 국토 독도까지 경관, 의사 등까지 끼인 왜
인 7~8명이 상륙 점거하며 또는 제주도 부근에 나타나 조선의 어장
을 교란 침해하는 등 갖은 흉계와 불법행위를 감행하고 있으므로 농
무부 수산국에서는 군정장관을 통하여 다시는 우리 어업지구를 침범
치 못하도록 맥아더사령부에 요청할 어업구역 축소안을 제출하였다
는바 그 귀추가 자못 주목되며 더구나 일본인이 상륙 점거한 독도도
지리적·역사적으로 보아 당연히 우리 국토 일부임에 틀림없으므로
우리 민족의 그에 대한 관심은 절대 (…) 맥아더사령부의 선처가 절
실히 요망되고 있다. (『한성일보』 1947년 8월 13일. 『독도 1947』, 108쪽에서 재
인용)

8월 중순 민정장관 안재홍의 명령에 따라 과도정부 독도조사단이
만들어졌다. 역사학자인 국사관 관장 신석호, 외무처 일본과장 추인
봉, 문교부 편수사 이봉수, 수산국 기술사 한기준의 네 명으로 구성된
조촐한 조사단이었다. 그런데 네 명의 조사단이 8월 16일 대구에 도착
한 후 일행이 엄청나게 늘어났다. 경상북도 직원 두 명과 경찰 한 명이
합류해 조사단 자체가 7명으로 늘어난 것은 고사하고, 조선산악회의
'울릉도조사대' 63명이 나타난 것이다.

조선산악회는 단순한 등산클럽이 아니었다. 국토조사와 탐험을 중
요한 목적으로 활동한 조선산악회는 진단학회와 함께 당시 조선의 대
표적 국학(國學) 연구단체였다. 진단학회 활동이 문헌 연구에 한정된
것과 달리 여러 자연과학 분야까지 포괄한 조선산악회는 '조선학술
원'의 면모를 가진 단체였다. 1945년 9월 창립된 조선산악회는 1946년
2~3월의 한라산 학술등반대 파견으로 국토조사사업을 시작해놓고
있었다.

과도정부의 후원으로 조선산악회가 조직한 울릉도조사대는 본부 인원 15명과 8개 반 48명의 학술반으로 구성되고 당대의 일류 학자들이 대거 참여한 특급 학술조사단이었다. 정부의 독도조사단은 간판일 뿐이고 이 울릉도조사대가 이번 탐사활동의 실체였던 셈이다. 정병준은 과도정부와 조선산악회 사이의 협력관계를 이렇게 정리했다.

> 이런 측면에서 1947년 독도조사대의 결성·파견에는 과도정부 민정장관 안재홍, 국사관 관장 신석호, 조선산악회 송석하·도봉섭 등 일제하에서 진단학회 활동을 벌였거나, 조선학 운동을 주도했던 인물들이 자리하고 있었다고 볼 수 있다. 즉, 식민지시대 이래 한국적인 것, 한국 문화·역사·지리 등에 깊은 관심과 애정을 가지고 연구를 주도했던 인물들이 해방 후 독도조사대 결성을 주도한 것이다. 특히 안재홍이 민정장관 직위에 있었던 점은 조선산악회가 독도조사에 동원될 수 있는 실질적 힘이 되었을 것으로 판단된다. 왜냐하면 1947년 8월의 독도조사는 비밀리에 수행되었지만 해안경비대 등의 전폭적인 지원하에 이루어졌고, 이는 민정장관 안재홍의 조력이 아니면 어려운 일이었기 때문이다. 독도에 대한 조사작업이 필요했던 과도정부 민정장관 안재홍은 소규모의 공식조사단 파견과 더불어 대대적인 학술조사활동을 민간의 조선산악회에 부탁했던 것이다. (『독도 1947』, 120쪽)

보조인원을 포함해 80여 명에 이르는 조사단은 8월 18일 포항에서 울릉도로 건너가 하루를 쉰 뒤 20일에 독도를 탐사했다. 21일부터 24일까지 울릉도를 조사한 다음 26일 울릉도를 떠나 포항으로 돌아왔고, 본대가 28일 오전 서울에 도착했다. 포항·울릉도·독도 사이의 이동에는 해안경비대 함정(대전환)을 이용했다.

 조사활동의 대부분은 울릉도에서 행해졌지만, 울릉도 조사에 앞서 독도 탐사에 나선 것을 보면 조사 목적에서 독도의 중요성을 알 수 있다. 독도조사가 비밀리에 수행되었다고 위 인용문에서 말했는데, 실제로 8월 28일 귀환 이전에 이 거대한 조사단의 활동에 관한 신문보도가 없었다. 조선산악회의 조사대도 '울릉도조사대'란 이름을 내걸었다. 미군 측 경계심을 일으키지 않으면서 실질적 성과를 확보하기 위해 조심한 것이었다.

 이 조사단의 활동내용에 관해서는 『해방일기』 독자들에게 더 많이 설명해드리고 싶지만, 『독도 1947』을 읽어보기를 권하고 이 정도로 넘어간다. 다만, 이런 조사활동이 오늘날 독도 문제에 어떤 함의를 남긴 것인지, 댜오위다오(釣魚島) 문제와 비교하며 떠오르는 생각을 덧붙인다.

 일본 침략에 얽힌 독도와 댜오위다오 문제 사이에는 공통점이 많다. 일본의 독도 영유 주장이 처음 나온 것이 1905년 2월 시마네(島根)현의 고시였는데, 당시의 대한제국은 이에 항의할 능력을 갖지 못하고 있었다. 한편 일본이 댜오위다오 영유를 주장한 것은 1895년 1월, 청일전쟁에 승리를 거두고 시모노세키조약을 맺기 직전이었다. 청나라에도 항의할 능력이 없을 때였다. 조선과 타이완이 그 직후 일본의 식민지가 되었기 때문에 1945년까지는 두 섬의 영유권 분쟁이 일어날 여지가 없었다.

 댜오위다오에 대한 중국 입장에 비해 독도에 대한 우리 입장이 훨씬 유리한 것이 1947년의 조사활동 덕분이다. 우리는 주권국가를 아직 세우기 전부터 독도 영유권을 주장했고, 그것도 입으로만 떠든 것이 아니라 당시 상황에서 쉽지 않은 대규모 조사활동까지 벌였던 것이다. 반면 중국은 타이완을 돌려받은 1945년 이후에도 댜오위다오 영유권을 거론하지 않고 있다가(국민당 정권도, 공산당 정권도) 1971년에야 들고

1948년 8월 20일. 조선산악회는 독도를 학술조사하면서 과도정부와 조선산악회의 팻말을 독도의 동쪽섬인 동도의 두 곳에 설치했다. 사진은 조선산악회가독도에 설치한 영토표목.

나왔다. 샌프란시스코회담 때 이승만 정부의 무성의와 무책임으로 우리 입장에 약간의 약점이 생기기는 했지만(『독도 1947』, 748~798쪽) 1947년의 조사활동은 그런 정도로 무너지지 않을 근거를 남겼다.

독도 문제와 댜오위댜오 문제를 놓고 왜 우리 정부가 중국과 적극적 공조정책을 취하지 않는지 이상하다. 십여 년 전부터 이상하게 생각해 온 문제다. 1997년 가을에 쓴 글 하나를 붙여놓는다.

「독도와 釣魚島」

일본은 섬나라라서 국경분쟁을 가질 곳이 별로 없다. 2차 대전 패전의 충격에서 벗어나 극우파가 다시 고개를 들면서 제기한 국경 문제는 세 방향이다. 북쪽으로 러시아와 사이에 북방 4도, 서쪽으로 우리나라와 사이에 독도, 그리고 남쪽으로 대만(및 중국)과 사이에 댜오위댜오(釣魚島) 문제다.

북방 4도 문제는 우리가 봐도 공감이 간다. 1855년의 첫 러·일 조약이래 양국 간의 국경은 상황에 따라 쿠릴 열도와 사할린을 사이에 두고 오락가락했다. 홋카이도 바로 바깥의 북방 4도는 늘 일본령이던 것을 2차 대전 종전 때 소련이 빼앗아갔다. 아직까지 러시아계 정착 인구도 별로 없으니 근래 일본으로의 반환이 진척되고 있는 것은 자연스러운 일이다.

그러나 독도와 댜오위다오 문제는 전연 다르다. 독도야 우리가 잘 아는 일이지만 댜오위다오는 어떠한가. 댜오위다오는 대만 해안에서 1백30킬로미터, 중국 본토 해안에서 2백50킬로미터, 오키나와의 중심지 나하에서는 5백킬로미터, 규슈 해안에서는 1천킬로미터가량의 거리에 있다. 위치로 보아 중국이나 대만에 속하는 것이 분명하다.

원래 오키나와는 유구(琉球)라는 이름의 독립국으로서 수백 년 동안 중국과 일본 양쪽에 조공을 바치고 있었다. 이것을 메이지(明治)시대에 일본이 정복해(1877) 병탄한 것이다. 얼마 후 청일전쟁의 결과로 대만이 일본에 할양됐으니(1895) 대만과 오키나와 사이에 있는 댜오위다오는 따질 겨를도 없이 일본 지배에 들어갔다. 후에 일본은 이 섬을 제멋대로 오키나와현에 소속시켰다.

중국은 대만과 적대하는 상황이고 댜오위다오에 대해서도 궁극적인 영유권을 주장하는 입장이지만 이 문제에 대해서는 철저하게 대만을 도와주고 있다. 언제든 대만을 되찾을 때 어차피 묻어 들어올 것이니 느긋하게 대만에게 맡겨둔다는 속셈인지 모른다.

일본 눈치를 살피느라 독도의 선착장 준공식도 제대로 못하고 장관에게 옐로카드나 띄우는 우리 정부가 딱하다. 독도와 댜오위다오는 같은 문제다. 우리 정부가 댜오위다오 문제에 대만·중국 측을 거들고 독도 문제에 그쪽 도움 받을 생각을 왜 않는지 알 수 없다. 1994년판 대한민국 수로국 발행 해도에 댜오위다오가 'Sento Shosho'로 표시돼 있는 것이 눈에 거슬린다. 중국에서 찍는 지도에 독도를 '竹島'라 표시한들 무슨 낯으로 항의할 것인가.

1947. 8. 31.

미소공위를 버리는 미국의 수순

———

미소공위 소련 수석대표 스티코프가 8월 28일 성명서를 발표했다. 이 성명서에는 8월 26일 회담에서 내놓았던 제안 내용이 첨부되어 있었다. 우선 성명서 본문부터 살펴본다.

> 소 측 대표는 본 성명서로써 미소공위 업무 진행에 관하여 사회계에 보도하려 한다.
>
> 주지하는 바와 같이 8월 20일 공위회의에서 소 측 대표는 남조선민주주의 제 정당 및 단체 활동가들의 대중적 검거에 관하여 성명하였다. 8월 25일 공위회의에서 미 측 대표는 응답성명을 하였는바 그 성명에는 소 측 대표가 열거한 제 검거 투옥 사실을 미 측 대표는 반박하지 않았을 뿐 아니라 도리어 그 사실들을 실증하였다.
>
> 미 측 대표는 소 측 대표가 남조선에 미군정의 객(客)으로 있으며 마치 남조선 내정에 간섭하려고 시도한다고 비난하였다. 소련 대표는 평소 한 객인 것이 아니라 조선에 관한 모스크바 3상결정에 예견된 국제위원회의 위원이며 그는 이 결정 실천책임을 부담하였다고 소련 대표는 대답하였다. 그러므로 소련 대표는 논의되는 제 사건에 관하여 무관심한 태도를 취할 수 없는 것이다.

미국 대표가 협의하려고 심히 지원하는 현재 북조선에 검거되어 있는 모 인사들을 협의에 초청할 것을 소 측 대표는 거부치 아니하리라고 신임한다고 미 측 대표는 자기의 성명에 역시 지적하였다.(미 측 대표는 북조선에 있어서 정권당국에게 검거당하였다는 활동가의 한 사람의 성명도 지적치 못하였다는 것을 소 측 대표는 성명하였다. 북조선에서는 제 정당 및 사회단체의 지도자들이 검거되지 않으며 또는 제 정당 및 사회단체도 박해를 당하지 않으며 그들의 사무소 및 신문사가 봉쇄되지 않으며 또는 해방 당시로부터 북조선에 있어 어떠한 정당 및 사회단체의 신문이 정간당하였거나 또는 어떠한 정당이나 사회단체의 출판소가 파괴를 당하였거나 또는 사무소가 폐쇄를 당한 실례가 없다는 것을 동등한 권리와 평등한 조건하에 제 정당은 호상 협력하며 또 제반 문제를 해결하는 것이다.)

(「협의간제보류에 소 동의, 헌장정강 제출을 주장-스 장군 성명」, 『서울신문』·『동아일보』1947년 8월 29일. 괄호 안의 내용은『동아일보』기사에 빠져 있음.)

8월 들어 미군정은 좌익 인사 검거와 좌익 단체 사무실 폐쇄를 대대적으로 진행하고 있었다. 정치적 탄압이 아니라 범죄행위 단속이라고 미군정은 강변했지만, 실정법 차원의 단속으로 도저히 볼 수 없는 광범위하고 다각적인 탄압이었다. 스티코프의 8월 20일 성명에 좌익 저명 인사에 대한 저인망식 검거·수배가 나열되어 있거니와(1947년 8월 22일자 일기), 수많은 교사의 체포가 이 탄압의 성격을 단적으로 보여준다.

수도경찰청에서는 8월 중순경부터 시내 각 초등학교, 중등학교 교원들을 다수 검거하여 취조를 하고 있는데 금번 검거는 조선교육자협회에 가맹한 교원들로 추측되고 있다. 당국자의 말에 의하면 5일 현재로 검거된 교직원은 약 1백 명에 달하며 앞으로도 더 확대될 터이라고 하는데 사건의 내용은 자세히 알 수 없으나 지방에서 검거된 교직원들이 좌익 단체에 가입하여 미곡수집 등을 반대하였다는 사실을 생각해볼 때 역시 서울시내의 검거된 교직원들도 좌익 단체에 속하여 군정을 파괴하려는 혐의가 아닌가 추측된다.

(「교직원에 검거풍(檢擧風), 현재 1백여 명, 더욱 확대될 듯」,

『조선일보』 1947년 9월 6일)

경기도 학무국에서는 도내의 소위 좌익 교원으로 민전 등에 참가한 교원 남자 7명과 여자 4명을 최근 파면하였는데 앞으로 이 같은 교원은 숙청할 계획이라고 한다.

(「좌익 남녀 교원 11명을 파면」, 『동아일보』 1947년 9월 5일)

조선교육자협회(이하 '조선교협'으로 줄임)는 1946년 2월 결성된 단체였다. 연희전문 등 기독교계 사립학교 인사들을 앞세우는 미군정 교육정책에 대한 반발에서 출발한 것으로 전우용은 풀이한다.

군정청은 이 자리에서 새 교육정책에 대한 협조를 구하려 했던 듯하다. 처음 의장을 맡은 것은 심의회 위원인 조동식이었다. 그러나 일부 교육자들이 "회의 성격에 미심한 점"이 있다고 반발하여 유회시키고 따로 서울대학 의학부 교수 김성진이 의장이 되어 토의한 결과 '전국 교육자대회 준비위원회'를 만들기로 했다. 2월 3일 모습을 드러낸 준비위원회는 서울대학과 서울의 각 관립 전문학교 교수 일색으로 구성되었다. 위원장 백남운, 총무부장 김성진, 연락부장 이태규, 기획부장 도상록 등 중앙지도부 전원이 서울대학 교수들이었고, 나머지 부원들 대다수도 경성의전, 경성공전, 경성사범 등 관립 전문학교 교수들이었다. 준비위원회 임시사무소는 서울대학 본부 서무과에 두었고 2월 10일에 열린 준비위원회 총회와 17일에 열린 창립대회도 서울대학 강당에서 개최되었다. (…) 조선교육자협회는 "새 문화를 건설하고 창설하는 교육자의 사명을 다하여 각 방면에 뿌리박혀 있는 일본 제국주의 잔재를 철저적으로 소탕하고 세계의 선진문화를 흡수하여 새 교육의 이념"을 세운다는 목표를 내걸었으나, 이면에는 군정이 조직한 새 '교육 지도부'에 대한 '불신임' 기류가 흐르고 있었다. (전우용, 『현대인의 탄생』, 이순 2011, 150~151쪽)

전평이 애초에 정치색 약한 노동단체로 출발했다가 좌익으로 몰리면서 극우세력에 의지한 대한노동조합총연합회(이하 '대한노총'으로 줄임)에 입지를 빼앗기는 것과 비슷한 현상이 교육계에서도 일어난 것이다. 조선교협은 국대안 파동 등 학원가의 반군정 운동의 배후로 지목되어 좌익으로 몰리다가 이제 일망타진의 대상이 된 것이다.

노동계에서 대한노총의 역할을 교육계에서 맡은 것이 조선교육연합회(이하 '조선교련'으로 줄임)였다. 지금의 한국교총이 1947년 11월 23일의 조선교련 창립을 그 출발점으로 내세우고 있는데, 조선교련 창립 움직임은 1947년 7월에 시작되었다. 조선교협을 무너뜨릴 방침이 적어도 그 시점에서 결정되어 있었던 것으로 보인다.

11·12일 양일간에 개최되었던 각도 학무국장회의에서는 대략 다음과 같은 결정을 하였다 한다.
1. 5만 교원을 총망라하여 조선교육연합회를 급속히 지역과 직업별로 결성할 것.
2. 중등학교 이상 수업료는 일반적으로 인상할 것.
3. 올림픽선수 파견자금으로 학생 상대 매인당 5원 이상 10원 이내의

기부를 받을 것.

(「교육연합회, 학무국장회서 결성키로 결정」, 『조선일보』 1947년 7월 17일)

8월 28일의 스티코프 성명서에 붙어 나온 8월 26일 미소공위 회담에서의 소련 제안으로 돌아가보자. 그 내용은 미국 측의 8월 12일 제안에 대한 회답이다. 브라운 미국 수석대표는 8월 23일 성명에서 미국 측이 내놓은 세 차례 제안 중 둘은 소련 측이 거부했고 하나는 아직 답변이 없다고 했는데, 답변이 없다고 한 마지막 제안이다(8월 12일 제안의 내용은 8월 24일자 일기에 소개해놓았다).

스티코프는 8월 23일 브라운의 성명서는 "순전히 선전적 목적"이라고 비난하면서도 미국 측 제안이 "충분한 것이 못 된다"고 완곡한 표현으로 불만을 나타내면서 그 내용에 대한 비판에서 합리적 기준을 지키려고 애썼다. 그리고 결론으로 이러한 역제안을 내놓았다.

1. 다음의 책임을 부담할 것.
(가) 제2분과위원회는 공위가 전달한 자문서에 의하여 민주주의 제 정당 및 사회단체가 공위에 제출한 서면의 의견 연구에 시급히 착수하며 조선민주임시정부와 제 지방주권 기관의 구성 안(임시헌장)과 정강 안을 공위에 제출할 것.
(나) 임시정부 요인과 임시정부가 정권을 전임할 절차에 관한 제의를 제3분과위원회는 공위에 제출할 것.
2. 민주주의 제 정당 및 사회단체 대표들로 자문기관인 전조선임시인민회의를 조직할 것.
모스크바결정을 전적으로 지지하며 공위와 연합국들을 반대하여 출현하지 않으며, 1만 명 이상의 맹원을 선언하고 공위와의 협의를 지

원하여 지원서를 제출한 민주주의 제 정당 및 사회단체 대표들로써
전조선임시인민회의를 조직할 것이다.

전조선임시인민회의에 참가할 남북조선 대표자 수는 반드시 동일하
여야 할 것이다.

민주주의 제 정당 및 사회단체의 대표의 수는 그 정당 및 사회단체의
맹원 수효에 의준하며 가능한 한도에서 그 정당 및 단체의 영향을 타
산하여 공위가 정할 것이다.

3. 민주주의조선임시정부와 지방정권 기관들의 구성 법칙(임시헌장)
정강과 민주주의조선임시정부 요인 또는 임정이 주권을 전임할 절차
와 기타 문제에 관한 의견을 채택함에 공위는 전조선임시인민회의를
인입(引入)시킨다.

전 조선적으로 비밀투표에 의한 일반적·직접적·평등적 선거권에 기
초한 선거로서 입법기관을 조직할 것이 임시헌장에 반드시 예견되어
야 할 것이다.

(「협의간 제 보류에 소 동의, 헌장정강 제출을 주장─스 장군 성명」,

『동아일보』 1947년 8월 29일)

제1항은 8월 12일 미국 측 제안에서 구두협의를 생략하자는 제안을
받아들이면서 보완한 것이다. 제2~3항의 임시인민회의 제안 역시 협
의대상 정당·단체들의 역할을 새로 제시한 것이므로 구두협의 생략에
대한 보완 방법으로 볼 수 있다. 그러므로 소련 측의 이 역제안은 8월
12일의 미국 측 제안에 대한 성의 있는 반응이라고 볼 수 있다. 물론
제2항에서 남북조선 대표자 수가 동일해야 한다고 한 주장에는 논란
의 여지가 있다. 하지만 그것은 계속 논의할 수 있는 부수적 문제였다.

그런데 미국 측은 회담 결렬을 기정사실화하기에 바빴다. 가을에 열

릴 유엔총회에 조선 문제를 상정할 일정에 맞추기 위해서였다. 그 수
순을 밟기 위해 미 국무차관보 러베트(Robert Lovett, "Undersecretary of
State"라는 직함이 당시 조선 신문에는 "국무장관대리"로 소개되었다.)가 8월 28
일 몰로토프 소 외무장관에게 최후통첩 형태의 서한을 보냈다. 바둑을
두다가 상대방 착수를 기다리지도 않고 자기 두고 싶은 데 혼자 자꾸
두는 격이다.

〔워싱턴 30일발 AP합동〕미 국무장관대리 로버트 러베트 씨는 조선
문제에 관련하여 소련 정부에 전달한 미 측 서한 내용을 29일 발표하
였는데 이 서한은 러베트 명의로 전달되었다 하며 서한 사본은 영·
중 양국에도 전달되었다 한다. 그런데 조선 독립을 촉진시키기 위하
여 4대국 회담을 소집할 것을 제안한 미 측 서한의 내용 요지는 다음
과 같다.

"1. 조선 장래를 결정하는 데 있어서 약간 수의 정당을 공위협의에서
제외할 권리를 보유하고 있다는 소련 측 주장은 소 외상 몰로토프 씨
와 마셜 미 국무장관 사이에 특정 합의를 본 사항에 위반될 뿐 아니
라 자유의사표현권이라는 민주주의적 원칙에도 위반되는 것이다.

2. 미 정부는 거의 2년간이나 조선에 관한 모스크바합의 조항을 실천
하기 위하여 노력을 다하여왔던 것이다.

3. 현재 공위 교섭의 정돈상태와 공위가 그의 최초의 업무달성조차
실패하고 있는 것은 조선의 정당 사회단체와의 협의문제에 대한 양
국 간 교섭이 다만 모스크바합의 사항 수행을 지연시키는 것이며 또
조선에 조기적 독립을 성취시킨다는 동 협정에서 공표된 목적을 좌
절시킨 사실을 세인에게 숙지시킨 것이다.

4. 조선에 임시정부를 수립시키는 데 있어서 현재 전개되고 있는 미

소공위의 정돈상태는 이 이상 계속될 수 없는 것이며 미 정부로서는 양심적으로나 도의상으로나 조선 독립에 대한 그 책임을 수행하는 데 있어서 여사한 지연의 책임당사자가 될 수 없는 것이다.

5. 그러므로 미 정부로서는 (모스크바결정에 가담한 4대국 즉 미·소·영·중이) 모스크바합의 사항을 조속히 실천하기 위한 방책을 강구하기 위해서 회담하기를 제안하는 바이며 이 회담은 9월 8일부터 개시될 것을 제언하는 바이다.

6. 동시에 미 정부는 조선 장래에 관하여 다음과 같이 제안하고자 한다.

(가) 남북 각 점령지구를 전적으로 대표할 수 있는 임시입법관을 선출하기 위하여 미·소 양 점령지구에 선거(이는 현재 소련 측이 거부하고 있다.)를 실행할 것. 단 이 선거는 보선제(普選制)를 기초로 하여 각 정당이 가담하는 비밀투표로 할 것.

(나) 선출될 임시입법관은 양 지구의 인구비율에 의하여 전 조선을 위한 임시정부를 수립하기 위해서 서울에서 회합할 국민입법의원을 구성할 대표를 선출할 것.

(다) 수립될 임시정부는 미·소·영·중 4개국 대표와 합의하여 조선 독립을 경제적·정치적으로 공고한 토대상에 확립시키기 위하여 필요한 조처를 강구케 할 것.

(라) UN은 양 지구에서 거행되는 선거와 조선중앙정부 수립에 관하여 감시권을 가질 것.

(마) 조선 임시정부와 4대국은 조선 전 점령군의 철퇴기일에 관하여 협의 합의할 것.

(바) 양 지구의 입법의원에게 조선헌법의 기초가 될 임시헌법을 기초할 권한이 부여될 것.

(사) 조선은 UN 및 기타 공식 국제회의에 옵서버를 파견할 수 있게 할 것."

한편 동 서한은 몰로토프 소 외상의 남조선에 있어서의 좌익 측 탄압에 대한 비난에 관하여 다음과 같이 반박하였다.

"1. 남조선 주둔 미군은 민주주의 권리에 간섭하는 것 없이 남조선에 있어서의 질서 치안을 유지하는 데 책임을 가지고 있는 것이다.

2. 이러한 책임 수행에 있어서 미 측이 성공하고 있다는 사실은 미 점령지구에서는 각색 정치적 의견이나 그 포부를 발표할 수 있는 자유를 보유하고 있으며 이 자유가 존중되고 있는 것이 이를 충분히 증명하고 있는 것이다."

그런데 이 통첩은 28일 주소 미 대사 스미스 중장을 통하여 소련 정부에 전달된 것이라 한다.

(「조선 독립 지연은 도의상 불가, 9월 8일에 4국 대표회담–국제적 책임 수행 미 측,
소련에 강경통첩」, 『동아일보』 1947년 8월 31일)

미소공위에서는 성과를 기대할 수 없게 되었으며, 그 책임은 소련 측에 있고, 이제 조선 문제를 연합국 회담으로 돌려보내자는 것이다. 2년 전에 끝난 전쟁의 '연합국' 관계는 그동안 변질되어 있어서 연합국 회담은 더 이상 의미 있는 결정을 내리기 힘들게 되어 있었다. 위 기사의 요약에는 나타나 있지 않지만, 미국의 구체적 제안은 워싱턴에서 대사급 회담을 열자는 것이었다. 유엔으로 가져가기 위한 중간수순일 뿐이었다.

오늘 꺼낸 이야기 흐름과 관계없는 일이지만, 당시 사회 분위기에서 경찰의 역할이 어떤 것이었는지 보여주는 신문기사 두 개를 붙여둔다. 경찰의 횡포를 꾸준히 살펴왔어도 정말 볼수록 신기하다.

수도경찰청 공방전은 4일 새벽 6시 서울운동장에서 개회, 장 총감의 훈시가 있고 남북 양군으로 나누어 남군(공격군)은 김 부청장 지휘하에 남산에 진지를 포진하고 북군은 엄 경비대장 지휘로 삼청동 부근 북악산 일대에 진을 치고 상오 10시 15분 총감부로부터 전투명령이 내리자 남군은 일기당천의 기세로 북군을 공격하기 시작하였다.

현대문명의 최신 기동대인 기관총대를 비롯하여 무선자동차 등의 활약은 일찍이 보지 못한 과학전으로 수도방위의 경찰혼을 여지없이 발휘하였다. 장 총감은 총감기를 선두로 포진 격전현장에 나타나자 피 끓는 치안전사들의 의기는 더욱 충천하여 공방전은 험악한 산악지대의 본격적 백열전이 전개되었다. 이리하여 하오 3시 제1일의 전투는 휴전나팔과 동시에 중지하였는데 제2일 금 5일 상오 9시부터 계속될 것이다.

(「과학전을 상징-작일 경찰 공방전」, 『동아일보』 1947년 9월 5일)

수도경찰청에서는 해방 이후 붕괴된 시내 도로를 경찰과 민간이 협력하여 수선하기로 되어 5일 장 총감은 다음과 같은 요지의 담화를 발표하였다. "도로는 그 나라의 문명 정도를 판단할 수 있다. 경찰은 반강제적으로 시민의 협력을 얻어 도로 수선에 착수하겠으니 시민 제위는 적극적인 협력을 바란다."

(「도로 수축에 경찰이 협력」, 『동아일보』 1947년 9월 6일)

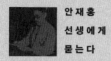

조병옥과 장택상의 "진짜 야비한 이간질"

김기협 | 민정장관 맡으면서 어려운 일이 될 줄 알고 계셨겠지만, 6월 23일 시위 관계로 겪으신 괴로움은 정말 상상하기 힘든 일이 었을 것 같습니다. 며칠 전까지 한독당을 함께하다가 갈라진 사람들에게 체포령을 내려야 했고, 체포된 사람들이 무죄로 판명되었으니 그 사람들은 선생님이 정치보복을 한 것이라고 펄펄 뛸 수밖에요. 체포령을 내릴 때 확실한 증거가 없었는가요?

안재홍 | 경찰 책임자들이 확실하다고 군정장관 대리 헬믹 준장에게 장담을 하니 헬믹이 체포를 요구했죠. 사태 파악은 경찰 소관이니 어쩌겠습니까.

경찰의 움직임이 수상했던 것은 시위를 구경한 모든 사람이 목격한 일입니다. 시위를 막는 게 아니라 키워준 걸로 보였죠. 나도 처음부터 이상한 생각이 들어서 주변 사람들을 풀어 정보를 수집했습니다. 그러지 않았다면 실제로 겪은 것보다 엄청나게 더 난처한 입장에 빠질 뻔했어요.

김기협 | 더 난처한 일이라면?

안재홍 │ 경찰에서 글쎄, 김구 선생을 걸고넘어진 거예요. 그분이 종로
       │ 어느 건물 발코니에 나와서 두 시간 동안 선동 연설을 했다
고. 그 보고를 받은 헬믹이 그분을 체포하라고 요구하는데, 내가 확보
해놓은 정보가 있기 때문에 반박할 수 있었죠. 시위 시간대에 그분이
경교장에 계셨다는 사실을 확인해놓고 있었으니까.

　생각해보세요. 내가 한독당에서 견뎌내지 못하고 나오기는 했지만
김구 선생께는 지도자의 역할을 계속 기대하는 것이 있고, 어떻게든
도와드리고 싶은 마음입니다. 그분께서도 당장 미소공위 참여 문제 때
문에 갈라지기는 해도 인간 안재홍에 대한 신뢰가 아주 없어졌을 수는
없죠. 그런데 경찰에서 허위 정보를 내놓으며 내게 그분 체포령을 내
리라고 몰아붙인 것은 정말 악질적인 이간질입니다.

김기협 │ 엄항섭·김석황 양씨의 체포령을 내리게 된 것은?

안재홍 │ 내가 풀어놓은 사람들이 김구 선생의 소재는 확인해줬지만,
       │ 다른 사람들 거취까지 모두 확인할 만큼 인원이 넉넉지 못했
어요. 경찰 쪽의 유죄 주장에 대해 확고한 반증이 없는 한 경찰까지 포
괄하는 행정책임자로서 경찰 주장에 따를 수밖에 없죠. 본인들의 무죄
주장은 검찰이나 법원에서 펼치게 하고.

김기협 │ 불법시위 혐의자 체포에 꼭 민정장관 명령이 필요한가요? 경
       │ 찰 책임자의 판단에 따라 체포하면 될 것 같은데.

안재홍 │ 그것부터 말이 안 되는 거죠. 헬믹 준장과 경찰 수뇌부가 모
       │ 두 주장과 요구는 하면서 책임은 지려 하지 않는 틈바구니에

끼인 겁니다.

경찰의 보고를 받은 헬믹은 체포해야 한다고 주장했어요. 김구 선생도, 엄·김 양씨도. 그런데 시위를 금지한 행정명령 제3호를 민정장관 이름으로 발포했으니 그에 의거한 체포도 민정장관 선에서 알아서 하라는 거예요. 미국인 군정장관이 나설 필요가 없다는 거죠.

미국인이 나서지 않고 조선인에게 맡긴다는 것은 좋은 일입니다. 하지만 체포를 조선인에게 맡긴다면 판단도 조선인에게 맡겨야죠. 그런데 판단은 자기가 하고 집행은 민정장관이 하라는 억지였습니다. 그로서도 어쩔 수 없었던 사정은 이해합니다. 그가 원래 군정장관도 아닌 대리일 뿐이었으니 하지 사령관의 눈치만 본 것이었어요.

그런데 더 기가 막힌 것이 조병옥 씨와 장택상 씨의 태도였습니다. 잘못된 정보를 확실한 것이라고 들이대어 하지 사령관의 체포 요구를 이끌어낸 건 그들이었어요. 하지는 1945년 말부터 김구 선생에 대한 나쁜 생각을 내내 갖고 있었으니까요. 그래놓고는 내 명령서가 있어야 체포에 나서겠다는 거예요. 내가 체포령을 내지 않으면 미국인들과 내 사이가 나빠지고, 자기네 주장에 따라 체포령을 내면 한독당 사람들이랑 관계가 나빠지는 거죠. 그이들, 아무리 좋게 봐주려 해도, 그 일만은 정말 야비했습니다.

김기협 | 엄항섭 씨는 김구 선생의 최측근이고, 김석황 씨는 그쪽 행동 대장으로 알려진 인물이죠. 그날 시위의 준비에는 분명히 관여했으리라고 심증이 가는 이들입니다. 그들은 이 점을 의식했는지 시위 당일 지방에 가 있는 등 알리바이까지 갖춰놓고 있었죠. 그런데 경찰 보고는 그들이 현장에서 시위를 지휘했다고 하는, 전혀 터무니없는 내용이었기 때문에 며칠 안 되어 풀려났어요. 경찰이 한독당과 선생님

을 표적삼아 조작된 보고를 한 것 같습니다.

안재홍 | 경찰이 내게 표적을 두는 것은 당연한 일입니다. 내가 조병옥 씨와 장택상 씨에게 표적을 두어왔으니까요. 10월소요 때 조미공위에서도, 그리고 민정장관직 수락할 때도, 나는 경찰개혁을 미군정의 가장 급선무로 지적해왔고, 조·장 양씨의 퇴진을 그 첫 번째 조치로 요구해왔습니다.

미소공위 재개 전까지는 두 사람을 퇴진시켜야 한다고 마음속으로 다짐해왔습니다. 지난 달 미소공위가 열릴 때가 되어 속으로 생각했어요. 두 사람을 퇴진시킬 전망이 없으니 내가 퇴진해야 하지 않겠나 하고. 그러나 막상 미소공위가 열리게 되자 민정장관 자리에서도 할 일이 많다는 점을 생각하여 참고 말았습니다. 두 사람의 퇴진은 일단 포기했어요.

그런데 그들이 김구 선생과 한독당을 상대로 음모를 꾸민다는 것은 나도 뜻밖입니다. 선생은 반탁을 명분으로 미소공위를 방해하는 일에 이승만 박사와 보조를 맞추고 있는데 속셈에는 차이가 있죠. 이제 조병옥과 장택상이 선생을 음해하는 것을 보니 이 박사가 선생과 갈라서려는 모양입니다. 선생께서 '임정 추대'의 환상에서 벗어나 진정한 민족주의자의 자세를 되찾는 계기가 되기 바랍니다.

김기협 | 그런 전망이 있다면 엄·김 양씨의 체포령 발령을 거부함으로써 한독당 인사들의 오해를 피하도록 버티셔야 할 일 아니었나요? 두 사람이 시위를 지휘했다고 선생님이 믿을 만한 증거를 가져오든지, 아니면 경무부장이나 수도경찰청장의 직권으로 체포를 하든지 하라고 경찰에게 요구할 수 있지 않았습니까?

그리고 군정장관 대리 헬믹에게도, 하지 사령관이나 당신이 그 사람들 유죄를 확신한다면 당신들이 체포령을 내려라, 나는 그들의 유죄를 확신하지 못하겠으니 체포령을 발령할 수 없다고 버틸 수 있지 않았습니까?

안재홍 | 사실에 있어서 나는 두 분이 시위와 관련이 있다는 강한 심증을 갖고 있었어요. 그래서 유죄를 "확신하지 못한다"는 주장을 강하게 할 수 없었죠. "확실한 정보"라는 경찰 주장에 대항하려면 나도 어느 정도 확실한 정보가 있어야 하는데, 그게 없었습니다.

　　내가 검사라면 확실한 증거가 없다는 이유로 기소를 거부할 수 있어요. 판사라면 무죄판결을 내릴 수 있어요. 그러나 나는 사법관이 아니라 경찰을 지휘하는 행정관입니다. 내 휘하의 경찰이 확실한 정보라고 주장하면 일단 거기 따라야죠. 잘못된 정보로 판명되었을 때 책임을 지우더라도.

　　그리고 군정장관에게 체포령 발령을 미루고 싶지는 않았습니다. 당장 몇 개 도지사 발령이 필요한데, 그런 고위직 발령은 민정장관 선에서 할 수 있는 게 아니라고 주장하는 사람이 발령 대상자 중에 있거든요. 조선인이 할 수 있는 일은 조선인이 한다는 자세를 미국인들에게 보여줄 필요가 있었습니다.

김기협 | 발령 대상자 중 누가 그런 주장을 했는지 짐작이 갑니다. 정일형 씨죠? 그동안 인사행정처장으로 군정청의 조선인 간부 중 최고실력자였다가 선생님이 민정장관으로 들어오면서 그 아래가 되었고, 이제 충남 지사로 가게 되었으니 무장해제를 당하는 셈입니다. 그를 지방으로 내보내는 것은 인사쇄신을 위한 선생님의 첫 조치

로 주목받고 있습니다.

안재홍 | 정일형 씨와 잘 아는 이들이 주변에 많아서 그분이 좋은 사람이란 말을 많이 들었습니다. 그런데 사적으로 좋은 사람이라도 공적인 책임 면에서는 다를 수 있지요. 어떤 일이고 좋은 게 좋다는 식으로, 인사 운영에서 꼭 지켜야 할 원칙을 아무것도 갖지 않은 사람 같습니다. 자기 손으로 부정을 저지르지 않겠다는 생각은 있지만, 부정을 저지를 사람을 막아야겠다는 생각을 못하는 것 같아요.

본인은 나쁜 사람이 아니라도 나쁜 사람한테 이용당하기 쉬운 사람이죠. 아는 사람의 부탁이면 가리지 않고 들어주다 보니까 군정청 고급직원 중에 기독교인이 많고 서북 사람이 많게 되었습니다. 특정 범위의 사람들이 너무 많으면 파벌 성격을 띠게 되죠.

정 씨 개인의 문제보다 제도상의 문제로 봅니다. 인사행정처란 부서가 군대식이죠. 사령관 마음대로 하는 군부대에서는 인사 총괄 부서를 두지만 과도정부처럼 방대한 조직의 인사권을 한 부서에 집중시킨다는 데 문제가 있어요. 그래서 인사행정처를 없애고 정 씨는 마침 빈 지사 자리로 보내는 건데, 그분은 자기 개인에 대한 공격으로 여기나 봅니다.

민정장관 맡으면서 첫 번째 목표가 경찰개혁, 두 번째 목표가 군정청 인사개혁이었는데, 경찰개혁은 이제 포기했고 인사개혁이라도 제대로 해야죠. 조선어를 과도정부 공용어로 올려놓았으니까 '통역정치'의 폐단은 차츰 사라질 겁니다.

김기협 | 과도정부를 진짜 국가정부에 비긴다면 민정장관이 총리나 수상에 해당되고 부처장회의가 국무회의나 내각에 해당되는 셈

이죠. 그런데 민정장관에게는 재량권이 참 적네요. 중요한 일에는 위로 군정장관의 승인이 필요하고 아래로 부처장회의의 의결이 필요합니다.

이번 도지사 인사도 부처장회의 의결과 군정장관 승인이 모두 필요한 일이었죠. 군정장관 승인은 마침 러치 소장이 없을 때라 헬믹 준장의 승인을 받기가 쉬운 편이겠는데, 부처장회의 의결이 힘들지 않았습니까? 부처장들은 모두 정일형 씨랑 오랫동안 함께 일해왔고, 기질이나 성향에서 선생님보다 그분에게 가까운 이들이 많은데요?

안재홍 | 그러니까 이번 인사 하나에도 그렇게 시간이 오래 걸렸죠. 넉달 넘게 꾸준히 설득해온 결과 그들이 인사행정처 혁파에 동의하게 된 데서 그나마 보람을 느낍니다. 취임을 앞두고 김구 선생께 인사드리러 갔을 때 그분께서 "도로무공(徒勞無功)"이 될 거라고 걱정해주셨는데, 그래도 이만한 성과라도 거두게 되었으니 얼마나 다행입니까.

부처장 중에 내 방침에 찬성하는 이가 처음에는 거의 없었어요. 그러나 몇 달 동안 이런 일 저런 일 겪으면서 "아, 이대로는 안 되겠구나." 깨닫고 내 방침을 따라오는 이가 하나, 둘 늘어났습니다. 이범성 사건이나 임청 사건으로 세상이 시끄럽지 않았습니까? 고급관리들의 뇌물 수수는 확인되지 않아 그 정도로 넘어갔지만, 향응을 받은 사례는 부지기수로 드러났어요. 부패가 더 이상 만연해서는 안 되겠다는 위기감, 그리고 군정청이 '과도정부'로 바뀌었으니 통역정치에서도 벗어나야겠다는 인식이 당사자들 사이에도 늘어나왔습니다.

일지로 보는 1947년 8월